Michael Graeter

WER IST WAS
in München

Gute Zeit in München und gute Nachbarschaft unter uns Münchnern wünscht

Ihr

+ Joseph Card. Ratzinger

25. Juli 1980.

MICHAEL GRAETER

WER IST WAS

in München
in Wort und Bild

2. Auflage

VERLAG R. S. SCHULZ

2. Auflage

8136 Percha am Starnberger See, Berger Straße 8 bis 10
8136 Kempfenhausen am Starnberger See, Seehang 4
Fernsprecher: (08151) 13041 bis 13043
Telex: 0526427 buch

Einbandentwurf: Marc Sergant („sportive")
Fotos: Franz Hug und Privatbilder
Karikaturen: Dieter Hanitzsch
Grundschrift: Garamond-Antiqua
Gesamtherstellung: Pustet, Regensburg
ISBN 3-7962-0093-1

„. . . Selbsteinschätzung und Fremdurteil klaffen bisweilen auseinander . . .“

In der bayerischen Landeshauptstadt wohnen nach Auskunft dieses Buches außer rund 1,3 Millionen Personen noch 1.000 Persönlichkeiten. Dieser „Gemeinschaft der namhaften Bürger Münchens“ sind die folgenden dreihundert Seiten gewidmet.

Mancher, der sich für namhaft hält, wird seinen Namen hier vielleicht vermissen. Selbsteinschätzung und Fremdurteil klaffen bisweilen auseinander, sobald jemand, der sich vieles leistet, meint, damit leiste er auch schon etwas. Vielleicht aber geht es manchem auch wie dem englischen Dichter Lord Byron, der in sein Tagebuch schrieb: „Ich erwachte eines Morgens und fand mich berühmt.“

Die meisten Leser aber werden dieses Buch wohl als neugierige Zaungäste in die Hand nehmen, um die Namen derer wiederzufinden, deren Ruhm das Echo eigener Verdienste dieser oder jener Art, oder auch das erfolgreiche Produkt gezielter Eigen- oder Fremddarstellung ist. Und an dieser Auszeichnung hat immer auch der ein wenig teil, dessen Name „nur“ im Adreßbuch steht.

München, im September 1980

F. J. Strauß

Franz Josef Strauß
Bayerischer Ministerpräsident

Erich Kiesl
Oberbürgermeister

„. . . die Persönlichkeiten, mit denen es man in München zu tun hat . . .“

Man muß nicht nur wissen, wer in München „wer“ ist – man muß auch erfahren können, wer das eigentlich ist, der da „wer“ ist in unserer Stadt. Den namhaften Persönlichkeiten, mit denen man in München zu tun hat, ist dieses Buch gewidmet. Und es bietet die Möglichkeit, sie ein wenig kennen zu lernen; auch und gerade von ihrer Münchner Seite. Dafür bürgt der Autor, dem ich viel Erfolg wünsche für sein „WER IST WAS?“.

München, im September 1980

Erich Kiesl
Oberbürgermeister

Dr. Manfred Schreiber
Polizeipräsident

„. . . Neugier ist sicher im Spiel . . .“

Neugier ist sicher im Spiel bei der Frage wo, wie und warum Wer Wer ist. Die Frage nach dem Wer bezieht sich aber nicht nur auf die Identität (Wer ist was), sondern wenn man es bayerisch liest und hört, auch auf die Stellung (Boss or not . . .).

Wenn bei uns wer „was“ ist, dann ist er Wer. Ob aber einer Wer ist, das zu erfahren, ist ein legitimes Interesse vieler.

Ich habe oft „Leute“ beruflich auszufragen, natürlich rechtsstaatlich im ersten „Grad.“ Will man es „Greater“, genauer und genüßlicher, bleibt nur der Blick ins Was ist was in München. Dort kann man sich vertiefen und behält doch den Überblick (Wer zu tief hineinsteigt, verliert normalerweise den Überblick.).

Ich wünsche, daß viele, die wer sind, auch wer bleiben, was bekanntlich schwieriger ist, als wer sein.

München, im September 1980

Dr. Manfred Schreiber
Polizeipräsident

Sigi Sommer

„. . . ein Wälzer der Wichtigkeit . . .“

Dieses neue Nachschlagwerk „Wer ist wer in München“ ist nach dem Telefonbuch, dem polizeilichen Fahndungsbuch und dem Scheckbuch wohl die wichtigste und amüsanteste Blättersammlung unseres vorgenetischen Zeitalters. Und nicht nur eine langweilige Bleisuppe. Dafür bürgen neben den 1000 handverlesenen Prominenten-Namen auch die von den Auserwählten selbst ausgewählten liebsten Lichtbilder, auf denen die linken Kennkarten-Ohrläppchen, jene Nasen, die weit über die lausigen Grenzen Europas hinausgerochen haben, oder die sündteuren Arbeiten der Zahnärzte lächelnd zur Debatte gestellt werden. Denn außer dem edlen Riemenschneider-Profil unseres jetzt schon vielgeliebten Kardinal Ratzinger oder dem markanten Briefmarken-Haupt des massiven Landesvaters, das jeder noch so wuchtigen Abstempelung mühelos standhält, können auch noch die Hundertstel-Sekunden-Köpfe medaillenklimpernder Sausewinde, zahlreiche süße Leinwand-Luderchen und die einheimische Geisteswelt mit ihren durchsichtigen Rosenthal-Schläfen bewundert werden. Also die Elite der Münchner Vertragsspieler aus der Liquiden-, Liturgischen-, Lach-, Luchs- und Liebes-Liga. Alle zwar in alphabetischer Reihenordnung, aber trotzdem so durcheinander geschüttelt wie die Treffer in der Fernseh-Trommel am Samstagabend oder die etwas hochstaplerisch verpackten Gewinne in einem Krabbelsack, welche die Animierer gerne mit dem Schlachtruf anpreisen: „Greift nur hinein ins volle Menschenleben.“

Außerdem hat diese Sammlung auch noch einen nicht zu übersehenden Gebrauchswert. Weil der vorliegende Katalog der Firma „W & W“ dem verwirrten Partygeber in der Auswahl der einzuladenden Kostgänger schon eine gewisse Vorsortierung bietet. Auch ermöglicht sie, durch die Angabe der „Zweitwohnung“ zerstreuten Schlürfern und Schmausern nachher die zurückgelassenen Regenschirme, die vergessenen Onyx-Ringe vom Waschraum und die ausgetauschten Geheim-Rezepte für die Füllung von Kaviar-Eiern durch den Butler wieder diskret zustellen zu lassen.

Schwierig ist allerdings dann das Ausfüllen des Personalbogens, bei dem es einige Fußangeln und Stolpersteine zu beachten gibt. Denn soll denn der

Filmstar in der Rubrik „Geboren in und wann" tatsächlich wahrheitsgetreu „Großhartpenning drei Tage nach Maria Lichtmeß" hinschreiben. Und was heißt denn schon erster oder zweiter Wohnsitz, wenn man beispielsweise Baulöwe ist und über 365 unverkäufliche Appartements verfügt. Und wer kann schließlich die Bezeichnung für die Titelzeile „Donaudampfschiffahrtsgesellschaftskapitän" in Anspruch nehmen. Auch „das wichtigste Ereignis im Leben" wird wohl mehrere Meinungsverschiedenheiten auslösen. War's nun die eigene Geburt, der Verführungskuß der längst geschiedenen Frau oder bloß der seinerzeit von der amerikanischen Militärregierung verschlampte Fragebogen?

Und sogar das „Lieblingsgericht" wird gewiß jedes Schmankerl von „linksgescheitelten Backforellen" bis zur Erinnerung an die lächerlichen Kindheits-Schmankerl „Gebackene Flohripperl" oder „Gefüllte Schutzmannsbrust" aufweisen.

Bei „Schneider" könnte ein Witzbold vielleicht sogar vermerken: „Ja, leider, besonders bei der Romy." Und dann zur Schlußfrage: „Wen halten Sie für prominent?" ergibt sich wohl die schwerwiegende Überlegung, soll man die jetzt mit der Bemerkung: „den Mann der Marianne Strauß", „Mister Roll, den Erfinder der Rollgerstensuppe" oder einfach „mich selber" beantworten. Denn schließlich ist der in diesem Wälzer der Wichtigkeit vermerkte und in den gesellschaftlichen Zehenstand erhobene Zeitgenosse doch schon durch diesen Umstand allein zu einer gewissen Unbescheidenheit verpflichtet.

München, im September 1980

Sigi Sommer

Lieber Leser, „Wer ist was in München", jetzt in zweiter Auflage erschienen, ist kein neues Einwohnermeldeverzeichnis. Auch kein Telefonbuch – obwohl rund 1000 Nummern namhafter Zeitgenossen von München (und die mit München verbandelten) eingetragen sind. Nach neuestem Stand. Das 280-Seiten-Buch im handlichen Taschenformat ist Münchens erstes Lexikon über Leute. Im Gegensatz zu herkömmlichen „Who is who"-Produktionen haben die freundlichen „Steckbriefe" erstmals Fotos. Zum großen Teil wurden Lieblings-Konterfeis zur Verfügung gestellt.
Einen Anspruch auf Vollständigkeit erhebt das Nachschlagewerk natürlich nicht, jedoch sind alle Personen in Wort und Bild gedruckt, mit denen man es heutzutage zu tun hat. Spitzen und Spezialisten der unterschiedlichen Bereiche – Kirche wie Kabinett, Industrielle und Intellektuelle, Sport und Show, Meister-Mediziner oder Anwalts-Asse bis zur Wurst-Standl-Besitzerin an der Ecke – wegen ihrer schmackhaften Würste auch ein Star.
Zugleich ist das Buch Münchens erste gedruckte „Gästeliste", eine wertvolle Unterlage für Empfänge, Partys und Vernissagen sowie für Hotels und Gaststätten.
Die persönlichen Angaben stützen sich zu einem Großteil auf eine breit angelegte Umfrageaktion. Jeder Eintrag erfolgte kostenfrei.
Gewidmet ist das Personen-Lexikon meiner Freundin Christiane Friedrich, die in den letzten Wochen und Monaten sehr unter den „Wer ist was"-Überstunden leiden mußte und meinen Freunden, ohne die das Buch mit seinen Münchner Feinheiten nicht entstanden wäre.

München, im September 1980 Ihr Michael Graeter

Michael Graeter

A

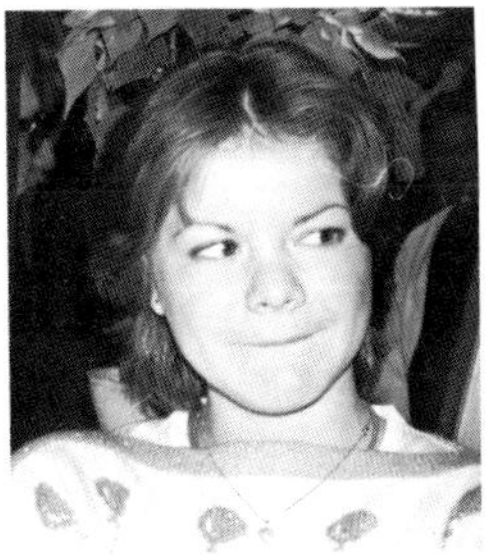

Elke Aberle

Aberle Elke, Schauspielerin, geboren in Berlin am 1. 7., Bambi-Siegerin (Nachwuchs) 1965, mit 5 Jahren das erste Mal vor der Kamera. Filme: „Mädchen hinter Gittern“, „Witwer mit fünf Töchtern“, „Ein wunderbarer Sommer“. Engagements am Werkraumtheater, Kleine Komödie („Katzenzungen“), „Kinder-Ehe“ mit 17, die zwei Jahre später geschieden wird. Liebt Schwabing. Adresse: Ainmillerstr. 44, 8 München 40, Telefon: 089/345965

Adolff Jürgen Dr., Unternehmer, geboren in Stuttgart, 1. Februar 1936. Chef der Einrichtungshäuser „Jara“, beginnt seine Karriere in elterlichen Betrieben wie J. F. Adolff Textilwerke Berlin und J. F. Adolff AG Backnang, verheiratet mit Innenarchitektin Rita Wolffarth. Publizierung (1962): „Die Sozialleistung im Industriebetrieb.“ Adresse: Trogerstr. 48, 8 München 80, Telefon: 089/221724

Jürgen Adolff

Adorf Mario, Filmschauspieler, geboren in Zürich, 8. 9. 1930, wohnhaft in Rom und Campione (Tessin) sowie besuchsweise bei seiner Mutter Alice in München-Grünwald. Lebt ohne Ring und Trauschein mit der französischen Arzttochter Monique Faye zusammen; Vater einer Tochter aus erster Ehe mit Lis Verhoeven, großer Feinschmekker, geselliges Naturell (blendender Witze-Erzähler),

Mario Adorf

Filme: „08/15“, „Das Totenschiff“, „Bomber & Paganini“, „Das Fressen“, „Die Blechtrommel“. Auszeichnungen: Bundesfilmpreis, Preis der deutschen Filmkritik, Bambi; Freizeit: Malerei (abstrakt), Modellieren, Musik (Jazz, Bach), Sport (Boxen, Tennis). Adresse: über Agentur Lentz, Holbeinstr. 4, 8 München 80, Telefon: 089/474026

Albrecht Rolf, Popmodeschöpfer, Filmausstatter, Designer und „Fifty-Fifty“-Partner der Schwabinger Trend-Boutique „Sweetheart“ (mit eigener Fertigung), geboren in Cervenka (Jugoslawien), 27. März 1940, Junggeselle. Aufgewachsen in Adelshofen bei Eppingen (Baden-Württemberg), dann in Karlsruhe, kommt mit 19 Jahren nach München und arbeitet

Rolf Albrecht

als Dekorateur, dann in Lokalen wie „domicile“ (an der kleinen Bar), damals Siegesstraße und „Leierkasten“ (die Bier-Bar), macht Film-Werbung für „Columbia“ und „Warner“, richtet Wohnungen ein und kreiert die Kostüme für das Musical „Hair“ (Deutschland-Premiere) und Zadeks „Piggies“-Film (Dekoration und Kostüm), betreut alle Carl-Spiehs-Filme und erfindet Werbesymbole als Muster in der Mode. 1979: Kostüme für Klaus Lemkes Film „Arabische Nächte“. Lieblingslokal: „Klappe“, „Cosy“; Leibspeise: „Alles, was dick macht“; Getränk: Wodka, ist begeisterter Fußgänger. Adresse: Leopoldstr. 54, 8 München 40, Telefon: 089/399371

Alexander Ilse, Filmagentin, Chefin der gleichnamigen Künstlervermittlung (Lizenzträgerin Carla Rehm seit

Ilse Alexander

1976), geboren in Lübeck, 25. Oktober. Startet 1948 ihre Agentur erst in der Bavaria-, dann Maximilian- und später Theatinerstraße, heute Sitz der Firma in der Lamontstraße; betreut 92 Schauspieler, darunter Lilo Pulver, Doris Kunstmann, Judy Winter, Uschi Glas, Helga Anders, Bernhard Wicki, Paul Hubschmid, Harald Leipnitz, Martin Benrath; Freizeit: Schwimmen; Leibspeise: Jakobsmuscheln; Lieblingsgetränk: Tee; fährt Peugeot. Adresse: Lamontstr. 9, 8 München 80, Telefon: 089/471011

Amadeus August, Schauspieler, geboren in Breslau, 6. Mai 1942. Stücke: „Eine Frau mit 40 Karat" (Partnerin: Sonja Ziemann), „Schmetterlinge sind frei" (Inge Meysel),

August Amadeus

Filme: „Ich will Liebe" (Regie: Zbynek Brynych), „Beiß mich Liebling" (Regie: Helmut Förnbacher) mit Eva Renzi. Adresse: Heßstr. 46, 8 München 40, Telefon: 089/528707

Ambesser Axel von, Schauspieler, Regisseur und Schriftsteller, geboren in Hamburg, 22. 6. 1910. Verheiratet mit Ingeborg von Österreich, Vater einer Tochter Gwendolyn, liebt „Kuschtln", Pfannkuchen und Bier, trägt neuerdings Vollbart (graumeliert), fährt Taxi. Publikationen: „Wie führe ich eine Ehe", „Lebensmut zu hohen Preisen", „Das Abgründige in Herrn Gerstenberg", „Der Fall der Witwe von Ephesus".

Axel von Ambesser

Auszeichnung: Bayerischer Verdienstorden (1971). Adresse: Leopoldstr. 17, 8 München 40, Telefon: 089/394972

Amman Lukas, Schauspieler und Regisseur, geboren in Basel (Schweiz), 29. 9. 1912, verheiratet mit Kammerschauspielerin und Sängerin Liselotte Ebnet, Vater zweier Söhne. Star der „Kleinen Freiheit". Stücke: „Schlaue Witwe", „Ameisenpolka", „Bier unter Palmen", „Hoppla aufs Sofa", TV-Star als „Graf Yoster". Wichtigstes

Lukas Amman

Ereignis: „. . . als ich begann, auch die leichte Muse ernst zu nehmen; Passionen: Zeichnen und Lesen. Am liebsten speist er zu Hause („Käsespatzen" sind Nr. 1), bevorzugt Fruchtsäfte, kauft Konfektion und fährt Citroen CX 2200, gilt als großer Tierfreund. Adresse: Münchnerstr. 92, 8046 Garching b. Mchn., Telefon: 089/3291244

Anders Helga, Schauspielerin und Intendantin (Lindengartenbühne), geboren in Innsbruck am 11. Januar, in erster Ehe verheiratet mit Regisseur Robert Fritz (Tochter Leslie), lange Zeit Lebensgefährtin des Schwabinger Malers Michael Heininger, später mit Gastwirt Rüdiger Strobel („Lindengarten") zusammen. Adresse: Agentur Alexander, Lamontstr. 9, 8 München 90, Telefon: 089/471011

Helga Anders

Angermeyer Heinz, Filmproduzent, geboren in Belgershain/Leipzig, 12. September 1909, verheiratet mit Schauspielerin Eva-Maria Meineke. Fährt silbergrauen Mercedes 350, geht gern zu „Käfer", „Alter Simpl", kauft seine Garderobe bei Hirmer (Krawatten trägt er von Hermes), pendelt zwischen den Wohnsitzen in Bad Gastein und Mallorca hin und her. Ist sehr häuslich, kocht fabelhaft (Spezialität Pfeffersteak). Filme: „Wir Wunderkinder", „Das Haus in der Karpfen-

Heinz Angermeyer

gasse", „Schloß Gripsholm", „Dr. med. Hiob Prätorius", „Abschied von gestern", „Trotta", „John Glückstadt", „Ansichten eines Clowns". Adresse: Klopstockstr. 8, 8 München 40, Telefon: 365770 (Büro), 362185 (privat)

Anhalt, Eduard Prinz von, Herzog zu Sachsen, weitere Vornamen: Julius, Eduard, Erdmann, Ernst-August, Chef des Hauses Askanien. Industriekaufmann und Autor („Sage der Askanier"), geboren in Schloß Ballenstedt/Sachsen-Anhalt, 3. Dezember 1941; Freizeit: Kochen, Musik, Tennis, Skifahren; Restaurant: „Le Moulin de Mougins (Cannes); Leibge-

Eduard Prinz von Anhalt

richt: Krebse nach russischer Art; Lieblingsgetränk: Erdiger spanischer Rotwein; Garderobe: British' Woolens; Auto: Toyota Landcruiser Jeep. Adresse: Kufsteiner Str. 6, 8 München 80, Telefon: 089/981472

Anselm Karin, Schauspielerin, geboren in Hamburg, 22. Januar. Die 1,56 große und 90 Pfund schwere Schauspielerin will zunächst Opernsängerin

Karin Anselm

werden. Erstes Theater-Engagement in Bamberg, Regensburg, Bern und Göttingen (unter Heinz Hilpert). Theater, Fernsehen: „Der Lügner und die Nonne", „Was ihr wollt", „Früher oder später", „Tag für Tag" (Ruhrfestspiele 74), „Der Auftrag", „Der Bastian" (ZDF-Vorabend-Serie). Freizeit: Bergwandern, Radeln, liebt Gänsebraten mit Knödel und elsässische Weine. Privatwagen: VW Scirocco. Adresse: Agentur de la Berg, 8026 Irschenhausen, Haus am Weiher, Telefon: 08178/3681

Aretin Annette von, Leiterin des Besetzungsbüros im „Bayerischen Fernsehen", geboren in Bamberg, 23. Mai, Mutter von zwei Kindern.

Annette von Aretin

Freizeit: Garten, Musik; Leibgericht: Rebhuhn; Getränke: Whisky mit Wasser; Auto: „Ascona". Adresse: Mandlstr. 11, 8 München 40, Telefon: 089/38091

Argirov Valentin Dr., Internist und Autor, geboren in Sofia, 5. März 1932. Romane: „Die Ehrbaren und die Ande-

Valentin Argirov

ren", „Der Ordinarius"; Freizeit: Ski, Tennis; Lieblingslokal: „Tivoli"; Garderobe: „Harry's"; Auto: BMW 633 CS. Adresse: Zwingenburgstr. 15b, 8 München 60, Telefon: 089/878457

Arluk Abrasha, Gastronom, geboren in Lodz, 3. Mai 1920, verheiratet. Betreibt gastronomische „Dauerbrenner" wie „babalu", „Gaslight", „Rumpelkammer"; Hobby:

Abrasha Arluk

Ski, Tauchen; liebt Fischspeisen und französischen Weißwein; läßt bei „Duca de l Aosta" in Venedig schneidern und fährt ein Mercedes Coupe. Adresse: Pienzenauerstr. 5, 8 München 80, Telefon: 089/986527

Arneth-Fleyenschmidt Anneliese, CSU-Stadträtin (seit 1978), Fernseh-Moderatorin, geboren in Hagen, 14. November, verheiratet mit Otto Arneth. Studiert Zeitungswissenschaft, Kunst- und Theatergeschichte an der Universität München, einige Jahre Schauspielerin an Münchner Bühnen; 1954: Erst Ansagerin, dann Reporterin und Moderatorin beim Bayerischen Rundfunk (Radio und Fernsehen); Buch: „Wir sind auf Sendung" (Verlag R. S. Schulz). Freizeit: Ski,

Anneliese Arneth-Fleyenschmidt

Schwimmen, Radfahren; Lieblingslokal: „Boettner", bevorzugt Wild und Frankenwein; Schneider: Werner Wunderlich. Adresse: Hohenstaufenstraße 7, 8 München 40, Telefon: 089/399696

Arnold August, Konsul (Togo), Filmpionier und Komplementär von „Arnold + Richter", „Arriflex"-

August Arnold

Werke (2500 Mitarbeiter) geboren in Werfen (Österreich, 12. 9. 1898. Erste Erfahrungen mit der „Wochenschau", dreht 1912 Western und Ausstattungsfilme, bringt 1920 die erste in Deutschland hergestellte serienmäßige Kopiermaschine auf den Markt und später die ersten Spiegelreflex-Filmkameras („Arriflex"). Auszeichnungen: Großes Verdienstkreuz mit Stern und Schulterband, „München leuchtet – den Freunden Münchens" in Gold, Oscar-Messter-Medaille, Ehrendoktor der TH München, Privat-Zoo in Stefanskirchen (darunter ein Bär). Adresse: Türkenstr. 89, 8 München 40, Telefon: 089/38091

Arnold Bob, Kamera-Industrieller, geboren in München, 12. 5. 1943, Junggeselle, seit 1977 Arriflex-Geschäftsfüh-

Bob Arnold

rung; lange Zeit Freund von Uschi Glas, zweites „Wohnzimmer" ist die Wirtschaft im Grünen „St. Emmeramsmühle", fährt BMW, fliegt gern den eigenen Hubschrauber (als Passagier), Hausbesitzer in Schwabing, das Wochenende verbringt er in den Bergen bei Rosenheim, jagen (im Wald oder in Discos) und angeln gehören zum liebsten Zeitvertreib. Adresse: Türkenstr. 89, 8 München 40, Telefon: 089/38091

Ashley Helmuth, Regisseur, geboren in Wien, 17. 9. 1919, lange Jahre Kameramann. Filme: „Duell mit dem Tod," „Sauerbruch", „Hanussen", Film-Regie: „Das schwarze Schaf", „Mörderspiel", TV-Arbeit: „Millionending", „Kidnapp" (Lindbergh-Baby), „Nachtzug D 106", ZDF-Serien: „Kriminalmu-

Helmuth Ashley

seum" und „Fünfte Kolonne", Autor: „Letzte Brücke", „Richtung Sonnenuntergang". Auszeichnung: Internationaler TV-Preis Berlin. Adresse: Prinzregentenstr. 11a, 8 München 22, Telefon: 089/225891

Asmodi Herbert, Autor und Drehbuchschreiber, geboren in Heilbronn, 30. März 1923,

Herbert Asmodi

Vater einer Tochter Katja. Theaterstücke: „Jenseits vom Paradies" (1954), „Pardon wird nicht gegeben" (1956), „Tigerjagd" (1957), „Nachsaison" (1958), „Die Menschenfresser" (1959), „Mohrenwäsche" (1964), „Stirb und Werde" (1965), „Die Frau in Weiß". Auszeichnung: Gerhard Hauptmann-Preis, Tukan-Preis; Leibgericht: „John Players Special"; Lieblingsgetränk: „Chateau Lafite 1946"; Schneider: King-Ping-Meh + Sons, Taiwang; Privat-Auto: VW. Adresse: Occamstr. 3, 8 München 40, Telefon: 089/348436

Assmann Ini, Schauspielerin und Fotografin, geboren in Kassel, Geburtstag: 13. Juli, geschieden von Filmprodu-

Ini Assmann

zent Hans Pflüger, zwei Töchter, Jessica und Vanessa. Freizeit: Tanz, Musik, Sport, Tiere; Restaurants: „Käfer's Schänke", „Trader Vic's"; Leibgericht: Fisch, Meeresfrüchte, rote Grütze; Getränke: Herber Weißwein, Milch; Garderobe: Azzaro Paris, Baltrik, Boutique Nr. 6 (Ibiza); Auto: Golf GTI; befreundet mit Bestseller-Autor Harold Robbins. Adresse: Südliche Münchner Str. 41a, 8022 Grünwald, Telefon: 089/6492405

Astor Eva, Schauspielerin, geboren in Graz, 3. März, verheiratet mit Produzent Gunter Otto, Mutter eines Sohnes Marcus Alexander. 1980: LP „Freche Lieder". Freizeit: Lesen; Lieblingslokal: „Alter Simpl", liebt Spaghetti und Gin Tonic; Privatwagen: Opel Manta Berlinetta. Adresse: Rabenkopfstr. 39, 8 München 90, Telefon: 089/645455

Eva Astor

Augstein Rudolf, Journalist und Kommentator („Jens Daniel"), Herausgeber des Nachrichtenmagazins „Der Spiegel", geboren in Hannover, 5. November 1923, verheiratet in 4. Ehe mit Soziologin Gisela Stelle („Die Dummen und die Klugen"), Wohnung in der Fürstenstraße in München. Beginnt als Redaktionsvolontär beim „Hannoverschen Anzeiger". 1946 mit 23 Jahren Chefredakteur des Magazins „Die Woche", das

Rudolf Augstein

nach kurzer Laufzeit Anstoß beim Allierten Kontrollrat erregt und eingestellt werden muß. Gründet am 1. Januar 1947 den „Spiegel", schreibt das Drama „Die Zeit ist nahe". Autor viel kritisierter historischer Untersuchungen, u. a. „Preußens Friedrich und die Deutschen" und „Jesus Menschensohn". FDP-Politiker, Theaterfreund. Übernimmt den Münchner Verleih „Filmverlag der Autoren". Adresse: Spiegel-Büro, Brandstwiete 19/Ost-Weststraße, 2000 Hamburg 11, Telefon: 040/30071

Avram Marcel, Konzertimpresario, Chef der Agentur „Mama Concerts", geboren in Bukarest, 1. März 1938, verheiratet mit Frau Miriam (große Hochzeit im Münchner „Hilton"), bringt Frank Sinatra, Leonhard Cohen, Abba, Supertramp, Pink Floyd nach Deutschland; sein Partner und Statthalter des Frankfurter Büros ist Marek Lieberberg. Freizeit: Fußball, Ski; bevorzugtes Lokal: „La Buca", München, „Palms", Los Angeles; Lieblingsgetränk: „Edelzwicker"-Wein; Schneider: Basile; Auto: Porsche 924. Adresse: Sendlinger Str. 51, 8 München 2, Telefon: 089/268020

Marcel Avram

Merkzeichen. Markenzeichen.

Das QUICK-Signet ist eines der bekanntesten deutschen Markenzeichen: Signal für alles das, was Leser lesen wollen.

B

Karin Baal

Baal Karin (bürgerlich Karin Blauermel), Schauspielerin, geboren in Berlin, 19. September. Wächst in Wedding auf, besucht die Schule für Modezeichnen und wird unter 700 Bewerberinnen als Partnerin von Horst Buchholz für den Film „Die Halbstarken" ausgewählt. In erster Ehe, aus der Sohn Thomas stammt, ist sie mit dem Kunstschmied und Rock'n-Roll-Tänzer Karlheinz Gaffkus, in zweiter Ehe, aus der die Tochter Therese stammt, mit Schauspieler Helmut Lohner verheiratet. Lebt jetzt in München mit Schauspieler Volker Eckstein zusammen. Filme: „Jede Nacht in einem anderen Bett", „Der müde Theodor", „Das Herz von St. Pauli", „Das Mädchen Rosemarie" (neben Nadja Tiller), „Der eiserne Gustav", „So angelt man keinen Mann", „Jons und Erdme", „Juke Box" (Italien), „Straße der Verheißung", „Arzt ohne Gewissen", „Die junge Sünderin", „Die toten Augen von London", „Wir Kellerkinder", „Das letzte Kapitel". Während der Ehe mit Helmut Lohner ist sie seltener, aber stets mit großem Erfolg aufgetreten (Züricher Schauspielhaus „Kennedys Kinder"), Fernsehen: „Der Kommissar", „Der Jugendrichter", „Tragödie auf der Jagd", „Herr Puntila und sein Knecht", „Gespenster" und „Der rasende Lokalreporter", „Erikas Leidenschaft". Auszeichnungen: Bambi, Preis der deutschen Filmkritik (61). Adresse: Agentur von Pilecki, Oettingenstr. 46, 8 München, Telefon: 089/220263

Bachem Bele, Malerin, geboren in Düsseldorf, Geburtstag: 17. Mai 1916. Studiert an der Berliner Kunstakademie, Bühnenbilder in München, Stuttgart, Hamburg, Augsburg, Baden-Baden. Filmplakate für „Windjammer", „Wirtshaus im Spessart", Ausstellungen in New York, Mailand, Zürich, Düsseldorf, Hamburg, Köln und München, Illustrationen „Magisches Taschenbuch", „Ausverkauf im Wind". Adresse: Jakob-Klar-Str. 12, 8 München 40, Telefon: 089/373675

Bele Bachem

Bächler Wolfgang, Schriftsteller, „Darsteller" (eigene Angabe), geboren in Augsburg, 22. März 1925. Buch: „Ausbrechen" (S. Fischer-Verlag), Freizeit: Radfahren, Schwimmen, Malen, Wandern; liebt Lammkeule und Weißwein. Adresse: Steinheilstr. 19, 8 München 2, Telefon: 089/521745

Wolfgang Bächler

Badenhausen Rolf Dr. phil., Universitätsprofessor, Kunsthändler, geboren in Emden, 26. Februar 1907, verheiratet mit Elisabeth Flickenschildt (1936–1944). Begegnungen mit Kammerherrn Philipp Magnus Trozelli, Professor Otto Hahn, Carl I. Burckhardt und Gustav Gründgens. Freizeit: Sammelt Bilder und Möbel (15. Jahrhundert bis heute), Tierzucht (Rinder, Pferde). Bevorzugtes Lokal: „Walterspiel", liebt baskische Gerichte, Milch und Whisky, trägt „English Woolens". Ist großer Hundefreund. Auto:

Rolf Badenhausen

Käfer 1300. Zweitwohnsitz in Los Angeles (2364 Nalin Dive – Bel Air). Adresse: Elisabethstr. 15, 8 München 40, Telefon: 089/2711827

Bader Kurt Erich, „Donisl"-Wirt, Gastronom, ehrenamtlicher Landesarbeitsrichter, geboren in Nürnberg, 12. September 1914, verheiratet mit Frau Paula, eine Tochter Polly, verheiratete Glög-

Kurt Erich Bader

gle. Laufbahn: Gastronomischer Beruf mit 16 Jahren im Nürnberger Königshof (mit 2000 Plätzen Bayerns größtes Konzert-Cafe), Studienaufenthalte in England und Frankreich; 1946: „Ratskeller" in Nürnberg mit dem legendären „Bunker-Hotel" (50 Betten), dann „ab nach Kassel" zu Georg Reiss (Gastronomie), Weltausstellung Brüssel, „Deutsche Industrie-Messe" in Helsinki (Bierzelt), Bundesgartenschau, Documenta, später unter Reiss Eröffnung der Bierstadt Mathäser (1952–59), danach im „Donisl" als selbständiger Wirt; hat einige seiner weiteren Betriebe verpachtet und betreibt in Nürnberg den Donisl, in Augsburg die Disco „Come in" und das Bierlokal „Wurzen"; die „Altdeutsche Weinstube" im Lehel führt seine Tochter Polly; Freizeit: Segeln auf dem Chiemsee; liebt Leberknödel, Leberkäs, Pressack und lauwarmen Schweinebraten; Lieblingsgetränk: Bier (in gewissen Abständen der Linie wegen Mineralwasser). Adresse: Weinstr. 1, 8 München 2, Telefon: 089/59921

Bader Werner, Bankier, Luftfahrt-Unternehmer, Chef des Speditionsgeschäfts „Mini Trans", geboren in Nürnberg, 26. Juni 1929, verheiratet mit Frau Annemarie, drei Söhne, Heinz, Klaus und Nikolai-Alexander. Laufbahn: Gymnasium, Bankkaufmann, selbständig seit 1959 mit „Call car" und „„Mini Car" (Verkauf 1969), danach Transport-Unternehmer mit Niederlassungen in München, Berlin, Hamburg, Köln und Düsseldorf; seit 1972 außerdem Luftfahrt-Unternehmer „MTM"-Aviation" mit vier „Lear"- und „Citations"-Jets; 1979: Leasing-Business für

Werner Bader

Fahrzeuge, Plastikgeschäft; Freizeit: Fliegen (eigener Jet-Schein), Wassersport, Tennis, Skilaufen; Leibspeise: Schweinebraten mit Kartoffelknödel; Lieblingsgetränk: Rose; Garderobe: Dietl; Auto: Mercedes. Adresse: MTM-Firmengruppe, Robinienstr. 72, 8 München 45, Telefon: 089/3515041

Joachim Bahlmann

Bahlmann Joachim („Blumen-Bahlmann"), geboren in München, 7. März 1950, verheiratet mit Frau Helen, zwei Kinder, Oliver (1968) und Sandra (1975). Will zunächst Innenarchitekt werden, steigt aber doch in den elterlichen Betrieb ein; zum Kundenkreis seines Rathaus-Blumengeschäfts zählen neben Oberbürgermeister und Stadtvätern Prominente aus Industrie, Sport und Showbusiness (u. a. Weltstar Gert Fröbe); Freizeit: Geländemotoradfahren (Trial-Maschine); Lieblingslokal: Restaurant „Friedensengel"; Leibspeise: Schweinebraten, Pasta a sciutta; fährt Alfa. Adresse: Weinstr. (Rathaus), 8 München 2, Telefon: 089/225561

Bangert Albrecht Dr. phil., Kunsthistoriker, Antiquitätenhändler, geboren in

Albrecht Bangert

Schopfheim/Baden, 13. 2. 1944, Junggeselle. Studium der Kunstgeschichte mit Promotion 1969, pendelt zwischen München, Paris und London; Spezialist für „Gründerzeit“, stellte bisher drei Bücher zusammen. „Gründerzeit“ und „Jugendstil“, erschienen im Heyne-Verlag (1976); beim Mosaik-Verlag „Glaś-Jugendstil und Art Deco“. Adresse: Peter-Paul-Althaus-Str., 8 München 40, Telefon: 089/365372

Barabas Sari, Kammersängerin, geboren in Budapest, 14. März, verheiratet mit Kammersänger Franz Klarwein. Wichtigste Station der Karriere: zweijähriges Gastspiel in London (Drury Lane Theater) mit Johann-Strauß-Musical. Hobby: Nähen, Kochen, Bügeln. Lieblingslokal: „Gasthof zur Post“ in Egling. Speisen: Beuscherl und Obatzda. Auto: Opel Se-

Sari Barabas

nator. Ferienwohnsitz: Nueva Andalucia (Spanien). Adresse: Hugo-Junker-Str. 5, 8022 Grünwald, Telefon: 089/649537

Baranski Stefan von, Musik-Manager und Baden-Baden-„Botschafter“, geboren in Wien, 6. April 1919. Jahrelange Betreuung von Showstar Heidi Brühl und Bandleader

Stefan von Baranski

Hazy Osterwald sowie Programmgestalter von „Hunter“-Bällen. Wichtigstes Ereignis: Leitung der Unterhaltungsabteilung bei den Olympischen Spielen 1972. Freizeit: Sport, Lesen, Musik. Restaurants: „Trader Vic's“, „El Cid“ und „Käfer“. Leibspeise: Kalbskopf en tortue, trinkt gern Rum, trägt Anzüge von Sawosin & Schiebl sowie Max Dietl. Privatwagen: Mercedes 280 SE. Adresse: Richard-Strauß-Str. 15, 8 München 80, Telefon: 089/479854

Basedow Rainer, Schauspieler und Kabarettist, geboren in Mühlhausen, 20. April 1938, verheiratet mit Mathilde Schmid. Macht schon während seiner Studienzeit in Braunschweig „Brettl“, Mitte der 60er Jahre Schaubühne Hallesches Ufer, Berlin; seit 1976 Mitglied der neuen

Rainer Basedow

„Lach + Schieß“-Mannschaft. Stücke: „Mann ist Mann“ (1963) am Theater an der Leopoldstraße, „Aber Papa“ (1964) Volkstheater, „Mein Mann hat Komplexe“ (Kleine Komödie), „Die Kinder“ (1966), „Der Regenmacher“, „Liebe“ (1968, Düsseldorfer Kammerspiele), Stravinskys „Geschichte vom Soldaten“ mit Klaus Löwitsch als Partner (Haus der Kunst, 1968), „Lachen dem Apfel“ (1972); Filme: „Wilde Reiter GmbH“, „Mit Eichenlaub und Feigenblatt“, „Der Mann mit dem goldenen Pinsel“. Lieblingslokal: „Alter Simpl“, Hobby: Fußballspielen beim FC Schmiere; ist Verbundfahrer, das Auto (Citroen GS) fährt seine Frau. Adresse: Gänselieselstr. 59, 8 München 90, Telefon: 089/606299

Baumann Guido, Showmaster, geboren in Romanshorn am Bodensee, 15. Januar 1926, verheiratet mit Schauspielerin

Guido Baumann

Hilde Zeckra, Vater einer Tochter Claudia. Karriere: mit 23 Leiter der Unterhaltungsabteilung bei Radio Zürich. Mitglied des Fernseh-Rateteam „Was bin ich“, eigene Quizsendung „Schaukelstuhl“ (seit 1972), „Schöne Stimmen“ (ZDF), „Der Stargast“. Film: „Sperrbezirk“ (Regie: Will Tremper), 1974:

TV-Gespräch „Lilli Palmer – ganz persönlich“. Adresse: Bayer. Fernsehen, Floriansmühlstr., 8 München-Freimann, Telefon: 089/380 61

Baumann Heinz, Schauspieler, geboren in Oldenburg, 12. Februar 1928, verheiratet mit Frau Gardy Brombacher. Start der Karriere 1949, erstes Engagement in Quedlinburg, dann Krefeld, Hamburg, Bremen, Köln, Stuttgart, Frankfurt, Berlin und München

Heinz Baumann

(„Mephisto“ am Residenztheater und „Snob und Macbeth“ an den Kammerspielen), 40 TV-Stücke, Filme und Welt-Gastspiel „Die Brücke“ (Goethe-Institut). Adresse: Mauerkircherstr. 10, 8 München 80, Telefon: 089/98 39 54

Baumbauer Erna, Filmagentin, geboren in München, 8. Januar, hat eine Tochter Patricia und Sohn Frank. Startet nach anfänglicher Hobby-Vermittlung von Künstlern ihre Agentur in der Keplerstraße mit den ersten „Schäfchen“ wie Inge Egger, Adrian Hoven und Gustav Fröhlich; managt heute 50 Schauspieler, darunter Cornelia Froboess, Ingrid Andre, Lola Müthel, Lisa Kreuzer, Uli Philipp, Susanne Uhlen, Maria Wimmer, Birgit Doll,

Erna Baumbauer

Ursula Lingen, Maximilian Schell, Bruno Ganz, Alexander Kerst, Carlheinz Schroth, Peter Weck, Vadim Glowna und Regisseure wie Tom Toelle, Rolf von Sydow, Peter Hall, Dieter Giesing und Intendant Kurt Meisel; verbringt die rare Freizeit in ihrem Landhaus (mit Wiese und Apfelbäumen) in Siegsdorf im Chiemgau, „um mei Ruah zu haben“ (die Gästezimmer bleiben deshalb immer leer); liebt Hausmannskost („Erbsensuppe“), trinkt keinen Alkohol, raucht nicht, fährt rasant Mercedes Coupe. Adresse: Keplerstraße 2, 8 München 80, Telefon: 089/47 85 77

Baumgärtel Fred, Verlagschef der drei Zeitschriften „Quick“, „Playboy“ und „Bravo“, geboren in Nürn-

Fred Baumgärtel

berg, 4. Februar 1928, verheiratet mit Autorin Helga Lotz („Diätbücher“); mit 23 Jahren beim AFN als Nachrichten-Redakteur „Bild“ (Chef in München), Michael Pfleghar-Produzent (1969) mit der Firma CBM, Chefredakteur von „Playboy“ (1973–76), Chefredakteur von „Quick“ (1976–79), Freizeit: Tennis, Skilaufen; Leibspeise (großer Feinschmecker): Schweinebraten mit handgeriebenen Kartoffelknödeln; Lieblingsgetränk: Champagner; raucht 40 Dunhill-Zigaretten pro Tag; Garderobe: Husmüller und Sackstetter; Auto: Mercedes. Adresse: Augustenstr. 10, 8 München 2, Telefon: 089/59 92 1

Bäuml Constanze, Malerin, Nichte des saarländischen Ministerpräsidenten Dr. Franz Josef Röder, geboren in Brüssel, 29. Juni, Junggesellin, erfolgreiche Bilderausstellungen in Schwabing und bei der Modewoche, kopiert gelegentlich große Meister für Hotels (Tizian im „Bayerischen Hof“), hält sich fit mit Radfahren. Lieblingsspeise: Avocados, Garderobe: „Sweetheart“ und „Lord John

Constanze Bäuml

und Lady Jane“. Adresse: Ainmillerstr. 27, 8 München 40, Telefon: 089/39 47 19

Bäumler Hans Jürgen, Eiskunstläufer und Schauspieler, geboren in Dachau, 28. Januar 1942, verheiratet (seit 1974) mit der Lehrerin Marina Engelmann, zwei Söhne, Christopher Arist und Bastian. Seine Mutter, Bedienung im Garmischer Nightclub „Casa Carioca", ist treibende Kraft

Hans Jürgen Bäumler

seiner Karriere. 1957 Paarlauf-Partner für Marika Kilius, beide werden unter Trainer Zeller bereits ein Jahr später deutsche Meister und verteidigen den Titel 1959 erfolgreich. Sie siegen im gleichen Jahr in Davos bei der Europameisterschaft und belegen Platz 2 bei den Weltmeisterschaften in Colorado Springs, Silbermedaille bei den Olympischen Spielen in Squaw Valley, 1960 Dritte bei der Weltmeisterschaft in Vancouver, Europameister in Garmisch-Partenkirchen (den Titel gewinnen sie auch 61, 62, 63 und 64). Bei der WM 62 in Prag stürzen sie bei der Kür durch Berührung der Schlittschuhe und geben auf. 28. 2. 63: Weltmeister vor Ludmilla Belusowa/Oleg Protopopow, 1964 Silber bei den Winterspielen in Innsbruck, Weltmeister in Dortmund, danach Wechsel ins Profilager mit Wochengagen bis zu 12000 Mark („Wiener Eisrevue") pro Kopf. Zwei Filme: „Die große Kür" (Goldene Leinwand) und „Das große Glück". Unterbrechung der Karriere, als Marika, verheiratet mit Fabrikant Werner Zahn, einem Töchterchen das Leben schenkt. 1965 kurzes Comeback mit der US-Show „Holiday on Ice". 1969 rauschendes Comeback mit Charly Buchmanns Walt-Disney-Produktion „Schneewittchen"; die Tournee mit dem deutschen Eisläufer (Stücke: „Im weißen Rössl", „Maske in Blau", „Die lustige Witwe") sind große Publikumserfolge, geschäftlich aber ein Reinfall. Dazu kommt der Reinfall mit der Finanzierung eines Münchner Nightclubs, bei dem Bäumler 300000 Mark verliert. Er feiert neue Triumphe mit Marika Kilius in der Winter-Saison 1976/77 und 77/78 mit Rekord-Gage von 500000 Mark. Theater: „Die tolle Rosita". Auszeichnungen: Ehrenbürger des Staates Colorado (USA), „Goldenes Band" der Sportpresse, Sportler des Jahres 1963. Freizeit: Schmalfilm, Tontechnik. Adresse: Loisachstr. 35, 8116 Eschenlohe, Telefon: 08824/477

Bär Johann, Oberstaatsanwalt, Leiter der Verkehrsabteilung München I, geboren in Enchendorf, 24. Januar 1926, verheiratet mit Frau Waldlinde, ein Sohn. Laufbahn: 1946: Stadtverwaltung Passau;

Johann Bär

1949: Finanzverwaltung in München, nebenbei Studium; 1958: Referendar; 1960: Justiz (Staatsanwaltschaft München I); 1965–67: Strafrichter beim Amtsgericht München; Erster Staatsanwalt (1967); seit 1. 9. 1970 Oberstaatsanwalt; Kommentar „Unfallflucht" (Bär/Hauser); Mitglied des Sportgerichts des DFB, Mitglied des Rechtsausschußes des Süddeutschen Fußball-Verbandes, Vorsitzender des des Verbandssportgerichts des Bayerischen Fußballverbandes; Freizeit: Bergwandern, Langlauf, Skilaufen; Leibspeise: Pfannkuchensuppe, Rindfleisch und Gemüse; Schweinshaxe; fährt Opel Ascona 1,9. Adresse: Linprunstr. 25, 8 München 35, Telefon: 089/52041

Baur-Pantoulier Franz, Choreograph, Ballett-Meister, geboren in München, 12. Februar 1931. 1948 bis 1960 Solist und Choreograph an der

Franz Baur-Pantoulier

Münchner Oper, Arbeit für TV und Filme, Ballett-Tournee für Goethe-Institut Naher Osten, Ferner Osten und Südamerika. 1963 bis 1971 Ballett-Meister am Gärtnerplatz-Theater. 1972: Eröffnungszeremonie der Olympischen Spiele, Folklore-Aufführung „Vita Bavarica". Adresse: Wirtstr. 12, 8 München 90, Telefon: 089/691 6571.

Prinz Adalbert von Bayern

Bayern Adalbert („Etzel") Friedrich Johannes Maria et omnes sancti Prinz von, geboren in Krauchenwies, 27. Dezember 1944, verheiratet (seit 1978) mit Marion Malkowsky, geschiedene von Biela (Tochter des Oberstabsfeldwebels a. D. Wilhelm Malkowsky und Margot Massengeil), beschließen 1979 nach Bali auszuwandern. Adresse: Wittelsbacher Ausgleichsfonds, Geibelstr. 8, 8 München 80, Telefon: 089/4701001

Bayern Herzog Albrecht Luitpold Ferdinand Michael, Chef des Hauses Wittelsbach (Anrede: „Königliche Hoheit"), geboren in München, 3. Mai 1905, verheiratet in erster Ehe mit Maria Gräfin Praskovich (gestorben 1969) in zweiter Ehe mit Marie-Jenke Eugenie Gräfin Keglevich von Buzin (Geburtstag: 29. April), Großmeister des Hubertus-Orden, des Mil. Max-Joseph-Orden und des St. Georg-Orden, Ehrensenator und Dr. med. vet. h. c. der Universität München; der Herzog ist der Sohn von Kronprinz Rupprecht von Bayern, bewohnt Schloß Nymphenburg und Schloß Berg am Starnberger See. Wissenschaftliches Buch: „Die Rehe"; Wild-Experte (Reh-Wild); Leibspeise: Rehrükken; fährt Mercedes 450 SE. Adresse: Herzogl. Verwaltung Schloß Nymphenburg, 8 München, Telefon 089/12081

Herzog Albrecht von Bayern

Bayern Franz Kronprinz von, geboren in München, 14. Juli 1933, Junggeselle; Experte für moderne Kunst, liebt exotische Fische (große Aquarien in seiner Wohnung); geht gern ins 1-Stern-Restaurant „Walterspiel"; fährt VW-Variant; Adresse: Schackstr. 1, 8 München 22, Telefon: 089/396031

Kronprinz Franz von Bayern

Bayern Leopold („Poldi") Rupprecht Ludwig Ferdinand Adalbert Friedrich Maria et omnes sancti Prinz von, geboren auf Schloß Umkirch bei Freiburg i. Breisgau, 21. Juni 1943, verheiratet mit Ursula Möhlenkamp, zwei Kinder, Prinz Manuel (1972) und Prinzessin Maria del Pilar (1978); Bücher: „Ein Prinz erzählt" (1977 bei Verlag R. S. Schulz); fährt Autorennen; Freizeit: Tennis, Wassersport; Leibspeise: Krebse; Lieblingslokal: „Aubergine". Adresse: Schackstr. 1, 8 München 22, Telefon: 089/398934

Prinz Leopold von Bayern

Bayern Ludwig Karl Maria Anton Joseph Prinz von, geboren in München, 22. Juni 1913, verheiratet (seit 1950) mit Irmingard Prinzessin von Bayern (Geburtstag: 29. Mai); Ritter des St. Hubertus-Orden, führen „Königlich Bayerische Brauerei", leben auf den Schlössern in Kaltenberg bei Landsberg/Lech und Leutstetten bei Starnberg; eigene Pferdezucht in Leutstetten; begeisterter Jäger; fährt Mercedes. Adresse: Schloß Kaltenberg bei Landsberg, Telefon: 08193/209, 323

Prinz Ludwig von Bayern

Prinz Luitpold von Bayern

Bayern Luitpold Rupprecht Heinrich Prinz von, geboren in Leutstetten, 14. April 1951, verheiratet mit Beatrice Wigand, betreibt „Königlich Bayerische Brauerei" und lädt alljährlich zur traditionellen Bierprobe; talentierter Segler, Reiter und Skiläufer; fährt Golf GTI; betreibt den „Königlich bayerischen Biergarten" (Neue Schießstätte in Sendling) Adresse: Schloß Kaltenberg bei Landsberg, Telefon: 08193/209, 323

Bayern Maria del Pilar Eulalia Antonia Isabella Ludovika Franziska Josepha Rita Euphrasia omnes sancti Prinzessin von, geboren in München, 13. März; ist passionierte Malerin; Grand Home im Hause Wittelsbach; Freizeit: Botanik; treuer Hausgenosse ist ihr Lieblingshund „Blanco" (engl. Mops). Adresse: Nördl. Schloßrondell 10, 8 München 19, Telefon: 089/171773

Prinzessin Maria von Bayern

Bayern Max Emanuel Prinz von, geboren in München, 21. Januar 1937, verheiratet (seit 1967) mit Elisabeth Gräfin Douglas; Kinder: Prinzessin Sophie (1967); Prinzessin Marie (1969); Prinzessin Helene (1972); Prinzessin Elisabeth (1973); Prinzessin Anne (1975): führt infolge Adoption durch Herzog Ludwig Wilhelm in Bayern (kinderlos) seit 18. März 1965 bürgerlichrechtlich den Namen „Herzog in Bayern", nach Hausrecht jedoch weiterhin Titel und Name „Prinz von Bayern"; leidenschaftlicher Sammler von Oldtimern („Bugatti"); begeisterter Jäger; fährt Range Rover, Mercedes Station-Car; Adresse: 8185 Wildbad Kreuth b. Tegernsee, Telefon: 08029/302

Prinz Max von Bayern

Bayern Rasso Maximilian Rupprecht Prinz von, geboren in Leutstetten, 24. Mai 1926, verheiratet (seit1955) mit Theresa Erzherzogin von Österreich; züchtet Tiger-Dackel; Agrar-Experte; fährt VW-Bus; Adresse: Schloß Leutstetten bei Starnberg, Telefon: 08151/8323

Prinz Rasso von Bayern

Bayrhammer Gustl, Fernsehstar, geboren in München, 12. Februar 1922, seit 1947 verheiratet mit Frau Irmgard Henning. Karriere beginnt in Augsburg, Tübingen, Karlsruhe, Salzburg. Seit 1966 in München, Engagements am Bayerischen Staatsschauspielhaus und Kammerspiele. 1975 Kritikerpreis und Titelrolle „Der Wittiber" (Regie: Franz Peter Würth). Freizeit: „mei Ruah", liebt Spargel, Bier, einen „Klaren", herben Wein und Whisky, fährt Peugeot 504 TI. Adresse: Wolf-Ferrari-Str. 5, 8030 Krailling, Telefon: 089/8572984

Gustl Bayrhammer

Beck Ilse, Wirtin des „Nürnberger Bratwurstglöckl am Dom", geboren in München, 30. September. Freizeit: Sport und Musik; Leibgericht:

Ilse Beck

Schweinsbraten mit Kartoffelknödel; Lieblingsgetränk: Bier; Auto: Fiat 238. Adresse: Frauenplatz 9, 8 München 2, Telefon: 089/220385

Beckenbauer Franz, „Kaiser" am Leder, geboren in München, 11. September 1945, verheiratet mit Frau Brigitte, hat drei Söhne, Thomas, Michael und Stefan. Wächst in Giesing auf und absolviert eine Lehre als Versicherungskaufmann. Als Schüler spielt er aktiv beim „SC München 1906", 1958 Wechsel zum „FC Bayern", 1965: eindrucksvolles Debüt in der deutschen Nationalelf im Weltmeisterschafts-Qualifikationsspiel gegen Schweden in Stockholm, das Deutschland mit 2:1 gewinnt. Ein Jahr später erringt er mit dem FC Bayern den DFB-Pokal, mit

Franz Beckenbauer

der National-Elf die Vize-Weltmeisterschaft in England, erstmals das „Silberne Lorbeerblatt" und den Titel „Fußballer des Jahres". Weitere Daten: 1967 DFB-Pokal, Europacup und Silberlorbeer, 1968 wieder „Fußballer des Jahres", 1969 DFB-Pokal und Deutscher Meister mit FC Bayern, 1970 dritter Platz bei der Weltmeisterschaft in Mexiko, 1971 DFB-Pokal, 1972 Deutscher Meister und „Europas Fußballer des Jahres", 1973 Deutscher Meister, 1973 Kapitän der Nationalmannschaft mit 73 Länderspielen, 1974 Deutscher Meister, Europacup, Fußballer des Jahres, Sieg der Weltmeisterschaft; im Mai 1977 Wechsel zum amerikanischen Fußball-Profi-Club „Cosmos New York" (Dreijahresvertrag mit 2,8 Millionen Dollar dotiert). Regisseur Wigbert Wicker dreht den Spielfilm „Libero" mit Franz in der Titelrolle; 1975 erscheint sein erstes Buch „Einer wie ich"; 1980: Vertragsabschluß beim Hamburger SV. Auszeichnungen: Bundesverdienstorden. Werbung für den Parfüm-Konzern Faberge (Serie: Mister Brut). Sein bester Freund (neben Manager Robert Schwan) ist Fabrikant Rudolf Houdek. Er fährt Mercedes, besucht gern Restaurants wie „Käfer", „Forsthaus Wörnbrunn". Freizeitbeschäftigung: Tennis, Reiten. Adresse: Hamburger Sportverein, Rothenbaumchaussee 115, 2 Hamburg 13, Telefon: 040/444031

Beckmann Lilo „Brasserie"-Wirtin, geboren in Giessen/Lahn, 16. April, in zweiter Ehe mit Vasili Sikos verheiratet, Sohn Michael. Seit 1971 Schwabinger Wirtin (Stammtisch ist donnerstags, dabei sind Elisabeth Volkmann, Ingrid Steeger, Barbara Valen-

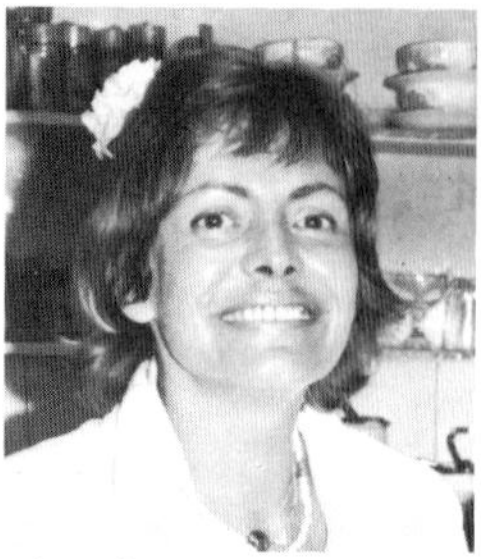

Lilo Beckmann

tin); 1978: Großer Flirt mit dem Bonner Politiker „Ben Wisch", Hans Jürgen Wischnewski; Leibspeise: Sauerbraten; Lieblingsgetränk: Champagner („Moet + Chandon"); Garderobe: „Daisy"-Boutique. Adresse: Hesseloherstr. 7, 8 München 40, Telefon: 089/345180

Friedrich Karl Beier

Beier Friedrich Karl, Universitätsprofessor, Direktor des Max Planck-Instituts für ausländisches und internationales Patent-, Urheber- und Wettbewerbsrecht München, geboren in Berlin, 9. April 1926. Freizeit: Garten, Schwimmen und Lesen. Lokale: „Friedensengel" und „Bouillabaisse", bevorzugt Austern, Renken, Lammkeule. Schneider: A. Lehrhuber, Privatwagen: Audi. Adresse: Lärchenstr. 1, 8033 Krailling, Telefon: 089/8571431

Karl Bengl

Bengl Karl Dr., Bayerns oberster Justizbeamter, Ministerialdirektor, geboren in Fürth/Bayern, 7. Januar 1918, verheiratet mit Frau Annemarie. Laufbahn: Studium in Erlangen; 1951: Gerichtsassessor, dann Staatsanwalt, Landgerichtsrat, Oberregierungsrat, Landgerichtsdirektor, Regierungsdirektor; seit 1. 10. 1966 Ministerialdirektor; Auszeichnungen: Bundesverdienstkreuz 1. Klasse, Bayerischer Verdienstorden; Freizeit: Theater, Oper, Literatur; Leibspeise: Kaiserschmarrn, Mehlklöße (Fränkische Spezialität). Adresse: Pacellistraße 2 (Maxburg) 8 München 35, Telefon: 089/55971

Bennent Heinz, Schauspieler, geboren in Stolberg/Rheinland, 18. Juli 1921, verheiratet

Heinz Bennent

mit Frau Diane, hat eine Tochter Anne und einen Sohn David (spielt Hauptrolle in Grass-Verfilmung „Die Blechtrommel"). Erstes Engagement in „Don Carlos" in Karlsruhe, 50 Rollen an 21 Theatern, Durchbruch als internationaler Star in Ingmar Bergmans düsterer Horrorvision „Das Schlangenei". Beginnt den Tag mit Yoga-Übungen (pro Tag 45 Minuten), 20-Minutenlauf durch den Englischen Garten, kalter Dusche und Zwei-Stunden-Frühstück sowie Englisch-Unterricht. Adresse: Agentur Steffi Jovanovic, Perfallstr. 6, Telefon: 089/475024

Benrath Martin, Star des Münchner Residenztheaters, geboren in Berlin, 9. November 1926, verheiratet mit Schauspielerlin Marianne Klein. Mit dem Verkauf seiner Rolleiflex-Kamera finanziert er ein Jahr lang sein Schauspiel-Studium in Berlin bei Maria Loya. Erstes Engagement: 1947–50 am Berliner Schiffbauer-Theater, dann Kurfürstendammtheater (Shakespeares „Wintermärchen"), Hebbel-Theater („Die Zwanzigjährige"), Theatre-Club des British Centre („Räuber", „Der Widerspenstigen Zähmung", „Troilus und Cressida"). Erhält in Düsseldorf einen Vier-Jahresvertrag unter Gründgens, 1961 Wechsel nach München (Residenz und Kammerspiele), spielt u. a. die Titelrolle in Ionescos „Stühle". Er wirkt in über 80 Fernseh-Spielen mit u. a. „Das Genie", „Wir sind noch einmal davon gekommen", „Gespenster", „Heydrice in Prag", „Nie wieder Mary". Erster Film (1953) „Meines Vaters Pferde". Zuletzt spielt er die Hauptrolle im Sinkel-Brustellin-Film „Berlinger". Ist seit 1972 Mitglied der Akademie der Künste

Martin Benrath

in Berlin. Auszeichnung: „Goldene Kamera" (1979). Adresse: Am Fischerwinkel 21, 8022 Grünwald, Telefon: 089/6412131

Berg Almut, Schauspielerin, geboren in Berlin, 16. August. Laufbahn: 1957–58: Falckenberg-Schule; erster Film „The

Almut Berg

Vikings"; Rollen in 30 Streifen, darunter Amazonen-Film mit Terence Young und TV-Spielen; Aufenthalte in USA und Italien. Adresse: Athener Str. 42, 8 München 90, Telefon: 089/643232

Berg de la Margit, Filmagentin, geboren in München, 14. April. Managerin von Karin Anselm, Lil Dagover, Hannelore Elsner, Liane Hielscher, Gunther Beth,

Margit de la Berg

Herbert Fleischmann, Ernst Fritz Fürbringer. Freizeit: Tiere, Astrologie. Adresse: Haus am Weiher, 8026 Irschenhausen, Telefon: 08178/3681

Bergdolt Bernhard Dr., Löwenbräu-Eminenz, geboren in München, 23. Mai 1909, ver-

Bernhard Bergdolt

heiratet. Laufbahn: Jura-Studium; ab 1936 bei Löwenbräu; bis 1962 Vorstandsmitglied, später Vorsitzender; Auszeichnung: Bayerischer Verdienstorden. Adresse: Nymphenburger Str. 4, 8 München 2, Telefon: 089/52001

Berger Senta, Filmschauspielerin, geboren in Wien, 13. Mai, verheiratet mit Regisseur Dr. Michael Verhoeven, 2 Kinder, 60 Rollen in Filmen und Fernsehspielen in Deutschland und Italien. Entdecker: Produzent Juan Lloyd, London. 1967: Bambi-Siegerin, 1976/77/78 „Buhlschaft" im „Jedermann" bei den Salzburger Festspielen. Adresse: Sentana-Filmproduktionsges. mbH, Robert-Koch-Str. 10, Geiselgasteig, Telefon: 089/649126

Senta Berger

Berghofer-Weichner Mathilde Dr., Politikerin, Landtagsabgeordnete, Staatssekretärin, geboren in München, 23. Januar, verheiratet mit Landessozialgerichtspräsident Robert Berghofer. Studiert Rechtswissenschaften in München, promoviert 1957 zum „Dr. jur", 1960 Staatsanwältin, 1963 Landgerichtsrätin in München, 1966 Erste Staatsanwältin, 1974 unter Kultusminister Prof. Hans Maier Staatssekretärin und seit

Mathilde Berghofer-Weichner

1968 stellvertretende Landesvorsitzende der CSU, seit 1970 im Bayerischen Landtag. Hobby: Kakteen, Gartenarbeit; Auszeichnung: Bundesverdienstkreuz erster Klasse. Adresse: Salvatorplatz 2, 8 München 2, Telefon: 089/21861

Bergman Ingmar, Film- und Theater-Regisseur, Drehbuchautor mit besonderen Kennzeichen (Baskenmütze und Pantoffel), geboren in Uppsala, 14. Juli 1918. Nach vier Ehen (darunter eine mit Ulla Jacobson), aus denen acht Kinder entstammen, mit Botschaftstochter Ingrid von Rosen verheiratet. Filme (rund 40): „Krise", „Das Lächeln einer Sommernacht", „Abend der Gaukler", „Wilde Erdbeeren", „Schweigen",

Ingmar Bergman

„Die Jungfrauenquelle" (bekam dafür 1961 den „Oscar"), „Szenen einer Ehe", „Von Angesicht zu Angesicht". „Das Schlangenei" (Produzent Horst Wendlandt), „Herbst-Sonate" (nominiert für den „Oscar 79") und „Aus dem Leben der Marionetten". Erlebt seine Theaterpremieren („Traumspiel", „Drei Schwestern", „Hedda Gabler") immer daheim und erscheint erst zum Schlußapplaus vor dem Vorhang; bewohnt in Schweden die Insel Farø und in München eine Duplex-Wohnung im Cosima-Park (Monatsmiete: 1400 Mark); eigenes Büro auf dem Bavaria-Filmgelände; bevorzugt als Reisemittel Privat-Jets. Adresse: Bavariafilmplatz 7, 8 München-Geiselgasteig, Telefon: 089/64991

Bergmanova Eva, Urenkelin von Komponist Franz Liszt, geboren in Prag, 11. Dezember. Studiert Medizin, besucht die Schauspielschule, seit 1971 in München „glücklich und selig". Freizeit:

Eva Bergmanova

Schach, Babypflege (Sebastian). Befreundet mit Bauunternehmer Otto Schnitzenbaumer und Filmproduzent Peter Schamoni. Lieblingslokal: „Mandarin" auf den Seychellen; Leibspeise: chinesische und japanische Küche; Getränk: Bier; Auto: Fiat-Sportcoupé. Adresse: Hohenzollernstr. 30, 8 München 40, Telefon: 089/390711

Berner Georg, Generallandesanwalt, Leiter der Landesanwaltschaft Bayern (selbständige und gegenüber den Verwaltungsgerichten unabhängige Behörde), geboren in Zwickau/Sachsen, 26. März 1916, verheiratet. Seit 1. Juli 1970 Generallandesanwalt. Adresse: Ludwigstraße 23, 8 München 22, Telefon: 089/21301

Georg Berner

Bernheimer Konrad O. geboren in Rubio/Venezuela, 30. August 1950, verheiratet mit Frau Barbara, Tochter Maria-Theresa. Betriebswirtschaftsstudium, Volontariat im Londoner Auktionshaus „Christi"; 1970 Geschäftsführender Gesellschafter in seiner Münchner Firma; Freizeit: Golf, Lesen (Kunstliteratur); Leibspeise: Schweinsbraten mit Knödel; Lieblingsgetränk: Bocksbeutel.

Konrad O. Bernheimer

Adresse: Lenbachplatz, 8 München 2, Telefon: 089/59664 3–45

Bernie Paul (bürgerlich: Bernd Vonficht) Schlagersänger (Hit: „Lucky"), geboren in Ingolstadt, 12. Februar 1950, befreundet mit Rosanne Cash (Tochter des Country-Superstars Johnny Cash); arbeitet in der „Ariola"-Plattenfirma in München; nach seinen ersten Plattenerfolgen engagiert ihn Film-Produzent Carl Spiehs für den Streifen „Sonnyboy und Sugarbaby"; Hobby: Kochen; Schwäche:

Paul Bernie

ein bißchen eitel. Adresse: Ariola, Steinhauserstr. 3, 8 München 80, Telefon: 089/41361

Bertelmann Fred, Sänger und Schauspieler, geboren in Duisburg, 7. Oktober 1925, verheiratet mit TV-Moderatorin Ruth Kappelsberger, Vater einer Tochter. Superhit seiner Karriere: „Der lachende Vagabund". Freizeit: Angeln, Kochen. Restaurant: die Gastronomie im „Bayerischen Hof", liebt „Meeresfrüchte" und trinkt Bier. Garderobe: Max Dietl, Auto: US-Coupé

Fred Bertelmann

„Camaro". Adresse: Am Hohenberg 9, 8131 Berg/Starnberger See, Telefon: 08151/5526

Will Berthold

Berthold Will, Schriftsteller, geboren in Bamberg, 12. 10. 1924. Nach dem Krieg Werkstudent und Gerichtsreporter; mehrere Bücher über das „Dritte Reich" u. a. „Lebensborn", „Kriegsgericht"; „Malmedy"; Dokumentarberichte „Der große Treck", „Getreu bis in den Tod"; viele Bestseller sind in andere Sprachen übersetzt; neuester Roman: „Führerhauptquartier"; hat Wohnsitze in München und Ascona. Adresse: Barerstr. 50a, 8 München 40, Telefon: 089/286834

Betzwieser Fritz, Stadtpfarrer von Herz-Jesu in Neuhausen,

Fritz Betzwieser

geboren in München, 15. Januar 1929. Gymnasium und Theologie-Studium in München; 1955: Priesterweihe; 2 Jahre Kaplan in Freilassing und 1 Jahr in der Pfarrei Herz-Jesu in München-Neuhausen; 7 Jahre Leiter des Lehrlingsheims Berlepschstraße, seit 1965 Pfarrer von Herz-Jesu; Auszeichnung: Medaille Pro arte der Akademie der schönen Künste; Hobby: Aquarellmalen. Adresse: Romanstr. 6, 8 München 19, Telefon: 089/160733

Biederstaedt Claus, Schauspieler, geboren in Stargard/Pommern, 28. Juni 1928, verheiratet mit Dr. Barbara, ein Sohn Toni. Laufbahn: Gymnasium Stargard und Hamburg, Schauspielschule am Hamburger Schauspielhaus

Claus Biederstaedt

(auch erstes Engagement), später Staatstheater Wiesbaden; circa 60 Filme, Fernsehen (ca. 30 Filme); 1979: „Die unsterblichen Methoden des Franz Josef Wanninger" (Serie); lebt in der Nähe von München in einem Bungalow (Haustier: Boxer „Moritz"); Auszeichnung: Bundesfilmpreis in Gold (1953); Freizeit: Musik, Literatur; Lieblingslokal: „Häuslicher Herd"; Leibspeise: Osso Buco; Lieblingsgetränk: Weißwein, Whisky; Garderobe: Boutique „Lord 2000", fährt Mercedes. Adresse: Agentur Köhler, Rümannstr. 51, 8 München 40, Telefon: 089/363970

Manfred Bieler

Bieler Manfred, Schriftsteller, geboren in Zerbst/Anhalt, 3. Juli 1934, verheiratet mit Frau Marcella, geborene Matejovska. Bücher: „Der Mädchenkrieg", „Der junge Roth", „Der Passagier". Freizeit: Cembalo, Schafkopf. Lieblingsrestaurant: „Schwarzwälder's". Leibgericht: Pellkartoffel mit Quark und Leinöl. Getränke: Bordeaux, Tee mit Zitrone und Honig. Adresse: Aldringenstr. 12, 8 München 19, Telefon: 089/163562

Bienek Horst, Schriftsteller, geboren in Gleiwitz, 7. Mai

Horst Bienek

1930. Bücher: „Die Zelle", „Traumbuch eines Gefangenen", „Die letzte Polka". 1955 aus stalinistischem Arbeitslager im Archipel Gulag entlassen. Zweit-Wohnsitz in Sydney (Australien). Hobby: Lesen und Bruckner hören, Lokal: „Bistrot" im Schwabinger „Aquitaine". Essen: Loup de Mer und Rührei mit Lachs, Getränke: Cassis und Frankenwein, Auto: BMW. Adresse: Isarweg 2, 8012 Ottobrunn b. München, Telefon: 089/6092406

Bierich Marcus, Manager, Mathematiker, Philosoph, Finanzchef und ab Juli 1980 Vorstand der „Allianz"-Versicherungs-AG, geboren in Hamburg, 29. April 1926, verwitwet, sechs Kinder. Laufbahn: Studiert in Hamburg und Münster Philosophie und Mathematik, tritt 1951 in das Hamburger Privatbankhaus „Delbrück, Schickler & Co" ein; Mannesmann-Finanzchef Günter Vogelsang holt den 35jährigen 1961 als Finanzdirektor nach Düsseldorf; als Vogelsang den Chefsessel bei Krupp übernimmt, wird Bierich Finanz-Chef bei Mannesmann; ab 1. Juli Nachfolger von „Allianz"-Vorstand Klaus Götte, der zum Flick-Konzern geht; sein großes Vorbild und sein Lehrmeister war der englische Philosoph und Mathematiker Bertrand Russell (1872–1970); um ihn kennenzulernen, läßt er sich 1947 als Student als Erntehelfer auf ein Landgut in der Nähe von Oxford verpflichten; im Oktober desselben Jahres wird er von dem damals 74jährigen Philosophen eingeladen und es entwickelt sich eine dauerhafte Freundschaft; als Bierich 1951 bei seiner Dissertation über „Bertrand Russells Grundlagen der Mathematik" nicht weiterkommt, hilft ihm der 80jährige Meister postwendend mit vier Seiten handgeschriebener Formeln samt Erläuterungen; fährt Mercedes 450. Adresse: Königinstraße 28, 8 München 22, Telefon: 089/38001

Marcus Bierich

Bilek Franziska, Zeichnerin, geboren in München, 29. Oktober, verheiratet 1936 bis 1944. Unpolitische, originelle Zeichnungen für „Simplicissimus", 1946 bis 1950 satirisches Magazin „Der Simpl", seit 1961 täglich mit „Herr Hirnbeiß" in der Abendzeitung, Illustration in Büchern „Mein Lebensmärchen", „Mein Magen geht fremd", „Das geht auf keine Kuhhaut", „Aus der Pistole geschossen"; eigene Bücher: „Mir gefällt's in München, „Respektloses", „Heiterer Olymp". Auszeichnung: Ludwig-Thoma-Medaille der Stadt München. Lokale: mag sie nicht, kocht gern selbst. Essen: Zwetschgenknödel auf böhmische Art, Reis mit Tomatensoße. Fährt nicht Auto, hat keinen Führerschein. Adresse: Am Kosttor 3, 8 München, Telefon: 089/224171.

Franziska Bilek

Biron von Curland, Friedrich-Carl Johannes Detlev Franz, geboren in Ober-Langendorf, 9. März 1938, verheiratet (seit 1969) mit Ingrid (Ini) Farnsteiner, eine Tochter, Prinzessin Annina Franziska (1974); Hobby: Tennis; hält sich gerne in Monte Carlo auf und hält Kontakt mit dem Hause Grimaldi. Adresse: Flemingstr. 49, 8 München, Telefon: 089/988762

Biron von Curland

Bismarck Andreas Graf von, Dipl. Kaufmann, geboren in Berlin, 14. Februar 1941, ver-

Graf Andreas von Bismarck

heiratet mit Charlotte Kimberg. Gesellschafter der Dimex-Handels-Gesellschaft. Adresse: Barerstraße 84, 8 München 40, Telefon: 089/283910

Bismarck Klaus von, Dr. Präsident des Goethe-Instituts, Präsident des Deutschen Evangelischen Kirchentags, geboren in Jarchlin/Pommern, 6. März 1912, verheiratet mit Ruth von Wedemeyer.

Klaus von Bismarck

Mitglied des Verw. Rates des NWDR (1952–53); Mitglied der Gesamtdeutschen Synode der Evangelischen Kirche Deutschlands; Intendant des WDR (1961–76); seit 1977 Präsident der Zentralstelle des Goethe-Instituts München; Auszeichnungen: Freiherr von Stein-Preis, Großes Bundesverdienstkreuz, Adolf-Grimme-Preis; Hobby: Reiten, Tennis, Musik. Adresse: Römerstraße 4, 8 München 40, Telefon: 089/3401510

Black Roy (bürgerlich Gerhard Höllerich), Schlagersänger, geboren in Straßberg bei Augsburg, 25. Januar 1943, verheiratet mit Frau Silke, Vater eines Sohnes Thorsten. Startet Karriere als Bandleader der Augsburger Schülerband „Roy Black and his Canons". Hits: „Ganz in Weiß", „Du bist nicht allein", „Leg dein

Roy Black

Herz in meine Hände", „Ich bin so gern bei dir", „Irgend jemand liebt auch Dich", „Frag nur dein Herz". Bis 1974 verkauft er rund 10 Millionen Singles und 1,5 Millionen LP's. Auszeichnungen: Elfmal den „Löwen" von Radio Luxemburg, fünf Goldene Schallplatten. Theatertournee mit „Warum lügst Du Cherie" wird ein Reinfall. Freizeit: Angeln, Lesen; liebt Spaghetti und Bourbon-Ginger-ale, fährt Mercedes und kauft Konfektionskleidung. Wohnt in einer Mietvilla in Solln. Adresse: Agentur Killer, Fafnerstr. 32, 8 München 19, Telefon: 089/173455

Blanco „Roberto" Zerquera, Entertainer, Showstar, geboren in Tunis, 7. Juni 1937, verheiratet mit Frau Mireille, Vater von zwei Töchtern, Mercedes und Patricia. Wächst in

Roberto Blanco

Beirut/Libanon auf, studiert 1 Semester Medizin in Madrid und startet als Sänger in Wiesbaden. Seit 1957 in Deutschland, wirkt in sechs Filmen und zwei Fernsehspielen mit, hat seine eigene TV-Show, Plattenhits „Der Puppenspieler von Mexico", „Ein bißchen Spaß muß sein". Adresse: Waldschulstr. 71, 8 München 82, Telefon: 089/4301420

Blau Gudula, Fotografin, Kinderbuchautorin („NESSY"-Verlag R. S. Schulz), (nach ei-

Gudula Blau

genen Angaben auch) Schauspielerin, Sängerin, Komponistin und Texterin, geboren in Posen, 22. Februar, Ex-Frau von Filmstar Karlheinz Böhm. Wichtigstes Ereignis im Leben: „Die Entdeckung meines Ichs". Freizeit: Wandern, Schwimmen, Reiten, Saunabesuche, Restaurant: Moevenpick im „Bayerischen Rundfunk", Vegetarierin, fährt „Ford Fiesta". Adresse: Agentur Rakosi, Josef-Sammer-Str. 23, 8022 Grünwald, Telefon: 089/6411067

Blaumeiser Josef, Karikaturist, Grafiker, Chef eines Werbebüros, geboren in Ludwigshafen am 25. Februar 1924, verheiratet, Vater eines Sohnes Michael. Bücher: „Zeitgenossen", „Satirisches

Josef Blaumeiser

und Fabelhaftes", „Wolpertinger Buch", kreiert optisches Erscheinungsbild der Münchner Modewoche-Graphik und viele Poster und Plakate, zeichnet Karikaturen für die „Abendzeitung". Hobby: Tennis. Stammlokal: „Klösterl". Leibgericht: Spargel. Fährt BMW. Adresse: Sollner Str. 9, 8 München 71, Telefon: 089/792584

Block Siegfried Dr. med., Frischzellen-Experte mit eigener Klinik, geboren in Baumgarten (Pommern), 28. Dezember 1912, verheiratet mit Frau Margret, geb. Ast, Vater einer Tochter Petra. Höhepunkt in seiner Karriere: Begegnung mit Frischzellen-Professor Dr. Paul Niehaus (Entdecker). Bücher: u. a. „Frisch durch Frischzellen – alt werden, jung bleiben" (Verlag R. S. Schulz). Freizeit:

Siegfried Block

Wassersport, Reiten. Restaurant: „Fisch-Fiete" auf Sylt. Leibgericht: Steinbutt gebraten mit Speckwürfeln. Schneider: Max Dietl und Wilhelm Rosenhammer. Adresse: Brauneckstr. 8, 8172 Lenggries, Telefon: 08042/8325

Blömer Hans Prof. Dr., Herzinfarkt-Spezialist, geboren in Bad Tölz, 29. Mai 1923, verheiratet mit Frau Eva, drei Töchter, Katharina, Maximiliane, Caroline. Laufbahn:

Hans Blömer

Medizin-Studium in München (Staatsexamen 1950), Promotion 1950, Habilitation 1957; bis 1968 Privatdozent und apl. Prof. Spezial-Gebiet: Kardiologie, Herzfehler, Symptomatologie und Hämodynamik, Auskultation des Herzens; (Vorfahre war Leibarzt von König Ludwig.) Adresse: Klinikum rechts der Isar, Ismaninger Str. 22, 8 München 80, Telefon: 089/41401

Bockelmann Manfred, Maler, Fotograf, geboren in Klagenfurt, 1. Juli 1943, Bruder von Gesangsstar Udo Jürgens, verheiratet mit Filmschauspielerin Christiane Krüger, Vater eines Sohnes Tim Oliver (15. 12. 76). 1970 erste Ausstellung in München, 1971 Begegnung mit Maler Friedensreich Hundertwasser in Zürich und gemeinsame Seefahrt auf dessen Kutter „Regentag"

Manfred Bockelmann

(später Foto-Buch „Hundertwasser Regentag"), mit Christiane entsteht 1974 das Reportage-Buch „Magic Hollywood" (Verlag R. S. Schulz). Freizeit: Surfen, Skifahren. Lokal: „Schiffsglocke" Possenhofen (Wildgerichte). Schneider: Sporrer, Wien. Privatauto: Ford Station. Adresse: Waldschmidstr. 12, 8130 Starnberg, Telefon: 08151/8690

Boettcher Grit (bürgerlich Margit Lange), Theaterstar („Komödie"), geboren in Berlin, 10. August, in erster Ehe mit einem Berliner Arzt

Grit Boettcher

verheiratet, nach der Scheidung (1962) Hochzeit mit Dr. Wolfgang Belstler, Chef der Münchner Fernseh-„Abendschau". Aus dieser Ehe entstammt die Tochter Nicole. Ein Jahr nach dem

Tod von Dr. Belstler (starb 1969 im Alter von 42 Jahren an Blutkrebs) heiratet sie Theater-Regisseur Christian Wölffer. Die Ehe geht in die Brüche; Grits künstlerische Begabung beweist sie schon beim Kinderballett; als Schülerin schreibt sie Kurzgeschichten für eine Berliner Zeitung, gegen den Willen der Mama absolviert sie eine Schauspielausbildung. Viktor de Kowa verhilft ihr dann zu ihrer ersten Bühnenchance. Filme: „Solange das Herz noch schlägt", „Fastnachtsbeichte", „Der schwarze Abt". Fernsehen: „Ein süßes Biest", „Heitere Episoden" mit Hans Joachim Kulenkampff, größter Erfolg „Ein verrücktes Paar" mit Harald Juhnke. Adresse: An der Fähre 6, 8 München-Ismaning, Telefon: 089/967712

Bogner Willy jr., Fabrikant und Filmregisseur, geboren in München, 23. Januar 1942,

Willy Bogner

verheiratet mit Frau Sonia. Wichtigstes Ereignis: Teilnahme an den Olympischen Spielen 1960 und 1964 im alpinen Skilauf. Filme: Olympische Spiele 60 in Squaw Valley, Ski-Faszination, Ski-Vision, Olympia-Film München 1972. Dreht für James-Bond-Filme die Ski-Aufnahmen. Hobby: Fotografie, Sport. Lieblingslokal: China-Restaurant „Pearl's" in New York. Getränk: Wies'n-Bier. Schneider: Eigene Bogner-Modelle. Wohnsitze in USA und Schweiz (St. Moritz). Adresse: St.-Veit-Str. 4, 8 München 80, Telefon: 089/41491

Bohlen und Halbach Arndt von, der letzte aus der Krupp-Familie, Deutschlands

Arndt von Bohlen und Halbach

reichster Frührentner, geboren in Berlin, 24. Januar 1938, verheiratet mit Prinzessin Henriette von Auersperg. Verzichtet in der Nacht vom 15. zum 16. September 1966 nach stundenlangen Gesprächen mit Krupp-Majordomus Berthold Beitz auf das Erbe der Krupp-Werke. Gegenleistung: 2 Millionen Mark pro Jahr, hinzu kommen Erträge aus dem Privatvermögen des 1967 verstorbenen Alfried Krupp von Bohlen und Halbach, die ihm jährlich weitere 2 Millionen Mark einbringen. Arndt, großer Kunstsammler und Asien-Freund, gibt 1979 seinen Münchner Wohnsitz auf und zieht nach Palm Springs (USA), besitzt das Jagdgut Blühnbach bei Werfen in der Nähe von Salzburg (152 Quadratkilometer groß), die marokkanische Villa „Bled Targui" bei Marrakesch, die 920 PS-Yacht „Antinous II", zwei Rolls Royce und einen Mercedes 600. Hobby: Innenarchitektur, kauft Mama Anneliese von Bohlen und Halbach alle Kleider und sucht auch den Schmuck aus, Gemäldesammler, Seefahrt. Auszeichnungen: Großkreuz des Ordens vom Heiligen Grab, der brasilianische Orden „Isabella, die Befreierin". Adresse: Nordendstraße 12, 8 München 40, Telefon: 089/376514 [2716514]

Bohm Hark, Filmregisseur, geboren in Hamburg, 18. Mai 1938. Findet Zugang zur Münchner Filmszene durch Bruder Marquard Bohm und gibt seinen Juristenberuf auf, um sich ganz dem Film widmen zu können. 1972: erster Spielfilm „Tschetan der Indianerjunge", „Ich kann auch 'ne Arche bauen", „Nordsee ist Mordsee", „Moritz, lieber

Hark Bohm

Moritz". Adresse: Oberjägerstr. 9, 8 München 45, Telefon: 089/325217

Böhm Karl Professor Dr. jur., Dirigent, geboren in Graz/Österreich, 28. August 1894, verheiratet. Karriere: 1917–1921 Graz, 1921–27 München, 1927–31 Darmstadt, 1931–33 Hamburg, 1934–43 Dresden, 1943–56 Wien. Engagement mit Berliner Philharmonikern und New Yorker Philharmonikern, Gast-Dirigent an der „Met" in New York, „Scala"

Karl Böhm

in Mailand, Salzburg und Bayreuth, Ehrensenator der Universität Graz. Adresse: Hochwaldstr. 24, 8011 Baldham b. München und Himmelstr. 41, A 1190 Wien, Telefon: 08106/1582

Böhm Karlheinz, Filmschauspieler, geboren in Darmstadt, 16. März 1928, verheiratet mit

Karlheinz Böhm

Barbara Lass (1963–1980). 1948 Regisseur am Wiener Studententheater, Engagement am Burgtheater, Theater in der Josefstadt, 1953–64: 44 Hauptrollen in Filmen in Deutschland, Österreich, Frankreich, England und USA, Theaterverpflichtungen in München und Zürich. Seit 1964: Theater-Gastspielreisen, Fernsehspiele, 1973: Cooperation mit Rainer Werner Fassbinder (3 Filme), drei Opernproduktionen, Dichterlesungen. Adresse: Hochwaldstr. 24, 8011 Baldham, Telefon: 08106/1582

Böhme Kurt, Kammersänger, geboren in Dresden, 5. Mai 1908, verheiratet mit Frau Inge Heinicke. Wichtigstes Ereignis: „Mein Engagement an der Dresdner Staatsoper mit 21 Jahren" (1930). Münchner Staatsoper seit 1950, Wiener Oper seit 1955, Gastspiele in

Kurt Böhme

Buenos Aires, New York, London, Paris, Lissabon, Barcelona, Brüssel, Monte Carlo, Antwerpen. Freizeit: Spaziergänge. Lieblingslokal: „Grillroom" im Hotel „Bayerischer Hof". Leibgericht: Wiener Tafelspitz, trinkt Moselwein. Privat-Auto: Mercedes. Adresse: Geibelstr. 5, 8 München 80, Telefon: 089/474244

Bölkow Ludwig Dr., Dipl. Ing., Konstrukteur und Unternehmer (Luft- und Raumfahrt), geboren in Schwerin/Mecklenburg, 30. Juni 1912, verheiratet, zwei Kinder, Elke und Susanne. Laufbahn: Abitur; 1934–38 Luftfahrzeugbau-Studium in Berlin, ab 1939 Entwicklungsleiter bei Messerschmitt AG; 1948 Gründung eines eigenen Ingenieur-Büros (Baumaschinen, Förderanlagen, Verkehrstechnik, Automationen); 1958: Verlegung seiner Firma Böl-

Ludwig Bölkow

kow-Entwicklungen KG von Stuttgart nach Ottobrunn bei München mit neuen Projekten. (Erster großer Erfolg: Panzerabwehrrakete Cobra); 1959: Konstruktion eines Senkrechtstarters (mit Messerschmitt und Heinkel); 1968: Fusionierung von Messerschmitt und Bölkow, Kooperationsvertrag mit Siemens, weiterer Gesellschafter des MBB-Unternehmens (20000 Beschäftigte) wird 1971 die August-Thyssen-Hütte Duisburg–Hamborn; das MBB-Programm stützt sich auf Wehrtechnik, Verkehrsflugzeuge („Airbus"), Kampfflugzeuge (MRCA Panavia) und Hubschrauber sowie Raumfahrt, Verkehrstechnik und Medizin-Geräte; 1977: verkauft 12 Prozent seiner Gesellschaftsanteile an die Bayerische Landesanstalt für Aufbau-Finanzierung und scheidet aus der Geschäftsführung des Unternehmens aus, bleibt aber durch einen Beratervertrag verbunden; Auszeichnungen: Ludwig Prandtl-Ring, Großes Bundesverdienstkreuz, Goldene Diesel-Medaille, Ehrendoktor der Universität Stuttgart, Goldene Medaille der königlich englischen Aeronautischen Gesellschaft; Freizeit: Segelfliegen, Skilaufen, Musik. Adresse: Robert-Koch-Str., 8012 Ottobrunn, Telefon: 089/60001

Alexandra Bölling

Bölling Alexandra, Tochter des Optik-Industriellen Professor Dr. Rolf Rodenstock, geboren in München, 13. Dezember, verheiratet mit Regierungssprecher Klaus Bölling (Hochzeit in Berlin 1980); studiert Medizin; fährt Sportwagen. Adresse: Elisabethstraße 30, 8 München 40, Telefon: 089/370375

Hans Joachim Bomba

Bomba Hans Joachim, Richter am Oberlandesgericht, geboren in Rüdgershagen, 24. Mai 1934, verheiratet. Hobby: Segeln, Kochen, Restaurant: „Franziskaner" (alle Arten von Fisch bevorzugt), trinkt Rum-Mixgetränke, fährt BMW. Adresse: Veit-Stoss-Str. 14, 8 München 21, Telefon: 089/568848

Boos Robert, Rennstallbesitzer (Gestüt in Kirchstockach bei München), Weinkellereien, Ex-Druckerei-Inhaber, geboren in Waldfischbach/Pfalz, 8. Januar 1906, verheiratet mit Josefa Hörbiger. Laufbahn: lernt im elterlichen Betrieb Weinbau, ist später Inhaber von Berlins größter Weinkellerei und Likörfabrik (verkauft an Friedrich Jahn); Lieblingslokal: „Berlin-Grill", Berlin; Leibspeise:

Robert Boos

Hendl; Lieblingsgetränk: Weißwein „Maximin Grünhäuser"; Auto: Mini und Mercedes. Adresse: Adalbertstr. 104, 8 München 40, Telefon: 089/378391

Borelli Siegfried Dr. med., Dr. phil., o. Prof., Haut- und Allergiespezialist, Klinikdirektor, geboren in Berlin-Wilmersdorf 2. Juni 1924, verheiratet mit Frau Erika. Laufbahn: Studium an der

Siegfried Borelli

Friedrich-Wilhelms-Universität Berlin, der Deutschen Karls-Universität Prag (Medizin), Hamburg (Medizin, Philosophie, Psychologie, Geschichte); 1956 Habilitation; Lehrtätigkeit an Universität und Technischer Universität in München (1962 apl. Prof.), Ordinarius und Klinikdirektor 1967; über 200 Fachveröffentlichungen. Adresse: Dermatologische Klinik und Poliklinik der Technischen Universität München, Biedersteiner Str. 29, 8 München 40, Telefon: 089/381061

Borsche Katja, Schauspielerin, Top-Fotomodell, geboren in Rochlitz, 9. Juni, verheiratet mit Fotograf Peter Borsche, Mutter eines Sohnes. Freizeit: Surfing, Skifahren, Tennis. Restaurants: „Bahia" und „Passatore". Liebt mexikanische und italienische Kost.

Katja Borsche

Getränke: Milch. Auto: Mercedes. Adresse: Waldschulstr. 80, 8 München 82, Telefon: 089/4301434

Bossi Rolf Dr., Rechtsanwalt, Strafverteidiger, geboren in Karlsruhe, 10. September 1923, verheiratet mit Klara Reimann, Töchter Marion und Judith; Laufbahn: seit 1936 in München, studiert Jura an der Universität München, 1. Staatsexamen 1948,

Rolf Bossi

2. Staatsexamen 1952; 1956: Eröffnung einer eigenen Kanzlei; spektakuläre Fälle: Sexualverbrecher Jürgen Bartsch, Frauenmörder Fritz Hounka, Ingrid van Bergen, Dieter Zlof (Oetker-Entführung); Buch: „Ich fordere Recht“ (1977); Lieblingslokal: „Restaurant Königshof“; Freizeit: Jogging (im Englischen Garten), Tennis; fährt einen roten Mercedes-Sportwagen. Adresse: Sophienstraße 3, 8 München 2, Telefon: 089/558251

Brandin Walter, Schlagertexter, Schriftsteller, geboren in Cottbus, 5. Oktober 1920, verheiratet mit Elisabeth Meiest. Schreibt für Helen Vita, Adamo, Gilbert Becaud, Charles Aznavour, Udo Jürgens; von ihm stammen die deutschen Fassungen der Songs von „Hair“, „West Side

Walter Brandin

Story“, „Porgy & Bess“; Musical „Gipsy“; Hobby: Tiere, Malen, Barockmusik, Orgelspielen; Leibspeise: Eisbein mit Erbspüree; Lieblingsgetränk: Wodka. Adresse: Leopoldstraße 17, 8 München 40, Telefon: 089/393573

Braun Gerd, Chefredakteur der Illustrierten „Quick“, geboren in Lenggries/Isar, 15. Februar 1925, verheiratet mit Frau Nora. Laufbahn: Studium (Theater, Zeitung,

Gerd Braun

Germanistik); Lektor beim Goldmann-Verlag; 1960: bei Kindler private Fernseh-Produktion, später Roman- und Serien-Chef bei „Bravo“, dann „Revue“ (unter Karl-Heinz Hagen); „Neue Revue“ (Vize-Chefredakteur), „Constanze“; seit 1969 bei „Bravo“ (ab 1972: Chefredakteur), dann Wechsel zu „Quick“ (als Nachfolger von Fred Baumgärtel); Freizeit: Bayerische Natur, schreibt Theaterstücke; Leibspeise: gut gewürzte Wurst und knuspriges Brot und Schnittlauchbrot, italienische Küche; Lieblingsgetränk: Weißwein; Auto: BMW (Dienstwagen). Adresse: Augustenstr. 10, 8 München 2, Telefon: 089/59971

Braun Michael Dr., Regisseur, geboren in Kalkberge, 5. September 1930. Fernseh-

Michael Braun

filme: „Der Mann, der den Eiffelturm verkaufte“, „Eichholz + Söhne“, „Ein Toter stoppt den 8 Uhr 10“. Adresse: Zugspitzstr. 27, 8031 Stockdorf, Telefon: 089/857711 7

Braun-Falco Otto Prof. Dr. med., Dermatologe, geboren in Saarbrücken, 25. April 1922, verheiratet mit Frau Sissy Golling, ein Kind. Laufbahn: 1948: Univ. Hautklinik Mainz; 1955: Oberarzt; 1960: apl. Prof,; 1961: Lehrstuhl für Dermatologie an der Universität Marburg/Lahn; seit 1967 Direktor der Dermatologischen Klinik und Poliklinik der Ludwig-Maximilians-Universität München; Präsident der Internationalen Liga Dermatologischer Gesellschaften; Auszeichnungen: Medizinische Ehrungen und Bayerischer Verdienstorden;

Otto Braun-Falco

Freizeit: Wissenschaft, Familie und Skilauf; besondere Liebe: München. Adresse: Frauenlobstraße 9–11, 8 München 2, Telefon: 089/5397600

Brauss Arthur, Schauspieler, geboren in Augsburg, 28. Juli 1936. Filme, Fernsehen: „Die Angst des Tormanns beim

Arthur Brauss

Elfmeter" (Regie: Wim Wenders), „Mädchen mit Gewalt (Regie: Roger Fritz), „The Hairy Ape". Adresse: Agentur Alexander, Lamontstr. 9, 8 München 80, Telefon: 089/471011

Bree Gisela, Ehe-Psychologin, geboren in Köln, 27. Oktober, verheiratet mit Ballett-Star Youri Vamos (seit 1977). Studium in Marburg/Lahn; 1965–69 mit Schriftsteller Sigi Sommer zusammen, mit dem

Gisela Bree

sie heute noch befreundet ist; Hobby: sammelt alte Gemälde und Antiquitäten. Adresse: Ainmillerstr. 31 (Gartenhaus), 8 München 40, Telefon: 089/398091

Breitner Paul, Fußball-Star, wie er in keinem Klischeebuch steht. Geboren in Kolbermoor, 5. September 1951, verheiratet mit Frau Hildegard, zwei Kinder. Laufbahn: Jugendspieler in Freilassing mit 15, ein Jahr später Jugend-Nationalmannschaft und mit 18 beim FC Bayern (Bundesliga). 1970: Abitur in Freilassing, Studium an der Pädagogischen Hochschule in München-Pasing (Berufswunsch: Sonderschullehrer). Größtes Ereignis als Fußballer: Der Sieg in Wembley. 1974: Spielt bei Real Madrid (Jahressalär: 500000 Mark), vier Jahre spä-

Paul Breitner

ter Rückkehr zum FC Bayern nach einem Intermezzo bei Braunschweig. Spielt auch eine Rolle in dem Film „Potato Fritz" neben Hardy Krüger und Stephen Boyd (Regie: Peter Schamoni 1975), Gerichtsprozeß wegen unerlaubter Waffenführung, bei dem er zu 18000 Mark Geldstrafe verurteilt wird. 1978: Start einer fünfteiligen TV-Serie „Paul Breitners Fußballmagazin". Liest Bücher über Verhaltensforschung und hört gern alte Pop-Platten (1964–69), geht gern zu „Käfer", spielt Tischtennis. Er besitzt am Waldrand bei Brunnthal ein Zweifamilienhaus. Adresse: FC Bayern, Säbenerstr. 51, 8 München 90, Telefon: 089/643005

Brem Beppo, Schauspieler und „Maigret made in München", geboren in München,

Beppo Brem

11. März 1906, verheiratet mit Frau Marga (seit 1932), Tochter Inge, bewohnt Haus in Buchenhain bei Baierbrunn. Aufgewachsen in Schwabing, erstes „Gastspiel" als Bub im „G'schlössl" am Kurfürstenplatz, muß aber Schreiner-Lehre machen; bewirbt sich als Theaterschreiner und tritt für 80 Mark monatlich als Komparse auf. Laufbahn: Münchner Kammerspiele, Engagements in Ulm, Regensburg und Berlin, dann Residenztheater (mit dem Stück „Das Gold von Bayern"), 1973 erstmals in der „Kleinen Komödie" mit „Sturm im Wasserglas", „Das Fenster zum Flur" (1975), „Fahr'n ma Euer Gnaden" (1979). Fernseh-Serie: „Die seltsamen Methoden des Franz Josef Wanninger", Filme: „Quax, der Bruchpilot", „Die Nacht ohne Moral". Auszeichnungen: Bayerischer Verdienstorden (1970), Bambi (Bronze), Orden Academia Italiana. Freizeit: Ba-

steln, bevorzugtes Lokal: „Bei mir daheim“, Lieblingsgericht: Schweinsbraten mit Knödel und Bier. Adresse: Lindenstr. 5a, 8021 Buchenhain, Telefon: 089/7930303

Brenninger Georg Professor, Bildhauer (Architektur und Plastik), geboren in Velden/ Bayern, 18. Dezember 1909, verheiratet mit Margret Kieninger. Laufbahn: Maurer,

Georg Brenninger

Gewerbeschule, Technische Hochschule, Akademie der bildenden Künste; Veröffentlichungen: „Maler und Bildhauer in München“, „Werke europäischer Plastik“, „Ein Bildhauer unserer Zeit“, „Bronzen“, Auszeichnungen: Mohuscher Kunstpreis, Preis der Biennale Sao Paulo, Kunstpreis der Stadt München; Freizeit: Jagd, Tennis, sammelt alte Plastiken. Adresse: Georgenstr. 3, 8 München 40, Telefon: 089/ 340315

Brocksieper Freddie, Jazz-Drummer, Gastronom, geboren in Konstantinopel, 24. August 1912. Zwischen 1958 und 1967 Hausherr der „Universitäts-Reitschule“ (450 Plätze), in der alle Jazzer spielten – von Benny Goodman bis Errol Garner sowie das Oscar-Petersen-Trio; später „Studio 15“, Schwabings Super-Nightclub, dann „Do-

Freddie Brocksieper

micile“ und „Spectacle“. Adresse: Giselastr. 18, 8 München 40, Telefon: 089/ 333482

Bruckmaier Peter P., Chef der „Senator Restaurant GmbH“ („Lufthansa“-Service-Tochter), geboren in Taufkirchen/ Vils, 27. Februar 1944, verheiratet mit Frau Christa, Tochter Stephanie (1970) und Sohn Florian (1975). Startet nach

Peter P. Bruckmaier

Studium (Betriebswirtschaft) gastronomische Karriere in der „Wienerwald“-Zentrale, „Tourotel“ und „Kempinski“ (Berlin), später Berater des Olympia-Wirts Hermann Haberl; 1974: Lufthansa-Party-Service und danach Verkaufsleiter von „Lufthansa“-Service in Frankfurt; 1979: Übernahme der Geschäftsführung der „Senator“-Restaurants (geplante Kette in internationalen Städten: 12 Lokale); Freizeit: Familie, Billard (im eigenen Keller); Leibspeise: bayerische Küche (selbstgekocht); Lieblingsgetränk: Weizenbier; Auto: BMW 520. Adresse: Sonnenstraße 1, 8 München 2, Telefon: 089/598066

Brückner Wolfgang, Chef des „In“-Lokals „Arames“, geboren in Brünn, 13. April 1944, Junggeselle. Laufbahn: Erst Textilbranche, dann ent-

Wolfgang Brückner

deckt er die gastronomische Marktlücke in München mit einem gemütlichen „Between“-Lokal; 1976: Opening seines „Arames“ in der Triftstraße; gibt jährlich eine Party für Gäste. Adresse: Triftstraße 11, 8 München 22, Telefon: 089/296060

Brühl Heidi, Showstar, geboren in München, 30. Januar,

Heidi Brühl

zwei Kinder, Clayton und Nicole. Karriere: mit 5 Jahren beim Ballett entdeckt, mit 10 erster Film „Der letzte Sommer", mit 17 „Goldene Schallplatte", mit 20 erstes Musical „Annie get your gun", mit 30 Las Vegas; lebt von 1975–80 mit Musical-Star Bela Erny zusammen. Freizeit: „meine Kinder"; bevorzugtes Lokal: „Horchers", Madrid; Lieblingsspeise: Chinesische Kost; Getränk: Tee; Schneider: Salon Gisela, München; Privatwagen: Ford Capri Ghia. Adresse: Lamontstr. 9, 8 München 80, Telefon: 089/471011

Bruhn Christian, Komponist, Schallplattenproduzent mit eigenem Studio, geboren in Wentorf bei Hamburg, 17. Oktober 1934, verheiratet mit Erica Götz (singt den Hit

Christian Bruhn

„Heidi"), seine vierte Ehefrau. Kompositionen: „Zwei kleine Italiener", „Marmor, Stein und Eisen bricht", „Hinter den Kulissen von Paris", „Wunder gibt es immer wieder", „Akropolis adieu", „Gartenzwerg-Marsch", „Heidi". Freizeit: Literatur, Natur; Lieblingslokal: „Alter Simpl"; Leibspeise: Tiroler Speckpfannkuchen; Getränk: Milch (kalt) und Whisky; Garderobe: Jeans Store; Auto: Mercedes. Adresse: Irmgardstr. 11, 8 München 71, Telefon: 089/795718

Erica Bruhn

Bruhn Erica, Sängerin, Ehefrau von Komponist Christian Bruhn, geboren in Obernburg, 17. Juli. Tritt mit ihrer Schwester im Duett auf als „Gitti und Erica", bekannt durch die Titelmelodie „Heidi" aus der gleichnamigen TV-Serie, weitere LP „Heidi und Peter"; Hobby: Reisen. Adresse: Irmgardstr. 11, 8 München 71, Telefon: 089/795718

Brummbär Bernd, Schwabinger Maler („Magischer Realismus"), geboren in Straßberg/Harz, 18. August 1945. Beginnt als Pflastermaler; 1967: London Ausstellung im Art's Lab Poster-Designs; 1970 Verleger und Herausgeber diverser Bücher und Zeitschriften; 1974 Illustrator für Zeitschriften, Filmausstatter, Bühnenbildner für Partys im

Bernd Brummbär

„Tiffany's Club"; Spezial-Motiv „Donald Duck" „Herz". Adresse: Kurfürstenstr. 20, 8 München 40, Telefon: 089/335106

Brunner Manfred, FDP-Stadtrat (seit 1972) und Fraktions-Chef („Brunnenbua") geboren in München, 31. Juli 1947, Junggeselle. Offizier auf Zeit bei der Bundeswehr, studiert Jura (Universität München), 1977: Staatsexamen.

Manfred Brunner

Adresse: Marienplatz 8, 8 München 2, Telefon: 089/215-8885

Brustellin Alf, deutsch-österreichischer Filmproduzent, Drehbuchautor, Regisseur und Kameramann, geboren in Wien, 27. Juli 1940, lebt mit Schauspielerin Hannelore Elsner unter einem Dach. Während des Studiums Mitglied des Studententheaters der Uni München; 1964–66 Kabarett „Rationaltheater", 1966–71 Redakteur und Kritiker bei der „Süddeutschen Zeitung"; hinter der Kamera bei den Bernd Sinkel-Filmen „Clinch" und „Lina Braake", gemeinsame Filmprojekte (Regie, Drehbuch, Produktion) mit Sinkel: „Berlinger" und „Mädchenkrieg"; 1978/79 verläuft die berufliche Zusammenarbeit nicht mehr harmonisch, erste Solo-Regie in „Der Sturz" (nach Martin

Alf Brustellin

Walsers Roman) mit Hannelore Elsner in der Hauptrolle. Lieblingslokale: „Käfer", „Alter Simpl", „Klappe". Adresse: Raintaler Str. 32, 8 München 90, Telefon: 089/ 698067

Christine Buchegger

Buchegger Christine, Schauspielerin, geboren in Wien, 19. November, geschieden von Schauspieler Christian Kohlund, seither solo in ihrer Schwabinger Wohnung. Kurt Meisel holt sie ans Münchner Residenztheater (Vertrag bis 1982); sie spielt unter Ingmar Bergmans Regie Ibsens „Hedda Gabler", „Traumspiel" und „Drei Schwestern", zwei „Derrick"-Krimis (Regie: Theodor Grädler), Titel ihres ersten Fernsehfilms „Das Gespenst von Canterville". Adresse: Agentur Jovanovic, Perfallstr. 6, 8 München 80, Telefon: 089/475024

Buchheim Lothar Günther, Autor, Verleger, Fotograf, Kunstsammler (Expressionisten), geboren in Weimar, 6. Februar 1918, verheiratet mit Diethild Wickboldt, Sohn Yves. Besonders vitale Natur, überstand Lungenembolie. Bücher: „Das Boot" (Deutsche Ausgabe 1 Million Auflage und in 16 Sprachen übersetzt), Kunstbücher über

Lothar Buchheim

den Expressionismus, Monographien von Otto Müller, Max Beckmann, Pablo Picasso sowie Reisebücher und Novellen. Freizeit: „Keine"; Lieblingsrestaurant: „Mein eigenes Eßzimmer"; Lieblingsgetränk: Buttermilch; Schneider: Fachgeschäft für Berufskleidung in der Sendlinger Straße. Adresse: 8133 Feldafing/Starnberger See, Telefon: 08157/1221

Buchholz Horst, Filmschauspieler, geboren in Berlin, 4. Dezember 1933, verheiratet mit Frau Myriam, zwei Kinder, Christopher (1962) und Beatrice (1963), hat eine Wohnung in Paris und ein Haus in der Schweiz (Lenzerheide). Laufbahn: Statist mit 14 Jahren bei der Ostberliner Oper, erster Theatererfolg in „Emil und die Detektive", macht 1950 an der „Tribüne" mit Sartres „Tote ohne Begräbnis" auf sich aufmerksam; 1955 Start beim Film mit „Marianne

Horst Buchholz

meine Jugendliebe", „Himmel ohne Sterne" (Regie: Helmut Käutner); mit Will Trempers „Die Halbstarken" gelingt der Durchbruch. Weitere Filme: „Herrscher ohne Krone", „Robinson soll nicht sterben", „Bekenntnisse des Hochstaplers Felix Krull", „Mompti" (mit Romy Schneider), „Endstation Liebe", „Nasser Asphalt", „Auferstehung" (dabei lernt er seine Frau kennen, die er 1958 in London heiratet). Erster ausländischer Film „Tigerbay", 1959: Broadway-Engagement mit „Cheri" und neben Yul Brynner die Hauptrolle in dem Kassenhit „Die glorreichen Sieben", Affäre mit Danielle Gaubert (Schwiegertochter des ermordeten dominikanischen Diktators Rafael Leonidas Trujillo). 1970 führt er erstmals Regie in dem Film „Giovannis Hochzeit", 1978: Hauptrolle in Mark Robsons „Avalanche Express" und Fernseh-Rolle in „Derrick". Unterhält einen herzlichen Kontakt mit seiner Managerin Toni Mackeben, deren Küche ihn besonders anzieht, beide spielen bis spät in die Nacht hinein Gin Romme. Adresse: Schackstr. 1 (Wenzel Lüdecke), 8 München 40, Telefon: 089/343138

Buchner Paul, Chef des Luitpold-Cafes" (500 Plätze) im „Luitpold-Block" am Fla-

Paul Buchner

nier-Boulevard Brienner Straße, geboren in Regensburg 14. Oktober 1928, verheiratet mit Frau Marika Zechbauer, zwei Töchter. Unter den 80 Mitarbeitern sind 20 Konditoren, Hauptstützen des Süßwarenversands in alle Welt; dem Cafe mit Konfiserie-Geschäft ist ein Grill-Restaurant angegliedert. Das ursprüngliche Cafe wurde am 1. Januar 1888 eröffnet – ein Renaissance-Palast (dreischiffige Hallen mit Deckengemälde und Kuppelbau), zu dem ein kühler Palmengarten, ein Tanzsaal und der größte Billardsaal Deutschlands gehörte; Wedekind, Ibsen, Thoma, Ganghofer zählen zum Stammpublikum des „Cafe-Schlosses"; nach dem Krieg wird das Cafe 1948 im bescheidenen Rahmen wieder eröffnet; seit 1962 besteht das Kaffeehaus in der gegenwärtigen Form; Prominente Gäste: Tina Sinatra, Peter Sellers, Robert Wagner, Hildegard Knef, Shirley McLaine, Elsa Martinelli, Karl Malden, Fabiola-Bruder Don Jaime, Johannes Heesters, Franz Beckenbauer, Udo Jürgens, Walter Giller, Vicco von Bülow, Mario Adorf; sporadisch veranstaltet der Bayerische Rundfunk einen Hörerstammtisch; zwei Schallplatten: „Seinerzeit im Luitpold"; Freizeit: Skilaufen, Tennis, Bergwandern, Fotografieren; Leibspeise: Bayerische Hausmannskost; Lieblingsgetränk: Weißbier; fährt BMW. Adresse: Brienner Str. 11, 8 München 2, Telefon: 089/292865

Buckel Lothar, „Wiesn"-Wirt, Hobby-Koch, geboren in München, 1. Mai 1930, verheiratet mit Frau Brigitte. Lernt Lebensmittelkaufmann und Dekorateur, zehn Jahre „Deutsche Nestle AG" (Public Relation); 1962–77: „Wendekreis" in Schwabing (berühmte Gäste: Henri Miller, Curd Jürgens); seit 1972 Wirt der „Wiesn-Weinburg" (1600 Plätze) und seit 1979 zusätzlich die Schloßwirtschaft Schleißheim (direkt im alten

Lothar Buckel

Schloß) mit Kastanien-Biergarten (700 Plätze); Freizeit: Tauchen (Malediven, Seychellen); Leibspeise: Lunge mit Knödel; Lieblingsgetränk: Pfälzer Wein; Garderobe: Tracht (Spezialist Bössl im Tal); Auto: Citroen Combi und Wohnmobil (Selbstgebautes) für Ferien und die Wies'n (einziger Wirt, der auf dem Oktoberfest übernachtet). Adresse: Im alten Schloß, Schloßwirtschaft Schleißheim, Telefon: 089/3151555

Bülow Vicco von („Loriot"), Cartoonist mit eigener TV-Show, Regisseur, Autor, Schauspieler, geboren in Brandenburg/Havel, 12. No-

Vicco von Bülow

vember 1922, verheiratet mit Frau Romi, hat zwei Töchter, Bettina und Susanne. Als Sohn des Polizeioffiziers Johann Albrecht von Bülow schlägt er die Offizierslaufbahn ein, studiert nach dem Krieg in Hamburg Malerei und Graphik, startet 1950 als Karikaturist, trat in zwei Filmen („Der längste Tag" und „Die Brücke") auf und wird mit seiner Loriot-Figur in ganz Europa bekannt. Die Bücher mit dem Männchen mit der Knollennase erreichen Millionen-Auflagen. 1967: TV-Serie „Cartoon", „erfindet" Wim Thoelkes Fernseh-Hund „Wum" (Titelfigur der Sendung „Dreimal neun", „Der große Preis"). Auszeichnungen: Goldene Kamera (1969/1975), Adolf-Grimme-Preis in Silber (1973), Karl Valentin Orden, Großes Bundesverdienstkreuz. Freizeit: Klassische Musik, naive Bilder, Lieblingsspeise: gekochter Lachs in Sauerampfersoße, Schneider: Hussmüller München, Auto: Range Rover. Adresse: Höhenweg 19, 8193 Ammerland/Starnberger See, Telefon: 08177/438

Burda Bambi, Mode-Journalistin bei dem Magazin „Freundin", geboren in Offenburg, 5. August, geschieden von Generalkonsul Franz Burda (Offenburger Verlags-

Bambi Burda

dynastie), zwei Kinder, Franz (1960) und Kathrin (1963); bewohnt eine Villa in Nymphenburg, fährt Porsche und ist oft in Paris; Garderobe: Yves St. Laurent, „Cloe", St. Germain. Adresse: Hubertusstr. 6, 8 München 19, Telefon: 089/170031

Burda Hubert Dr., Verleger und Chefredakteur von Deutschlands zweitgrößter

Hubert Burda

Illustrierten „Bunte" (Auflage: 1,5 Millionen), Kunsthistoriker, geboren in Heidelberg, 9. Februar 1940, wieder Junggeselle, ein Sohn, Felix. Hat eine herrliche Schwabinger Wohnung unweit vom Siegestor (seine kleinen, ganz individuellen Abendessen sind dort berühmt); Freizeit: Golf, Tennis, Skilaufen, Boccia; ist großer Feinschmecker; trinkt am liebsten „Franzensberger Wein"; fährt Mercedes und fliegt ungern (obwohl Verlags-Jet und Hubschrauber zur Verfügung stehen). Adresse: 7600 Offenburg/Baden, Telefon: 0781/841

Burk Michael, Buchautor und ehemaliger Cabarett-Chef („Zwiebel"), geboren in Erlangen, 7. September 1924, verheiratet mit Gabriele Bastian (seit 1966), ein Sohn Daniel. Erstes Brettl mit elf, studiert 1946 Bühnenbildnerei und tritt gleichzeitig in einem

Michael Burk

winzigen Theater in Pasing auf. Dann eröffnet er in Oberkassel, dem „Bogenhausen von Düsseldorf" seine eigene Kleinkunstbühne „Bohemien", 1954 Start seiner „Zwiebel" im ehemaligen Kohlenkeller des „Carlton Teeraumes". Spielfilm „So nicht meine Herren" mit Hans Joachim Kulenkampff, Marianne Hold und Ellen Schwiers (1960), „Wochentags immer" (1963) mit Geneviere Cluny, Hanns Lothar, Ann Smyrner, Hanne Wieder, Peter Karsten und Peter Vogel. 1968: Kein Burk-Theater mehr – Verkauf des „Zwiebel"-Kabaretts; 1970: Karriere als Buchautor „Im neunten Himmel von Paris", „Das Mittagsgirl", „Ich bin der Boß und der Boß irrt nie", „Das Tribunal" (73), „Die Partei" (74), „Keine Stunde ist zuviel" (wegen des Buchumschlags prozessiert 1975 der Verlag Droemer gegen den Verlag Schneekluth, weil die Aufmachung zu sehr an Simmel-Bücher erinnert), „Träume haben ihren Preis" (76), „Ein Wunsch bleibt immer" (77). Adresse: Habermannstr. 6, 8 München-Grünwald, Telefon 089/6492014

Burkhardt Jürgen Dr., Presseanwalt (Kanzlei mit Dr. Frank-Peter Reissinger und Dr. Christoph Freiherr von Hutten), Tochter Daniela, geboren in Konstanz, 27. Januar 1940. Studium in München und Zürich, deutsches und Schweizer Staatsexamen, Promotion 1966 zum Dr. jur.; 1971: Eröffnung der Kanzlei; Freizeit: Tennis, Skilaufen, Theater (kleine Oper); Leibspeise: Sauerbraten mit Spätzle; Lieblingsgetränk: italienischer Weißwein; Auto: Porsche 911 Carrera; Garderobe: Italienischer Schneider in Verona und „Men for men"

Jürgen Burkhardt

in München. Adresse: Karolinenstr. 4, 8 München 22, Telefon: 089/220363

Buschhoff Walter, Schauspieler, geboren in Worms/Rhein, 8. Juli 1923, verheiratet. Freizeit: Sport; Lieblingslokal: Auberge d'Ill (Haeberlin) in Illhäusern; Lieblingsgetränk:

Walter Buschhoff

Maximin Grünhäuser; Schneider: Dietl; Auto: Mercedes 350 SLC. Adresse: Agentur Lentz, Holbeinstr. 4, 8 München 80, Telefon: 089/474026

Butenandt Adolf, Professor Dr. phil., Ehrenpräsident der Max-Planck-Gesellschaft, ge-

Adolf Butenandt

boren in Bremerhaven-Lehe, 24. März 1903, verheiratet mit Frau Erika, geb. von Ziegner. Nobelpreis für Chemie 1939. Freizeit: Wandern und Botanisieren. Restaurant: „Kutsche", Gräfelfing. Adresse: Marsopstraße 5, 8 München, Telefon: 089/885490

Butenuth Claudia, Schauspielerin, geboren in Göttingen, 20. September, Mutter eines Sohnes Oliver. TV-Stücke: „Kriegsspiel", „Derrick", Filme: „Silent Night" mit James Mason, „Das letzte Tal" mit Omar Sharif und „Ansichten eines Clowns". Freizeit: Malen, Tennis. Lokal: „Mac Donalds Restaurants", Lieblingsgetränk: Cidre, Kleidung: „Sweetheart", Auto: VW-Cabrio. Hat einen Zweitwohnsitz in Rom.

Claudia Butenuth

Adresse: Agentur Alexander, Lamontstr. 9, 8 München 80, Telefon: 089/471011

Buttersack Felix, Dr. phil., Verleger des „Münchner Merkur", geboren in Ellwang, 10. Mai 1900, verheiratet (seit 1944) mit Dr. Margit. Laufbahn: Universität Heidelberg und München; Scherl-Verlag, Berlin (1926–44); Berliner Rundfunk (1931–33); Süddeutscher Rundfunk in München (1946–47); seit 1948 „Münchner Merkur"; Auszeichnung: Bundesverdienstkreuz, Ehrensenator der

Felix Buttersack

„Narrhalla". Adresse: Bayerstr. 57, 8 München 2, Telefon: 089/53061

Büttner Wolfgang, Schauspieler, geboren in Rostock, 1. Juni 1912, verheiratet mit Eleonore Noelle. Reinhardt-

Wolfgang Büttner

Schule in Berlin, Straub-Ensemble, Theater in Hamburg, Frankfurt und München, Fernsehspiele, Filme. Preis: Goldene Rundfunkplatte (Bayerischer Rundfunk). Adresse: Schulerstr. 4, 8031 Stockdorf, Telefon: 089/8573153

C

Hans Caninenberg

Caninenberg Hans, Schauspieler, geboren in Duisburg, 15. Januar 1917, verheiratet mit Lola Müthel. Theaterlaufbahn in Wuppertal, Stuttgart, Berlin, Düsseldorf und Frankfurt, Filme, Fernsehspiele. Adresse: Maria-Eich-Str. 43, 8032 Gräfelfing b. München, Telefon: 089/853217

Vittorio Casagrande

Casagrande Vittorio, Sänger, geboren in Vittorio Veneto (Italien), 8. Juli 1937, verheiratet mit Marlene Schellong, Sohn Claudius, 1973: Faschingsprinz in München; Hobby: Malen; Lieblingslokal: „Tantris"; Leibspeise: Tornedos Rossini; Getränk: Champagne Brut; Schneider: Dietl; Auto: Mercedes 230. Adresse: Demollstr. 3, 8 München 19, Telefon: 089/156666

Castell Rolf, Schauspieler, geboren in München, 28. Mai 1921, verheiratet mit Gräfin Taufkirchen, zwei Söhne, Michael und Stefan. Theater, Film, Fernsehen: „Das Kaffeehaus" (1957), „Ariadne auf Naxos" (1959), „Das Wintermärchen", „Rashomon" (1960), Gerhart Hauptmanns Drama „Michael Kramer", „König Hirsch" (1964), Gogols „Revisor". Freizeit: Se-

Rolf Castell

geln, Tennis, Skilaufen, fährt BMW. Adresse: Sternwartstr. 13, 8 München 80, Telefon: 089/982094

Christlieb Wolfgang, Kunstkritiker, Maler, Schriftsteller, Essayist, Dramatiker – nach eigener Einstellung „Fußbodenaufwischer der Weltgeschichte", geboren in Regens-

Wolfgang Christlieb

burg, 21. August 1912, Junggeselle. 30 Jahre Feuilleton-Mitarbeiter der Münchner „Abendzeitung"; lebt in einer Schwabinger Wohnung mit Blick auf das Siegestor; malt Aquarelle, Öl und macht Siebdrucke; Bücher: „Aus Luitwindas Wunderwelt" (1964–67), „Der entzauberte Ödipus" (1979); Theaterstück: „Gewitter am See" (1964 Uraufführung an den Münchner Kammerspielen); Freizeit: Malen, Kochen; Leibspeise: „alles" – im besonderen Apfelkücherl und Reiberdatschi; Lieblingslokal: „Nürnberger Bratwurstglöckl", „Hundskugel": Garderobe: „gschlampert" – gelegentlich auch „superfein" (Schneider Scherrer); Haartracht: geordnet; fährt Rad (im Winter mit tief ins Gesicht gezogener dicker Wollmütze). Adresse: Akademiestr. 3, 8 München 40, Telefon: 089/395502

Clarin Hans, bayerischer Staatsschauspieler, „Kookie" aus der US-Krimi-Serie „77 Sunset Strip", geboren in Wilhelmshaven, 14. September 1929, verheiratet mit Baroness Margarethe „Bebs" Cramer-Klett, drei Töchter, Irene, Angela, Manuela, ein Sohn Philipp. Besteht die Aufnahmeprüfung der Falckenbergschule nicht und nimmt Schauspiel-Unterricht bei Ruth von Zerboni. Fernsehen, Filme: „Revisor" (1967), John Steinbecks „Von Mäusen und Menschen" (Regie: Rolf Hädrich), „Die lustige Person auf der Bühne", „James Tierleben", „Der rote Felsen im großen Meer", „Der Narrenspiegel", „Peter und der Wolf", „Sag mir wo die Narren sind", Buch: „Paquito oder die Welt von unten" (für Kinder), Theater: „Polizeirevier 21" mit Peter Vogel, „Messerköpfe" (Regie: Paul Vasil), „Charley's Tante" (1967), „Reise um die Erde",

Hans Clarin

„Oberon" (1968), „Schwarze Komödie", „Seltsames Paar", „Paradies oder Das", „Woyzeck", „Geschichte von Soldaten" (1970), „Tumult am Abend" (1972), „Ehe im Kopfstand" (1973), „Schwarzer Jahrmarkt" (1976), „Es geht alles vorüber" (1978). Freizeit: Pferde, Hunde, Garten; speist am liebsten daheim (Leibgericht: Hummer termidor, Kaviar); Getränk: Bier, Garderobe: Sackstetter; Privatauto: Mercedes 280 E. Adresse: Agentur Lentz, Holbeinstr. 4, 8 München 80, Telefon: 089/474026

Max Colpet

Colpet Max (bürgerlich Max Kolpe), Textdichter, geboren in Königsberg, 19. Juli 1905, verheiratet mit Christa Colby, eine Tochter Ann. Haus-Autor von Marlene Dietrich: „Sag mir wo die Blumen sind", „Allein in einer großen Stadt", Musical „Millionen für Penny" (Uraufführung Münchner Gärtnerplatz-Theater), Kabarett-Show „So bleiben wir gesund" (72), Satirische Verse „Zoo ist das Leben" (74). In den 50er Jahren „Amerika"-Reporter für die „Abendzeitung". Adresse: c/o Rosen, Birnauerstr. 6, 8 München 40, Telefon: 089/304517

Connemann Eva, Schwabings „In"-Hairstylistin mit eige-

Eva Connemann

nem Salon „Evas Locke", geboren in Düsseldorf, 1. November. Laufbahn: Lehre in Düsseldorf bei „Junge"; 1969–71: bei US-Friseuren in Los Angeles und San Francisco, später Visagistin bei Charles of the Ritz; seit 1979 in Schwabing: prominente Kunden: Prinzessin Rena von Isenburg, die Schauspieler Gaby Gasser und Sascha Hehn; Freizeit: Tennis und Schwimmen; liebt Fisch-Speisen, trinkt Weißwein und Champagner; fährt Golf. Adresse: Georgenstraße 70, 8 München 40, Telefon: 089/3781021

Cosmai Sergio, Disco-Gastronom, geboren in München, 2. Oktober 1938, Junggeselle mit fester Bindung Claudia, Sohn Nicola. Karriere: „Ponystall", „Wiener PB", „Take Five", „Tilbury",

Sergio Cosmai

und „Josephine" als Manager; seit 1974 selbständig mit der Disco „East Side". Freizeit: Jogging, Steine-Sammeln (Schmuck); Lieblingslokal: „Osteria"; Lieblingsgetränk: Tee; Garderobe: Florenzer Boutiquen; Privatauto: Jaguar. Adresse: Rosenheimer Str. 30, 8 München 80, Telefon: 089/484858

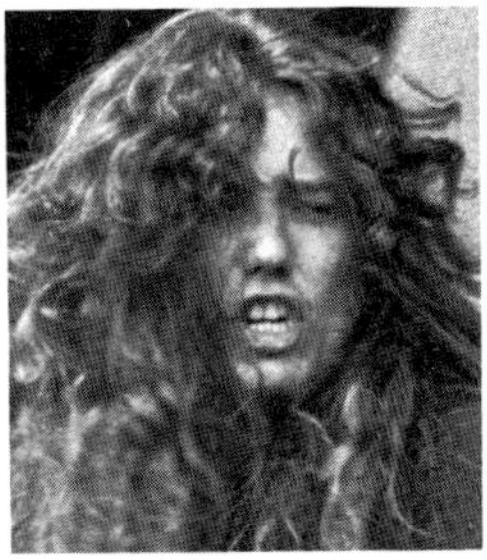

David Coverdale

Coverdale David, 1,83 Meter großer Ex-Sänger der Pop-Gruppe „Deep Purple" und jetzt mit neuer Band „Whitesnake" auf dem Markt, geboren in Saltburne/Sea/Yorkshire, 22. September 1951, verheiratet mit der Münchnerin Julia Cody (2 Töchter, Jessica und Dembreigh); bewohnt von 1976 bis 1978 ein Haus am Ammersee. Laufbahn: Verkäufer; erste Berührung mit dem Showbusiness 1967 als „Anheizer in dem Jazzclub „Red Cars" für eine Gala von Joe Cocker; meldet sich auf die Annonce einer Musikerzeitschrift „Sänger gesucht", schickt Tonband ein und singt vor; 1973–76 „Deep Purple" (LP „Windows"); seit 1979 „Whitesnake", 15 Goldene Schallplatten; liebt die Küche seiner Frau Julia (Fisch und chinesische Kost); trinkt „Bloody Mary"; fährt Mercedes und Peugeot; trägt Kreationen, die seine Frau entwirft. Adresse: Dembreigh Cody, Türkenstr. 89, 8 München 40, Telefon: 089/3809269

Crailsheim Krafft Freiherr von, Chef der Schlösser- und Seenverwaltung mit Büro im Schloß Nymphenburg (1000 Mitarbeiter), geboren in Ansbach, 24. Juli 1932, verheiratet mit Frau Ursula, zwei Kinder, Wolfgang und Irma. Seit 1975 im Amt, das rund 50 Schlösser, Burgen, Residenzen, Hofgärten und 32 Pachtgaststätten verwaltet; vorher im bayerischen Finanzministerium; Freizeit: Hege und Pflege der eigenen sieben Schlösser, Jagd, Segeln; Leibspeise: Schweins-

Krafft Fh. v. Crailsheim

haxe; Lieblingsgetränk: Bier; fährt Mercedes. Adresse: Helmtrudenstr. 3, 8 München 40, Telefon: 089/3613561

Cramer Michael, Schauspieler, geboren in Düsseldorf-Wickrath, 1. März 1930, Ehen mit Eva Rimsky (ein Sohn Florian) und Annemarie Sprotte. Der Sohn einer Arztfamilie spielt zunächst die „erste Geige" in der Hausmusik, studiert in Marburg und spielt beim Studenten-Kabarett „Die Schießbude" mit. 1952 Uni Madrid (2 Semester), danach Studienwechsel (bei Prof. Dofivat belegt er Zeitungswissenschaft) und Reporter-Debüt bei der „Nachtdepesche", worauf sein Vater jegliche finanzielle Unterstützung sperrt. „Nebenberuflich" kostenlose Schauspieler-Ausbildung bei Else Bongers. Filme, Fernsehen: „Ein Leben für Do", „Das ideale Brautpaar", „Die Toteninsel", „Königswalzer" (55), „Parole Heimat", „Die wilde Auguste", „Verlobung am Wolfgangsee" mit Ingrid Andree, Wolf Albach-Retty und Michael Heltau (56), „Manöverball", „Die große Chance", „Oh diese Ferien" mit Heidi Brühl (58), „Mit Eva fing die Sünde an", „Sebastian Kneipp", „Babette zieht in den Krieg" (Hauptrolle Brigitte Bardot), „Heißes Land", „Tito" mit Richard Burton (72). Theater: „Mamis Wanderjahre" (57), „Jane" (59), „Olivia", „Jonas und der Nerz" (62), „Frau Warrens Gewerbe" (63), „Besuch der alten Freunde" mit Karin Jacobsen (70), „Lieber reich und glücklich" mit Karin Hübner, „Räuber Hotzenplotz" (73). Adresse: Seitzstr. 12, 8 München 22, Telefon: 089/226598

Michael Cramer

Cramer Peter, „Warsteiner"-Biererbe, Formel I-Sponsor; Inhaber der Firma Diegastro GmbH (baut, plant, finanziert und betreibt gastronomische Betriebe), geboren in Warstein, 6. Dezember 1949. Laufbahn: Abitur 1969, Studium der Architektur in Karlsruhe und München, Studium der Betriebswirtschaft in München; 1976: Eröffnung des Lokals „Lehrer Lämpel", 1977: „Alter Hut", 1978:

Peter Cramer

„Regina's Cocktail Lounge", 1979: Bau des Café Monopteros" in der Königinstraße; Hobby: Polo. Adresse: Georgenstr. 28, 8 München 40, Telefon: 089/390055

Crash Theo (bürgerlich Bernd Theobald), Discjockey, geboren in Augsburg, 9. November 1947, verheiratet mit Frau Susy-Anne. Karriere: startet im „Big Apple" Wiesbaden, dann „Crash" München. „Voom-Voom" Wien, „Bid Eden" Berlin, „Barbarella" Mallorca (nächtlich 3000 Besucher), „Why not" München, Herrenstraße, „Rodney Bingenheimer Club" Hollywood. 1975 und 1979 Bundeskanzler-Sommerpartys, 1976: Aga Khan, Costa Smeralda. Stellt Doppelalbum „Discoworld" (Warner Broth.) zusammen. Freizeit: Übersee-Gespräche, Kassetten-Service für Prominente. Lokale: „Augustiner", „Franziskaner". Leibgericht: Champignons, Getränk: Bier. Kauft seine Garderobe in London und Los Angeles, hat keinen Führerschein, fährt Fahrrad. Adresse: Sternstr. 16, 8 München 5, Telefon: 089/224794

Theo Crash

Cromer Mara, Hairstylistin mit eigenem Salon, geboren in Plochingen, 31. Dezember, verheiratet mit Schauspieler und Kaufmann Michael Cromer, eine Tochter Patricia. Laufbahn: Lehre im väterlichen Betrieb in Göppingen; Auslandserfahrungen in Frankreich, Holland, Italien und USA; gewinnt acht „Grand Prix" im Frisieren und holt sich den Titel Jugend-Europameisterin; seit 1971 eigenes Geschäft in Schwabing; prominente Kunden: Christiane Krüger, Marianne Koch, Rosemarie Springer, Petra Schürmann, Bud Spencer, Michael Douglas, Hans Joachim Stuck, Fritz Wepper, Raimund Harmstorf; Freizeit: Schwimmen, Tennis, Schaufrisieren; Lieblingslokal: „La Cave", „Grüne Gans"; Leibspeise: Kalbsleber; Lieblingsgetränk: gespritzter Weißwein; Garderobe: Schneider Savosin und „Sweetheart"; Auto: Mini-Cooper. Adresse: Kurfürstenstr. 12, 8 München 40, Telefon: 089/332780

Mara Cromer

Cunitz Maud, Kammersängerin, geboren in London, 3. April, verheiratet mit Albrecht Peter. Auszeichnung: Bayerischer Verdienstorden. Freizeit: Hund, Gartenarbeit; Lieblingslokal: „Los Monteros"; liebt „Seezunge Valesca" und Moselwein; Auto: BMW. Adresse: Kirchenweg 8, 8011 Baldham, Telefon: 08106/8377

Maud Cunitz

Cziffra Geza von, Filmregisseur, Autor, geboren in Arad (Ungarn), 19. Dezember 1900, verheiratet mit Sieglinde Tomaschewski. Höhepunkt: Mein erster deutscher Film

Geza von Cziffra

„Der weiße Traum" spielt 35 Millionen Mark ein. Weitere Filme: „Gefährliche Gäste", „Gabriela", „Die Dritte von rechts", „Die verschleierte Maja", „Die Blume von Hawaii", „Geld aus der Luft", „Die Beine von Dolores", „Nachtschwester Ingeborg", „Wehe wenn sie losgelassen", „Peter schießt den Vogel ab", „Bobby Dodd greift ein"; Drehbücher: „Es war eine rauschende Ballnacht", „Weißer Flieder", „Wo die Lerche singt", „Frühlingsluft", „Der grüne Kaiser", „Frauen sind keine Engel". Marlene Dietrich, La Jana und Martha Eggerth verdanken ihm ihre Karriere. Bücher: „Kauf dir einen bunten Luftballon" (Memoiren), „Hanussen, Hellseher des Teufels" (78). Lieblingslokal „Walterspiel", Leibgericht: Schalentiere, Getränk: „Fachinger"-Wasser, Schneider: Willer, Tutzing, Privatwagen: Alfa Romeo, Zweitwohnsitz St. Johann/Tirol. Adresse: Neustädter Str. 3, 8132 Tutzing, Telefon: 08158/6209

POUR LE PLAISIR...
NOUVELLE LIGNE POUR HOMME
EAU DE TOILETTE - AFTER SHAVE - DEODORANTS
SEIFE - RASIERCREMES - RASIERSCHAUM
AFTER SHAVE EMULSION
Jules*
Jules
EAU DE TOILETTE POUR HOMME
Christian Dior
Jules
EAU DE TOILETTE
* Ihr Favorit
Christian Dior
PARIS

D

Dangelmeier Peter, Blumen-Künstler, Florist für besondere Sträuße, geboren in Hinau/Kaufbeuren, 5. August 1944, Junggeselle. Laufbahn:

Peter Dangelmeier

Textilkaufmann, Dekorateur, Diplom-Kosmetiker und schließlich Chef des Blumenladens (erst Friedrichstraße und dann Möhlstraße, seit 1979 im Hotel Bayerischer Hof); prominente Kunden: Heinz Rühmann, Rex Gildo, Gert Fröbe, Freiherr von Wangenheim; fährt Jaguar. Adresse: Promenadeplatz 6, 8 München 2, Telefon: 089/228871

Dannecker Franz Josef Dr., Rechtsanwalt (Beratung von bedeutenden Industrie-Konzernen), geboren in Brenz bei Dillingen, 24. Juni 1927, verheiratet mit Petra Hollreiser, eine Tochter Franziska. Laufbahn: Studium der Rechts- und Betriebswissenschaften an der Universität Tübingen (1948–55), Promotion zum Dr. jur. 1959, im gleichen Jahr Eröffnung der

Franz Dannecker

Kanzlei vis a vis dem Münchner Justizpalast; Auszeichnung: Bayerischer Verdienstorden (1975); liebt Hausmannskost (bayerisch und italienisch); Lieblingslokale: „Käfer", „Franziskaner", „Milan", „Canale Grande"; fährt BMW. Adresse: Karlsplatz 6, 8 München 2, Telefon: 089/593775

Danning Sybil, Schauspielerin, geboren in Wels/Österreich, 24. Mai. Karriere: kommt als Kind nach Amerika, als die Mutter einen Amerikaner heiratet; arbeitet später in Wien als Arzthelferin, Kosmetikerin und Fotomodell; Regisseur Rolf Thiele gibt ihr 1971 erste Filmrolle in „Komm nur mein liebstes Vögelein" als Lorelei. Weitere 15 Filme folgen; spielt in Europa kleinere Rollen in amerikanischen Produktionen mit Stars

Sybil Danning

wie Richard Burton und Jon Voight; seit 1977 in Hollywood, wirkt in drei Filmen mit „Cat in a Cage", „Meteor" (mit Sean Connery und Natalie Wood), „Airport 79 – Concorde" (mit Alain Delon). Hobby: Malen, Tennis, Skilaufen, Reiten, Wasserski, Schwimmen. Adresse: Agentur Jovanovic, Perfallstr. 6, 8 München 80, Telefon: 089/475024/25

Daume Willy, NOK-Präsident, geboren in Hückeswagen/Rheinland, 24. Mai 1913, verheiratet (seit 1949) mit Rosemarie Kredel, zwei Kinder, Kay und Doreen. 1934: TH in München, Studium der Betriebswissenschaft; nach dem

Willy Daume

Tod des Vaters (1937) Übernahme der Firma, Eisengießerei Wilhelm Daume in Dortmund. Guter Leichtathlet (Hochsprung 1,83 m), spielt Handball in internationalen Spielen und gehört als Basketball-Spieler der deutschen Olympiamannschaft von 1936 an. Nach dem Krieg bringt er seine Firma wieder zu neuer Blüte und wird außerdem geschäftsführender Gesellschafter der Dortmunder Maschinenbau GmbH und der VLES-Metall GmbH, sitzt im Aufsichtsrat der Firma Klein, Schanzlin & Becker AG, Frankenthal und im Verwaltungsrat der Münchner

Feuchtwanger Bank K. G. Gründer des deutschen Handball-Bundes; 1950 Wahl zum Präsidenten des Deutschen Sportbundes, Dachorganisation des deutschen Sports mit 44373 Vereinen und 13449905 Mitgliedern; 1957: Mitglied des Internationalen Olympischen Komitees (IOC) als Nachfolger von Herzog Adolf Friedrich zu Mecklenburg; nach dem Rücktritt Karl Ritter von Halts wird er im Februar 1961 zum Präsidenten des Nationalen Olympischen Komitees gewählt; zusammen mit Oberbürgermeister Dr. Hans Jochen Vogel gelingt es ihm im April 1966 beim IOC-Kongreß in Rom, die Olympischen Sommerspiele 1972 nach München zu holen; legt 1969 nach fast 19jähriger Sport-Bund-Präsidentschaft das Amt nieder (1. März), nachdem er bei den Olympischen Spielen in Mexiko einige Kritik (ungenügende Vorbereitungen, mäßiges Abschneiden der Mannschaft, zuviele Ämter) einstecken muß. Gilt als aussichtsreicher Kandidat für die Nachfolge des IOC-Präsidenten Lord Killanin, dessen Amtszeit 1980 abläuft. Freizeit: Klassische Musik, Malerei, Kochen (Meister in Desserts), Sammeln von Porzellan, Krawatten (2000 Stück) und Stofftieren (Bären, Löwen). Fährt Mercedes mit Autotelefon. Auszeichnungen: Bayerischer Verdienstorden (1973), Kultureller Ehrenpreis der Stadt München (1975), Ritter der Ehrenlegion, Wasa-Orden (Schweden), Tanathlon-Preis „Olympische Flamme in Gold". Adresse: Helene-Mayer-Ring 31, 8 München 40, Telefon: 089/3514013–5

Defregger Matthias, Weihbischof der Erzdiözese München und Freising, Titular-Bischof von Vicodi Aterio

Matthias Defregger

(3.7.68), geboren in München, 18. Februar 1915. Priesterweihe 29.6.1949, zum Domkapitular aufgeschworen 11.1.1962, im Dom zu München konsekriert 14.9.1968, Bischofsvikar für die Ordensleute in der Erzdiözese München und Freising. Adresse: Schrammerstr. 3, 8 München 2, Telefon: 089/2137325

Degen Michael, Schauspieler, Regisseur, geboren in Chemnitz, 31. Januar 1932, verheira-

Michael Degen

tet mit Dora Krumniklova. Karriere: Theater am Schiffbauerdamm in Ost-Berlin, Köln, Frankfurt, Schillertheater in Berlin, München („Residenz-Theater" „Faust I", „Hamlet", „Dreigroschenoper"), TV-Spiele, „U 2 Affäre", „Herr der Schöpfung". Adresse: Agentur Lentz, Holbeinstr. 4, 8 München 80, Telefon: 089/474026

Deinlein Dr. Adam, Regierungspräsident von Oberbayern (1962–75) und Anwalt (Kanzlei Dr. Detlef Wunderlich), geboren in Hammelburg (Unterfranken), 27. Dezember 1909, verheiratet mit Frau Helene, eine Tochter Doris (verheiratet und lebt in Berlin), ein Sohn Claus. Nach dem Abitur (1929) Aufnahme in die Stiftung Maximilianeum, Studium an der Ludwig-Maximilians-Universität,

Adam Deinlein

Promotion zum Dr. jur. (1934). Nach dem Krieg Staatsanwalt, 1947 Stadtverwaltung München als Rechtsrat, 1952: Regierung von Oberbayern als Haushaltsreferent (Innenministerium). Freizeit: Skifahren, Eisstockschießen, Bergsteigen, Wandern, Schwimmen (im eigenen Pool), Theaterbesuche, Studium bayerischer Geschichte. Auszeichnung: Großes Bundesverdienstkreuz (1974), Medaille „München leuchtet – den Freunden Münchens" (70). Adresse: Marstallstr. 8, 8 München 22, Telefon: 089/299905

Delonge Franz Josef, Stadtrat CSU-Fraktionsvorsitzender, Generalkonsul von Ceylon,

Franz Josef Delonge

Anwalt, geboren in Hambach/Jülich, 24. Juni 1927, verheiratet mit Frau Marie Theresia, geb. Hubensteiner, drei Söhne, 1948: Studium der Rechtswissenschaften an der Münchner Uni; 1954: Referendar-Examen, 1958; zweite juristische Staatsprüfung, seit 1959 Anwalt, seit 1968 Stadtrat. Freizeit: Golf, Heimorgel; Lieblingslokal „Ratskeller" (bevorzugtes Gericht: Kalbfleisch sauer); Garderobe: Atelier Torino („Kauf bei Konen"); Auto: Mercedes 280 SE; Zweitwohnsitz in Breitbrunn/Chiemsee. Adresse: Schäfflerstr. 3, 8 München 2, Telefon: 089/222415

Dersch Karl Joseph, Chef der Daimler-Benz AG-Niederlassung München, Herr über 900 Mitarbeiter, 5 Betriebe, geboren in München (siebte Generation), 31. Januar 1935, verheiratet mit Frau Barbara Kropf. Freizeit: Wasserski, Segeln, Skifahren; Lieblingslokal: „Käfer's Schänke", „La Mer", „Nürnberger Bratwurstglöckl am Dom"; Leibspeise: Fleischpflanzl mit Kartoffelsalat; Getränk: Bier; Schneider: Egidio Petrone, Köln; Privatwagen Mercedes 280 S und 230. Adresse: Arnulfstr. 61, 8 München 2, Telefon: 089/1206322

Karl Joseph Dersch

Deuringer Karl, Fleischfabrikant, geboren in Augsburg, 17. August 1906, verwitwet (Ehefrau Rosa, geb. Murr), Vater einer Tochter. Chef der „Vinzenz Murr"-Metzgereien (84 Geschäfte), 1000 Mitarbeiter, bayerischer Schmankerlbrotzeit-Spezialist für 15130836 Kunden (lt. Computer), Präsident der „Filser" (Verein zur Erhaltung bayerischen Brauchtums), Freizeit: Reisen; Restaurants: „Franziskaner" und „Bratwurstglöckl" (Lieblingsspeise: Beinfleisch; Getränk: Augustiner-Bier; Schneider: Rauch; Privatwagen: „schnelle Autos", stets ein Wurst-Paket im Kofferraum. Adresse: Hekkenrosenstr. 13, 8022 Grünwald, Telefon: 089/6411304

Karl Deuringer

Dick Alfred, Minister für Umwelt, geboren in Passau, 6. Dezember 1927, verheiratet mit Christine Stockinger, eine Tochter, Christine, zwei Söhne, Alfred und Andreas. Besuchte in Passau die Volksschule und begann eine pädagogische Ausbildung an den Lehrerbildungsanstalten Zangberg, München-Pasing und Straubing. 1949–53 Volksschuldienst in Passau, Versetzung an die Lehrerbildungsanstalt Straubing und bis 1970 auch Leiter des angeschlossenen Schülerheims. Schließt sich 1956 der CSU an und ist bis 1968 Bezirksvorsitzender der Jungen Union, bis 1970 Kreisvorsitzender der CSU Straubing-Stadt, dann Bezirksvorsitzender Niederbayerns, im gleichen Jahr Berufung als Staatssekretär an das neugeschaffene Ministerium für Landesentwicklung und Umweltfragen. Bei der Kabinettsumbildung im Mai 1977 übernimmt er als Nachfolger von Minister Max Streibl die Leitung des Ministeriums. Auszeichnung: Bayer. Verdienstorden (1971). Adresse: Rosenkavalierplatz 2, 8 München 81, Telefon: 089/92141

Alfred Dick

Dietl Helmut, Regisseur, geboren in Bad Wiessee, 22. Juni 1944, verheiratet in erster Ehe mit Journalistin Karin Widmann (Tochter Sharon), in zweiter Ehe mit Schauspielerin Barbara Valentin. Laufbahn: Germanistik-Studium,

Helmut Dietl

Regie-Assistenz an den Münchner Kammerspielen, arbeitet bei „Intertel“ und schreibt Drehbücher fürs Fernsehen; erste Regie: „Münchner Geschichten“; Film: „Der Durchdreher“, TV-Serie: „Der ganz normale Wahnsinn“. Adresse: Stollbergstr. 11, 8 München, Telefon: 089/223477

Dietl Max, Modeschöpfer, Münchens Herrenschneider Nr. 1, geboren in München,

Max Dietl

20. Juni 1914, verheiratet mit Frau Traudl, zwei Kinder, Max und Angelika (Faschingsprinzessin 1980); Kundenkreis: Walter Scheel, Konzernherr Dr. Friedrich Karl Flick, Minister Josef Ertl, Ivan Rebroff und O. W. Fischer; Modepalais gegenüber der Oper. Freizeit: Wandern; Lieblingslokal: „Franziskaner“ (Tellerfleisch); Getränk: Weißbier; Privatauto: Rolls Royce und Jaguar. Adresse: Residenzstr. 16, 8 München 2, Telefon: 089/224166

Dietzfelbinger Hermann, Landesbischof i. R., geboren in Ermershausen, 14. Juli 1908, verheiratet mit Frau Hedwig Strählin; 1955: Wahl zum Landesbischof der Evangelisch-Lutherischen Kirche in Bayern; Freizeit: Lesen, Schwimmen, Wandern; Pri-

Hermann Dietzfelbinger

vatwagen: VW. Adresse: Himmelreichstr. 4, 8 München 22, Telefon: 089/292030

Diffring Anton, Filmschauspieler, geboren in Koblenz, 20. Oktober. Startet am Royal Alexandra Theatre in Toronto, seit 1951 in London, über 100 Filme und TV in Hollywood, Rom und Paris, lebt seit 1973

Anton Diffring

in München. Adresse: Widenmayerstr. 39, 8 München 22, Telefon: 089/299667

Distler Georg, („Schorschi“), Fleischfabrikant (Chef über 280 Mitarbeiter) und Metzgermeister, geboren in München, 5. April 1942. Nach mit Frau „Maikäfer“. Nach Lehrzeit und Meisterprüfung führt er die Geschäfte seines Vaters (Branchenjargon: Tiefkühl-König), der Leberknödel und Leberspätzle (tiefgekühlt) einer breiten Verbraucherschaft zugänglich machte. Zentrale ist im Münchner Schlachthof, die Fabrikation in Putzbrunn (mit Tiefkühlhaus). Ferner betreibt er Deutschlands ältestes Wildfachgeschäft („Zerwirkgewölbe“). Freizeit: Wassersport, Skilaufen; Lieblingslokal: „Stefanskeller“ (Konstanz); Leibspeise: Rindfleisch; Lieblingsgetränk: Überkinger und Kaffee; Auto:

Georg Distler

Mercedes (fährt auch BMW-Motorrad); Garderobe: „von der Stange“. Adresse: Zenettistr. 2, 8 München 2, Telefon: 089/768945

Döbereiner Wolfgang, Astrologe, geboren in München, 28. Februar 1928, verheiratet mit Frau Ursula geb. Zips. Höhepunkt seiner Karriere: Entdeckung astrologischer

Wolfgang Döbereiner

Systeme; Freizeit: Klavierspielen, Gurkenziehen, Träumen; liebt Wildgerichte und Kaffee; fährt Citroen GS Break. Adresse: Agnes-Bernauer-Str. 129, 8 München 21, Telefon: 089/5805566

Doermer Christian, Filmproduzent und Schauspieler, geboren in Rostock, 5. Juli 1935, verheiratet mit Eleonore Schmidt-Polex, früher befreundet mit Filmschauspielerin Marthe Keller, Hauptrolle

Christian Doermer

in „Die Frühreifen". Adresse: Türkenstr. 80, 8 München 40, Telefon: 089/282217

Dollar Dolly (bürgerlich: Christina Giannakopoulos), Münchens Busenwunder (110 Zentimeter), Star in Klaus-Lemke-Filmen, geboren in München, 12. Juli. Die 1,70 große Schauspielerin mit der „Playtex"-Größe 95 D wird von Lisa-Film-Produzent Carl Spiehs entdeckt, der sie für 2400 Mark als Stubenmädchen (meist splitternackt) in dem Film „Popcorn und Himbeereis" besetzt; im zweiten Streifen „Cola Candy Chocolate" bekommt sie gleich die Hauptrolle; 1970 engagiert sie Klaus Lemke für „Arabische Nächte" und 1980 für „Flitterwochen" (Premiere: Ende August), im

Dolly Dollar

Sommer 80 dreht sie auch „Keiner hat das Pferd geküßt" (Regie: Martin Müller). Beim Filmball 80 im Münchner Hotel „Bayerischer Hof" erregt der blonde Kurven-Nachwuchs Aufsehen, als sie Tast-Versuche von Weltstar Franco Nero mit einer Watsch'n belohnt; zwei Jahre dauert die Romanze mit „Bay City Roller"-Star Leslie Mc Keown, zu dem sie oft nach London fliegen mußte (daheim geht nichts, das Schlafzimmer in der Hasnbergl-Wohnung teilt sie mit Schwester Regina, einem Kanarienvogel, Farbe orange und dem Mathäser-Terrier „Philipp"); Freizeit: Kartenlegen, Shopping in Schwabings Trendboutique „Sweetheart", liebt Spaghetti und Cola, fährt Rad. Adresse: Scotia-Film, Possartstr. 14, 8 München 80, Telefon: 089/473027 und 3134695 (privat)

Hans Domcke

Domcke Hans Dr., Bayerns oberster Richter, Präsident des Oberlandesgerichts und Präsident des Bayrischen Verfassungsgerichtshofs, geboren in Döbeln (Sachsen), 24. Februar 1923, verheiratet mit Frau Annemarie. Zehn Jahre Generalsekretär des Bayrischen Verfassungsgerichtshofs, vor Antritt seines Doppel-Amtes am 1. Mai 1980 Vizepräsident des Oberlandesgerichts; lebt seit 1946 in München; Freizeit: Bergsteigen, Skifahren, Tourengehen und Langlauf. Adresse: Prielmayerstr. 5, 8 München 35, Telefon: 089/55971

Döpke Oswald, Regisseur und Autor, geboren in Eldagsen/Hannover, 26. Juni 1923, verheiratet, zwei Kinder, Daniela und Manuel. Karriere: 1946–48 Schauspieler am Staatstheater Hannover,

Oswald Döpke

1949–63 Redakteur bei Radio Bremen, seit 1963 festangestellter Regisseur beim ZDF. TV-Inszenierungen: „Mond über dem Fluß", „Seltsames Zwischenspiel", „König Johann", „Im Namen der Freiheit", „Frohe Ostern", „Ein Fall für Goron", „Die ehrbare Dirne", „Rückstände" mit Shmuel Rodensky, „Vor Sonnenuntergang", „Der Nagel", „Neugierig wie ein Kind", „Flirt von gestern", „Am Morgen meines Todes", „Wie starb Dag Hammarskjöld", „Das Verhör des Ernst Niekisch", „Die Macht der Finsternis", „Nathan der Weise" (in Israel gedreht). Theater: Horvaths „Sladek oder Die Schwarze Armee". Adresse: Osterwaldstr. 57, 8 München 40, Telefon: 089/3613186

Dor Karin (bürgerlich: Kätherose Derr), Film- und Theater-Schauspielerin, geboren in Wiesbaden, 22. Februar. Ihre erste Rolle bekommt sie in dem Film „Rosen-Resli", in dem sie einen einzigen Satz zu sprechen hat: „Himmlisch, Frau Chefin, einfach himmlisch". Der Regisseur des Films, Dr. Harald Reinl, heiratet sie 1954 und macht sie zur Hauptdarstellerin in dem Streifen „Der schweigende Engel" – Start ihrer Karriere. Filme: „Solange Du lebst", „Santa Lucia", „Kleiner Mann ganz groß", „Mit Eva fing die Sünde an", „Die Bande des Schreckens", „Im weißen Rössl", „Der Fälscher von London", „Ohne Krimi geht die Mimi nicht ins Bett", „Der Schatz im Silbersee", „Winnetou II", „Zimmer 13", „Das Hotel der toten Gäste", „Der letzte Mohikaner", „Der unheimliche Mönch", „Die tollen Nächte des Grafen Bobby"; 1966: Partnerin von 007-Held Sean Connery in dem James Bond-Film „Man lebt nur zweimal". 1968: Scheidung von Dr. Harald Reinl, mit dem sie einen Sohn Andreas (geb. 1955) hat, vier Jahre später Hochzeit mit Günther Schmucker („Asbach") – diese Ehe wird 1974 geschieden. 1971 stellt sie sich als Mitglied der parteifreien Wählergruppe „Münchner Block" der Stadtratskandidatur (Listenplatz 32), 1978 rückt sie auf Listenplatz 11 vor, im März 78 verunglückt sie in einem Requisiten-Lastwagen auf der Fahrt zu einem Theater-Gastspiel („Bei Anruf Mord") und wird leicht verletzt; seit 1976 erfolgreiche Theater-Schauspielerin in Bonn, Bad Godesberg, Baden-Baden. Adresse: Agentur Killer, Fafnerstr. 32, 8 München 19, Telefon: 089/173455

Karin Dor

Dorst Tankred, Dramatiker, Schriftsteller, geboren in Sonnenberg/Thüringen, 19. Dezember 1925, Junggeselle. Studierte ohne Abschluß Germanistik, Theaterwissenschaft und Kunstgeschichte, lebt seit 1952 in München, gründet eine Marionettenbühne „Kleines Spiel", schreibt darüber den Essayband „Geheimnis der Marionette" (1957). Bühnenstücke: „Gesellschaft im Herbst" (Erstlingswerk 1959), „Die Kurve", „Freiheit für Clemens", „Große Schmährede an der Stadtmauer", „La Buffonata", „Yolimba oder die Grenzen der Magie", „Die Trompete für Nap", „Die Mohrin" (1964), „Der Richter von London", „Wittek geht um", „Graf Grün" (1968), „Toller – Szenen aus einer deutschen Revolution", „Rotmord" (Regie: Peter Zadek), „Dem Gegner den Daumen aufs Auge und das Knie auf die Brust", „Sand Beschreibung eines Attentäters" (71), „Der Herr klagt über sein Volk in der Wüste". 1972 drei Dorst-Uraufführungen: in Bochum bei Peter Zadek die Hans Fallada-Bearbeitung „Kleiner Mann, was nun?", ein Stück über Knut Hamsun „Eiszeit" und in Stuttgart „Der Anteil der Arbeiter an der Menschwerdung des Affen"; 1975: „Auf dem Chimborazo", im Berliner Schloßpark-Theater uraufgeführt, mit Marianne Gründgens als „Mutter Dorothea Merz". Auszeichnungen: Preis des Nationaltheaters Mannheim (1960), Preis der Stadt München und Gerhart-Hauptmann-Preis (1964). Adresse: Schleißheimer Str. 182, 8 München, Telefon: 089/300 3193

Tankred Dorst

Doster Michael, Starfotograf, geboren in Stuttgart, 10. Dezember 1938, Junggeselle. Laufbahn: Kunstschule in der Schweiz; 1962–1964: Assistent bei verschiedenen Foto-

Michael Doster

grafen in Paris; 1965: eigenes Foto-Atelier in München; lebt seit 1975 in New York und hat dort im Turm der Carnegie-Hall sein Studio; arbeitet zweimal im Jahr in Europa mit den schönsten Mädchen von Paris und München; zu seinen Top-Modellen gehören Marina Langner (von ihm entdeckt) und Lauren Hutton (Revlon-Girl); Hobby: Windsurfen, Schwimmen; Skilaufen; ißt gern und gut; trinkt guten Wein. Adresse: Schulstr. 13, 8 München 19, Telefon: 089/134497

Draeger Jürgen, Schauspieler, Maler, geboren in Berlin, 2. August 1940, ledig. Hauptdarsteller in vielen Filmen, Fernsehspielen und auf der Bühne; Auszeichnung: Kunstpreis der Berliner Festwochen 1975; Freizeit: Reisen; Lieblingslokale: „Grüne Gans", „Schneider" im Tal; liebt Spaghetti und Burgenländer Rotwein; Privatauto: schwarzes VW Cabrio. Adresse: Agentur de la Berg, Haus am Weiher, 8026 Irschenhausen, Telefon: 08178/3681

Jürgen Draeger

Draetzel Günther, Pop-Modeschöpfer, Konfektionär, Innenarchitekt, Boutiquen-Chef („Lord John + Lady Jane"), geboren in München, 11. Januar 1936. Karriere: Geschäftseröffnung 1969, „Lily Farouche"-Produktion 1974; wichtigstes Ereignis: Bekanntschaft mit Lebensgefährtin Inge Baumgartner (betreibt „Pension City" und „Pension Flora"); Freizeit: Schwimmen, Garten; Lieblingslokal: „La Cave", „Franziskaner", „Passatore"; Leibspeise: Schweinebraten; Getränk: Coca Cola; Garderobe: eigene Kreationen; Auto: US-Straßenkreuzer Chevrolet „Caprice"-Cabrio. Adresse: Kurfürstenstr. 49, 8 München 40, Telefon: 089/370470

Günther Draetzel

Drechsel Sammy, Regisseur, Reporter und Chef der Schwabinger „Lach + Schießgesellschaft" (seit 1961), geboren in Berlin, 25. April 1925, verheiratet mit Frau Irene Koss. Hobby: Fußball; Leibgericht: Pichelsteiner; Lieblingsdrink: Whisky; Schneider: Emil Schiebel; Privat-Auto: BMW. Adresse: Am Blütenring 72, 8 München 45, Telefon: 089/325258

Sammy Drechsel

Drews Jürgen, Schlagersänger, geboren in Berlin, 2. April 1948, Junggeselle. 1976: Durchbruch als Solo-Interpret (vorher Mitglied der „Les Humphrie Singers") mit dem Hit „Ein Bett im Kornfeld"; 1977: „Barfuß durch den Sommer"; 1978: „Wir zieh'n heut' abend aufs Dach"; 1979: „Schulfrei"; von 1974–78 sieben LP's; 5 Filme in Italien; Freizeit: Jogging, Skilaufen, geht gern chinesisch essen und in Discos „Dorian Gray" (Frankfurt), „Sugar Shack" (München) und „Studio 54"

Jürgen Drews

(New York). Adresse: Flurweg 28, 8021 Taufkirchen, Telefon: 08084/6121812

Burkhard Driest

Driest Burkhard, Autor und Schauspieler, geboren in Stettin, 28. April 1939. Stücke: „Die Verrohung des Franz Blum", „Zündschnüre", „Hitlers Sohn" (verfilmt), Talk-Showpartner von Romy Schneider im Deutschen Fernsehen. Freizeit: Fußball, Boxen, Lesen; Lieblingsrestaurant: „La Buca"; Leibspeise: Gänsebraten; Getränk: Milch mit Whisky; fährt Mercedes 450 SLC. Adresse: Forsthausstr. 4a, 8022 Grünwald, Telefon: 089/474047

Willy Droemer

Droemer Willy, Verleger („Droemer-Knaur"-Verlag), geboren in Berlin-Schöneberg, 18. Juli 1911, verheiratet mit Frau Irmgard („Mausi"). (Vater Adalbert, 1878–1939 war Inhaber des 1901 gegründeten Th. Knaur Nachf. Verlages). Größter Verlagserfolg „Knaurs Lexikon", dazu kamen „Knaurs Weltatlas" und „Knaurs Weltgeschichte". Siedelt 1949 nach München über, „erfindet" den neuen Buchtyp, das „Bildsachbuch", wie „Knaurs Lexikon der modernen Kunst", „Die Welt in der wir leben" und die Reihe „Exakte Geheimnisse" (7 Bände, 1 Million Auflage und Übersetzung in 17 Sprachen); 1963: Taschenbücher vergrößern das Verlagsprogramm. Zu seinen Autoren gehören: Finn Alnaes, Nikolai M. Amosow, Peter Bamm, Hermann Bondi, Charlotte Bühler, James Clavell, J. Y. Cousteau, Winston Churchill, Dalai Lama, Paul Frischauer, Dag Hammarskjöld, Oliver Hassenkamp, Elia Kazan, Oskar Kokoschka, Mary McCarthy, Norman Mailer, Desmond Morris, Johannes Mario Simmel, A. Solschenizyn, Mary Stewart, Irving Stone, William Styron, Jürgen Thorwald u. a. Auszeichnung: Großes Bundesverdienstkreuz, Medaille „München leuchtet". Hobby: Orchideenzucht, Gärtnerei, Bibliophilie. Lieblingslokale: „Käfer", „Walterspiel", „Boettner". Adresse: Rauchstr. 9, 8 München 80, Telefon: 089/984984

Duna Hellmuth, Theaterchef, geboren in Dresden, 10. Mai 1919, verheiratet mit Schauspielerin Heidelinde Weis. In den 60er Jahren Manager der „Berliner Schaubühne", 1. Oktober 1966: „Theater an der Leopoldstraße" wird für die „Schaubühne" gemietet. Ein Jahr später kauft der Baden-Badener Kaufmann Heinz Mehnert das Theater, worauf Duna aussteigt und das „Neue Schaubühne"-Tour-

Hellmuth Duna

nee-Theater gründet. Herbst 1976: Übernahme des „t(h)eater an der Brienner Straße". Adresse: Brienner Str. 50, 8 München 2, Telefon: 089/525025

Richard Dusch

Dusch Richard, „Paulaner"-Chef (zusammen mit Friedrich Schneider), Vorstand der Brauerei, geboren in Aichstätt/Mittelfranken, 20. Juli 1933, verheiratet mit Frau Gerda. Studium, Hypo-Bank (1953), Wechsel in die Brau-Branche, da ihm das Bank-Wesen „zu gleichförmig" vorkommt, seit 1959 bei „Paulaner"; 1977: Gast-Auftritt im Fernsehfilm „Hase und Igel" (drei Minuten); Freizeit: Bergwandern; Leibspeise: Zwiebelrostbraten; trinkt drei Halbe „Paulaner" pro Tag, fährt Mercedes. Adresse: Hochstr. 75, 8 München 90, Telefon: 089/41151

E

Rudolf Eberhard

Eberhard Rudolf Dr., Präsident der Bayerischen Staatsbank, geboren in Nürnberg, 1. November 1914, verheiratet mit Irmgard Schuh, zwei Kinder. Studiert Rechtswissenschaften an der Uni Erlangen, Königsberg i. P. und München. Kurze Tätigkeit bei Gericht. 1945: Hilfsarbeiter beim Landratsamt Kronach/Ofr., ein Jahr später in Ebermannstadt wird er Kommissarischer Amtsvorstand, 1947–57 Landrat. Neben zahlreichen Aufsichtsratsmandaten ist er 1972 Schatzmeister der Olympischen Spiele München. Im November 1950 Landtagsabgeordneter des Stimmkreises Ebermannstadt und Pegnitz für die CSU, 1951–57 stellvertr. Fraktionsvorsitzender und nach den Wahlen 1954 Vorsitzender des Haushaltsausschusses des Landtags, in den Regierungen Seidel (CSU 16. Oktober 1957) und Goppel (11. 12. 62) Finanzminister. 1963 schwerer Autounfall, der ihn lange ans Bett fesselt und danach Rücktritt als Minister aus gesundheitlichen Gründen; 1964: Staatsbankpräsident, Mitglied des Präsidiums der evangelisch-lutherischen Landessynode und des Landessynodalausschusses; Mitglied des Bundesrates. Auszeichnungen: Bayer. Verdienstorden (1959), Großes Bundesverdienstkreuz mit Stern und Schulterband (1964), Großes Silbernes Ehrenzeichen am Bande der Republik Österreich (1959), Ritter des Hl. Gregorius (1961), Hoher Orden von Thailand (1961), Ehrendoktor der Uni Erlangen (1959), Große Staatsmedaille in Gold (1974), Medaille bene merenti in Gold, Bayer. Akademie der Wissenschaften (1959), Medaille „München leuchtet" in Gold (1964), Medaille für bes. Verdienste um die kommunale Selbstverwaltung in Gold (1966), Ehrenmedaille des Bezirks Oberfranken (1966), Goldene Ehrennadel des Deutschen Roten Kreuzes (1962), Goldene Bürgermedaille der Stadt Bad Kissingen (1962), Goldener Ehrenring der Stadt Bayreuth (1963), Oberstdorf-Medaille in Gold (1973), Brillat-Savarin-Plakette (1969), Ehrenbürger von Ebermannstadt, Waischenfeld und Pinzberg, Ehrenmitglied „Fränkische Schweiz-Verein", Ritter des Ordens wider den tierischen Ernst. Adresse: Unterbrunner Str. 39, 8035 Gauting b. München, Telefon: 089/228361

Eberle Raimund, Regierungspräsident von Oberbayern, geboren in Rottau (Traunstein), 3. April 1929, verheiratet mit Frau Gertrud Willenbacher. Freizeit: Klassischer Gesang (Mozart), Fotografieren, Garten. Zweitwohnsitz: Reit im Winkl; Lieblingsrestaurant: Chiemgau-Hof Feldwies, Lieblingsgericht: Chiemsee-Renke; Getränke: „Hallburger Schlossberg",

Raimund Eberle

„Adelholzener Primusquelle"; Garderobe: Bäumler Ingolstadt; Privat-Auto: Citroen. Adresse: Am Waldsaum 4, 8021 Baierbrunn, Telefon: 089/7931546

Katja Ebstein

Ebstein Katja (bürgerlich: Karin Witkiewicz), Sängerin (Schlager, Folklore, Musical), geboren in Girlachsdorf bei Breslau, 9. März; verheiratet seit 1979 mit Regisseur Klaus Überall. Wächst in Berlin auf, spielt schon als Kind Gitarre, wird Chorsängerin, will Archäologie und Malerei studieren, volontiert aber dann beim Sender Freies Berlin (Report: „Klassische Musik"); Entdekker Heino Gazo ermuntert sie zu einer Gesangsausbildung bei Elisabeth Hallstein (Mutter von Ingeborg Hallstein); Lieder: „Nur der Wind kennt mein Träume", „Wie ein Kind wollte ich dir glauben", „Wunder gibt es immer wieder" (3. Platz beim Grand Prix Eurovision de la Chanson 1970), „Diese Welt" (3. Platz beim Grand Prix Eurovision 1971), „Heinrich-Heine"-Texte; Fernsehen: „Katja – die Stimme" (Show-Regisseur Truck Brauss), die US-Musikzeitschrift „World record" zeichnet sie als „beste Botschafterin der leichten Muse" aus; von 1972–1976 Ehe mit Komponist Christian Bruhn; Freizeit: Jazz, Reisen, Malerei. Adresse: Possartstr. 6, 8 München 80, Telefon: 089/475234

Eckart Otto, Knödel-König, Konsul von Guatemala, Chef der Münchner „Pfanni-Werk Otto Eckart KG", Vorsitzender der Geschäftsleitung und persönlich haftender Gesellschafter, geboren in München, 25. Februar 1936, verheiratet mit Frau Ute, zwei Kinder. Gymnasium, Lehre in einer Konservenfabrik, Studium der Lebensmittel-Technologie und Chemie in den USA und

Otto Eckart

in Berlin, zwei Jahre Lehre als Markenartikler und Einzelhandelsreisender für die Henkel-Werke; 1961 Eintritt in die väterliche Firma, alle Abteilungen des Werkes in zweijähriger Praxis; seit 1966 Chef (1600 Mitarbeiter); fährt BMW; Freizeit: Wandern, Relaxation, Musik (Opern). Adresse: Grafinger Str. 6, 8 München 80, Telefon: 089/41321

Eckart Werner, Senior-Chef der Münchner „Pfanni-Werke" und persönlich haftender Gesellschafter, Generalkonsul der Philippinen für Bayern und Württemberg, geboren in München, 27. März 1909, verheiratet mit Frau Anny, vier Kinder. Gymnasium, Lehre in einer Konservenfabrik, Eintritt in die väterliche Fabrik Otto Eckart (seit 1942 Teilhaber); 1943:

Werner Eckart

Umwandlung in eine KG; seit 1949 „Pfanni" (erstes Produkt: Kartoffelknödel halb und halb); 1978 wurden fast eine halbe Milliarde Pfanni-Knödel gegessen; Freizeit: Jagd, Hausmusik (Trompete); fährt Mercedes mit Chauffeur; Auszeichnung: Bayerischer Verdienstorden, Großes Bundesverdienstkreuz, Philippinischer Orden „Lakaw of the order of Sikatuna". Adresse: Grafinger Str. 6, 8 München 80, Telefon: 089/41321

Eckes Ludwig, „Neue Constantin-Film"-Chef, Likörfabrikant („Hohes C", „Chantre"), geboren in Niederolm, 28. April 1913 verheiratet mit Frau Marianne, zwei Kinder. Laufbahn: 1929–31: Bank-

Ludwig Eckes

lehre, dann Eintritt in das väterliche Unternehmen Peter Eckes; übernimmt 1952 die Leitung der Firma (Jahresumsatz 580 Millionen Mark in Deutschland, 280 Millionen Mark Tochterfirmen im Ausland); 1. November 1977 Einstieg ins Filmgeschäft; trinkt gern Wein und eigene Produkte. Adresse: Constantin, Albert-Roßhaupter-Str. 73, 8 München 70, Telefon: 089/72961

Efrat Rafael, Chef einer Ladengeschäfts-Kette für Pelze („Royal Mink", „Tigre Royal"), Herren- und Damenmode Juwelen („St. Honore") Hemden („Hemden City"), passionierter Gemäldesammler, geboren in Warschau, 22. November 1922, Vater einer Tochter Tamara, verheiratet mit Frau Ingeborg (nennt sich selbst „Pelzhänd-

Rafael Efrat

lerin" und gibt als wichtigstes Ereignis im Leben die „Geburt meines Sohnes" und „Besuch der Schauspielschule" an). Freizeit: Wassersport (Boot in La Napoule); Restaurant: „Käfer's Schänke" und „Club 28"; Leibgericht: Soufflet an Grand Marnier; Getränk: Perrier; Privatwagen: Mercedes 450 SLC. Adresse: Heilmannstr. 7a, 8 München 70, Telefon 089/796302

Egk Werner, Komponist, Dirigent, geboren in Anchesheim bei Donauwörth, 17. Mai

Werner Egk

1901, verheiratet (seit 1923) mit Violinvirtuosin Elisabeth Karl (gestorben 1978). Laufbahn: Absolviert das St. Stephan-Gymnasium in Augsburg; studiert erst am städtischen Konservatorium Musik, dann an den Universitäten von Frankfurt/Main und München; Privatunterricht in Klavier bei A. Hierzellangenhan und in Komposition bei Carl Orff; 1932 Oratorium „Furchtlosigkeit und Wohlwollen"; erste Oper „Die Zaubergeige" (1935), Kapellmeister an der Berliner Staatsoper (1936), zweite Oper „Peer Gynt"; 1942 „Columbus", „Joan von Zarissa" (1958), „Das Zauberbett", Orchesterkomposition „Orchestersonate" „Französische Suite", „Allegria"; seit Faust-Ballett „Abraxas" verursacht 1948 in München den ersten Skandal in der Geschichte des deutschen Nachkriegstheaters (das Werk fand dagegen in Berlin und Hamburg in den folgenden Jahren begeisterte Aufnahme); 1950–53 Direktor der Berliner Musik-Hochschule; weitere Werke „Ein Sommertag", „Die chinesische Nachtigall", „Abstrakte Oper Nr. 1", „Das Ende einer Welt", „Irische Legende", „Danza", „Die Verlobung in San Domingo", „17 Tage und vier Minuten"; 1976: Theater-Eklat, als er die musikalische Leitung seiner Oper „Der Revisor" (Regie: Dieter Haugh) nach der zweiten Aufführung aus Protest gegen „die unruhigen störenden Bewegungsabläufe und gezielten Lärmeinbrüche der Inszenierung" niederlegt. Buch: „Die Zeit wartet nicht" (Verlag R. S. Schulz); Auszeichnungen: Kunstpreis der Stadt Berlin (1950), Großes Bundesverdienstkreuz (1959), Ludwig-Spohrpreis (1961), Goldmedaille München, Richard Strauß-Medaille, Bayerischer Verdienstorden (1962), Poetentaler (1979); Freizeit: Malen, Fotografieren, Filmen. Adresse: Lindenstraße 1, 8032 Lochham bei München und CH 5726 Unterhuhn/AG, Anf Turnig/Schweiz, Telefon: 089/851024, 0041/64462416

Eglinger Poppy, Prinzengarde-Chefin, geboren in München, 17. Mai. Ausbildung als Tänzerin, in den 30er Jahren Mitglied der Mailänder Scala, Tourneen durch Italien und den Balkan; 1936 Gründung der ersten Prinzengarde in München mit 24 Mädchen; entwirft Kostüme, sucht Musik aus, macht Choreographie und fährt den Bus für Prinzengarde-Mädchen; Hobby:

Poppy Eglinger

Kochen, Schwimmen; ißt gern Spargel. Adresse: Prinz-Ludwig-Str. 16, 8 München 2, Telefon: 089/284696

Ehard Hans Dr. Ministerpräsident a. D., geboren in Bamberg, 10. November 1887,

Hans Ehard

verheiratet. Am 21. 12. 1946 zum Ministerpräsidenten gewählt (bis 1954 und 1960 bis 1962). Vorher: Staatsanwalt, Amtsrichter, Landgerichtsrat, Oberregierungsrat und Ministerialrat beim Bayerischen Staatsministerium der Justiz; 1933 Senatspräsident am Oberlandesgericht München, 1945 Staatsrat, dann Staatssekretär im Justizministerium, 1962–66: Justizminister, CSU-Landesvorsitzender (1949–55); Auszeichnungen: Großkreuz des Verdienstordens des Königreiches Griechenland (1958), Ritter des

Großkreuzes des St. Gregorius Magnus Ordens (1960), Großoffizierskreuz des Ordens der Ehrenlegion (1962), Bene Merenti-Medaille in Gold der Bayerischen Akademie der Wissenschaften (1957), Europäischer Karlspreis der Sudetendeutschen Landsmannschaft (1973), Bayerischer Verdienstorden (1959), Großkreuz des Verdienstordens der Bundesrepublik Deutschland (1954), Großkreuz des Verdienstordens Italien, Großes Silbernes Ehrenzeichen am Bande für Verdienste um die Republik Österreich. Freizeit: Lesen (historische und astronomische Bücher, gute Romane); Lieblingslokal: Restaurants im „Bayerischen Hof"; Getränk: Frankenwein; Garderobe: Maß-Schneiderei bei „Hirmer"; Auto: Opel Rekord. Adresse: Am Schilcherweg 4a, 8 München 90, Telefon: 089/649554

Ehrenwirth Franz, Verleger (Ehrenwirth-Verlag), geboren in München, 12. März 1904, verheiratet (seit 5. September 1932). Gründet sein Unternehmen 1945. Bücher: „Wolpertinger", „Soweit die Füße tragen", „Königlich bayrisches Amtsgericht", Fachbücher und Schulbücher. Freizeit: Sammeln von Graphiken und Bavarica; Lieblingsspeise:

Franz Ehrenwirth

Tafelspitz; Getränk: trockener Wein. Adresse: Vilshofener Str. 8, 8 München 80, Telefon: 089/989025

Eichbauer Fritz, Bauunternehmer (250 Mitarbeiter), „Erfinder" des 2-Sterne-Restaurants „Tantris", geboren in München, 24. Januar 1928, verheiratet (seit 1966) mit Frau Sigrid-Ursula, drei Kinder, Bettina, Alexa und Felix. Laufbahn: Maurerlehre; 1952: Abschluß als Diplom-Ingenieur und Übernahme des elterlichen Baugeschäfts; seit

Fritz Eichbauer

1968 Präsident des Landesverbands bayerischer Bau-Innungen; seit 1978 Präsident des Zentralverbands des Deutschen Baugewerbes; 1971 startet er den Gourmet-Tempel „Tantris"; 1970 eröffnet er das franz. Bistro-Restaurant „Terrine"; Auszeichnung: BDA-Preis für die Terrassenhäuser in Ottobrunn (1971), Ehrenpreis für guten Wohnungsbau (Amalienpassage) im Jahr 1977; Freizeit: Wandern, Tennis, Skifahren; ist großer Feinschmecker; liebt Wein; fährt BMW. Adresse: Schwanthalerstr. 10a, 8 München 2, Telefon: 089/557951

Eisenmann Hans Dr., Landwirtschaftsminister, geboren in Ampertshausen/ Landkreis Pfaffenhofen, 15. April 1923, verheiratet mit Frau Irmgard

Hans Eisenmann

Berger, seit 1952, zwei Töchter, Gertrud und Cornelia. 1941: Abitur, Flugzeugführer, Fluglehrer, Arbeit im elterlichen 60 Hektar-Bereich mit Landwirtschaftsprüfung (1946), studiert anschließend Land- und Forstwirtschaft und legt 1948 das Examen als Diplomlandwirt in München-Weihenstephan ab; promoviert 1959 an der TH München mit „Die Marshall-Plan-Hilfe der bayerischen Landwirtschaft" zum Dr. agr. Dreimonatiger US-Studienaufenthalt, ist 1950 jüngster Landtagsabgeordneter, dann von 1951–58 Lehrer an der Landwirtschafts- und Hopfenbaufachschule in Pfaffenhofen (seit 1954 Direktor), zählt nach dem Krieg zu den Gründungsmitgliedern der Bayernpartei in Pfaffenhofen, wechselt aber 1954 zur CSU, ist bis 1969 Landrat des Landkreises Pfaffenhofen; nach altersbedingtem Rücktritt von Minister Alois Hundhammer wird er im März 69 sein Nachfolger im Bayr. Staatsministerium für Ernährung, Landwirtschaft und Forsten. Milchkrieg 1974 am Brenner, Freizeit: Psychologie, Kunstgeschichte, Reiten, Schwimmen, Bergsteigen, Musik, Fotografieren (stürzt 1971 von einer Leiter, als er sein Landhaus fotografieren will und zieht sich komplizierte Knochenbrüche zu).

Auszeichnungen: Bayerischer Verdienstorden (1962), Naturschutzpreis (1971). Adresse: Ludwigstr. 2, 8 München 22, Telefon: 089/21821

Elmendorff Gloria (geborene Lalor), Konsul von Jamaika, Radio- und TV-Producer, geboren in Kingston (Jamaika), 11. Juni, verheiratet mit Franz Elmendorff, Film-Vizepräsident von MCA, Mutter zweier Kinder, Justine (1. 6. 65) und Patrick (8. 6. 67). Großzügige Party-Gastgeberin in ihrer Bogenhausener Wohnung; Freizeit: Golf, Ski; Lieblingslokal: „Tantris"; bevorzugtes Essen: Ackee und Salat, Fisch; Getränk: Whisky mit Soda; Schneider: Winfried Knoll;

Gloria Elmendorff

Auto: Mini. Adresse: Ismaninger Str. 98, 8 München 80, Telefon: 089/914081

Elsner Hannelore (bürgerlich Elstner), Schauspielerin, geboren in Burghausen, 26. Juli, ist 18 Monate verheiratet mit Schauspieler Gerd Vespermann, lebt nach längerer Freundschaft mit Georg Thomalla und längeren Liaisonen mit Regisseur Oswald Döpke und Regisseur Michael Miller mit Regisseur Alf Brustellin in ihrer hübschen Dach-Terrassen-Wohnung in Giesing zusammen. Theater: „Der Mustergatte", „Der Seitensprung" (1964), „Vater einer

Hannelore Elsner

Tochter" mit Georg Thomalla, „Tango". Fernsehen, Filme: „Lümmel von der ersten Bank" (1967), „Dem Täter auf der Spur", „Wölfe und Schafe", Tschechows „Lwanow", Tucholskys „Christoph Columbus", „Bitte recht freundlich", „Die Eroberung", „Die schöne Marianne", Simmels „Der Stoff aus dem die Träume sind", „Die halbe Eva", „Grete Minde", „Deutsche Novelle", „Die Reise nach Wien", „Berlinger", „Der Sturz", „Der Schneider von Ulm". Auszeichnung: „Goldene Kamera". Adresse: Raintaler Str. 32, 8 München 90, Telefon: 089/698067

Engel Thomas, Regisseur und Autor, geboren in Hamburg, 18. April 1922, verheiratet mit Frau Marianne Högl. Erste Filmregie: „Pünktchen und

Thomas Engel

Anton", weitere Filme: „Mädchen mit Zukunft", „Schwedenmädel", „Stimme der Sehnsucht". Freizeit: Faulenzen; Restaurant: Ritz, Berlin; Lieblingsgericht: Rehrükken; Getränk: Sekt-Orange; Garderobe: „Braun + Co"; Privatauto: Mercedes. Adresse: Harthauser Str. 139, 8 München 90, Telefon: 089/648634

Engelhardt Wolfgang Professor Dr., Generaldirektor der „Staatlichen Naturwissenschaftlichen Sammlungen

Wolfgang Engelhardt

Bayern", geboren in München, 12. Oktober 1922, verheiratet mit Frau Irmgard Lambert, Vater eines Kindes. Freizeit: Bergsteigen, Reiten, Skifahren; Privat-Auto: Mercedes 300 D. Adresse: Kirchstr. 5, 8061 Prittlbach, Telefon: 08131/81672

Erhardt Ellen, ehemaliges Top-Modell, seit ihrer Hochzeit Lady Pearson, geboren in Erkrath bei Düsseldorf, 21. Februar. 1977: Traumhochzeit mit dem englischen Zeitungserben Lord Michael Pearson (Vater ist Verleger, Bankier, Herausgeber der „Financial Times", Besitzer des Weingutes „Chateau Latour") im Hotel Bachmair in Rottach-Egern am Tegernsee; lange Zeit mit „Seewolf" Raimund Harmstorf befreundet;

Ellen Erhardt

wohnt jetzt in Monaco; sie hat ihren Münchner, ihr Mann seinen Londoner Wohnsitz aufgegeben. Adresse: 27 Avenue de Princess Grace, Monte Carlo Monaco „Le Formentor" Telefon: 00441/2488000

Erny Bela, Schauspieler und Sänger (Titel: nach eigenen Angaben Diplom-Theaterwissenschaftler), geboren in Budapest, 10. Juni 1942, Lebensgefährte von Heidi Brühl (1975–80). 30 Spielfilme, darunter „Schöner Gigolo, armer Gigolo" mit Marlene Dietrich; 60 TV-Spiele. Auszeichnung: „Stern des Jahres" der „Abendzeitung"; Freizeit: Angeln, Reiten, Sonnen, Lieben; Lieblingslokal: „Schiffsglocke" in Possenhofen/Starnberger See; Leibgericht: Gefülltes Kraut „Siebenbürgen"; Getränke: Rotwein

Bela Erny

„Medoc noir"; Auto: BMW. Adresse: Perfallstr. 6, 8 München 80, Telefon: 089/475024

Ertl Josef, Bundesminister für Ernährung, Landwirtschaft und Forsten, geboren in Oberschleißheim, 7. März 1925, verheiratet mit Frau Paula (geborene Niklas und Tochter des früheren Bundesernährungsministers), drei Söhne, Christoph, Wolfgang und Nikolaus. Aufgewachsen auf dem 20 Hektar-Hof seiner

Josef Ertl

Eltern, 1947 landwirtschaftliche Gehilfenprüfung, Landwirtschaftsstudium an der Hochschule in Freising-Weihenstephan, beginnt seine politische Tätigkeit 1952 als Mitglied des Kreistages München; 1961 FDP-Politiker im Deutschen Bundestag, seit 1969 Bundesminister. Auszeichnungen: Großkreuz des Bundesverdienstordens, Karl-Abetz-Preis 1975, „Goldener Zuckerhut", Bayerischer Verdienstorden (1971), „Großes Goldenes Ehrenzeichen der Republik Österreich", Ritter wider den tierischen Ernst, Ritter des Humors. Freizeit: Schwimmen, Segeln, Skilaufen, Malen. Leibspeise: Kalbshaxn, Lieblingsgetränke: Bier, Wein, Milch; Privatauto: BMW. Adresse: Auerstr. 20, 8182 Bad Wiessee, Telefon: 08022/8870

Eva Esfandiary-Bachtiary

Esfandiary-Bachtiary Eva, Fürstin, geborene Karl, geboren in Moskau, 11. Mai, verheiratet mit Fürst Khalil Esfandiary-Bachtiary (1955 bis 1961 iranischer Botschafter in Bonn und später Sonderbotschafter des Schah), Tochter Soraya, Prinzessin von Persien, frühere Kaiserin, Gemahlin von Schah Reza Pahlevi; seit es das Feinschmeckerlokal „Humpelmayr" nicht mehr gibt, lebt die Fürstin sehr zurückgezogen in ihrer Villa in Nymphenburg. Adresse: Bustellistr. 10, 8 München 19, Telefon: 089/155744

Etzel Roy, Bandleader, Solo-Trompeter (Mr. Trumpet), Verleger, geboren in Breslau, 6. März 1925, verheiratet. Karriere: Gründung seines Orchesters im November 1966, davor im Orchester von

Roy Etzel

Kurt Edelhagen und Orchester Max Greger gespielt; Auszeichnung: „Tropheo de oro" Goldene Trophäe von Spanien. Freizeit: Tennis; Stammlokal: „Altdeutsche Weinstube"; Schneider: Lenz; Privatauto: Mercedes. Adresse: Aschaffenburger Str. 29, 8 München-Neuaubing, Telefon: 089/878155

Everding August, Professor, Opern-Intendant (Münchner Nationaltheater), geboren in Bottrop, 31. Oktober 1928; verheiratet mit Gustava von Vogel (Dr. med.). Drei Kinder, Marcus (geb. 1964), Cornelius (1965), Christoph (1966). Karriere: Assistent von Hans Schweikart und Fritz Kortner; 1963–73 Kammerspiele München, Gast-Inszenierungen in Wien, San Francisco, New York, London, Hamburg, Bayreuth „Der Fliegende Holländer" (1969), „Tristan und Isolde" (1974). Er bewohnt die Burg Grünwald bei München und ist ab 1981 Generalintendant-Chef der Oper, des Residenztheaters und Gärtnerplatz-Theaters. Adresse: Nationaltheater, Max-Joseph-Platz 2, 8 München 22, Telefon: 089/21851

August Everding

Eyck Kristina van, Filmschauspielerin, Tochter von Schauspieler Peter van Eyck, geboren in Los Angeles, 30. Oktober. Filme: „Rosemaries Tochter", „Johnny West", französische TV-Serie „Fantomas" mit Partner Helmut Berger (Regie: Chabrol und Bunuel); Fernsehen: „Ein Gedicht für die Freiheit", „Ein Mädchen aus Celle", „Mirko und Franca", „Berlin Mitte"; lebt bei der Mutter in München. Adresse: Agentur Jovanovic, Perfallstr. 6, 8 München 80, Telefon: 089/475024/25

Kristina van Eyck

F

Rainer Werner Fassbinder

Fassbinder Rainer Werner, Regisseur, Drehbuchautor, Produzent, Theaterleiter, geboren in Bad Wörishofen, 13. Februar 1946, geschieden von Schauspielerin und Sängerin Ingrid Caven (machte in Paris Karriere). Karriere: Er arbeitet als Statist an den Münchner Kammerspielen und als Aushilfskraft im Archiv des „Süddeutschen Verlages". Erste Schauspiel-Erfahrungen am Schauspiel-Studio Leonhard, wo er auch seine spätere Hauptdarstellerin Hanna Schygulla kennenlernt. 1965: Zwei Kurzfilme „Die Stadtstreicher" und „Das kleine Chaos", 1967: Mitglied des Münchner „Action Theater". Erster großer Film „Liebe ist kälter als der Tod", dann folgen „Katzelmacher", „Warum läuft Herr R. Amok", „Götter der Pest", „Whity", „Angst essen Seele auf", „Effie Briest", „Faustrecht der Freiheit" (mit Christiane Maybach), „Mutter Küsters Fahrt zum Himmel", „Händler der Vier Jahreszeiten", „Satansbraten", „Warnung vor der heiligen Nutte", „Despair" (mit Dirk Bogarde, Andrea Ferreol, Bernhard Wicki und Klaus Löwitsch), „Die Ehe der Maria Braun", „Die dritte Generation". Theater: „Blut am Hals der Katze", „Pioniere in Ingolstadt", „Die bitteren Tränen der Petra von Kant", „Bremer Freiheit in Nürnberg", „Hedda Gabler"; ist in der Spielzeit 1974/75 Leiter des Frankfurter „Theater am Turm", scheidet aber 1975 wieder aus. Zwei Jahre später will er nach New York übersiedeln, kommt aber nach kurzem Aufenthalt wieder zurück. Fernsehen: „Baal", „Niklashauer Fahrt", „Rio das Mortes", „Acht Stunden sind kein Tag" (mit Hanna Schygulla, Luise Ullrich und Werner Fink) 1972, „Wildwechsel", „Welt am Draht", „Nora", „Martha", „Bolwieser", „Wie ein Vogel auf dem Draht" (mit Brigitte Mira), „Angst vor Angst", „Ich will „Berlin Alexanderplatz", dreht 1980 mit Produzent Luggi Waldleitner den 7-Millionen-Mark-Film „Lili Marleen" (Titelrolle: Hanna Schygulla). Auszeichnungen: Fernsehpreis der Akademie der Darstellenden Künste (1969), Filmbänder in Gold (für Buch, Regie und Produktion von „Katzelmacher"), Filmband in Silber („Die Ehe der Maria Braun"). Adresse: Tango-Filmproduktion, Niebuhrstr. 78, 1 Berlin 12, Telefon: 030/8837718

Feddersen Karin, weitgereistes Top-Modell, geboren in Stuttgart, 22. April, verheiratet (seit Anfang 1978) mit dem Schweizer Bankier Giovanni Mahler (nur nach mexikanischem Recht), Eheschließung am Strand von Acapulco. Erregt 1979 Aufsehen durch einen Sprung aus dem Fenster; schwer verletzt wird sie ins

Karin Feddersen

Krankenhaus eingeliefert, das sie erst nach Monaten wieder verlassen kann. Adresse: Agentur Jovanovic, Perfallstr. 6, 8 München 80, Telefon: 089/475024/25

Feldmeier Peter, Kaufhaus-Chef („Beck am Rathaus-Eck" mit Zweigstellen in Laim und im Olympia-Zentrum), geboren in München, 22. Januar 1939, verheiratet mit Frau Sigrid, Sohn Peter. Führt seit 1970 zusammen mit Bruder Toni das Kaufhaus (850 Mitarbeiter) mit eigener Gaststätte „Zur weißblauen Rose" (Wirt: Helmut Schmidt), Bauernmöbel-Spezialgeschäft (Ehrlicher-Haus) und Europas größter Bademoden-Auswahl; zuvor Volontariat in der Textilbranche in Deutschland und Südafrika; Freizeit: Jagd, Fischen, Fliegen (Pilotenschein); Leibspeise: Teller-

Peter Feldmeier

fleisch; Lieblingsgetränk: Wein. Adresse: Marienplatz 11, 8 München 2, Telefon: 089/228264

Fendel Rosemarie, Schauspielerin, geboren in Metternich/Koblenz, 25. April. Privater Schauspiel-Unterricht bei Maria Koppenhöfer, Karriere: Debüt an den Münchner Kammerspielen (1946), Düsseldorf unter Gustav Gründgens, seit 1973 Ensemble-Mitglied der Kammerspiele München; Rolle in „Trotta" (Regisseur: Johannes Schaaf) und „Traumstadt", Auszeichnung: Filmpreis in Gold für

Rosemarie Fendel

„Trotta", „Goldene Kamera", Adolf-Grimme-Preis. Adresse: Pater-Rupert-Mayer-Str. 40, 8023 Pullach/München, Telefon: 089/7931549

Ferenczy Josef von, Medien-Manager, Buchverleger, Filmproduzent, geboren in Kecskemét/Ungarn, 4. April 1919, verheiratet mit Katharina Sillag, zwei Söhne, Saba und Andreas. Herr über 127 Autoren seiner „Konsumliteratur-Fabrik" mit Zweit-Büro im Hotel „Vier Jahreszeiten" (eigenes Telefon an der Bar). Laufbahn: gescheiterter Orangenimporteur in Ungarn (1938). 1946 Staatssekretär im Verteidigungsministerium, flüchtet 1948 nach Wien, 1954 Produzent der

Josef von Ferenczy

Filme „Fußballweltmeisterschaft 1954", „Spion Simpel", „Max Schmeling", dann Start seiner Story-Agentur für Illustrierte (20jähriges Jubiläum 1977) „Ferenczy Presse-Agentur" (FPA). Reist mit österreichischem Paß. Auszeichnungen: Medaille „München leuchtet" (zum 60. Geburtstag), Bundesverdienstkreuz und großes silbernes Ehrenkreuz von Österreich. Adresse: Portenlängerstr. 35, 8022 Grünwald, Telefon: 089/641055

Fernau Joachim, Schriftsteller, geboren in Bromberg/Posen, 11. September 1909, verheiratet mit Frau Gabriele, schreibt seit 1952 und ist Bestseller-Autor bei Langen-Müller/Herbig; Bücher (die nahezu alle über 20000 Auflage erreichen): „Rosen für Apoll", „Disteln für Hagen",

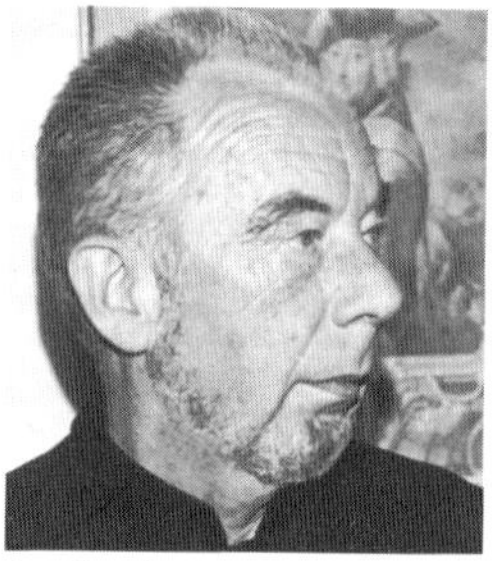

Joachim Fernau

„Deutschland, Deutschland über alles", „Cäsar läßt grüßen", „Halleluja, die Geschichte der USA", „Die Gretchenfrage"; Freizeit: Malen. Adresse: Herzogstr. 108, 8 München 40, Telefon: 089/177041

Fernau Rudolf (bürgerlich Neuberger), Schauspieler, geboren in München, 7. Januar 1898, verheiratet mit Olga von Mrazek (seit 1923). Filme: „Dr. Crippen an Bord", „Im Namen des Volkes", „Königliche Hoheit", „Bis zur bitteren Neige", „Jeder stirbt für sich allein", „Hochstapelei der Liebe". Spielt unter den bedeutendsten Regisseuren wie Reinhardt, Jeßner, Fehling, Kortner. Schreibt das Buch

Rudolf Fernau

„Als Lied begann's" (Resümee seines Lebens). Freizeit: Enträtselung der Steuerformulare; Lieblingsspeise: Tafelspitz (à la Kaiser Franz Josef); Lieblingsgetränk: Dickmilch. Adresse: Metzstr. 42, 8 München 80, Telefon: 089/453333

Ferrari Violetta, Schauspielerin, geboren in Hodmezövasarhely (Ungarn), 5. April, verheiratet mit Dipl. Ing. Janos Földiak, zwei Söhne, Peter und Michael. Laufbahn: Budapester Schauspiel-Akademie, dreijähriges Engagement am Budapester National-

Violetta Ferrari

Theater, seit 1956 in Deutschland. Theater: „Der Widerspenstigen Zähmung", „Irma la Douce", „Stop die Welt", „Can Can", „Cherie verzeih" mit Peter Vogel, „Schwarzer Jahrmarkt", „Meine dicke Freundin"; Filme: „Scala total verrückt", „Paprika", „Scheidungsgrund Liebe" mit O. W. Fischer, „Trompeten der Liebe"; Fernsehen: „Ein Tag ohne Morgen", „Keine Angst vor der Hölle", „Bel ami", „Im weißen Rößl", „Prairie Saloon", „Cäsar und Cleopatra"; Freizeit: kaut leidenschaftlich Kaugummi. Adresse: Nymphenburger Str. 95, 8 München 19, Telefon: 089/188140

Feuchtwanger Walter, Bankier („Financial Counsellor"), geboren in München, 9. Juli 1916, verheiratet, Kinder. Freizeit: Auto Rallye; Lieblings-Lokale: „Kanne", „Maximilianstuben", „Königshof"; ißt gern „Beefsteak Tartar", trinkt Cynar, Whisky; Garderobe: British Woolens; Auto: Volvo. Adresse: Widenmayerstr. 11, 8 München 22, Telefon: 089/223691

Walter Feuchtwanger

Feury Otto Kajetan Freiherr von, Ehrenpräsident des Bayerischen Bauernverbandes, Gutsbesitzer, Landwirt, geboren in München, 27. Dezember 1906, verheiratet mit Paula Mayer, drei Kinder. Karriere: Altes Realgymnasium München, Volontär einer Eisengroßhandlung in Frankfurt und Bayer. Hypotheken- und Wechselbank München; 1930: „London und Eastern Tradebank" in London, studiert von 1926 bis 1931 Volkswirtschaft und Rechtswissenschaft; 1933 Übernahme des Gutshofs Thailing, den er seitdem selbständig bewirtschaftet; 1946 wird er Bezirksobmann des Bayer. Bauernverbandes und CSU-Kreistags- und Kreisausschußmitglied im Kreis Ebersberg; 1950: Ernährungsausschuß des Wirtschaftsbeirats der CSU und Landtagsabgeordneter; fünf Jahre später Nachfolger des verstorbenen Dr. Fridolin Rothermel als bayerischer Bauernverbandspräsident, 1969 neben Bauknecht und Andres Präsident des deutschen Bauernverbandes, Mitglied des Direktoriums für Vollblutzucht und Rennen, Präsident des Vereins für Reit- und Fahrsport München, Präsident des Münchner Rennvereins Riem, seit 1968 Mitglied des Rundfunkrates, Mitglied des Internationalen Clubs Baden-Baden, Mitglied des deutschen Olympia-Komitees für Reiterei. Auszeichnungen: Bayerischer Verdienstorden (1959), Bayerische Staatsmedaille (1969), Großes Verdienstkreuz des Verdienstordens der BRD Deutschland (1969), Goldene Ehrennadel des Deutschen Bauernverbandes (1970), Orden der französischen Republik „La Croix de Commandeur de L'Ordre du Merite Agricole" (71), Goldene Nadel des deutschen Raiffeisenverbands (1971), Großes Bundesverdienstkreuz mit Stern (1973), Bundesverdienstkreuz (1977) mit Stern und Schulterband, Fridolin Rothermel-Medaille, Goldene Verfassungsmedaille (1978). Freizeit: Pferde, Briefmarken; Lieblingsrestaurant: „Conti Grill"; Leibgericht: Butterbrot, Erdbeeren; Getränk: Wasser; Schneider: Davis & Co London; Auto: Mercedes. Adresse: Gut Thailing, 8019 Steinhöring/Obb., Telefon: 08094/208

Freiherr Otto von Feury

Fierek Wolfgang, Filmkomiker, Schwabings „Karl Valentin", geboren in Ottobrunn bei München, 9. Dezember 1950, Junggeselle. Laufbahn: Feinmechaniker bei Bölkow, Bundeswehr-Gefreiter (4 Jahre), Discjockey im „Paramount" (München), Platten- und später Auto-Verkäufer („Fiat Keidler"); 1977: Discjockey in Kitzbühel, dann Lastwagenfahrer, Fensterputzer, schließlich wird Regisseur Klaus Lemke

Wolfgang Fierek

auf ihn aufmerksam und macht mit ihm die Filme „Idole“, „Moto Cross“, „Amore“, „Der komische Heilige“, „Der Allerletzte“, „Arabische Nächte“ (1979); Freizeit: Karate, Rollerskate, Windsurfen; Lieblingslokal „Perlacher Hof“; Leibspeise: Fisch; Lieblingsgetränk: Weißwein; Auto: „nur ganz alte – zur Zeit BMW“ (59). Adresse: Heinrich-Wieland-Straße 69, 8 München 83, Telefon: 089/436944

Finck jun. Baron August von, Bankier, Chef des Münchner Privatbankhauses „Merck, Finck + Co“ (Geschäftsvolumen 1,5 Milliarden), geboren in München, 11. März 1930, verheiratet mit Frau Francine. Nach dem Tod seines Vaters (1980) übernimmt er das Bankhaus; ist in Aufsichtsräten vieler Industrie-Unternehmungen; besitzt rund 4000 Hektar Grund (dazu gehört das Schloßgut Seeseiten am Starnberger See, wo er sich am liebsten aufhält); hat 1980 in den USA den Hubschrauberpilotenschein gemacht; geht gern in den „Franziskaner“ zum Essen. Adresse: Pacellistraße 4, 8 München 2, Telefon: 089/21041

August von Finck jun.

Fink Agnes, Schauspielerin, geboren in Frankfurt/Main, 14. Dezember, verheiratet mit Regisseur Bernhard Wicki (seit 1945). Laufbahn: Debüt 1939 in Heidelberg, dann Leipzig (1942) und München, Bayerisches Staatsschauspiel bis Schließung des Theaters (letzte Kriegszeit). Großes Rollenrepertoire: „Braut von Messina“, „Miss Sarah Sampson“, „Desdemona“, „Klärchen“ (Egmont), „Rosalinde“ (Wie es euch gefällt), „Maria Stuart“, „Irma“ (in Genets „Balkon“), „Nora“ („Fast ein Poet“). Fernsehen (rund 30 große Rollen): „Schmutzige Hände“, „Große Reise“, „Taube im Schaukelstuhl“, „Die Dame ist nicht fürs Feuer“, „24 Stunden im Leben einer Frau“, „Tödlicher Irrtum“, „Herr und Frau Brandes“ (mit Wicki). Filme: „Majestät auf Abwegen“, „Das Mädchen und der Staatsanwalt“, „Johns und Erdme“ (1959 mit Giulietta Masina), „Das falsche Gewicht“, „Sternsteinhof“. Spielt mit Curd Jürgens in „Jedermann“ bei den Salzburger Festspielen 1973. Auszeichnungen: Deutscher Fernsehpreis 1957. Freizeit: Ausspannen in ihrem Haus auf der Insel Elba; Lieblingsspeise: Stuttgarter Maultaschen; Lieblingsgetränk: Champagner; Garderobe: Schulze-Varell. Adresse: Agentur Alexander, Lamontstr. 9, 8 München 80, Telefon: 089/471011

Agnes Fink

Finkenzeller Heli, Schauspielerin, geboren in München, 17. November, verheiratet mit Alfred Bittins (Filmproduzent). Startet Laufbahn mit klassischen Rollen an den Münchner Kammerspielen, dann Ufa-Zeit: Filme „Königswalzer“, „Bad auf der Tenne“, spielt unter Gustaf Gründgens am Staatstheater Berlin, nach dem Krieg am Renaissance-Theater Berlin und an den Kammerspielen München. Adresse: Harthauser Str. 28b, 8 München 90, Telefon: 089/646229

Heli Finkenzeller

Fischer Ernst, Journalist, Ressortchef der Lokalredaktion in der Münchner „Abendzeitung“ und Autor, geboren in Straubing, 12. März 1942. Laufbahn: „Passauer Neue Presse“, seit 1969 „Abendzeitung“, 1977:

Ernst Fischer

Autor des Buches „Bayern braucht Wolpertinger" zusammen mit dem Schreiber-Kollektiv Hannes Burger und Herbert Riehl-Heyse sowie Karikaturist Josef Blaumeiser. 1979 bringt das Schriftstellerquartett das Buch „Bayerns Preußen sind die Besten" heraus. Freizeit: Tennis, Schafkopf, Schach; Lieblingslokal: „Seetaler" in Straubing; Leibspeise: Steinpilze; Lieblingsgetränk: Frankenwein; Garderobe: Konfektion (Loden-Frey, Wagenheimer); Auto: Volvo 144 L. Adresse: Sendlinger Str. 79, 8 München 2, Telefon: 089/23771

Fischer Kai, Schauspielerin, in den 50er Jahren Deutschlands erste Sexbombe, geboren in Prag, 18. März, Junggesellin. Nach dem Abitur arbeitet sie als Steno-Sekretärin, dann als Mannequin und Fotomodell,

Kai Fischer

wird von Franz Marischka entdeckt. Erster Film „Die lieben Verwandten", weitere Filme: „Unternehmen Schlafsack", „Mädchen und Männer", „Für zwei Groschen Zärtlichkeit", „Ich war ihm hörig", „Das Wirtshaus im Spessart", „Madelein Telefon 136/211". Fernsehen: „Vergißmeinnicht", „Grabenplatz 17", „Salto Mortale" (Serie), „Babeck". Schreibt Krimis und Drehbücher u. a. für das Fernsehen „Die Karte mit dem Luchskopf", „Stars in der Manege" bei der AZ-Wohltätigkeits-Gala 1969. Adresse: Görresstr. 18, 8 München 40, Telefon: 089/371373

Fischer Marie Louise, Schriftstellerin, geboren in Düsseldorf, 28. Oktober, verheiratet mit Hans Gustl Kernmayr (starb 1978), Tochter Florina Marina. Studiert in Prag,

Marie Louise Fischer

Köln und München Germanistik, Theaterwissenschaft und Kunstgeschichte, will schon immer Schriftstellerin werden und ist einige Zeit Dramaturgin („Prag-Film"). Bücher: „Ich spüre dich in meinem Blut", „Frucht der Sünde", „Eine Frau über Dreißig", „Im Schatten der Vergangenheit", „Liebe im Grandhotel", zuletzt „Die Frauen vom Schloß". Erreicht die Traummeile an Auflagenzahl: 20 Millionen verkaufte Bücher. Unter dem Pseudonym A. G. Miller entstehen populär-wissenschaftliche Gemeinschaftsarbeiten mit ihrem Mann: „Sonne, Mond und Sterne", „Morgen geht's uns besser", „Gehirnstation", „Augenklinik". Freizeit: Kochen, Reisen, Autofahren. Adresse: Untereck 89, 8201 Törwang/Obb., Telefon: 08032/8247

Fischer Olf, Regisseur, geboren in München, 3. Oktober 1917. Karriere: 1948

Olf Fischer

Bayerischer Rundfunk, 1954 Gründung des „Komödienstadls". Bevorzugtes Lokal: „Bei Forner" in Obermenzing; Leibgericht: Panierter Leberkäs; Lieblingsgetränk: Herber Weißwein; Schneider: Rosenmüller und Frank; Auto: Mercedes 200. Adresse: Clemens-Krauß-Str. 2, 8 München 60, Telefon: 089/881233

Fischer Peter, Emmeramsmühle-Wirt, geboren in München, 13. März 1936, geschieden. Laufbahn: Oberschule in München und Pfarrkirchen, Hotelfachschule in Reichenhall, gastronomische Tätigkeit in München und Hamburg, Personalchef und Geschäftsführer in den Hauptbahnhof-Gaststätten in München; arbeitet bei seiner Schwester Toni Netzle im „Alten Simpl"; übernimmt 1971

Peter Fischer

„Käthe's Küche"; seit 1974 zusammen mit Putzi Holenia in der „St. Emmeramsmühle"; Freizeit: Bergwandern, Reisen, Motorradfahren; Lieblingsgetränk: Wacholderschorle (Gin Tonic); Leibspeise: Kalbsbries; Auto: Mercedes, Motorrad BMW. Adresse: St. Emmeram 41, 8 München 81, Telefon: 089/953971

Fischer-Dieskau Dietrich, Bariton, geboren in Berlin, 28. Mai 1925, verheiratet in erster Ehe mit Cellistin Irmgard Poppen (stirbt im Dezember 1963 bei der Geburt des dritten Sohnes), in zweiter mit Filmschauspielerin Ruth Leuwerik (1967 geschieden). Gesangsunterricht bei Professor Georg A. Walther (1942), Studium an der Berliner Musikhochschule bei Prof. Hermann Weißenborn

Dietrich Fischer-Dieskau

(1947–48). In Müllheim/Baden springt der 1,89 große Sänger ohne Probe für einen erkrankten Solisten in einer Aufführung des „Deutschen Requiems" von Brahms ein – Herbst 1948 erster Liederabend in Leipnitz, dann im Berliner Titania-Palast im gleichen Jahr als erster lyrischer Bariton an die Städtische Oper Berlin verpflichtet (Debüt als Marquis Posa in „Don Carlos"). Weitere große Rollen „Tannhäuser", „Don Giovanni", „Valentin", „Jochanaan", „Almaviva", „Papageno", „Fidelio", „Lohengrin", „Freischütz", „Rigoletto", „Falstaff", „Kothner", „Wozzeck", „Mandryka", „Figaro", „Maskenball". 1949 Auslandsgastspiele in England (1954 dauert der Applaus seines ersten Liederabends eine halbe Stunde, Gage: 1500 Mark), Holland, der Schweiz, Frankreich, Italien (Mailänder Scala 1950). 1952: Edinburgher Festspiele, 1954: Bayreuth, 1956: Salzburg, 1959: „Bayerischer Kammersänger", später USA, Kanada und Japan (1963). Leistet Pionierarbeit für Komponist Hans Werner Henze bei „Elegie für junge Liebende". Will 1968 nicht mehr in der Oper auftreten, singt aber im Herbst des gleichen Jahres in Busonis Oper „Faust" (Münchner Nationaltheater). Hat mit 350 Liedern das größte Repertoire, das je ein Sänger erarbeitete; 1970 Debüt als Dirigent in Edinburgh mit „Cosi fan tutte", Star bei den Münchner Opernfestspielen in „Die Meistersinger von Nürnberg". Lebt in einer Villa in der Starnberger Gegend, läßt sich prinzipiell chauffieren (Mercedes 350 SE). Auszeichnungen: Musikpreis der Stadt Berlin (1950), „Goldener Orpheus", „Grand Prix du Disque" (1955, 1957, 1958, 1961), „Edison"-Schallplattenpreis (1960). Adresse: Deutsche Grammophon, Ingolstädter Str. 55, 8 München 45, Telefon: 089/353086 u. 7140537

Fischer-Fabian Siegfried Dr., Schriftsteller, geboren in Bad Elmen, 22. September 1922, verheiratet mit Uschi Tauling (Malerin). Beginnt als Lokalreporter für die „Neue Zeitung" in Berlin, schreibt die Bücher „Die deutschen Cäsare – Triumph und Tragödie der deutschen Kaiser des Mittelalters", „Die ersten Deutschen", „Hilfe, ich brauche

Siegfried Fischer-Fabian

eine Frau". Freizeit: Nachdenken; Lieblingslokal: „Holzbaur" am Viktualienmarkt; Leibgericht: Jakobsmuscheln provencal; Lieblingsgetränk: Elsässer Weine; Auto: Scirocco GT. Adresse: 8131 Aufkirchen/Starnberger See, Telefon: 08151/51126

Lisa Fitz

Fitz Lisa, Schauspielerin, Sängerin, Komponistin, Texterin, geboren in Zürich, 15. September. Ausbildung: Schauspiel-, Tanz-, und Gitarrenunterricht (1969–71). Schallplatten: „I bin bläd", „I mag Di". Adresse: Eichenstr. 17, 8033 Krailling, Telefon: 089/8571454

Fitz Walter, Komponist, Texter, Schauspieler, Produzent, geboren in Kaiserslautern, 31. Oktober 1921, verheiratet mit Molly Raffay. Freizeit:

Walter Fitz

Kochen, Kartenspielen; Lieblingslokal: „Klosterbrauerei Andechs"; Leibspeise: Lunge mit Semmelknödel; Lieblingsgetränk: herber Wein; Privatwagen: Porsche. Adresse: Eichenstr. 17, 8033 Krailling, Telefon: 089/8571454

Flade Udo, Chefredakteur der „Abendzeitung", geboren in Görlitz/Schlesien, 12. Dezember 1927, verheiratet, zwei Kinder. Beginnt seine journalistische Laufbahn beim „Münchner Merkur" (Lokalausgabe Fürstenfeldbruck), zehn Jahre „Süddeutsche Zeitung" (Reportagen, Seite 3-Chef); seit 1961 AZ-Chefredakteur; Freizeit: Tennis, Skilaufen; Lieblingslokal: „Holzbauer"; fährt BMW.

Udo Flade

Adresse: Sendlinger Str. 79, 8 München 2, Telefon 089/23771

Fleischmann Peter, Filmregisseur, Drehbuchautor, geboren in Zweibrücken, 26. Juli 1937. Karriere: Debüt mit „Herbst der Gammler" (1968), „Jagdszenen in Niederbayern" (1969), „Das Unheil" mit Ingmar Zeisberg (1971), „Dorotheas Rache" (1973), „Der dritte Grad" (1974), „Der Fehler" mit Jean-Claude Carriere und Martin Walser, „Hamburger Krankheit". Auszeichnungen:

Peter Fleischmann

„Filmdukaten" (XVI. Internationale Filmwoche Mannheim), „Der Preis der 15" (1969) und Filmband in Silber (Berlinale 69), Luis Bunuel-Preis (1972). Adresse: Christophstr. 10, 8 München 2, Telefon: 089/220359

Fleissner Herbert Dr., Chef der Verlagsgruppe Langen-Müller/Herbig, geboren in Eger, 2. Juni 1928, verheiratet mit Frau Gisela, vier Kinder, Brigitte (1953) studiert Jura und ist soeben in die Geschäftsleitung des Lentz-Verlages eingetreten, Michael (1957), Richard (1959) und Georg (1973). Laufbahn: Jura-Studium mit Abschluß und Promotion 1952; zu seiner Gruppe (entstanden 1926) zählen heute folgende Verlage:

Herbert Fleissner

Amalthea, Bechtle, Mary Hahn, Herbig, Langen-Müller, Lentz, Limes, Nymphenburger, Universitas, Wirtschaftsverlag; prominente Autoren: Ephraim Kishon, Joachim Fernau, Barbara Noak, Oliver Hassencamp, Gregor von Rezzori, Henry Jaeger, Olga Tschechowa, Helmut Qualtinger, Friedrich Thorberg, Truman Capote; 1979 Bestseller-Titel: „Paradies neu zu vermieten" (Kishon), „Rettet die Vögel" (Stern/Vester/Thilecke/Schreiber), „Die Gretchenfrage" (Fernau), „Auf einmal sind sie keine Kinder mehr" (Noak); Freizeit: Holzhakken; Leibspeise: „Nur mit Liebe Zubereitetes", Lieblingsgetränk: Tee; fährt Mercedes. Adresse: Hubertusstr. 4, 8 München 19, Telefon: 089/177041

Flemming Charlotte, Kostümbildnerin des „Oscar"-preisgekrönten Films „Caba-

Charlotte Flemming

ret", geboren in Weimar, 3. Juli, verheiratet mit Kameramann Günther Anders. Startet in der Meisterklasse für Mode (Kunstschule Weimar), dann Bühnenklasse; erstes Engagement an der Bochumer Bühne; Lothar Müthel holt sie an die Wiener Oper; macht die Garderobe für Lieselotte Pulver, Ruth Leuwerik, Hildegard Knef, Brigitte Horney, Luise Ullrich, Maria Schell, Curd Jürgens, O.W. Fischer, Paul Hubschmid, Josef Meinrad; Filme: „Gustav Adolfs Page", „Die Barrings", „Robinson soll nicht sterben", „Der liebe Augustin", „Heldinnen"; Theater: „Danza"; „Kopf des anderen", „Lady Frederick", „Zauberflöte" (Theater an der Wien), „Schloß in Schweden", „Amouren", ‚Duell im Zwielicht", „Idomeneo", „Unsere liebste Freundin", „Olivia". Adresse: Wurzerstr. 17, 8 München 2, Telefon: 089/220258

Flick Friedrich Karl („F.K.") Dr. Konzernherr, laut US-Zeitung „Fortune" Europas mächtigster Industrie-Magnat, geboren in Berlin, 3. Februar 1927. 1945: studiert Betriebswissenschaften an der Universität München, Examen als Diplomkaufmann, anschließend Ausbildung in Flick-Betrieben in Lübeck sowie zwei Jahre in Amerika. Zu seinem Imperium gehören: Buderus-Gruppe (39 Unternehmen mit 22400 Beschäftigten, Eisen- und Heizungstechnik, Maschinen, Panzer, Lokomotiven), Dynamit-Nobel-Gruppe (10 Unternehmen mit 14800 Beschäftigten, Chemieprodukte, Sprengstoffe), Feldmühle-Gruppe (23 Unternehmen mit 8750 Beschäftigten, Papier, Chemikalien, Kunststoffe) sowie Beteiligungen an rund 350 Unternehmen im In- und Ausland; 1975: überrascht durch den Verkauf von 29 Prozent des Daimler-Benz-Kapitals an die Deutsche Bank; weitere Verkäufe: die Metallhüttenwerke Lübeck aus der Buderus Gruppe an die United States Steel Corporation, die Eisenwerks-Gesellschaft Maximilianshütte mbH, er investiert den Erlös der Verkäufe durch den Kauf von rund 12 Prozent der Stammaktien der W. R. Grace & Co., New York; 1978 neue Sensation: mit 51 Pro-

Friedrich Karl Flick

zent Hauptaktionär des Gerling-Konzerns; Auszeichnungen: Bayerischer Verdienstorden (1976); Freizeit: Skilaufen (am Arlberg und in Kanada), Jagd (Europa, Afrika, Amerika), Tennis, Wassersport (Mittelmeer); Lieblingslokale: „Lassere" (Paris), „La Caravelle" u. „La Grenouille" (New York) oder nach Geschäftssitzungen – um die Mittagszeit oder am späten Abend der „Club 21", wo man auch noch ein „gscheites Faßbier bekommt." Außer der Düsseldorfer Villa besitzt er zwei Landsitze am Starnberger See und in der Steiermark) sowie eine Wohnung in München-Schwabing, in der er sich besonders gern aufhält. Adresse: Karlsplatz 6, 8 München 2, Telefon: 089/593775

Forell Max Michael, Professor Dr., Facharzt für Innere Krankheiten in der Universi-

Max Michael Forell

tätsklinik München, geboren in München, 27. September 1916, verheiratet mit Gitta Frey (Tochter des Münchner Chirurgen E. K. Frey), zwei Töchter. Humanistisches Gymnasium Salem, Studium an der Münchner Universität. Adresse: Böhmerwaldplatz 6, 8 München 27, Telefon: 089/980700

Francois-Poncet Henri, Champagner-Botschafter, Generalbevollmächtigter der französischen Moet-Hennessy-Dior-Gruppe, geboren in Paris, 1. Februar 1924, verheiratet mit Frau Francoise Hottinguer. Vater: Andrè

Francois-Poncet, vor dem Krieg Botschafter Frankreichs in Berlin, anschließend Hochkommissar in Bonn; Bruder: Jean Francois-Poncet, früherer Staatssekretär und jetziger Außenminister Frankreichs. Henri Francois-Poncet kommt als französischer Offizier nach Deutschland. Beginnt 1948 bei der Fa. Pankofer/Speiseeis als Kaufmann und gründet 1955 seine eigene Firma SOPEFA (Gesellschaft zur Förderung des deutsch-französischen Wirtschaftsaustausches mbH) und

Henri Francois-Poncet

ist geschäftsführender Teilhaber der Chandon-Handelsgesellschaft mbH in München. Auszeichnungen: Ritter der franz. Ehrenlegion, Bayer. Verdienstorden, Bundesverdienstkreuz. Freizeit: Reiten, Tennis, Skifahren; Lieblingsgericht: Kalbsbries in Trüffelsauce; Getränk: Champagner „Moet + Chandon"; Schneider: Cifonelli Paris; Privat-Auto: Range Rover. Adresse: St.-Anna-Platz 2, 8 München 22, Telefon: 089/220029

Frank Ellen, Schauspielerin, geboren in Aurich (Ostfriesland) 9. März. Wichtigstes Ereignis: Abschluß des ersten Filmvertrags mit Hans Albers in „Peer Gynt", Mutter einer Tochter (Evelyn); Freizeit: Wandern; bevorzugtes Lokal:

Ellen Frank

„La Mer"; Leibgericht: „Scampi vom Grill"; Getränk: Österreichischer Weißwein. Adresse: Eisenacherstr. 2, 8 München 40, Telefon: 089/362794

Franzen Hartwig („Bambsi"), Chef von Deutschlands berühmtestem Feinschmecker-Restaurant „Humplmayr", geboren in Heidelberg, 16. April 1908, verheiratet mit Frau Charlott (Geburtstag: 6. Dezember); nach 30 Jahren Top-Küche und Top-Publikum (berühmt waren die Feste von Charlott Franzen) verkauft er 1976 das Haus (der neue Besitzer Werner Krisp „Kukident" läßt es

Hartwig Franzen

1978 abreißen) und zieht sich aus der Gastronomie zurück. Adresse: Wurzerstr. 11, 8 München 2, Telefon: 089/221134

Freiberger Ernst, Eis-König („Efa"-Eis) geboren in Amerang, 18. Mai 1927, verheiratet mit Frau Else, Tochter Elisabeth, Sohn Ernst. Laufbahn: Als gelernter Bäcker fährt er 1949 das „Efa"-Eis mit dem Motorrad aus, hat zehn Jahre später eine vollautomatische Eisproduktion und 300 Liefer-Autos laufen, ist auch Mitunternehmer der „Südmilch"; Hobby: Fußball, Gemäldesammeln, Bauen; Leibspeise:

Ernst Freiberger

junge Krebse in Kräutersud; Lieblingsgetränk: Mosel-Ruwer-Wein; Lieblingsrestaurant: „Käfer", „Franziskaner"; fährt Mercedes 450. Adresse: Wasserburger Str. 6, 8201 Amerang, Telefon: 08075/214

Frerichs Dieter, Hotelkaufmann, Gastronom („Spatenhaus", 200 Mitarbeiter), gebo-

Dieter Frerichs

ren in Bremen, 15. Oktober 1937, ein Sohn Christian (1961). Laufbahn: Abitur, Hotelfachschule in Montreux/Schweiz, arbeitet in europäischen Hotels wie „Savoy", London, „Lancaster", Paris, „Hermitage", Monte Carlo, „Excelsior", Rom; 1970: Start mit „Ochs'n Willi", dann „Haberer", „Ochs'n Sepp", „Ochs'n Willi", Stuttgart, „Spatenhaus", „Schwabinger Bräu"; Lieblingslokal: „Lassere"; Leibspeise: „Cassoulette"; Lieblingsgetränk: Blanc de Blanc (Domäne Ott); Freizeit: Segeln auf der eigenen Segel-Yacht (20 Meter), Tennis; fährt Mercedes. Adresse: Residenzstr. 12, 8 München 2, Telefon: 089/227841

Friedauer Harry, Operettenstar, geboren in Karlsruhe, 3. Juli 1926, verheiratet mit Frau Margot, zwei Töchter. Schauspiel-Unterricht von 1945–47, erstes Engagement in Mannheim, dann Auftritte in Nürnberg und Köln, seit 1952 an der Staatsoperette in München, ist dann 200 bis 280

Harry Friedauer

Abende pro Jahr auf der Bühne. Stücke: „Fledermaus", „Doktor Eisenbart", „Boccaccio", „Pariser Leben", „Kiss me Kate", „Gasparone", „Czardasfürstin", „Orpheus in der Unterwelt", „Die Kreolin", „Zigeunerliebe", „Dreigroschenoper", „Eine Nacht in Venedig", „Die lustigen Weiber von Windsor", „Land des Lächelns", „Millionen für Penny", „Vogelhändler". Fernsehen: „Ein Buffo erzählt" (1967), „Karussell" (1968). Freizeit: Degen- und Säbel-Sammlung. Auszeichnung: Bundesverdienstkreuz. Adresse: Gärtnerplatz-Theater, Gärtnerplatz 3, 8 München 5, Telefon: 089/263041

Michael Friedel

Friedel Michael, Fotograf, geboren in Berlin, 5. Juni 1935, verheiratet mit Marion Wilms. Adresse: Ainmillerstr. 17, 8 München 40, Telefon: 089/348090

Friedmann Anneliese, Herausgeber der „Abendzeitung", geboren in Kirchseeon,

Anneliese Friedmann

30. Mai, Frau des verstorbenen AZ-Gründers Werner Friedmann. Studium für Theater- und Kunstgeschichte an der Universität München, Journalismus-Studium bei Dr. Groth. Lokal- und Moderedaktion der Süddeutschen Zeitung, seit 1960 wöchentliche Kolumne im „Stern", seit 1969 Herausgeber der „Abendzeitung", Teilhaber an der Süddeutschen Zeitung. Adresse: Abendzeitung, Sendlinger Str. 79, 8 München 2, Telefon: 089/23771

Friedrich Heinz, Verleger (dtv-Taschenbuchverlag), geboren in Rossdorf bei Darmstadt, 14. Februar 1922, verheiratet mit Maria Maser. Laufbahn: Ludwig-Georg-Gymnasium Darmstadt, Studium für Philologie, Kunstgeschichte und Philosophie an der Universität Königsberg/Ostpreußen. Freizeit: Schwimmen, Lesen; Lieblingslokal: Schwabinger Grillroom; Lieblingsspeise: Filet-

Heinz Friedrich

Steak; Lieblingsgetränk: Frankenwein; Privatauto: Citroen 2200 Pallas. Adresse: Döllingerstr. 23a, 8 München 19, Telefon: 089/171624

Fritsch Thomas, Schauspieler, geboren in Dresden, 16. Januar 1944, Junggeselle. Kar-

Thomas Fritsch

riere: Schauspielschule in Hamburg, 1961 unter 150 Bewerbern für den Film „Julia du bist zauberhaft“ mit Lilli Palmer ausgewählt, Filme: „Das schwarz-weiß-rote Himmelbett“, „Onkel Toms Hütte“, „Die schwedische Jungfrau“, „Volles Herz und leere Taschen“; machte Schallplatten: „Wenn der Mondschein nicht so romantisch wär“; Theater in Heidelberg, Frankfurt, München und Hamburg, eigene Show-Serie „Meine Melodie“. Hobby: Reisen, Reiten, Fechten, Schwimmen, Boxen, Skifahren, Sportwagenfahren; Lieblingslokal: „Bratwurstglöckl“; Lieblingsgericht: Linsensuppe; Lieblingsgetränk: Frankenwein; Schneider: Sackstetter; Auto: VW-Cabrio, Adresse: Agentur Palz, Ortlindestr. 6, 8 München 81, Telefon: 089/912019/10

Fritz Roger, Regisseur und Fotograf, geboren in Mannheim, 22. September 1936, verheiratet mit Helga Anders, eine Tochter, Leslie; Ehe wird wieder geschieden. Laufbahn: Bäcker-, Hotel- und Kaufmannslehre, Hobby: Fotografieren; gewinnt 1954 und 1956 zwei Photokina-Preise; Fotograf in Köln, arbeitet für „Twen“ und „Vogue“, Schauspieler, Regie-Assistent bei Lucino Visconti, dann Regisseur; Filme als Schauspieler: „Zuckerbrot und Peitsche“; TV-Serie: „Blutige Straße“; Filme als Regisseur: „Mädchen, Mädchen“, „Mädchen mit Gewalt“, „Häschen in der Grube“; TV-Serien: „Wir zwei“, „Der Fall von nebenan“, „Die Verteidiger“. Leibgericht: Steaks; Lieblingsgetränk: Weißwein.

Roger Fritz

Adresse: Agentur Alexander, Lamontstr. 9, 8 München 80, Telefon: 089/471011

Fritz Wilhelm Dr., Landessport-Präsident, (Verband hat 2,5 Millionen Mitglieder) Generaldirektor der „Agrippina-Versicherungs AG“, Rundfunkratvorsitzender, geboren in Würzburg, 22. März

Wilhelm Fritz

1927, verheiratet mit Frau Eleonore, Tochter Sandra. Laufbahn: studiert in Würzburg und Erlangen, als Rechtsanwalt seit 1958 in München, arbeitet 19 Jahre bei Allianz, zuletzt Vorstandsmitglied. Leibgericht: Baby-Steinbutt; Lieblingsgetränk: Frankenwein; bevorzugtes Lokal: „Käfer“, Auto: Mercedes; Schneider: Kraus, Bogenhausen. Adresse: Brienner Str. 50, 8 München 2, Telefon: 089/520151

Fröbe Gert, Filmschauspieler und Entertainer (Morgenstern und eigene Geschichten), geboren in Planitz, 25. Februar 1913, verheiratet mit Frau Karin Kuderer, Tochter Beate. Karriere: 1939 Debüt als Bühnenschauspieler; Filme, TV-Spiele: „Berliner Ballade“, „Dreigroschenoper“, „Goldfinger“, „Brennt Paris?“, „Die

Gert Fröbe

tollkühnen Männer in ihren fliegenden Kisten“. Freizeit: Garten, Fußball (Stammplatz im Olympiastadion); Auto: Mercedes. Adresse: Agentur Jovanovic, Perfallstr. 6, 8 München 80, Telefon: 089/475024

Frühwein Friedrich Dr., Tropenarzt, geboren in München, 7. März 1920, verheiratet mit Frau Christiane, zwei Söhne,

Friedrich Frühwein

Nikolaus und Thomas; beschäftigt sich seit 30 Jahren mit Tropenmedizin, hat spezielle Impf-Praxis im Luitpoldblock. Adresse: Brienner Str. 11, 8 München 2, Telefon: 089/223523

Fuchsberger Joachim („Blacky"), Filmschauspieler, Fernseh-Showmaster, Buchautor und Sportflieger, geboren in Stuttgart, 11. März 1927, verheiratet seit 1954 mit Frau Gundula Korte (gibt ihm zuliebe ihre Karriere auf), Sohn Thomas, davor Ehe mit Schlagersängerin Gitta Lind. Laufbahn: 1946 Bergmann in der Recklinhauser Zeche Ludwig II, wo er unter Tag arbeitet, wechselt die Branche und wird Monteur von Setz- und Druckmaschinen, später Chefassistent einer Ausstellungsleitung und Werbeleiter bei der Deutschen Bauausstellung 1949 in Nürnberg und schließlich Sprecher beim damaligen Sender München. Als Wochenschau-Kommentator kommt er 1954 zum Film (erste Rolle: „Eine Entdeckung"), dann unter den 60 Filmen: „08/15" (Rolle des Gefreiten Asch), „Das Lied von Kaprun", „Der letzte Mann" mit Hans Albers und Romy Schneider, „Der Frosch mit der Maske", „Die toten Augen von London", „Die seltsame Gräfin", „Das Gasthaus an der Themse", „Der Hexer", „Der schwarze Abt", „Die weiße Spinne", „Hotel der toten Gäste", „Siebzehn Jahr, blondes Haar", „Begegnung", „Kennwort Regenbogen", „Schreie in der Nacht", „Commandos" und „The Unnatural" (beide Italien), „Das Geheimnis der grünen Stecknadel", „Das Mädchen von Hongkong", „Das fliegende Klassenzimmer". Fernsehen: „Hotel Royal", „Der Tod läuft hinterher" (drei Teile), „Nur nicht nervös werden", „Olympia Olympia", „11 Uhr 20", „Glücksspirale", „Der heiße Draht", „Spiel mit mir" und „Auf los geht's los". Bei den Olympischen Spielen München (72) Chef-Ansager (Eröffnungs-, Trauer- und Schlußfeier). Nebenberuflich Bau-Unternehmer (Siedlung Eichenau-Puchheim-Germering mit 58 Häusern). Er spricht fließend englisch und französisch, gewinnt 1943 die 3. Judo-Meisterschaft des Rheinlandes (Düsseldorf) und wird 1971

Joachim Fuchsberger

von Münchens Polizeipräsident Dr. Manfred Schreiber zum „Inspektor ehrenhalber" ernannt. Auszeichnungen: 1961 „Goldener Bildschirm", dreimal das Internationale Filmband in Silber von Italien. 1978 fesselt ihn eine schwere Gelbsucht mehrere Monate ans Bett. Da entsteht sein erstes Buch „Erinnerung an eine Krankheit", (erschienen im Verlag R. S. Schulz). Freizeit: Motorsport, Golf, Kochen; Leibgericht: „Keines mehr"; Lieblingsgetränk: „Keines mehr"; fährt BMW und kleidet sich bei „Kaiser Design" ein. Adresse: Hubertusstr. 62, 8022 Grünwald, Telefon: 089/649004

Fugger-Babenhausen, Rose Marie Therese, geboren in Babenhausen, 26. Dezember,

Rose Fugger-Babenhausen

M. A. (Master of Arts). Adresse: Prinzregentenstr. 144, 8 München 80, Telefon: 089/4704075

Fugger-Babenhausen, Hubertus Viktor Graf von, geboren in Augsburg, 23. Novem-

Graf von Fugger-Babenhausen

ber 1946, verheiratet (seit 1977) mit Alexandra Prinzessin zu Oettingen-Oettingen und Oettingen-Spielberg (Geburtstag: 9. Oktober), Vater einer Tochter; fährt BMW; unterhält längere Zeit innige Freundschaft mit Christina Onassis (Reederstochter). Adresse: 8943 Schloß Babenhausen b. Memmingen, Telefon: 08333/8078

Fürbringer Ernst Fritz, Schauspieler, geboren in Braunschweig, 27. Juli 1900, verheiratet mit Frau Lizzie

Ernst Fritz Fürbringer

Rademacher (seit 1932). Karriere: Debüt 1925 Kammerspiele Hamburg, 1935–42 Bavaria-Filmstudios. Hobby: Musik, Lesen, Tennis, Wandern, Segeln; Lieblingslokal: „Klösterl"; Leibgericht: Scampi, Dampfnudeln, Ente; Garderobe: „Loden-Frey"; Privat-Auto: BMW. Adresse: Kunigundenstr. 6, 8 München 40, Telefon: 089/390888

Fürstenberg Joachim („Jocki") Egon Maximilian Friedrich Leo Joseph Maria Hubertus Fürst zu (Chef der Fürstenberg), geboren auf Schloß Grund/Bez. Pürglitz, Böhmen, 28. Juni 1923, verheiratet (seit 1947) mit Paula Gräfin zu Königsegg-Aulen-

Fürst Joachim zu Fürstenberg

dorf, sechs Kinder, Prinzessin Amelie Egona Maria Huberta (1948), Prinzessin Marie-Antoinette (1949), Egona Maximiliane Wilhelmine Huberta Sophie Eusebia Joachime Pauline Elisabeth (verheiratet seit 1977 mit Johannes Graf von Schönborn-Wiesentheid), Erbprinz Heinrich (1950), Maximilian Egon Karl Joachim Paul Felix Konrad Hubertus Eusebius Leo Maria Wilhelm Friedrich Alexis Martin (verheiratet seit 1976 mit Maximiliane Prinzessin zu Windisch-Graetz, Sohn Prinz Christian Joachim (1977), Prinz Karl-Egon (1953), Prinz Johannes Joseph (1958), Prinzessin Anna Lucia (1965). Mit 23000 Hektar Waldbesitz ist er nach Thurn und Taxis der größte Waldbesitzer in Deutschland; besitzt in British Kolumbien 3000 Hektar Grund; zwei Gutsverwaltungen und sehr großer Liegenschaftsbesitz; Chef der Fürstlich Fürstenbergischen Brauerei (jährlich 400 000 Hektoliter), kauft 1968 die Bilgerbrauerei Gottmadingen (250000 hl), 1970 die Brauerei Warthausen (50000 hl) und 1971 die „Bärenbrauerei Schwemmingen" (120000 hl); weitere Hauptpfeiler seines Imperiums: Holzzellstoff- und Papierfabrik in Neustadt/Schwarzwald, Säge- und Holzwerk in Hüfingen und das Fürstlich Fürstenbergsche Elektrizitätswerk Donaueschingen; große Kostbarkeiten enthält seine Hofbibliothek mit zwei Grünewald-Bildern und die Handschrift des Nibelungenliedes; hat Schlösser in Donaueschingen, Heiligenberg und Stühlingen; ist besonders gern in München (steigt im Hotel „Bayerischer Hof" ab). Auszeichnungen: Ehrenbürger von Donaueschingen, Heiligenberg und Friedenweiler, Ritter des Orden vom Goldenen Vlies, Großkreuz des Malteser Ritter-Ordens, Komtur des päpstl. St. Gregorius-Orden, Ritter des Schwarzen Adler-Orden, Komtur des bayer. St. Georgs-Orden; Freizeit: Jagd, Skilaufen, Wassersport (eigene Yacht). Adresse: 7710 Schloß Donaueschingen, Telefon: 0771/861

Fürstenberg Marie-Antoinette Egona Maximiliane Wilhelmine Huberta Sophie Eusebia Joachime Pauline Elisabeth Prinzessin zu, geboren in Donaueschingen, 15. Mai, geschieden (1980) von Johannes Graf von Schönborn-Wiesentheid, Tochter des Für-

Marie-Antoinette zu Fürstenberg

sten Joachim zu Fürstenberg (Chef der Familie); Freizeit: Reiten, Golf. Adresse: Schloß Donaueschingen, 7710 Donaueschingen, Telefon: 0771/861

G

Gabert Volkmar, SPD-Politiker, geboren in Dreihunken/Sudetenland, 11. März 1923, verheiratet mit Inge Kassler (seit 1950), einer Ex-Sekretärin von Knoeringens. Lebt 1938 in England und arbeitet als Monteur, geht 1946 nach Bayern, drei Jahre später jüngster Bewerber für ein Bundestagsmandat; ist bis 1957 Landesvorsitzender der Jungsozialisten; 1962: Vorsitzender der SPD-Landtagsfraktion; 1963: SPD-Vorsitzender in Bayern (Nachfolger von Waldemar von Knoeringen) bis 1972, vier Jahre danach verzichtet er auf eine erneute Kandidatur für den Fraktionsvorsitz, danach leitende Tätigkeit an der Georg-Vollmar-Akademie in Kochel. Auszeichnungen: Goldene Verdienstplakette des Bayerischen Landessportverbandes, Großes Bundesverdienstkreuz. Freizeit:

Volkmar Gabert

Sport. Adresse: Franz-Fackler-Weg 39, 8 München 50, Telefon: 089/145720

Dieter Gackstetter

Gackstetter Dieter Dr., Ballett-Direktor und Choreograph, geboren in Erlangen, 23. September 1939; war von 1973–77 an der Oper in München. Adresse: Eduard-Schmid-Str. 2, 8 München 90, Telefon: 089/6515347

Rudolf Gaugg

Gaugg Rudolf („Rudi"), Gastronom und Sport-As (Wasserski, Drachenfliegen), geboren in München, 15. April 1931, Junggeselle. Eröffnet den berühmten Plüsch-Club „Boccaccio" (über 10 Jahre), Inhaber einer Wasserskischule. Wichtigstes Ereignis: Überleben eines Drachenflug-Absturzes mit Leber- und Nieren-Riß; trinkt nur Milch und Tee (Kamille); Lieblingsspeise: Tafelspitz; Garderobe: Konen und Head; Privatauto: Mercedes. Adresse: Am Dampfersteg, Possenhofen/Starnberger See, Telefon: 08157/504

Gauweiler Peter, Jurist, Stadtrat, stellvertretender CSU-Fraktionsvorsitzender, geboren in München, 22. Juni 1949, ledig („aber in festen Händen"). Wichtigstes Ereignis: Juristisches Staatsexamen, Wahlsieg in München; seit 1979 eigene Anwaltskanzlei; Freizeit: Lesen, Klavierspielen, Kochen; Lokale: „Forner", „Osteria", „Alter Simpl", „Ratskeller", „Käfer's Schänke"; Leibgericht: Schweinebraten mit Blaukraut und Knödel; Lieblingsgetränk: Bananenmilch; Privat-

Peter Gauweiler

Auto: alter Mercedes. Adresse: Trivastr. 17, 8 München 19, Telefon: 089/1575840

Gedon Robert, Indischer Generalkonsul, Verlagsbuchhändler, geboren in Berlin, 6. Mai 1909, verheiratet mit

Robert Gedon

Frau Brigitte Miersch. Baut Indische Kunstsammlung auf (im Völkerkundemuseum in München), liebt indische Kost und Rotwein, fährt Mercedes. Adresse: Leopoldstr. 87, 8 München 40, Telefon: 089/345943

Gehrig, Thomas Michael, Innenarchitekt, geboren in Duisburg, 10. 8. 1937, verheiratet mit Top-Fotomodell Sanni, Tochter Stephanie. Richtet Lokale wie „Grüne Gans", „Romanoff", „Subway", „Käfer-Stüberl" ein, gestaltet

Thomas Michael Gehrig

Fachabteilungen bei „Sport-Scheck" und Haus von Gerd Käfer. Office in Dallas, baut Großobjekte in USA; Freizeit: Angeln (in der Nähe seines Bauernhofs in Eiting), Zeichnen; Lieblings-Restaurant: „Käfer's Schänke"; Leibgericht: Bratkartoffeln mit Quark; Getränk: Wein; Auto: Mercedes 220 Cabriolet. Adresse: Ohmstr. 16, 8 München 40, Telefon: 089/343500

Geidel Wolfram Dietrich, Fabrikant, geboren in Gera/Thüringen, 15. November 1928, Junggeselle mit ständiger Freundin Sybille. Großzügiger Gastgeber von Partys mit Polit- und Filmprominenz, Pächter des renovierten „Deutschen Theaters" in München; Freizeit: Segeln,

Wolfram Dietrich Geidel

Tennis; Restaurants: „Käfer's Schänke" und „Brasserie"; Leibgericht: Grüne Bohnen mit Hammelfleisch; Getränk: Champagner; Auto: Mercedes. Adresse: Gollierstr. 5, 8 München 2, Telefon: 089/503551

Geiersberger Erich Dr., Vorsitzender des bayerischen Journalistenverbandes, leitender Redakteur im Bayerischen Rundfunk, geboren in Taubenbach, 17. Mai 1926, verheiratet mit Frau Dr. rer. nat. Anna Flügel. Freizeit: Tennis,

Erich Geiersberger

Schriftstellerei; fährt Citroen. Adresse: Seidlstr. 8, 8 München 2, Telefon: 089/596327

Geisel Carl, Hotelier („Königshof", „Excelsior"), geboren in München, 22. Januar 1935, verheiratet mit Frau Helga, drei Kinder, Carl (1959), Michael (1969), Stefan (1971). Laufbahn: Hotelfachschule in Lausanne; arbeitet in Venedig, Paris und New York (Waldorf Astoria); 1955: Eintritt in das elterliche Unternehmen; seit 1971: alleiniger Geschäftsführer; Hobby: Reisen, Rennradfahren, Ski-Langlauf; Lieblingsrestaurant: Taillevent, Paris; Lieblingsgericht: Krebse; Lieblingsgetränk: Weiße Burgunder Weine; Autofan, fährt Jaguar und Ferrari. Adresse: Karlsplatz 25, 8 München 2 (Königshof), Telefon: 089/558412

Carl Geisel

Geissendörfer Hans Wilhelm Max, Regisseur und Drehbuchautor, geboren in Augsburg, 6. April 1941. Seit März 1978 mit der Engländerin Jane Irland verheiratet. Filme: „Der Fall Lena Christ", „Jonathan", „Eine Rose für Jane", „Carlos", „Maria", „Die Eltern", „Perahim, die zweite Chance", „Die gläserne Zelle" (für den „Oscar" 1979 nominiert). Wichtigstes Ereignis: Die erste Liebe (Heidi); Freizeit: Reisen; Lieblingslokal „Sorbas le Grec" („wenn Dimitri selbst kocht"); Leibgericht: Stifado mit süßen Zwiebeln (Rindfleisch am Knochen); Garderobe: alte Sachen (2 Jeans, 2 Cordhosen und 1 Anzug seit der Hochzeit); Privatauto: Volvo 265 (dunkelrot). Adresse: Kurfürstenplatz 4,

Hans Wilhelm Geissendörfer

8 München 40 (Solaris-Film), Telefon: 089/390025

Gerstein Johann Daniel Dr., „Löwenbräu"-Vorstand (Export), geboren in Dortmund, 17. Dezember 1930. Verheiratet mit Frau Magdalena Werle. Freizeit: Jagd, Surfing; bevorzugt das rustikale Restaurant

Johann Daniel Gerstein

„Weichandhof"; ißt gerne Erbsensuppe und trinkt (natürlich) Löwenbräu-Weißbier; Schneider: A-Man Hing Cheong Co (Hongkong). Adresse: Volpinistr. 72, 8 München 19, Telefon: 089/1571967

Gierke Max, Konsul, Film- und Fernseh-Produzent, geboren in Danzig, 4. Februar 1917, verheiratet mit Frau Christiane Kähne. Freizeit: Tennis, Golf; Lieblingslokal: „Tantris", „Vier Jahreszeiten"; bevorzugt „Fische jeder Art" und „trockene Landweine"; Schneider: Hussmüller; Privatwagen: Mercedes 350 SE. Adresse: Heilmannstr. 7, 8 München 70, Telefon: 089/572031

Max Gierke

Gildo Rex, Sänger und Schauspieler, geboren in München, 2. Juli 1939, verheiratet mit Frau Marion. Ehemaliger Regensburger Domspatz, Musik- und Gesangsunterricht bei Professor Viktoria Prestel, Schauspielunterricht bei Annemarie Hanschke und Oskar von Schab, Tanzstudium bei Lulu von Sachnowski und im Lehrstudio von Fred Astair in Genf. Anfangs kleine Rollen bei Theater und Film. Erste größere Filmrolle in „Immer wenn der Tag beginnt". Über 30 Filme, darunter „Schmutziger Engel", „O sole mio";

Rex Gildo

Karriere als Sänger („Speedy Gonzales", „Fiesta Mexicana", „Dondolo") und Musical-Star in „My fair Lady"; Gala-Auftritte und Fernseh-Shows. Adresse: Agentur Killer, Fafnerstr. 32, 8 München 19, Telefon: 089/173455

Giller Walter, Filmschauspieler und Komiker, geboren in Recklinghausen, 23. August 1927, verheiratet mit Schauspielerin Nadja Tiller (seit 1956), zwei Kinder, Natascha und Jan. Als Arzt-Sohn will er zunächst Doktor werden und beginnt Medizin zu studieren, interessiert sich aber mehr fürs Theater. An den Hamburger Kammerspielen startet er als Requisiteur, Beleuchter und Inspizient, lernt beim Theaterarchitekten und assistiert bei Oberspielleiter Ulrich Erfurth, dann bei

Walter Giller

Liebeneiner, Käutner, Papst, Harald Paulsen und Bruno Hübner. Seine erste Rolle: ein kleiner Neger in dem Kammerspiele-Stück „Wir sind noch einmal davongekommen". 1948 steht er erstmals vor der Kamera. In „Die chinesische Mauer" spielt er einen stummen Chinesen, dann dreht er unter Käutner „Artistenblut". Weitere Filme (insgesamt 90): „Insel ohne Moral", „Mädchen aus der Südsee", „Kein Engel ist so rein", „Die Frau des Herrn S.", „Skandal im Mädchenpensionat", „Peter Voss, der Millionendieb", „Bobby Dodd greift ein", „Rosen für den Staatsanwalt", „Charley's Tante", „Spion für Deutschland", „Der Hauptmann von Köpenick", „Liebling ich muß dich erschießen". Fernsehen: „Deutscher Schlagerwettbewerb 1968", „Sternschnuppen", „Mördergesellschaft", „Der rasende Lokalreporter", „Man nehme" (1977). Führt Regie in „Die schöne Galathee" (Salzburg), schreibt das Buch „Lustige Geschichten - Natascha und Jan". Theater: „Mein Freund Harvey", „Dreigroschenoper" in München (1963) mit Hildegard Knef und Gert Fröbe, wirkt in „Stars in der Manege" 1969 (AZ-Gala) mit. Auszeichnungen: Preis der Filmkritik 1961/62 für „Zwei unter Millionen", „Berliner Filmpreis" als bester Hauptdarsteller in „Rosen für den Staatsanwalt" (1960). Adresse: Agentur Jovanovic, Perfallstr. 6, 8 München 80, Telefon: 089/475024

Ginkel Richard van, Generalstaatsanwalt des Oberlandesgerichts, geboren in Landsberg/Lech, 12. Juli 1923, verheiratet. Seit 1. April 1973 Generalstaatsanwalt. Adresse: Strafjustiz-Zentrum, Nymphenburger Str. 16, 8 München 35, Telefon: 089/52041

Richard van Ginkel

Gittel Helmut, Bürgermeister, geboren in Krappitz (Oberschlesien), 28. Juli 1922, verheiratet mit Frau Marianne.

Helmut Gittel

Laufbahn: 1946–49: Rechtswissenschafts-Studium in Erlangen; 1949–52: Gerichtsreferendar in Kulmbach, Bayreuth und München, dann Regierungsassessor bei der Regierung von Oberfranken in Bayreuth; 1954: Regierungsrat beim Landratsamt Hersbruck, ab Februar 1957 im Bayerischen Innenministerium; 1958–64 berufsmäßiger Stadtrat in Schweinfurt, Finanz-Referent, Werksreferent; ab 1. August 1964 bis 30. Dezember 1973 Stadtkämmerer in München, ab 5. Juli 1972 zweiter Bürgermeister, seit Mai 1978 dritter Bürgermeister von München. Adresse: Rathaus, Marienplatz 8, 8 München 2, Telefon: 089/2151

Glas Uschi, Schauspielerin und Boutique-Besitzerin („Uschi's Kindermoden"), geboren in Landau, 2. März, lebt mit Bankierssohn Bernd Tewaag zusammen, mit dem sie einen Sohn Benjamin hat. Viele Jahre Freundin von Kamera-Industriellem Bob Arnold. Arbeitet als Sekretärin in einer Rechtsanwaltskanzlei. 6. Juni 1965: Ungewöhnliches Duell mit gerichtlichen Folgen: Peter Arnold, damaliger Begleiter von Uschi, beißt nach einem Besuch des „Wiener Playboy" seinem Rivalen Lutz Lobenwein die Hälfte des rechten Ohres ab; entdeckt von Produzent Horst Wendlandt; erste Rolle: „Der unheimliche Mönch", ein Jahr später schon Hauptrolle in dem Karl May-Film „Winnetou und das Halbblut Apanatschi". Weitere Filme: „Das große Glück", „Der Mönch mit der Peitsche", „Zur Sache Schätzchen" (ihr großer Durchbruch), „Die Lümmel von der ersten Bank", „Der Turm der verbotenen Liebe", „Der Gorilla von Soho", „Immer Ärger mit den Paukern", „Trubel um Trixi", „Wir haun die Pauker in die Pfanne", „Der Killer" mit Jean Gabin, Sängerin in „Studio B" und „Der goldene Schuß"; Theater: „Unsere liebste Freundin", „Roserl", „Der Färber und seine Zwillingsbrüder", „Barfuß im Park", Partnerin von Harald Juhnke in „Spiel mit dem Feuer". Gehört der Arbeitskommission Film der CSU an. Aus-

Uschi Glas

zeichnungen: „Bambi", „Goldene Leinwand". Adresse: Agentur Alexander, Lamontstr. 9, 8 München 80, Telefon: 089/471011

Glässel Maximilian Martin, Stahlbau-Industrieller, geboren in München, 6. März 1934,

Maximilian Martin Glässel

verwitwet. Laufbahn: nach Studium der Polit-Wissenschaften Eintritt in das väterliche Unternehmen; ist sehr musikalisch, ein großer Opernfreund und Schlemmer. Adresse: Hochleite 11 und Hirschgareuthstr. 23, 8 München, Telefon: 089/656232

Glatzeder Britta, Filmnachwuchs, Fotomodell, Bau-Unternehmerstochter, geboren in München, 28. August, Junggesellin. Studiert drei Monate Theaterwissenschaften; 1978:

Britta Glatzeder

Film „Melodie in Love" (Jürgen-Goslar-Produktion); 1979: Ein-Jahres-Vertrag für Fotos eines japanischen Kosmetik-Konzerns; lebt einige Monate in Paris, im Herbst 1979 wechselt sie ihren Wohnsitz und geht nach New York; Freizeit: Discos „Sug-r Shack", „Palace" (Paris) und Filmtreffs wie „Capri" und „Klappe" in Schwabing; Lieblingslokal: „L'Orangerie" (Los Angeles); Lieblingsgetränk: Wodka; kleidet sich bei „Sweetheart" ein. Adresse: „Agence", Paris, Rue d' Arloise, Telefon: 3590396

Glemnitz Reinhard, Schauspieler, geboren in Breslau, 27. November 1930. Ausbildung Falkenberg-Schule; Karriere: „Wuppertaler Bühne", „Residenztheater" München, „Kleine Komödie", München; Film: 08/15; Fernsehen: „Kommissar", „Orion", „Verräter". Auszeichnungen: 4 Goldene Bambis. Adresse: Taubenstr. 6a, 8151 Oberwarngau, Telefon: 0821/533

Reinhard Glemnitz

Glowna Vadim, Schauspieler, geboren in Hamburg, 26. September 1941, verheiratet mit Schauspielerin Vera Tschechowa. Karriere: Schauspielhaus Hamburg (Gustav Gründgens) 1961–63, Bremen (Zadek und Minks) 1967, Münchner Kammerspiele 1970–71; Regie-Debüt am Hamburger Deutschen Schauspielhaus mit „Was ist an Tolen so sexy?" („The Knack"), Theatertournee mit Vera „Hexenjagd". Filme und TV: „Horror", „Zuchthaus", „Der Mord an Frau Klett", „Steiner – Das Eiserne Kreuz", „Der Hauptdarsteller", „Der Schneider von Ulm". Auszeichnungen: Zwei Filmpreise („Euridike") bei den Festspielen von Saloniki (1975). Adresse: Agentur Baumbauer, Keplerstr. 2, 8 München 80, Telefon: 089/478577

Vadim Glowna

Gnatz Karl Mathias, Verlags-Chef der „Abendzeitung" (Geschäftsführer), geboren in München, 19. Oktober 1929 verheiratet mit Frau Johanna, drei Kinder, Karl-Peter (1955), Barbara (1959) und Andrea (1961). Laufbahn: seit 1954 bei der „AZ", davor „Süddeutsche Zeitung" und „Münchner Neueste Nachrichten"; Freizeit: Laufen, Schwimmen; trinkt gern Bier und fährt BMW („bin ein

Karl Mathias Gnatz

Fan"). Adresse: Sendlinger Str. 79, 8 München 2, Telefon: 089/23771

Göhner Werner, Chef der Münchner Olympia-Anlagen (3 Quadratkilometer groß, 220 Mitarbeiter), geboren in München, 3. Oktober 1928, verheiratet mit Frau Annemarie, drei Kinder, Hedwig, Karlheinz und Wolfgang; Freizeit: Radfahren, Tennis, Münzen- und Briefmarkensammeln;

Werner Göhner

fährt BMW. Adresse: Olympiapark GmbH, Spiridon-Louis-Ring 7, 8 München 40, Telefon: 089/38641

Golling Claudia, Schauspielerin, Tochter von Alexander Golling, geboren in München, 17. Februar. Karriere: Schauspielhaus in München; Theater-Engagements in Landshut und Düsseldorf, Tourneen

Claudia Golling

durch Deutschland; TV-Rollen: „Hochzeit auf der Alm", „Holledauer Schimmel", „Kommissar", „Derrick", „Im Schlaraffenland", in Frankreich Serie mit Pierre Brice; Hobby: Basteln, Jazz-Tanz, Kochen; Leibspeise: Quark mit Schnittlauch und Pellkartoffeln; Lieblingsgetränk: herber Weißwein. Adresse: Agentur Baumbauer, Keplerstraße 2, 8 München 80, Telefon: 089/478577

Gonska Mascha, Schauspielerin, geboren in La Ferté Bernard/Sarthe, Frankreich, 19. November. Verbringt Kindheit in Wiesbaden, jobbt zwischendurch als Sekretärin und Zeitungsfrau (1975), zeitweise mit Journalist Paul Sahner befreundet. Filme: „Herzblatt oder wie sag' ich's meiner Tochter" (1969), ausgewählt von 400 Mädchen, wobei ihr „Jungfrauen-Liebreiz" Filmvater Georg Tho-

Mascha Gonska

malla ganz aus dem Häuschen bringt. Die Mutter beklagt sich über den Nacktauftritt ihrer Tochter, während Produzent Luggi Waldleitner befindet: „Fräulein Gonskas Busen ist nicht unanständig". „Musik, Musik, da wackelt die Penne", „Tante Frieda aus Buxtehude", „Kompanie der Knallköpfe", „Mein Vater, der Affe und ich", „The Playroom" (Regie: Ken Annakin), „Le Trio Infernale" mit Romy Schneider und Michel Piccoli, „Hau drauf Kleiner" (Regie: May Spiels). Theatertournee mit Brechts „Dreigroschen-Oper". Adresse: Agentur Jovanovic, Perfallstr. 6, 8 München 80, Telefon: 089/475024/25

Goppel Alfons, ehemaliger bayerischer Ministerpräsident, jetziger Europa-Parla-

Alfons Goppel

mentarier und Präsident des Roten Kreuzes, CSU-Politiker, geboren in Regensburg (Reinhausen), 1. Oktober 1905, verheiratet mit Frau Gertrud Wittenbrinck, fünf Söhne. Will ursprünglich Schauspieler werden, studiert an der Universität München Rechtswissenschaften, 1929 Referendar-Examen, 1932 Rechtsanwalt in Regensburg, zwei Jahre später im Juli Assessor am Amtsgericht in Mainburg, dann am 1. Oktober Staatsanwalt am Landgericht Kaiserslautern, 1938 Amtsgerichtsrat in Aschaffenburg, von 1952 an amtiert er als Stadtrat und als Bürgermeister von Aschaffenburg (politisch gehört er von 1930–33 der Bayerischen Volkspartei an und zählt zu den Mitbegründern der CSU nach dem 2. Weltkrieg und vertritt sie seit 1954 im Bayerischen Landtag), 1957 Staatssekretär im Bayerischen Justizministerium, bei der Umbildung des Kabinetts Seidel erhält er nach den Landtagswahlen vom 23. Nov. 1958 das Innen-Ressort; nachdem Ministerpräsident Ehard erklärt, daß er seinen Posten nach den bayerischen Landtagswahlen (25. November 1962) nicht noch einmal übernehmen will, wird er am 11. Dezember 1962 Bayerns Landesvater (bis 1978), und erreicht 1974 mit 62,1 den höchsten Wahlsieg der CSU, erfolgreicher Kandidat bei den Europawahlen 1979, Präsident des Bayerischen Roten Kreuzes. Auszeichnungen: Großes Verdienstkreuz der BRD mit Stern und Schulterband, Bayerischer Verdienstorden, Großes silbernes Ehrenzeichen am Band (Österreich), das Komturkreuz des St. Gregorius-Magnus-Ordens mit Stern, Ehrenzeichen des Deutschen Roten Kreuzes, die Ehrenbürgerschaft von München und Regensburg, Sudetendeutschen-Karlspreis, Romano Guardinipreis (78), Salzburger Großkreuz, Amerikanischer Verdienstorden. Freizeit: ausgedehnte Spaziergänge, neuerdings mit Hund, fährt BMW, kauft seine Garderobe bei Hirmer und bevorzugt Lokale wie „Torggelstuben", „Käfer's Schänke" und „Conti Grill". Adresse: BRK, Seitzstr. 8, 8 München 22, Telefon: 089/23731

Goppel Thomas, Landtagsabgeordneter, Lehrer, Rhetorik-Dozent, geboren in Aschaffenburg, 30. April 1947, verheiratet mit Claudia Schaffranek (13. 4. 1973); Hobby: Skifahren, Wandern, Lesen; Lieblingslokal: „Landtagsgaststätte", „101 Biere" in Söcking/Starnberger See; Leibgericht: Fleischpflanzl, Käse; Privatauto: BMW. Adresse: Dr.-Bött-

Thomas Goppel

cher-Str. 35, 8 München 60, Telefon: 089/8119147

Goslar Jürgen Heinz, Schauspieler, Regisseur und Produzent, Chef der „Lord-Film", geboren in Oldenburg, 26. März 1927, verheiratet, zwei Töchter. Laufbahn: Theater Oldenburg, 1958–60 Staatstheater München; Fernsehen: „Romeo und Jeanette" (1958), „Der Winterschläfer" (1959), „Die fünfte Kolonne", „Jörg Breda", „Die mexikanische Revolution", „Das Kriminalmuseum", „Geliebtes Scheusal"; Filme: „Das Mädchen und der Staatsanwalt",

Jürgen Heinz Goslar

„90 Minuten nach Mitternacht", „Liebling ich muß dich erschießen"; Theater: „Der Lügner und die Nonne", „Melodie in Love", „Ein toter Taucher nimmt kein Gold", „Sklavenjäger" mit Britt Eklund und Trevor Howard; Auszeichnung: dreimal „Goldener Bildschirm". Adresse: 8024 Deisenhofen, Wörnbrunner Str. 30, Telefon: 089/649015

Götte Klaus Dr., persönlich haftender geschäftsführender Gesellschafter im Flick-Konzern, geboren in Diepholz, 22. April 1932, verheiratet, drei Kinder. Studium in Göttingen; Bankhaus C.G. Trinkaus, Friedrich Krupp GmbH;

Klaus Götte

von 1972–80 Vorstandsmitglied der Allianz-Versicherungs AG, Leiter der Finanzverwaltung des Konzerns. Adresse: Königinstr. 28, 8 München 22, Telefon: 089/38001

Gottlieb Franz Josef, Regisseur, geboren in Semmering, 1. November 1930, verheiratet mit Elisabeth Krogh (ehemalige „Miss World Teen"), eine Tochter, Viktoria (1975). Laufbahn: Jura-Studium, dann Filmakademie in Wien, Regie-Assistent, Regisseur; 56 Filme u. a. „Saison in Salzburg", „Fluch der gelben Schlange", „Phantom von Soho", „Försterchristl", „Popcorn und Himbeereis", Rudi Carrell-Filme, Karl May-Filme; Hobby: Bücher, Familie; Leibspeise: Geräuchertes mit Knödeln; Lieblingsgetränk: Bier; Auto: Jaguar (10 Jahre alt); Auszeich-

Franz Josef Gottlieb

nung: Sascha Kolowrat-Pokal (1962) und Goldene Leinwand (1967). Adresse: Spitzsteinstr. 3, 8213 Aschau/Chiemgau, Telefon: 08052/2198

Gottschalk Hans, Film- und Fernseh-Producer, Drehbuchautor, Dramaturg, geboren in Stuttgart, 31. Juli 1926. Karriere: Süddeutscher Rundfunk (1949 bis 1959); Produktionschef der Bavaria Ateliers Geiselgasteig (1959 bis 1973); TV-Stücke: „Die unruhige Nacht", „Der Richter und sein Henker", „Der Nußknacker", „Auf's Kreuz gelegt", „Die anstrengendste

Hans Gottschalk

Show der Welt". Adresse: Whistler Weg 11, 8 München 70, Telefon: 089/798099

Gottschalk Thomas, Rundfunk- und Fernseh-Moderator, geboren in Bamberg, 18. Mai 1950, seit 11. 11. 76 verheiratet mit Frau Thea. Ausbildung: Abitur, abgeschlossenes Studium der Erziehungswissenschaften, beginnt bei Bayerischen Rundfunk Jugendfunk; 1973: Nachrichtensprecher und seit 1976 festangestellt. Sendungen: „Szene", „Telespiele", „Ein Lied für Jerusalem", „Pop nach acht", wöchentliche Pop-Kolumne in der Abendzeitung. Spielt Klavier

Thomas Gottschalk

und Cello, liebt Barock-Musik und Klassik-Rock, fährt „Morgan"-Sportwagen, trinkt gern Cidre und liebt chinesische Küche. Adresse: Rundfunkplatz 1, 8 München 2, Telefon: 089/59001

Grädler Theodor, Regisseur, geboren in Landshut, 5. September 1921, verheiratet mit Inge Brauner (Kostümbildnerin). Laufbahn: Stadttheater Ingolstadt (1945), „Kleine Komödie", München, Stadttheater Straubing, Wien (Regie), seit 1955 Fernseh-Arbeit in Österreich und Deutschland (nur Regie), rund 150 TV-Stücke, davon 25 mal „Kommissar", Opern, „Der Prozeß", „Pik Dame", „Aus einem Totenhaus", „Verlobung in San Domingo". Auszeichnung: Salzburger Opernpreis, Deutscher Kritikerpreis. Adresse: Mulino Giuliano, I-Pietrabruna/Imperia, Telefon: 0611/7111313

Theodor Grädler

Graf Maxl, Schauspieler, geboren in München, 25. September 1933, verheiratet mit Frau Olga Mayr, 2 Kinder, Maxi und Christl. Laufbahn: Debüt beim „Komödienstadl", TV: „Die drei Eisbären", „Inspektor Wanninger" (52 Folgen), Gast-Verträge, Deutsches Theater München, Kammerspiele, Kleine Komödie, Theater 77 Brienner Str., zwei Langspielplatten, 10 Singles, Bambi für „Wanninger". Adresse: Theater an der Brienner Str., 8 München 2, Telefon: 089/522222

Maxl Graf

Gräf („Fritz") Friedrich, Kunsthändler, langjähriger Vertrauter von Konzernchef Dr. Friedrich Karl Flick, geboren in München, 10. Juni

Friedrich Gräf

1913, verheiratet mit Maria Theresia Pichler. Der Spezialist antiker Bilderkunst – besitzt seit Kriegsende eine renommierte Galerie – ist Feinschmecker und ein großer „Steher“, der „Dom Perignon“ bevorzugt; geht gern spazieren und Schwimmen, unternimmt Bergwanderungen; Lieblingslokale „Lassere“, „Käfer“, „Franziskaner“. Adresse: Chamissostraße 12, 8 München 81, Telefon: 089/982009

Grand Gundy, Schauspielerin, geboren in München, 17. August, Ausbildung: Schauspielschule, 4 Jahre Ballett (Bayerische Staatsoper), 1 Jahr Jazztanz, 1 Jahr Gesang; Karriere: Theater Baden-Baden, Bonn, München (Kleine Komödie. „Jetzt nicht Liebling“), Wuppertal, Köln (Theater am Dom: „Wie

Gundy Grand

bringt man einen Playboy um?“, „Spiel mit dem Feuer“, „Oh unser Papa“; „Die Straße)“; Filme: „Sie liebten sich einen Sommer“ (Regie: Harald Reinl), „Undine“ (Regie: Rolf Thiele); TV: „Ein Herz und eine Seele“, „Geliebtes Scheusal“, „Alexander und seine Töchter“ (13 Folgen), „Dem Täter auf der Spur“, „Lieber reich als glücklich“, „Tante Jutta aus Kalkutta“, „Spuren einer Schuld“, „Die Unternehmungen des Herrn Hans“ (26 Folgen), Tatort „Der Augenzeuge“, „Notarztwagen 7“; Hobby: Ski, Tennis, Baden, Lesen; fährt Golf GTI. Adresse: Brunnenstr. 30c, 8011 Baldham b. München, Telefon: 08106/1704

Graser James („Tschäms“), Gastronom, Schiffsexperte, „Dudlhofer“-Sänger, Münchens Playboy in den 50er und 60er Jahren, geboren in München, 23. Juli 1922, verheiratet in erster Ehe (1950) mit Ulla Lukaschewitz, in zweiter (1962) mit Heidi Kübler, in dritter (1967) mit Monika Lenz und in vierter mit Gesine Festerling (1976–80), ein Sohn (mit Nightclub-Star La Chaju, lebt in Amerika). 1955: Penthous-Wohnung mit Bar in der Schillerstraße (mit Hotel „ABC“) wird ein Geheimtip, eröffnet 1960 den legendären „St. James Club“ in der Briennerstraße (bis 1972 – brennt am 24. Dezember ab); 1970: Faschingsprinz von Schwabing, führt Lokale wie „Alte Garde“, „Barbarella“, „Moulin Rouge“ und zuletzt „Mondi“, hat eine Vorliebe für schnelle Fortbewegungsmittel wie „Moto Guzzi“-Motorrad und das 60000 Mark-Auto „De Tomaso“; fährt ein 160000 Mark-Doppelstock-Wohnmobil (brennt 1975 aus). Adresse: Clemensstraße 88, 8 München 40, Telefon: 089/3004582

James Graser

Graser Monika (geborene Lenz), Bankierstochter (Vater August Lenz) Modegeschäftsinhaberin („Etienne Aigner“ Shop), geboren in Garmisch-Partenkirchen, 6. Oktober. Beendet 1979 aus Langeweile ihre langjährige Freizeit mit einem 260 Quadratmeter großen Modegeschäft in der schönsten Theatiner-Boulevard-Lage; Freizeit: Tennis, Schwimmen; liebt Feinschmeckerlokale; Leibspeise: Krebse, Hummer, Steinpilze, Morcheln, Kalbshaxe; Lieblingsgetränk: Champagner; Garderobe: Modehaus Lange;

Monika Graser

fährt Mercedes-Coupé. Adresse: Perusastr. 9, 8 München 2, Telefon: 089/293637

Grasmüller Andreas Dr., Rechtsanwalt (Spezialgebiet Straßenverkehr), großer Tierfreund, geboren in München, 28. November 1925, verheiratet. Studium in München, Nürnberg und Würzburg (Jura, Volkswirtschaft, Zoologie und Biologie); mit 25 Jahren jüngster Anwalt; 1952: Start seiner Kanzlei am Promenadeplatz; Fälle: Zugunglück in Warngau, Brühne-Prozeß, Sepp Maiers Verkehrsunfall (1979); Fernsehen: „Jugend vorm Anwalt" (2 Jahre), Tier-Sendung „Unter unserem Himmel" (1 Jahr), 1976–77 „Alles oder nichts" (als Showmaster), ARD-Serie „ABC der Tiere" (18 Monate), ARD-Ratgeber „Auto und

Andreas Grasmüller

Verkehr" in Baden-Baden sowie die Stuttgarter Regionalsendung „Das Rasthaus"; daneben 10 Jahre den Montags-Kommentar im Autoradio; Tierfilme (schützerischer Art); „Macht Euch die Erde untertan" (über die Qual der Käfig-Hühner), „Vogelmord", „EWG – einer wird gequält" (Kistenkälber), „Lippenstift mit Nachgeschmack" (Tierversuche in der Kosmetik-Industrie); ist 1. Vorsitzender des Sportvereins MTV 1879 (6000 Mitglieder) und Präsident des „Deutschen Tierschutzverbandes" (500000 Mitglieder); Leibspeise: Käsespatzen; Lieblingsgetränk: Radler-Halbe; fährt BMW. Adresse: Promenadeplatz 12, 8 München 2, Telefon: 089/227444

Kurt Graunke

Graunke Kurt, Dirigent, Orchesterchef und Komponist, geboren in Stettin, 20. September 1915; verheiratet mit Helene Tusel, Kinder: Geraldine und Gabriele. Karriere: Gast-Dirigent bei den Berliner und Münchner Philharmonikern, Radio-Symphonie-Orchester Berlin und Frankfurt, Festival-Konzerte in Sevilla, Salzburg, Zürich, Wien, Lausanne; Komposition: „Dramatisches Vorspiel Nr. 1" (1940) und Nr. 2 (1944), „Symphonischer Walzer", „Air", „Streichquartett". Plattenaufnahmen: „Violinkonzert", „Symphonie Nr. 1", „Symphonie Nr. 2" (1972); Publikation: „25 Jahre Symphonie-Orchester Graunke" mit Antonio Mingotti und Claus R. Schuhmann; Auszeichnung: Opernpreis Salzburg 1965 (Weltpremiere von „Das Gespenst von Canterville"). Adresse: Wilhelm-Mayr-Str. 15, 8 München 21, Telefon: 089/562563

Greger Max, Bandleader, geboren in München, 2. April 1926, verheiratet mit Frau Hannerl, Vater eines Sohnes Max und einer Tochter Hannerl. 10 Jahre lang Sessions im Kellerclub München-Freimann. Trifft dort mit Count Basie, Ella Fitzgerald, Stan Kenton und Duke Ellington zusammen. Spielt im Sextett von Toni Gaukler, bei Ernst Jäger und Charlie Tabor. 1948 eigene Gruppe „Enzian-Sextett", später Schauorchester Max Greger. Tourneen durch Deutschland und Sowjetunion. Über 20 Filme, viele Fernseh-Shows und Plattenproduktionen. Freizeit: Garten, Schäferhund; Restaurant: „Käfer's Schänke"; Lieblingsgericht: Gänsebraten; Getränk: Bier; Schneider: Franz Sackstetter; Auto: Mercedes

Max Greger

450. Adresse: Geiselgasteigstr. 140, 8 München 90, Telefon: 089/648317

Gregor-Dellin, Martin, Schriftsteller, Generalsekretär des P.E.N.-Zentrums der Bundesrepublik Deutschland, geboren in Naumburg/Saale, 3. Juni 1926, verheiratet. Publiziert 20 Bücher. Aus-

Martin Gregor-Dellin

zeichnung: Münchner Literaturpreis; Herausgeber der Tagebücher Cosima Wagners und der Münchner Autoren Klaus Mann und Bruno Frank. Freizeit: Musik, Reisen; Lieblingslokal: „Haderecker" im Dachauer Moos; Leibspeise: Thüringer Klöße, „Obatzda"; Getränk: Frankenwein; Privat-Auto: Crysler. Adresse: Kochelseestr. 88, 8031 Gröbenzell, Telefon: 08142/9226

Grill Werner Dr. Prof. Bauch- und Darmspezialist, Chefarzt, geboren in Zell/Pfalz, 4. März 1920, verheiratet. Laufbahn: Medizin-Studium an den Universitäten Berlin, Heidelberg, Königsberg, Frankfurt, Breslau, Hamburg; Oberarzt an der Chirurgischen Universitätsklinik München (1958 Privatdozent, 1964 apl. Prof.). Adresse: Kreiskrankenhaus

Werner Grill

Starnberg, Hofbuchetstr. 1a, 8130 Starnberg, Telefon: 08151/7471

Gritschneder Otto Dr. jur., Schriftsteller, Rechtsanwalt (seit 1945), Chef der gleichnamigen Münchner Kanzlei (mit Dr. Hans Weber und Dr. Klaus Werner) parteiloser Stadtrat (1948–52), geboren in München, 11. Januar 1914, verheiratet mit Margarete Caesar; 1936 Gerichtsreferendar am Amtsgericht Wolfratshausen; Publikationen, Bücher: „Sackgasse Säuberung", „Drum prüfe, wer sich ewig bindet", „Juristisches Lexikon", „Familienrecht", „Der Fall Brühne", „Lexikon des Rechts", „Angeklagter Ludwig Thoma, Unveröffentlichte Akten", „Randbemerkungen". Kommt 1944 mit dem Schrecken davon, als eine Bombe der Engländer rund acht Meter neben ihm am Bahnhof im elsässischen

Otto Gritschneder

Mühlhausen einschlägt. Freizeit: Wandern (legte den 250 Kilometer-Weg München-Brixen bereits zweimal auf Schusters Rappen zurück); hat keinen Führerschein; trinkt am liebsten „Fachinger" und bevorzugt elsässische Küche. Adresse: Sonnenstr. 19, 8 München 2, Telefon: 089/592161

Grollios Dimitrios, Generalvikar, oberster Geistlicher der Griechisch-Orthodoxen Kirche (allein in München gibt es 23000 Mitglieder) in Bayern und Griechisch-Orthodoxer Metropolitaurent in Bayern, geboren in Saloniki, 3. März 1939. Theologie-Studium an der Universität von Saloniki und in Straßburg; ist neun Jahre erster Diakon in der Kathedrale von Saloniki; 1975 Vikar in München und sieben Monate später Generalvikar; Freizeit: Kirchenmusik; liebt griechische und elsässische

Dimitrios Grollios

Küche; geht gern ins „Scorpios" und „Mykonos" (Grünwald) zum Essen. Adresse: Odeonsplatz 12, 8 München 2, Telefon: 089/221688

Groos Antje, „Henkel"-Erbin, geborene Lübbs, geb. in Berlin 16. Juni, (geschieden von dem Hamburger Bankkaufmann Manfred Groos, zwei Kinder, Ferdinand und Pamela), seit 1980 verheiratet mit Peter Debus. Ist gelernte Fotografin, arbeitet neuer-

Antje Groos

dings für die deutsche Ausgabe der Modezeitschrift „Vogue". Adresse: Keferstr. 6, 8 München 40, Telefon: 089/345664

Großer Wolf-Dietrich, Mitglied des Bayrischen Landtags (FDP), geboren in Kreuzberg,

Wolf-Dietrich Großer

27. Dezember 1927, verheiratet mit Frau Hannelore Buchert. Freizeit: Bergwandern, Skifahren; kehrt gern in der Schloßwirtschaft Schleißheim ein, liebt Dampfnudeln und „Mußbacher Eselshaut"; fährt Mercedes Diesel. Adresse: Theodor-Heuss-Str. 38, 8042 Oberschleißheim, Telefon: 089/3151595

Franz Grothe

Grothe Franz, Komponist, Dirigent, Pianist, geboren in Berlin, 17. September 1908, verheiratet mit Gerda Eckert. Karriere: Bis 1945 Leiter des Tanz- und Unterhaltungsorchesters Berliner Rundfunk, dann freier Komponist, Musik für 150 Filme. Kompositionen: „Das Haus in Montevideo", „Helden", „Wir Wunderkinder", „Wenn ein junger Mann kommt", „Komm und gib mir deine Hand", „Schau nicht nach links, schau nicht nach rechts", Musical „Moral" (1974), „Das Wirtshaus im Spessart". Auszeichnung: Bundesverdienstkreuz Erster Klasse, Paul-Lincke-Ring, Filmband in Gold. Liebt Kohlrouladen und Bier; Schneider: Biernat, Berlin; Auto: Mercedes. Adresse: Jägerstr. 33, 8182 Bad Wiessee, Telefon: 08022/81272

Ilona Grübel

Grübel Ilona, Schauspielerin, geboren in München, 23. September. Besuchte das Sophie-Scholl-Gymnasium, studierte Psychologie. Filme: „Wildes Blut", „Paarungen" (Regie: Michael Verhoeven), „Die Freundin"; Fernsehen: Hesselbach-Serie. Auszeichnungen: Bundesfilmpreis 1968, Goldenes Band für „Paarungen". Adresse: Agentur von Pilecki, Oettingenstr. 46, 8 München 22, Telefon: 089/220263

Anneliese Grundig

Grundig Anneliese (geb. Jürgens), Industriellen-Lady (Radio-Fernsehen), geboren in Flensburg, 14. November; ist große Opernfreundin und Feinschmeckerin. Adresse: Werinherstr. 71, 8 München 90, Telefon: 089/62281

Grundig Max Dr. h. c., Industrieller, Konsul, geboren in Nürnberg, 7. Mai 1908. Sein erster Erfolg: der Einkreiser-Baukasten „Heinzelmann", mit dem sich jedermann sein eigenes Rundfunkgerät zusammensetzen konnte (1946), inzwischen Herr über 35000 Mitarbeiter und 30 Werke der Rundfunk-, Fernseh-, Tonband-, Video- und Elektrobranche. Entspannt sich beim Angeln und auf seinem Schloßgut Hohenburg bei Lenggries (2 Millionen Quadratmeter mit See, Hubschrauberlandeplatz, 2 Swimmingpools); bevorzugt Beuscherl, Ganshaxerl und „Obatzdn". Adresse: Kurgartenstr., 85 Nürnberg, Telefon: 0911/7031

Max Grundig

Gruner Renate, Exklusiv-Maklerin, viele Jahre Intim-Freundin von Prinz Johannes von Thurn und Taxis, geboren in München, 27. Mai, verheiratet mit Bier-Erbe Richard Christian Gruner („Beck's Bier"), ein Sohn, Alexander. Als Jet-Setterin

Renate Gruner

unter dem Namen Renate von Holzschuher bekannt, bearbeitet sie in der Firma ihres Mannes die Top-Objekte, wie z. B. fürstliche Landsitze (von Prinzessin Helene von Thurn und Taxis), Mykonos-Villen (Prinz Leopold von Bayern) oder Michael Pfleghars Dachwohnung in Porto Rotondo (Kaufpreis: 395000 Mark); Freizeit: Tennis, Tauchen, Roller Skate, Eislaufen, Skifahren; Lieblingslokale: „Käfer", „Boettner", „Franziskaner"; fährt Porsche. Adresse: Ismaninger Str. 102–106, 8 München, Telefon: 089/984012

Gruner Richard Christian, Bier-Erbe und Teilhaber des Münchner Exklusiv-Immobilien-Büros „analysis", geboren in Bremen, 5. November 1943, verheiratet mit Frau Renate. Diplomkaufmann, ar-

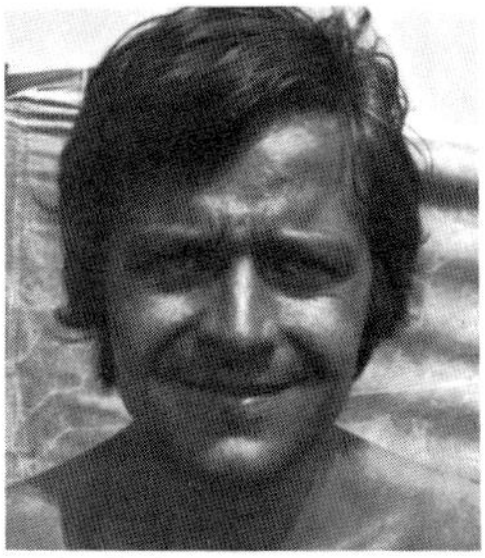

Richard Christian Gruner

beitet in Banken und ist jetzt „analysis"-Geschäftsführer; besitzt eine große Anzahl an „Beck's Bier"-Aktien; fährt Porsche. Adresse: Ismaninger Str. 102–106, 8 München, Telefon: 089/984012

Grünewald Hans Isaak, Rabbiner der Israelitischen Kultusgemeinde in München, geboren in Frankfurt/Main, 15. März 1914, verheiratet mit

Hans Isaak Grünewald

Martha Nebenzahl (seit 1940), emigrierte 1933. Freizeit: Studium und Lektüre. Bevorzugt nur koschere Restaurants und liebt „Gefilte Fisch" und „Schalet" sowie Israel-Weine und Borscht; fährt Ford Taunus. Adresse: Postfach 140224, 8 München, Telefon: 089/269006

Grüter Alexander Dr. Film-Produzent („Corona-Film") und Präsident des Verbandes deutscher Spielfilm-Produzenten, geboren in Bottrop/Westfalen, 14. August 1907, verheiratet mit Frau Edith, zwei Kinder, Alexander und Yvonne. Laufbahn: zuerst Rechtsanwalt in Liegnitz, dann Generaldirektor in der Schlesischen Zementindustrie (1939); 1946: „Camerafilm GmbH" in Hamburg mitgegründet und die Finanzierung der ersten Filme „In jenen Tagen" und „Film ohne Titel"

Alexander Grüter

organisiert; 1949: zusammen mit Dr. Rudolf Oetker und Julius de Crignis Gründung der „Filmfinanzierungs GmbH" (mit je 1/3 Beteiligung); seit 1951 Chef der Corona-Filmproduktions GmbH; Filme: „Sauerbruch – das war mein Leben" mit Ewald Balser, „Anastasia" mit Lilli Palmer, „Hundeherz" mit Max von Sydow und Mario Adorf, „Die Wüste der Tataren" mit Vittorio Gassmann, Giuliano Gemma, Helmut Griem, Philippe Noiret, Jacques Perrin, Francisco Rabal, Fernando Rey, Laurent Terzieff, Jean-Louis Trintignant, Max von Sydow, Mario Lanzas „Serenade einer großen Liebe", „An einem Freitag um halb zwölf" mit Nadja Tiller und Rod Steiger (1961), „Made in Germany" (Zeiss-Stiftung), „Zehn kleine Negerlein" mit Gert Fröbe, „Victoria" (1977) nach dem Roman „Victoria und Knut Hamsun" (Regie: Bo Widerberg) mit Christiane Hörbiger und Hans Christian Blech; ehrenamtliche Funktionen: Vorsitzender des Verbandes Deutscher Spielfilmproduzenten e.V. München (seit 1964); Mitglied (seit 1966) des 3-köpfigen Präsidiums (Produktion, Verleih, Kino), der Spio (Spitzenorganisation der Filmwirtschaft e.V. Wiesbaden, der Präsident wechselt in jedem Jahr), 1979 ist er Präsident, stellvertretender Vorsitzender der Filmförderungsanstalt (seit 1967); Freizeit: Wandern, Reisen; Leibspeise: westfälische Spezialitäten, Pfefferottas; Lieblingsgetränk: Kalte Ente. Adresse: Adalbert-Stifter-Str. 25, 8 München, Telefon: 089/980391

Gunnarsson Staffan, Chef der „Philip Morris GmbH", dem viertgrößten deutschen Zigarettenhersteller „Mr. Marlboro", (3000 Mitarbeiter); geboren in Uppsala/Schweden, 14. September 1933, verheiratet mit Frau Siv, 3 Kinder. Laufbahn: Djursholms College, Stockholm School of Economics, Northwestern Institute of Management in Evanston, Staatsexamen als Dipl. Kaufmann in Betriebswirtschaft; 1970: Vorstand der Geschäftsführung Philip Morris GmbH Deutschland, 1972: Vize-Präsident Philip Morris Europa, 1974: Vize-Präsident Philip Morris International, verantwortlich für

Staffan Gunnarsson

Deutschland, Großbritannien, Skandinavien und Österreich; verkauft jährlich etwa 18 Milliarden Zigaretten; Lieblingsrestaurant: „Aubergine"; Leibspeise: neue Kartoffeln in der Schale mit frischer Butter und Dill; Lieblingsgetränk: Rotwein Saint Estèphe, Bordeaux, Trockener Frankenwein; Hobby: Segeln. Adresse: Zechstr. 3, 8 München 70, Telefon: 089/76711

Günther Meinrath, Top-Fotograf mit eigenem Schwabinger Atelier, geboren in Oberhof, 29. März 1945, verheiratet mit Fotomodell Barbara, von der er getrennt lebt. Laufbahn: 1969 Absolvent der Bayr. Staatslehranstalt für Fotografie; arbeitet für Werbung, Mode und Fachzeitschriften; liebt griechische Küche. Foto-Reisen durch Brasilien, Nord- und Südamerika, Afrika, Australien

Meinrath Günther

und Japan; Freizeit: „Bumsen", Video-Filme; Restaurants: Michelangelo, Ono Vadis, Tivoli; Leibspeise: Filet, Getränk: Moet + Chandon, Auto: Ferrari, BMW. Adresse: Kunigundenstraße 64, 8 München 40, Telefon: 089/3615744

Günthert Peter, Modehaus-Besitzer („Lange"), geboren in München, 10. September 1936, verheiratet mit Renate Frick (Geburtstag 8. September), Sohn · Daniel (1969). Laufbahn: Gymnasium in München, Volontariat bei Unützer; 1953: Übernahme des elterlichen Geschäfts „Modehaus Lange" in der Briennerstraße; Lieblingslo-

Peter Günthert

kal: „La Mer", „Grüne Gans"; ißt gern italienische Gerichte und fährt Porsche. Adresse: Briennerstr. 1, 8 München 2, Telefon: 089/225464

Gutsch Ernst, Kontaktlinsenspezialist, Vorsitzender des Landes-Innungsverbandes des Bayerischen Augenoptikerhandwerks, Mitbegründer der Fachakademie für Augenoptik in München, geboren in München, 28. März 1915, verheiratet mit Rosl Göring. Laufbahn: Eintritt in das väterliche

Ernst Gutsch

Unternehmen (besteht seit 1887) als geschäftsführender Teilhaber (1940); seit 1950 Alleininhaber; Auszeichnung: Bundesverdienstkreuz; Freizeit: Fotografieren und Hausmusik. Adresse: Theatinerstraße 23, 8 München 2, Telefon: 089/223063

H

Friedrich Haberl

Haberl Friedrich Karl Eugen („Fritz"), Bundestagsabgeordneter, Konsul von Panama, Chef der „MAHAG" (Volkswagen, Audi, Porsche), Herr über 1200 Mitarbeiter, geboren in München, 2. Januar 1933, verheiratet mit Ute Täubner, zwei Kinder, Bettina und Julia. Karriere: Kfz-Meisterprüfung, Betriebswirtschaftsstudium in Köln, hat viele Ämter als Vorstand oder im Aufsichtsrat inne; ist Präsident des deutschen Handwerkstages und Präsident des Zentralverbands der Kraftfahrzeug-Innung; Freizeit: Reisen, Skilaufen, Wassersport, Hobby-Filmen, Segeln, Kochen. Lieblingslokal: „Lassere" (Paris) und „Auberge Pierre Bise" (Talloires); Lieblingsgetränk: Rotwein; Garderobe: Dietl/Savarino; Auto: Porsche Turbo. Adresse: Schleibingerstr. 12, 8 München 80, Telefon: 089/41501

Haberl Hermann, „Olympia"-Gastronom (100 Angestellte), geboren in Schwaig/Kehlheim, 23. Juli 1939, verheiratet mit Frau Anneliese, Vater einer Tochter Antje. Restaurants in den Olympischen Sportstätten, Pächter des „Chinesischen-Turm"-Biergarten in München, „Hofbräuhaus"-Interessent. Ist bei Festwochen (vornehmlich in Frankreich) Bierzelt-Unternehmer. Liebt Wein, fährt Mercedes und kauft die Kleider „von der Stange".

Hermann Haberl

Adresse: Olympiastadion, 8 München 40, Telefon: 089/3006700

Habsburg-Lothringen Otto Franz Joseph Robert Maria Anton Karl Max Heinrich Sixtus Xaver Felix Renatus von Österreich, ältester Sohn des letzten Kaisers von Österreich, vorm. Kronprinz von Österreich und Ungarn, Politiker (Europa-Parlament als deutscher Staatsbürger seit 1978), Publizist, Präsident der Paneuropa-Union, Dr. sc. pol. et soc., geboren in Villa Wartholz bei Reichenau (Niederösterreich), 20. November 1912, verheiratet (seit 1951) mit Regina Prinzessin von Sachsen-Meiningen, Herzogin von Sachsen (Geburtstag: 6. Januar), Kinder: Erzherzogin Andrea Maria (1953), Erzherzogin Monika und Erzherzogin Michaela (1954),

Otto von Habsburg

Erzherzogin Gabriela (1956), Erzherzogin Walburga (1958), Erzherzog Karl Thomas (1961) und Erzherzog Paul Georg (1964). Bücher: „Entscheidung für Europa", „Probleme des Atomzeitalters", „Bernhard von Baden", „Der Ferne Osten ist nicht verloren", „Gottes Hand in der Geschichte", „Nientôt l'An 2000", „Damals begann unsere Zukunft", „Rudolf von Habsburg"; Auszeichnung: Karlspreis der Sudetendeutschen (1970). Adresse: Hindenburgstr. 15, 8134 Pöcking b. Starnberg, Telefon: 08157/1379

Hächler Horst, Filmproduzent, Regisseur, geboren in Hamburg, 12. März 1926, verheiratet mit Frau Christa Erben (davor Ehe mit Filmstar Maria Schell). Wichtigstes Er-

Horst Hächler

eignis: „Wechsel vom Jurastudium zum Theater“ (Hamburger Kammerspiele); Freizeit: Lesen, Reisen, Inneneinrichtung; Lieblingslokale: „Schwabinger Grillroom“, „Ristorante Tivoli“, bevorzugt Krustentiere und Moselwein; Garderobe: H. Ihle; Privatauto: Porsche. Adresse: Elisabethstr. 29, 8 München 40, Telefon: 0 89/37 45 25

Hackl Maximilian Dr. jur., Vorstandssprecher der „Bayerischen Vereinsbank“, geboren in München, 20. Dezember 1924, verheiratet mit Frau Elisabeth, zwei Töchter, Andrea und Gabriele. Laufbahn: Jura-Studium in München 1945–48, 1. juristisches Staatsexamen 1948, 1950 Promotion an der Universität München bei Prof. Dr. Dr. A. Hueck; 2. juristisches Staatsexamen 1951, Eintritt in die

Maximilian Hackl

Bayerische Vereinsbank München 1951; 1962 Berufung in den Vorstand, Sprecher des Vorstandes seit 29. April 1976. Adresse: Kardinal-Faulhaber-Str. 14, 8 München 2, Telefon: 0 89/ 2 13 21

Hagn Ludwig, („Wiggerl“), „Rheinhof“-Chef und Wies'n-Wirt (Löwenbräu-

Ludwig Hagn

Zelt), geboren in München, 10. Dezember 1939, verheiratet mit Christa Krauss. Laufbahn: macht Lehre als Koch, Ober und Metzger; betreibt seit 1957 mit seiner Mutter das „Sportschützenzelt“ auf dem Oktoberfest, wechselt 1979 ins Löwenbräuzelt über; mit dem Wiederaufbau des „Rheinhof“ (lange Jahre Baracke am Hauptbahnhof) gründet er im Bierkeller das „Bayrische Raritäten-Theater“; Freizeit: Skilaufen, Wassersport, Tennis; Leibspeise: Schweinebraten; Lieblingsgetränk: Bier. Adresse: Bayerstraße 27, 8 München 2, Telefon: 0 89/59 24 25

Haitzinger Horst, Polit-Karikaturist mit besonders hoher Nachdruck-Quote, geboren

Horst Haitzinger

in Eferding/Oberösterreich, 19. Juni 1939, verheiratet mit Frau Ilse, zwei Töchter, Nikola (1967) und Tanja (1970). Laufbahn: Kunstgewerbeschule in Linz, dann 1958 Akademie in München (Malerei und Grafik), nebenbei Karikaturen bei „Simplicissimus“ (1958–67); hauptberuflich Karikaturist seit 1965, zeichnet täglich in der Münchner Boulevard-Zeitung „tz“; jedes Jahr erscheint ein Sammelband „Haitzingers Karikaturen“; 1979 erscheinen seine Farb-Cartoons „Archetypen“ (zur Ölmalerei kommt er nur noch ganz selten); Freizeit: Wandern; Leibspeise: Nudelgerichte und gefüllte Paprika mit Tomatensoße; Lieblingsgetränk: herber Weißwein; Lieblingslokale; „Michelangelo“ und „Opatija“; fährt VW-Passat. Adresse: Bayerstr. 57, 8 München 2, Telefon: 0 89/53 06 1

Ingeborg Hallstein

Hallstein Ingeborg, Opernsängerin, geboren in München, 23. Mai. Karriere: Debüt (1958) am Passauer Barocktheater („La Boheme“), mit 19 Jahren bei den Salzburger Festspielen, dann Engagements am Münchner Gärtnerplatz-Theater, 1961 Münchner Oper, Gastspiele:

„Schweigsame Frau" am Teatro Colon in Buenos Aires, „Rosenkavalier" und „Ariane auf Naxos" an der Wiener Oper, Engagements am Covent Garden Opera House, London (unter Otto Klemperer), Stockholmer Royal Opera, Amsterdam, Hamburg, Berlin, Stuttgart, Köln, Mannheim. Adresse: Tengstr. 35, 8 München 40.

Hanauer Rudolf, ehemaliger Landtagspräsident, Verwaltungsratsvorsitzender des Bayer. Rundfunks, Vorsitzender des Pfalzfreunde-Bundes und der Schutzgemeinschaft Deutscher Wald, Ehrenmitglied des Presseclubs, geboren

Rudolf Hanauer

in Mellrichstadt/Unterfranken, 4. März 1908, verheiratet mit Marion Hölzlmeier, Vater eines Sohnes Klaus. Studiert an der Münchner Universität Rechts- und Staatswissenschaft, 1931: Referendar-Examen, seit 1. April 1935 Anwalt in München, Gründungsmitglied der CSU (1946). Als Abgeordneter des Stimmkreises Starnberg-Wolfratshausen kommt er 1954 in den Landtag, 1960 wird er Präsident (Nachfolger von Ehard), ist in der Amtszeit von 365 Tagen 200 Tage auf Terminen unterwegs. 1978 verzichtet er aus Altersgründen auf erneute Kandidatur (Stimmkreis-Nachfolger in Starnberg wird Mathilde Berghofer-Weichner). Auszeichnungen: Bayer. Verdienstorden (1960), Großes Silbernes Ehrenzeichen (Österreich), Großkreuz des St. Sylvesterordens (1961), Großkreuz des Verdienstordens der Bundesrepublik (1964), Hohenfels-Medaille (1969), „Goldener Zirkel" (1970), „München leuchtet" (1978). Adresse: Promenadestr. 8, 8036 Herrsching, Telefon: 08152/1239

Handwerk Norbert, Generalkonsul der Republik Ruanda, Chef der „Insel-Film", geboren in Frankfurt, 6. April 1909, verheiratet mit Frau Eva. Seit 1947 Dokumentations-, Werbe- und Informationsfilme; Auszeichnung: Bayerischer Verdienstorden, „Hans-Weidenmüller-Medaille" der Werbefachlichen Akademie München, „Kurt Neven-du-Mont-Medaille" der Werbefachlichen Akademie Köln, „Deutscher Filmpreis", mehrere „Grand Prix" sowie 120 internationale und nationale Preise (für „Insel"-Film). Seine „Insel-Film"-Faschingsfeste zählen zu den schönsten

Norbert Handwerk

Münchens. Lieblingslokal: „Boettner", „Vier Jahreszeiten"; Leibspeise: Rehrücken mit Reiberdatschi; Auto: 15 Jahre alter Mercedes 250 Cabrio („Weil ich mich nicht davon trennen kann"). Adresse: Sonnenstr. 2, 8 München 2, Telefon: 089/592876

Hanitzsch Dieter, Karikaturist und TV-Journalist (Spezialgebiet Wirtschaft), gebo-

Dieter Hanitzsch

ren in Schönlinde/Böhmen, 14. Mai 1933, verheiratet mit Frau Mercedes, Sohn Stefan (1977). Laufbahn: Abitur, Brauerei-Lehre, Studium zum Brauerei-Ingenieur in Weihenstephan, an der Universität München Diplom-Kaufmann; 1961: Start als Karikaturist für die Abendzeitung; 1963: elf Monate Werbeleiter der Paulaner-Brauerei (von ihm stammt der Slogan „Gut . . . besser . . . Paulaner"), seit 1964 Bayerisches Fernsehen (Wirtschafts-Ressort); 1978: Leiter der Abteilung „Berufsbildung" des 3. Programms; zeichnet einmal wöchentlich in der AZ („Nix für unguat") und Münchner Stadtanzeiger, malt Hinterglas; zwei Bücher: „Ich Franz Josef (1978) und „Ich und die anderen" (1979); Freizeit: Zeichnen, Fischen;

Lieblingslokal: El Cid; Leibspeise: Fleischpflanzl; Getränke: Bier und Frankenwein; Garderobe: „His"-Jeans; fährt Fiat. Adresse: Eulenspiegelstr. 73, 8 München 83, Telefon: 089/603622

Johannes Hanselmann

Hanselmann Johannes Dr. phil. Mag. theolog., Landesbischof, geboren in Ehingen/Donau-Ries, 9. März 1927, verheiratet mit Frau Ruth Hanemann. Adresse: Meiserstr. 13, 8 München 2, Telefon: 089/55951

Hansen Joachim, Schauspieler, geboren in Frankfurt an der Oder, 28. Juni 1931, geschieden von der Volksschullehrerin Agnes Schmider (Hochzeit in Salzburg 1972). Arbeitet nach dem Abitur im Bergbau, wird entdeckt von Alfred Weidenmann, ist Hilde Köbers Schüler in Berlin, hungert sich durch ein Studium, tritt an Theatern in Rheydt, Wilhelmshaven Oberhausen und Hannover auf. Filme: „Stern von Afrika", „Madeleine und der Legionär" mit Hildegard Knef, „Schatz vom Toplitz-See", „Morgen wirst Du um mich weinen", „Der Satan lockt mit Liebe", „Hunde wollt ihr ewig leben", „Das Erbe von Björndal", „90 Nächte und ein Tag" mit Rossana Schiaffino und Romy Schneider, „Popsy Pop" mit Claudia Cardinale, „The Boys from Brasil" mit Laurence Olivier, Gregory Peck und James Mason, „Steiner". Fernsehen: „Operation Walküre", „Die Grashüpfer". Adresse: Agentur Alexander, Lamontstr. 9, 8 München 80, Telefon: 089/471011

Joachim Hansen

Jochen Harder

Harder Jochen, Star-Fotograf, geboren in Celle, 8. Dezember 1942, führt kurzfristig Ehe mit Publik Relation-Dame Heidi Lüders („Dior", „Moet + Chandon"). Fotografiert am liebsten die schönsten Girls der Modell-Agenturen; Super-Studio mit „Spielzimmer" im Lehel. Zur prominenten Kundschaft zählen: die Kessler-Zwillinge, Marisa Berenson, Nastassja Kinski. Liebt Bratwurst, Wein und seinen Mercedes. Arbeitete für „Jasmin", „Eltern", „Twen", „Brigitte", „Petra", „Constanze" und „Schöner Wohnen". Gründete Apollon-Agentur. Adresse: Sternstr. 21, 8 München 22, Telefon: 089/292285

Gustav Häring

Häring Gustav, Polizeipräsident (Grenzpolizei), Jurist, geboren in Wegscheid, 12. Dezember 1927, verheiratet. Adresse: Königinstr. 17, 8 München 22, Telefon: 089/285021

Harmstorf Raimund Michael, Filmschauspieler, geboren in

Raimund Michael Harmstorf

Hamburg, 7. Oktober 1940, bekannt als „Seewolf" (populäre Szene: Zerdrücken einer Kartoffel mit der bloßen Hand) und „Kurier des Zaren". Hobbys: Segeln, Surfen, Skifahren, Golfen; trinkt gern Rum Punch, Wodka; Schneider: Savarino; Auto: Bentley (daneben steht eine BMW RS 1000). Adresse: Agnesstr. 37, 8 München 40, Telefon: 089/377938

Hartleb Hans Dr. phil., Regisseur, geboren in Kassel, 3. Mai 1910. Bis 1967 Oberspielleiter der Bayerischen Staatsoper, arbeitet als Regisseur an 48 Opernhäusern in 14 Ländern, Kurse für Operndarstellung am Salz-

Hans Hartleb

burger Mozarteum, inszeniert deutsche, holländische und schwedische Erstaufführung von Alban Bergs „Lulu", erste Fernseh-Adaption von Alban Bergs „Wozzeck"; Auszeichnung: Offizierskreuz des italienischen Verdienstordens; Lieblings-Restaurant: „Weinhaus Schneider". Adresse: Romanstr. 62a, 8 München 19, Telefon: 089/170038

Hartmann Richard Dr., Galerist („Phantastische Kunst"),

Richard Hartmann

geboren in München, 12. Juni 1935 (wie Maler Egon Schiele), verheiratet mit Frau Katharina (seit 1971), drei Kinder, Matthias (1965), Cornelia (1972), Eva-Katharina (1977). Laufbahn: Medizin-Studium in Würzburg und München, Promotion zum Dr. med.; Arztpraxis bis 1967; wechselt ins Kunstfach und startet mit viel Akribie seine Schwabinger Galerie; bei einer der ersten Vernissagen gibt es Schlagzeilen: Hundertwasser zieht sich nackt aus; Buch: „Malerei aus Bereichen des Unbewußten"; „Künstler experimentieren unter LSD" (1974); Freizeit: Kataloge lesen (19. Jahrhundert); als großer Feinschmekker liebt er chinesische und vietnamesische Küche, bayerische Schmankerl wie Schweinebraten und saure Niere („Franziskaner" und „Kaiser Friedrich") und das „Aubergine" („wie ein Theaterabend"); fährt Volvo. Adresse: Franz-Joseph-Str. 20, 8 München 40, Telefon: 089/347967

Hartstein Erich Paul, Chefredakteur des Münchner Stadtanzeigers (wöchentliche Lokal-Beilage der „Süddeutschen Zeitung"), geboren in Dachau, 9. Februar 1924, verheiratet mit Mariele Trinkl; Auszeichnung: Bayerischer Verdienstorden. Adresse: Sendlinger Str. 80, 8 München 2, Telefon: 089/21831

Erich Paul Hartstein

Hartung Roland, Chef der Feinschmecker-Oase "Boettner" (1 Michelin-Stern), geboren in Ludwigshafen, 9. Mai 1939, Junggeselle. Laufbahn: Hotelfachschule in Lausanne, lernt in renom-

Roland Hartung

mierten Häusern: bei Alfred Walterspiel, bei Geissels im „Königshof", im „Waldorf Astoria" (New York), im Hotel Krebs, Interlaken, New York Hilton und Park-Hotel, Düsseldorf; seit 1965 im Restaurant seiner Mutter, dem „Boettner" (Küchenchef:

Ernst Soldan); Leibspeise: Saure Leber (Kalb) mit Röstkartoffeln. Adresse: Theatinerstr. 8, 8 München 2, Telefon: 089/221210

Hartwig Wolf C., Filmproduzent, Chef der „Rapid-Film", geboren in Düsseldorf, 8. September 1921, verheiratet

Wolf C. Hartwig

mit der französischen Schauspielerin Veronique Vendell (daheim wird nur französisch gesprochen – auch das Hausmädchen ist Französin). Laufbahn: Jurastudium, Zeitungswissenschaft und Soziologie in München und Köln; arbeitet zunächst bei einem Anwalt, dann wird er 1952 bei einem Märchenfilm-Verleih Volontär; fängt kurz darauf mit ersparten 5000 Mark in Düsseldorf seinen eigenen Verleih an, erwirbt von Eva Brauns Schwester Grete die Hitler-Filmrechte (8 Millimeter-Privatfilme) und mixt das Material mit Wochenschauaufnahmen zu dem Dokumentarfilm „Bis fünf nach zwölf"; das Innenministerium verbietet zunächst eine Aufführung, die Prozesse (Hartwigs Anwalt Seidel) fallen zu seinen Gunsten aus, der Film wird ein Riesenerfolg und bildet den Grundstein für die Firmengründung der „Rapid-Film" (heute eine der ältesten Produktionsfirmen Deutschlands); erster Film „Lucrezia Borgia" (erstmals wird im Film ein nackter Busen gezeigt); unter den 100 Filmen sind 13 kassenklingelnde „Schulmädchen-Reports" und die zwei Kriegsfilme „Steiner" (Regie: Sam Peckinpah) und „Steiner II". Freizeit: Historik, Schwimmen; Lieblingslokal: Tour d'Argent; Leibspeise: „Coc au vent"; Lieblingsgetränk: Perrier-Champagner; fährt Cadillac. Adresse: Rapid-Film, Türkenstr. 95, 8 München 40, Telefon: 089/331028/6492723

Hassenstein Wolfgang Peter, Kameramann, geboren in Frankfurt, 14. März 1938. Ausbildung beim Süddeutschen Rundfunk; Karriere: Bis 1962 Kameramann bei den Bavaria-Filmstudios, 1961 erster eigener Film, Filme für TV (Shows): Israel-Show, „Amsterdam und Paris nach Noten", „Sammy Davis in Europa", „Romeo und Julia 70", „Janis Joplin", „Wirb oder stirb", „Cinderella Rockefeller", Opernproduktion „Zar

Wolfgang Peter Hassenstein

und Zimmermann", „Meistersinger"; Filme: „Schichtwechsel", „Matthias Kneissl", „Die Verrohung des Franz Blum", „Der Stechlin". Auszeichnung: Goldene Kamera (1960). Adresse: Aretinstr. 27, 8 München 90, Telefon: 089/647515

Haugk Dietrich, Regisseur, Ordinarius für Schauspiel und Regie am Salzburger Mozarteum, geboren in Ellrich/Thüringen, 12. März 1925, verheiratet, Vater einer Tochter. Theater: „Spiel zu zweit", „Der Mann von La Mancha" (Berlin, Wien und München), „Was ihr wollt", „Chinesische Mauer" (Ruhrfestspiele), „Calipola", „Der ewige Gatte", „Fra Diavolo", „Lebensregeln", „Parsifal", „Elisabeth Tudor", „Mandat", „Carmen", „Arturo Ui", „Maskenball", „Kleine

Dietrich Haugk

Stadt", „Der Revisor" (Streit mit Komponist Werner Egk bei der Inszenierung), „Macbeth", „Richard II", „Der zerbrochene Krug". Fernsehen: „Adrian der Tulpendieb", „Ich war Schlemihl", „Asche des Sieges", „Monat der fallenden Blätter", „Derrick". Auszeichnungen: Bester Regisseur beim TV-Festival von Monte Carlo (1965), für die ZDF-Produktion „Gerechtigkeit in Worogoworsk". Adresse: Weyrgasse 6/13, A-1030 Wien, Telefon: 004322/755155

Hauptmann Anja, Enkelin von Gerhart Hauptmann, geboren in München, 15. Juni,

Junggesellin, ein Sohn Emanuel (1966). 1963–65: Ansagerin beim ZDF; 1966–69: Journalistin bei „Twen“, dann Textdichterin; schreibt für Katja Ebstein, Su Kramer, Rex Gildo, Thomas Fritsch; übersetzt Musicals „Jesus Christ Superstar“, „Two gentlemen of Verona“ und Leonard Cohens Buch „Flowers for Hitler“ ins Deutsche; 2 LP's „Mein Kind“, „Hey Lange“; produziert Fernsehfilm f. ZDF „Mein Kind“; Leibspeise: Schweinebraten mit Knödel; liebt gute Weine; Garderobe: Lord John und

Anja Hauptmann

Lady Jane, Sweetheart; Auto: schwarzer Golf. Adresse; Josef-Raps-Str. 2, 8 München 40, Telefon: 089/327447

Haushofer Franz, Konfektionär („Miss Antoinette 'exklusiv“ Franz Haushofer), Chef über 400 Beschäftigte in Fertigungsstellen in München, Rosenheim und Waldmünchen (Bayer. Wald), geboren in Thurmannsbang bei Passau, 1. März 1932, verheiratet mit Frau Therese, drei Kinder, Franz (1958), Maria (1960) und Albert (1968). Laufbahn: Schneider in Schönberg b. Grafenau; 1955 macht er sich mit einem Mann als Mitarbeiter selbständig und baut seinen Damenkonfektionsbetrieb auf (heutige Tagesproduktion:

Franz Haushofer

1500 Teile); ist befreundet mit OB Erich Kiesl; seine sportlich-elegante Mode tragen u.a. Marianne Strauß, Edigna Kiesl und Caroline Reiber; Freizeit: Skilaufen, Tennis, Jagd; liebt niederbayerische Küche (Schweinebraten mit Reiberknödel, Pressack) und Bier. Adresse: Brecherspitzstr. 7, 8 München 90, Telefon: 089/6912021

Häußer Erich Dr., Präsident des „Deutschen Patentamts“, geboren in Markt Taschendorf/Steigerwald, 9. Juni 1930, verheiratet mit Frau Lilo, zwei Söhne, eine Tochter. Laufbahn: Studium der Rechte an der Universität Erlangen (1949–52); 1953–56: Jur. Vorbereitungsdienst; 1957–58: Anwalts-Assessor, Rechtsanwalt; 1959–63; Bayer. Staatsministerium der Justiz (Staatsanwalt, Oberregie-

Erich Häußer

rungsrat), dann Bundesjustizministerium; 1965–72: Senatsrat beim Bundespatentgericht, Bundesrichter beim BGH in Karlsruhe (1972–75), seit 1976 Präsident (seit Bestehen des Patentamts erstmals ein Bayer), lebt in Starnberg; Freizeit: Skilaufen, Tennis, Segeln, Bergwandern; Leibspeise: Linsensuppe mit Spätzle, Eintopf; Haustier: Basset-Hund; fährt BMW. Adresse: Zweibrückenstr. 12, 8 München 2, Telefon: 089/21951

Havenstein Klaus, Schauspieler, Kabarettist, geboren in Wittenberge, 7. April 1922,

Klaus Havenstein

verheiratet mit Frau Marina Jörgens. Karriere: Debüt Münchner Volkstheater, Kammerspiele, Kleine Freiheit, „Lach + Schießgesellschaft“; eigene Radio- und Fernseh-Serien, deutsche Stimme von Peter Ustinov. Auszeichnung: Schwabinger Kunstpreis. Liebt die Küche „daheim“, fährt Ford Taunus Ghia. Adresse: Erdmannsdörferstr. 12a, 8 München 60, Telefon: 089/8113030

Heberer Georg Prof. Dr. Gefäß-Chirurg, geboren in Dietzenbach/Hessen, 9. Juni 1920, verheiratet mit Frau Dr. Renate Schubert, drei Kinder, Michael, Jörg, Christine.

Georg Heberer

Laufbahn: Universitäten Marburg, Gießen, Heidelberg, Tübingen; Promotion 1945, Habil. 1953; Städtische Krankenanstalten Mannheim (1945–51); Chirurgische Universitätsklinik Marburg (1951–59); Universität Köln (O. Prof. Dir. II Chir. Lehrstuhl Städtische Krankenanstalt Merheim, 1963 I. Chirurgische Klinik Lindenthal); Spezialist der Bauch-, Thorax- und Gefäßchirurgie; Veröffentlichung: Lungenresektionen, Aorta und große Arterien; 1972 Mitglied der Deutschen Akademie der Naturforscher (Leopoldina); Freizeit: Musik, Kunst, Skisport. Adresse: Klinikum Großhadern, Marchioninistr. 15, 8 München 70, Telefon: 089/70951

Heckel Max von, Stadtkämmerer, geboren in München,

Max von Heckel

16. November 1935, verheiratet mit Frau Hildegard, drei Kinder. 1954: Rechtsstudium an den Universitäten München und Erlangen, juristische Staatsprüfungen 1959 und 1963/64, danach Eintritt in den bayer. Staatsdienst (Wirtschaftsabteilung der Regierung von Oberbayern); 1967 Wirtschaftsministerium, 1971 Regierungsdirektor, ehrenamtlicher Stadtrat (1 Jahr), seit Oktober 1973 Stadtkämmerer. Adresse: Rathaus Marienplatz 8, 8 München 2, Telefon: 089/2151

Heckelmann Edgar Dr., Chef der Deutschen Baugruppe DEBA, Generalkonsul von Pakistan, geboren in München, 12. Oktober 1933. Pro-

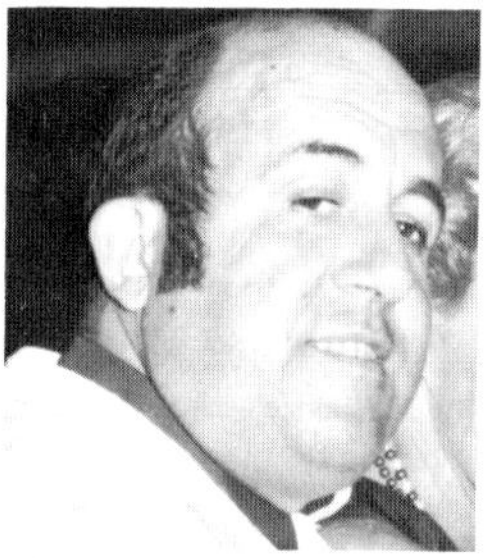

Edgar Heckelmann

motion in Nürnberg; Klosterbrauerei Biburg GmbH; Gesellschaft für kommunales Leasing GmbH; Vorstand der Bayerischen Gesellschaft für Wirtschaftshilfe; Auszeichnung: Bayerischer Verdienstorden, Großkreuz, päpstlicher Sylvester-Orden; Hobby: Pferdezucht (Haflinger). Adresse: Rückertstr. 1, 8 München 2, Telefon: 089/537414

Heckmann Wolf, Vize-Chefredakteur der „Abendzeitung", geboren in Dortmund, 10. Februar 1929, verheiratet

Wolf Heckmann

mit Autorin Brigitte Klump („Das rote Kloster"), zwei Kinder, Götz (1961) und Inga (1966). Volontär bei der „Westfälische Allgemeine", dann Redakteurs-Laufbahn bei „Bild", „Berliner Morgenpost", „Berliner Zeitung", „Hamburger Morgenpost" (Chefredakteur) und „Abendzeitung"; längere Zeit freiberuflich, da entsteht sein Buch „Rommels Krieg in Afrika", in fünf Sprachen übersetzt; Freizeit: Fliegen, Fischen – „alles mit F"; Leibspeise: Westfälische Erbsensuppe; Lieblingsgetränk: „Planters Punch". Adresse: Sendlinger Str. 79, 8 München 2, Telefon: 089/23771

Heesters Johannes („Jopie") Marius Nicolaus, Schauspieler, geboren in Amersfoort/Holland, 5. Dezember 1903, verheiratet mit Wiesje Ghys,

Johannes Heesters

zwei Töchter, Nicole und Wiesje. Nach Schulbesuch und Banktätigkeit eine Gesangs- und Schauspielausbildung in Amsterdam; 1934 „Volksoper Wien", „Komische Oper" in Berlin 1936. Filme: „Der Leuchter des Kaisers", „Bettelstudent", „Das Hofkonzert", „Es lebe die Liebe", „Frech und verliebt", „Wiener Melodie", „Im weißen Rößl", „Stern von Rio", „Heute heiratet mein Mann", „Viktor und Viktoria". Bühne: „Bel ami", „Die lustige Witwe", „Gigi" (1979 am Gärtnerplatztheater in München – wegen des großen Erfolges ein Jahr verlängert, spielt die Rolle des „Honore" schon 600 mal). Fernsehen: „Meine Schwester und ich", „Hotel Viktoria", „Nicht zuhören meine Damen", „Leider lauter Lügen", „Die lustige Witwe", „Viktoria und ihr Husar", „Wenn die kleinen Veilchen blühen", „Der Künstlerstammtisch" und „Opernball", „Hochzeitsnacht im Paradies". Auszeichnung: Silberne Medaille der Stadt Wien. Adresse: Agentur von Pilecki, Oettingenstr. 46, 8 München 22, Telefon: 089/220263

Heide Willy, Gastwirt am Volmberg, geboren in München, 30. Oktober 1919, verheiratet. Ist neben seiner

Willy Heide

Großgaststätte in Planegg Wies'n-Wirt der „Bräurosl". Freizeit: „Meine beiden Hunde"; Lieblingslokal: „Spöckmeier"; Leibgericht: Sauerbraten mit Fingernudeln; trinkt während des Oktoberfestes nur Selterswasser; Schneider: Hans Diezel; Privatauto: BMW. Adresse: Bahnhofstr. 51, Planegg b. München, Telefon: 089/8598129

Heiden Albrecht („Burschi"), Gold- und Silberschmiedemeister, Juwelier, Obermei-

Albrecht Heiden

ster der Innung München und Oberbayern, geboren in München, 29. Mai 1930, verheiratet mit Christl Daleiden, drei Kinder, Steffi, Christoph, Max. Laufbahn: Realschule, Gesellen- und Meisterprüfung bei Franz Valentin, Diplom bei Gemmologe Professor Schloßmacher in Idar-Oberstein. Faschingsprinz 1956 in München (in dieser Zeit bestand ein freundschaftlicher Kontakt zur französischen Schauspielerin Martine Carol). Sein Geschäft im Hotel „Bayerischer Hof" besuchen prominente Kunden u. a. Fürst Jocki von Fürstenberg. Auszeichnungen: Silberne Ehrennadel der „Deutschen Gesellschaft für Edelsteinkunde", „Stammtisch-Member" von „Blasius" (Sigi Sommer). Freizeit: Reiten, Skilaufen; Lieblingslokal: „Kronenhalle" Zürich, „Augustiner" und „Klösterl" München; Leibspeise: Bollito Misto; Lieblingsgetränk: „Bier", Schneider: Dietl; Auto: BMW 733. Adresse: Promenadeplatz 6, 8 München 2, Telefon: 089/224713

Heigert Hans Dr., Vorsitzender der Chefredaktion der Süddeutschen Zeitung (Auflage: 445000), der Hugo Deiring (geschäftsführend), Hans Reiser, Dieter Schröder, Dr. Franz Thoma und Hans-Ulrich Kempski (Chefkorrespondent) angehören, geboren in Mainz, 21. März 1925, verheiratet mit Hildegard Straub (seit 1951), 5 Kinder, Johannes, Andreas, Christiane, Matthias und Barbara. Laufbahn: Gymnasium Ludwigsburg, technische Hochschule Stuttgart, Wirtschaftsschule Mannheim, Uni Heidelberg und Oklahoma (Geschichte Volkswirtschaft, Rechtswissenschaft, Soziologie); Promotion 1949; Deutsche Zeitung (1950–56); Jugendfunk (Bayer. Rundfunk); 1957–60, 1961–69: Chefredakteur Fernsehen (Bayer. Rundfunk); TV-Reihe „Erinnern Sie sich noch", früher Report-Chef München; 1970: Chefredaktion Süddeutsche Zeitung. Adresse: Sendlinger Str. 80, 8 München 2, Telefon: 089/21831

Hans Heigert

Heilemann Wolfgang („Bubi"), „Bravo"-Fotograf, geboren in Königsberg, 7. Oktober 1942, Junggeselle. Laufbahn: Fotografen-Lehre in Hannover bei „Foto-Otte", Fernseh-Techniker, Rockband-Manager der ersten Liverpool-Bands, erst Redakteur, dann Fotograf bei Kaukas „Lup modern"; 1965: Discjockey in Garmisch im „Grazy Bottle"; Redakteur bei „OK" in München, seit

Wolfgang Heilemann

der Fusion mit „Bravo" (1968) Fotograph; bedeutendste Reportage: „Beatles" und „Rolling Stones"; ist befreundet mit Sängerin Elfie Graf; fährt Citroen „Prestige CX" mit Funk. Adresse: Pfälzer-Wald-Str. 25, 8 München 90, Telefon: 089/681240

Heiler Georg, Kostümhaus-Chef, geboren in München, 10. Februar 1911, 2 Kinder, Sohn Wieland und Tochter Renate arbeiten in der Firma. Kostüm-Fundgrube (10000 Stück) für Fernsehen- und Fasching; 1948 gründet der gelernte Bühnenbildner zunächst in der Thierschstraße sein Geschäft; später zieht er mit dem Kostümhaus in die Corneliusstraße, wo man sich vom Steinzeit-Dreß bis zum modernsten Frack von heute alles leihen kann; ist Narrhalla- und Turmfalken-Mit-

Georg Heiler

glied; Freizeit: Malen, Kegeln („Narrholzer"); Leibspeise: Sauerbraten (achtet sehr auf die schlanke Linie); Lieblingsgetränk: Bier; Garderobe: Eigene Werkstatt oder von der Stange; fährt BMW. Adresse: Corneliusstr. 7, 8 München 5, Telefon: 089/240608

Heilmannseder Xaver, Gastwirt, Hotelier und Ehrenpräsident des Gastronomenverbandes, geboren in Grafing bei

Xaver Heilmannseder

München, 10. Februar 1903. Wichtigstes Ereignis: Wiederaufbau Bürgerbräu- und Löwenbräukeller sowie Oktoberfest; Gründung des Oktoberfestmuseums; Freizeit: Bücher; liebt gefüllte Kalbsbrust, Kaviar und Hummer, Bier und Whisky; Garderobe: Maßschneider Werstein München (Innungsobermeister); Privatauto: BMW 3,0. Adresse: Aiblingerstr. 5, 8 München 19, Telefon: 089/173842

Heindl Josef Dr., Fernseh-Anwalt, Scheidungsspezialist, geboren in Surheim bei Freilassing, 9. Juni 1929, verheiratet mit Marion Klett, drei Kinder. Jura- und Musik-Studium in Berlin und München; 1958: Kanzleieröffnung in München; als Anwalt bei den Shows von Ernst Stankowski „Erkennen Sie die Melodie"

Josef Heindl

(94 Sendungen), Hans Rosenthal „Dalli Dalli", Dieter Thomas Heck „Pyramide" und gelegentlich in „O. K. K. O" (Rosenthal); Freizeit: Tennis, Fußball (als Zuschauer), Wasserski, Skilaufen, Musik (spielt Piano). Adresse: Adolf-Kolping-Str. 16, 8 München 2, Telefon: 089/555141

Michael Heininger

Heininger Michael, baumlanger Schwabinger Maler, geboren in Weihenstephan bei München, 1. Mai 1944, lange Zeit mit Schauspielerin Helga Anders ein Herz und eine Seele; Adresse: Hohenzollernstraße 69, 8 München 40, Telefon: 089/373384 (2713384)

Held Georg Dr. med. dent., Zahnarzt, geboren in Bruckmühl, 6. Dezember 1930, verheiratet mit Frau Barbara.

Georg Held

Zahnmedizinstudium an der Maximiliansuniversität München; 1957 Approbation und Promotion, anschließend Assistent in der väterlichen Praxis; 1964 Konsiliararzt im Schwabinger- und Harlachinger Krankenhaus, seit 1967 eigene Praxis im Luitpold-Block; Implantat-Chirurgie bei Dr. Linkow, New York; verkauft 1980 seine Praxis und genießt das Leben, reist gern zu Feinschmeckerlokalen in Frankreich und spielt Tennis. Lieblings-Restaurant: „Grüne Gans", „Königpilsener", „Käfer"; Auto: Rolls Royce, Ferrari. Adresse: Brienner Str. 13, 8 München 2, Telefon: 089/223115

Hellingrath, Verena von, Boutique-Besitzerin („Verena"), geboren in Berlin, 1. Februar; Biagiotti-Repräsentantin, Kundenkreis: Heidi Pap-

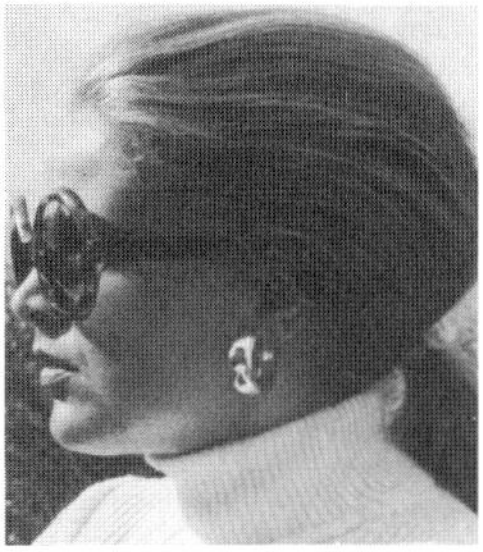

Verena von Hellingrath

pas, Vivi Bach, Rosemarie Springer, die Damen Metternich, Hohenlohe, Fürstenberg, Käfer; Freizeit: Hunde, Katzen; Lieblingslokal: Käfer's Schänke; liebt Fisch und Weißwein, fährt Range Rover. Adresse: Maximiliansplatz 12a, 8 München 2, Telefon: 089/297811

Hemmelrath Helmut Dr., Fabrikant (Lacke), Filmproduzent, Hobby-Winzer, geboren in Köln, 31. Juli 1927, verheiratet mit Frau Ingrid Alexander, zwei Söhne, Alexander und Peter. Laufbahn: Volkswirtschafts-Studium in Köln und Würzburg, promoviert in Würzburg, danach Eintritt in den väterlichen Betrieb (1950); 1979 Gründung der „Cinetel" („Film-Television Video Werbe GmbH); Aufsichtsratsvorsitzender und Kommanditist der Filmfirma

Helmut Hemmelrath

„Cinema 77", Mitglied in verschiedenen Gremien der Industrie- und Handelskammer Aschaffenburg sowie „Bayern-Versicherung" in München; Lieblingslokal: „La Cave"; Leibspeise: Loup de Mer; Lieblingsgetränk: Herber Frankenwein; Wohnsitze neben Klingenberg, dem Firmensitz, in München-Harlaching und Südfrankreich (Cap d' Agde); Auto: Mercedes und Jaguar. Adresse: Hochleite 3, 8 München 90, Telefon: 089/648266

Hemmerle Franz, Juwelier, Goldschmied, geboren in München, 6. September 1940.

Franz und Stefan Hemmerle

Führt das Geschäft zusammen mit Bruder Stefan (16. September 1946), zählt zu den führenden der Branche; Kundenkreis: Liz Taylor, Hildegard Knef, Walter Scheel (kaufte dort seine Trauringe), Schah von Persien und Königin-Mutter Friederike von Griechenland. Adresse: Maximilianstr. 14, 8 München 22, Telefon: 089/220189

Henkel Joachim, Organisator des „Deutschen Filmball" in München, Chef der Öffentlichkeitsarbeit bei der Filmförderungsanstalt, geboren in Breslau, 28. November 1925, verheiratet, Vater von Zwillingen (Claudia und Thomas).

Joachim Henkel

Hobby: Tennis, Schwimmen; Lieblingslokale: „Käfer's Schänke", „Trader Vic's"; Leibspeise: Nudeln und Fisch; Getränk: Queens Park Squizzle; Auto: Citroen CX GTI 2400. Adresse: Whistlerweg 20, 8 München 71, Telefon: 089/7912743

Henne Ernst sen., Münchner „Mercedes"-Repräsentant, in den 20er und 30er Jahren der schnellste Motorradfahrer der Welt (76 Weltrekorde) 280 Stundenkilometer auf einem Motorrad, geboren in Weiler/Allgäu, 22. Februar 1904, verheiratet mit Magdalena Riepp, zwei Kinder. Sieger vieler internationaler Motorrad- sowie Autorennen und früher begeisterter Sportflieger; Seniorchef des Reparaturwerks der Mercedes-Vertretung Auto-Henne (17000 Quadratmeter) und Hausbesitzer am Harras (dreistöckiges Warenhaus mit Ärzte- und Büro-Komplex). Adresse: Landsberger Str. 382, 8 München 21, Telefon: 089/58911

Ernst Henne sen.

Henne Ernst, Repräsentant der „Daimler Benz AG" in München, Chef über 525 Mitarbeiter mit Zentrale (Reparaturwerk mit 17000 Quadratmetern Gelände in der Landsberger Straße) und sechs Filialbetrieben im Großraum München, geboren in München, 10. März 1930, verheiratet, zwei Töchter, Stephanie und Caroline. Laufbahn: Schüler im Kloster Ettal; kaufmännische Ausbildung erst im väterlichen Betrieb, dann bei Häusler in München, später Lueg in Essen; Auslandserfahrung in New York; Eintritt in die Geschäftsleitung 1964; geschäftsführender Gesellschafter seit 1976; Freizeit: Jagd, Fischen, Golf, Skilaufen; Lieblingslokal: „Harry's" in Venedig; Leibspeise: Fisch; Lieblingsgetränk: trockener Weißwein; Garderobe: Dietl und „Harry's men shop"; Auto: Mercedes 450 SLC Coupe (5 Liter). Adresse: Landsberger Str. 382, 8 München 21, Telefon: 089/58911

Ernst Henne jun.

Hennemeyer Robert T., Generalkonsul der Vereinigten Staaten von Amerika, geboren in Chikago am 1. Dezember 1925, verheiratet mit Joan Renaud, drei Kinder, Chris, Paul, Robin. Laufbahn: Studium an der Universität Chikago; 1947: Bachelor of Arts; 1950: Master of Arts; 1952: Amerikahaus-Direktor in Bremen und Bremerhaven; 1953: Konsul in Bremerhaven; 1954: zweiter US-Sekretär beim Alliierten Generalsekretariat, dann Sonderreferent beim amerikanischen Botschafter; 1956: Wirtschaftsbeamter im Konsulat München; 1957: stellvertr. Protokollchef im Außenministerium; 1958: Direktor des westafrikanischen Büros im Außenministerium; 1960: Afrika-Studien an der Universität Oxford; 1961: stellvertretender Generalkonsul von Daressalam; Leiter der politischen Abteilung; 1964: stellvertretender Botschafter; Berater des Lehrkörpers an der US-Marine-Akademie; 1967: Sonderreferent und stellvertr. Unterstaatssekretär; 1968: Leiter der politischen Abteilung der US-Botschaft in Oslo; 1971–75: Generalkonsul in Düsseldorf; stellvertr. Leiter d. Büros f. konsularische Angelegenheiten im State Department; seit 1978 amerikanischer Generalkonsul in München. Auszeichnungen: Verdienstorden Meritorious Service Award und Meritorious Honor Award; Hobby: Jagen, Fischen, Segeln, Ski-

Robert T. Hennemeyer

langlauf. Adresse: Karolinenplatz 3, 8 München 2, Telefon: 089/595367–69

Herrligkoffer Karl M. Dr. med. habil., praktischer Arzt und Bergsteiger, geboren in Schweinfurt, 13. Juni 1916, Junggeselle. Wichtigstes Ereignis: Erste Himalaja-Expedition zum Nanga Parbat

Karl M. Herrligkoffer

(1953); bevorzugtes Lokal: Schloßhotel Grünwald; Leibgericht: Forelle; Getränk: Coca Cola; Privat-Auto: Ford Capri. Adresse: Plinganserstr. 120a, 8 München 70, Telefon: 089/7232109

Herzog Werner (bürgerlich W.H. Stipetic), Regisseur, geboren in München, 5. September 1942, verheiratet, ein Sohn Rudolf. Mit 18 Jahren im Sudan, später Arbeiter in den Docks von Manchester/England. Beginnt um diese Zeit Filme zu drehen, einen für die Strafvollzugsreform; 1961: USA-Aufenthalt (in Pittsburgh) mit Gelegenheits-Jobs, schreibt für deutsche und amerikanische Zeitungen Artikel und Gedichte. Seinen ersten Film finanziert er als Akkordarbeiter in der Stahlindustrie. Filme: „Herakles", „Spiele im Sand", „Die beispiellose Verteidigung der Festung Deutschkreutz", „Letzte Worte", „Lebenszeichen", „Maßnahmen gegen Fanatiker", „Fata Morgana", „Die fliegenden Ärzte von Ostafrika", „Auch Zwerge haben klein angefangen", „Behinderte Zukunft", „Land des Schweigens und der Dunkelheit", „Aguirre, der Zorn Gottes" (mit Klaus Kinski), „Jeder für sich und Gott gegen alle", „Die große Ekstase des Bildschnitzers Steiner", „Herz aus Glas", „Stroszek", „Deutschland im Herbst", „Nosferatu" (mit Klaus Kinski), „Woyzek". Auszeichnungen: Hauptpreis bei den Filmfestspielen Oberhausen (1967), Deutscher Filmpreis (1975), Sonderpreis beim Filmfestival von Taormina (1977), Preis der deutschen Filmkritik (1978). Im August gleichen Jahres erschien sein Buch „Vom Gehen im Eis", Beschreibung seines Fußmarsches von München nach Paris (1974), über den vor allem französische Zeitungen berichteten, ferner „Stroszek" und „Nosferatu", zwei Filmerzählungen. Adresse: Neureuther Str. 20, 8 München 40, Telefon: 089/390909

Werner Herzog

Herzsprung Bernd, Schauspieler, geboren in Hamburg, 22. März 1942, verheiratet mit Barbara Engel (Hochzeit findet im August 79 in Orange County/Kalifornien auf einer Reise statt). Laufbahn: Schultheater in Hamburg; 1963: Preis für das Stück „Jugendprozeß"; kleinere Rollen am Schauspielhaus Hamburg; 1965: „Wilde Reiter GmbH" in München; Theater in Hamburg, Berlin; Filme „Das fliegende Klassenzimmer" „Die Zwillinge vom Immenhof"; Fernsehen: Serien: „Die Hupe", „Sechs unter Millionen", „Soko 5113", Rollen in „Kommissar", „Derrick", „Der Alte"; „Appartement zu Dritt"; Synchron-Stimme in „Bonanza"; Leibgericht: Steak und Salat; Lieblingsgetränk: Jack Daniels; Garderobe: bei seiner Frau (Herrenausstatterin); Auto: Rover 3,5 L. Adresse: Agentur Alexander, Lamontstr. 9, 8 München 80, Telefon: 089/471011

Bernd Herzsprung

Hess Ernst, Star-Kolumnist des Nachrichtenmagazins „Der Spiegel" mit gesellschaftskritischem Spezialge-

Ernst Hess

biet (Pseudonym: Peter Brügge), geboren in München, 18. März 1928, verheiratet mit Frau Ingelore (genannt: „Ixe"), zwei Töchter (aus erster Ehe). Laufbahn: Studium an der Universität München (Psychologie, Neue Geschichte, Soziologie), kommt durch eine Verwechslung zum Journalismus; Journalistenschule (Dr. Groth), Volontär bei der „Süddeutschen Zeitung", Redakteur („Lokales", „Seite 3", „Streiflicht"); 1959 stellvertretender Chefredateur der „Münchner Illustrierten"; seit 1961 beim „Spiegel"; zwei seiner Spiegel-Serien sind als Bücher erschienen: „Die Reichen in Deutschland" und „Rechts ab zum Vaterland"; Auszeichnung: Theodor-Wolff-Preis (für die Beschreibung einer Party des Generalkonsuls Dimitri Z. Pappas); Freizeit: Skilanglauf, Jogging, lebt in München, Grassau (hat ein Bauernhaus) und in Hamburg; Lieblingslokal: „Maison Gaertner" Ammerschwihr/Elsaß; Leibspeise: Poulet a l'Estragon; Lieblingsgetränk: leichter Rotwein; Garderobe: Dietl, trägt aber gern Jeans und Tracht; Auto: Mercedes 280. Adresse: Postfach 110420, 2 Hamburg 1, Telefon: 040/300 71

Hesse Alex, „Spatenhaus"-Teilhaber, „Wacker"-Erbe, geboren in Tegernsee, 16. August 1940, verheiratet mit Frau Heidi, zwei Kinder, Stephanie und Sybilla. Am Tegernsee aufgewachsen, lebt lange Zeit mit Mutter und Bruder Mandi in Kanada, später Umzug nach Monte Carlo (sein Großvater ist Gründer der „Wacker-Chemie"); Freizeit: Bauernhaus-Bau; Leibspeise: Deftige Hausmannskost; Lieblingsgetränk: Bier; fährt BMW. Adresse: Residenzstr. 12, 8 München 2, Telefon: 089/ 227841

Alex Hesse

Hessen, Karl Adolf Andreas Prinz von, geboren in Berlin, 26. März 1937, verheiratet (seit 1966) mit Yvonne Gräfin Szapary von Muraszombath, zwei Kinder, Prinz Christoph (1969) und Prinzessin Irina Verena (1971). Adresse: Simmernstr. 4, 8 München 40, Telefon: 089/364560

Prinz Karl von Hessen

Heubl Franz Dr., Bayerns Landtagspräsident, geboren in München, 19. März 1924, verheiratet mit Lore Keulers (seit 1947), zwei Töchter, Monika und Claudia. Studiert Rechts- und Volkswirtschaft an der Universität München, 1945 Gründungsmitglied der CSU und deren erster Parteisekretär; 1949 stellvertretender Bürgermeister von Obermenzing, arbeitet 1950 im Kultusministerium, zuletzt als Regierungsdirektor, von 1952–55 Münchner Stadtrat, seit 1953 Landtagsabgeordneter des Wahlkreises Lindau; 1960: Staatssekretär im Kabinett Erhard; 1962: in der Regierung Goppel ist er jüngstes Kabinettsmitglied als Staatsminister für Bundesangelegenheiten und löst Claus Leusner als Bevollmächtigten Bayerns in Bonn ab (hat pro Jahr 15000 Gäste in seinem Bonner Bierkeller). Am 17. Januar 1975 verursacht er in München einen Unfall (1,38 Promille) mit Sachschaden und erhält am 26. Juni 1975 einen Strafbefehl in Höhe von 10500 Mark. Seit 1979 ist Heubl Landtagspräsident. Auszeichnungen: Kommandeurskreuz der Französischen Ehrenlegion (1962 persönlich von De Gaulle), Großes Goldenes Ehrenabzeichen mit Stern der Republik Österreich, Bayerischer Verdienstorden, Großes Bundesverdienstkreuz (1969), Stern dazu (1972), Ehrenbürger der Gemeinde Oberreute (Allgäu); Freizeit: Bergwandern, historische und philosophische Bücher, ist kein Frühaufsteher und hält sich mit Schwimmen fit. Adresse: Max-Planck-Str. 1, 8 München 80, Telefon: 089/ 41261

Franz Heubl

Heyne Rolf, Verleger („Der Stille von der Türkenstraße"), geboren in Berlin, 2. Mai 1928.

Rolf Heyne

Übernimmt den Verlag seines Vaters Wilhelm Heyne, der in den 30er Jahren in Dresden gegründet wurde; 1978 feiert Heynes Taschenbuch-Verlag 20jähriges Jubiläum (bis dahin sind rund 5000 Buchtitel erschienen – begonnen mit Johannes Mario Simmel „Ich gestehe alles"); berühmt sind die lustigen Verlags-Partys, die Roswitha Heyne in sporadischen Abständen arrangiert; ist großer Feinschmecker; bevorzugte Lokale: „Aubergine", „Käfer", „Osteria"; fährt Mercedes. Adresse: Türkenstr. 5, 8 München 2, Telefon: 089/28 82 11

Hiebeler Toni, Bergpublizist, geboren in Schwarzach bei Bregenz, 5. März 1930; geht schon mit 9 Jahren in die Berge, mit 18 Erstbegehungen; ist Steinbruch- und Stollenarbeiter, Hirte und Verkäufer; seit 1957 Chefredakteur von Berg- und Skizeitschriften; besteigt Gipfel in Nordamerika, Pamir, Kaukasus, Himalaja, Karakorum; Hobby: Filmen, Wildwasserfahren, Drachenfliegen; 25 Bücher, viele Fachartikel in Zeitschriften; gründet Zeitschrift „Alpinismus (1963); Buch „Faszination Berg" (1979). Adresse: Viktor-Scheffel-Str. 2, 8 München 40, Telefon: 089/33 11 71

Toni Hiebeler

Hiebl Otto, Mitglied der „Wienerwald"-Konzernleitung, Münchens ehemaliger Fremdenverkehrsdirektor, geboren in Feldkirchen bei München, 24. Juni 1924, verheiratet mit Frau Hildegard, zwei Töchter, Birgit (1944) und Margit (1959). Laufbahn: „Münchner Neueste Nachrichten" (Verlagskaufmann), Amtliches Bayerisches Reisebüro (1947), Chef vom Dienst (Bayerischer Rundfunk), Journalist beim „Münchner Merkur", Geschäftsführer beim Kultur-Reisedienst Baumann, seit 1961 bei der Stadt München und 17 Jahre lang Fremdenverkehrsdirektor; 1978 wechselt er zum „Wienerwald"-Imperium von Friedrich Jahn in die Konzernleitung, ist zugleich Verwaltungsrat der „Holding" in der Schweiz und Chef der „Jahn Reisen" und „Wiwatour"; Auszeichnungen: Bayerischer Verdienstorden, Großes Ehrenzeichen Österreich; Bücher: „Immer wieder München", „schön daß es München gibt" (Verlag R. S. Schulz); Freizeit: Schwimmen; Lieblingslokal: „Schwarzwälder's" und „Käfer"; bevorzugt Hausmannskost; trinkt Bier; Garderobe „Atelier Torino"; fährt BMW. Adresse: Elsenheimerstr. 61, 8 München 21, Telefon: 089/57 96 1

Otto Hiebl

Hielscher Liane, Schauspielerin, geboren in Schweidnitz (Schlesien), 9. November, befreundet mit Gert Günter Hoffmann. Theater, Fernsehen. „Der Geizige" (Cuvillies-Theater), „Die bessere Hälfte" (Kleine Komödie), TV: „Das Geld liegt auf der Straße", „Sonderdezernat K 1", „Derrick", „Notsignale". Hobby: Schreiben; Restaurant: „Käfer's Schänke", Lieblingsessen: Jungschweinebraten mit Knödel; Getränk: Bier vom Faß; Schneider: „von Horn bis Sweetheart"; Privat-Auto: Ford. Adresse: Adam Berg-Straße 117, 8 München 83, Telefon: 089/49 62 81

Liane Hielscher

Hielscher Margot, Schauspielerin, geboren in Berlin, 29. September, verheiratet mit Friedrich Meyer (Komponist).

Margot Hielscher

Karriere: Modezeichnerin, Kostümberaterin, studiert eineinhalb Jahre Gesang; für den Film bei einer Heinz-Rühmann-Produktion entdeckt; erster Streifen „Das Herz einer Königin“ mit Zarah Leander, 55 weitere Filme, darunter eine eigene Filmidee „Hallo Fräulein“, 45 Schallplatten, 50 TV-Sendungen (u. a. „Zu Gast bei Margot Hielscher“). Freizeit: Fliegen, Jazz. Adresse: Gustav-Freytag-Str. 2, 8 München, Telefon: 089/980892

Hietzig Joachim Dr. Ing., Konsul von Malta, Chef der Internationalen Messegesellschaft „IMAG“ geboren in Köthen/Anhalt, 9. April 1919, verheiratet mit Frau Renate Andorff. Freizeit: Wassersport, Reisen, Filme; Leibgericht: Tafelspitz bei „Sacher“; Lieblingsgetränk: Pils mit Sekt; Privat-Auto: Mercedes. Adresse: Dr.-Max-Str. 52, 8022 Grünwald, Telefon: 089/184522

Joachim Hietzig

Hildebrandt Dieter, Kabarettist, geboren in Bunzlau/Schlesien, 23. Mai 1927, verheiratet mit Frau Irene Mendler, 2 Töchter; Jutta und Ulla, ein Dackel („Babsie“), Sozialdemokrat ohne Parteibuch, Karriere: studiert Literatur, Kunstgeschichte und Theaterwissenschaft, bestreitet seinen Lebensunterhalt als Bankbote, Regenschirmverkäufer und Platzanweiser im Nachkriegskabarett „Kleine Freiheit“ von Trude Kolman; geht mit August Everding, dem späteren Intendanten der Kammerspiele München, mit einer Laienaufführung der „Schelmenstreiche des Scapin“ auf Tournee; 1955: erstes Studentenkabarett „Die Namenlosen“, startet ein Jahr später mit Sammy Drechsel die „Münchner Lach- und Schießgesellschaft“. Seit 1973 Moderator des ZDF-Magazins „Notizen aus der Provinz“. Neuer Kabarett-Start 1974 mit Werner Schneyder in „Talk täglich“, Ernst-Hofrichter-Preisträger 1979, bewohnt halbes Reihenhaus in Waldperlach, fährt BMW. Adresse: Rollenhagenstr. 3a, 8 München, Telefon: 089/604726

Dieter Hildebrandt

Karl Hillermeier

Hillermeier Karl Dr., bayerischer Justizminister, Stellvertreter des Ministerpräsidenten, geboren in Wallmersbach, 1. Dezember 1922, verheiratet mit Frau Lieselotte Saemann. Karriere: Jurastudium, dann Rechtsanwalt, seit 1962 Mitglied des Bayerischen Landtags, seit 1966 bayerisches Regierungsmitglied. Freizeit: Jagd; liebt Eintopfgerichte und fährt privat einen Opel. Adresse: Bayer. Staatsministerium f. Justiz, Elisenstr. 1a, 8 München 35, Telefon: 089/55971

Hinz Theo, Geschäftsführer beim Filmverlag der Autoren, geboren in Tretenwalde/Pommern, 13. August 1931, verheiratet mit Frau Ursula, zwei Kinder, Thomas (1962) und Martin (1964). Laufbahn: Oberrealschule in Pommern, Wolfsburg, Hamburg; Wer-

Theo Hinz

befachschule Hamburg; Werbe-Assistent bei der KLM; 1955–1976: Pressechef bei Constantin-Film; seit Juli 1977: Geschäftsführer beim Filmverlag der Autoren; Hobby: Fischen, Filmen, Eisenbahn-Spielen; ißt gerne Linsensuppe und liebt Kaffee. Adresse: Türkenstr. 95, 8 München 40, Telefon: 089/333344

Hipp Erwin G. Dr. Prof., Hüfte-Chirurg, geboren in Zell/Allgäu, 29. August 1928, verheiratet mit Frau Hanne-

Erwin G. Hipp

lore, fünf Kinder. Laufbahn: Studium in Freiburg und München; Habil. 1962; apl. Prof. 1968; 1966–1970 Chefarzt der städtischen Krankenanstalten Dortmund (Orthopädische Klinik); seit 1970 Ordinarius für Orthopädie und Direktor der Orthopädischen Klinik r. d. Isar der TU München. Veröffentlichungen: Angiographie bei Knochengeschwülsten; Gefäße des Hüftkopfes, 4-bändiges Lehrbuch der Orthopädie und Traumatologie; Skitraumatologie. Auszeichnungen: Preis der Fakultät der Ludwig-Maximilians-Universität; Preis der Deutschen Gesellschaft für Orthopädie und Traumatologie. Freizeit: Ski, Bergsteigen. Adresse: Klinikum rechts der Isar, Ismaninger Str. 22, 8 München 80, Telefon: 089/41402271

Hirtreiter Wolf, akademischer Bildhauer, geboren in

Wolf Hirtreiter

Zwiesel, 6. März 1922, verheiratet mit Gertrud Fickensuher. Auszeichnung: Silberne Ehrennadel der Stadt Graz, Ostbayerischer Kulturpreis, Ausstellungen im In- und Ausland; Hobby: Zitherspielen; Leibspeise: Schweinebraten; Getränk: „Kremser Sandgrube"; Privat-Auto: Mercedes 280 SE. Adresse: Bahnhofstr. 59, 8031 Gröbenzell bei München, Telefon: 08142/9619

Hirtz Dagmar, Filmcutterin, geboren in Aachen, 29. Mai. Karriere: seit 1964 „free lance" für Kurt Hoffmann („Hokuspokus"), und Johannes Schaaf („Tätowierung", „Trotta") sowie Maximilian Schell („Der Fußgänger"), mit dem sie befreundet ist. 1972

Dagmar Hirtz

Bundesfilmpreis für Filmschnitt. Adresse: Berg Isel Str. 20, 8 München 90, Telefon: 089/646783

Höcherl Hermann, CSU-Bundestagsabgeordneter und Ex-Bundesminister, geboren in Brennberg, 31. März 1912, verheiratet mit Theresia Lotter, vier Kinder, Marlene, Hermann, Helga und Irmgard. Der aufgeweckte Waldbauernbub studiert Rechtswissenschaft in Berlin, Aix-en-Provence und München; 1953: Amtsrichter und zieht als CSU-Abgeordneter des Wahlkreises Regensburg in den Bundestag; 1961: macht als Bundesinnenminister Wirbel: durch seinen Entwurf zur Notstandsgesetzgebung, 1962: durch die Äußerung, die

Hermann Höcherl

„Spiegelaktion" sei etwas außerhalb der Legalität, 1963: durch Telefon-Abhöraffäre des Amtes für Verfassungsschutz, über die Höcherl beinahe stolpert und was ihm den Spitznamen „Horcherl" einbringt. Adresse: Untere Bachgasse 12, 8400 Regensburg, Telefon: 0941/55155

Hochmuth Werner Dr., U-Bahn-Referent, geboren in München, 12. Juni 1927. 1949: Studium der Rechts- und Wirtschaftswissenschaften an der Münchner Universität; 1953: Dr. jur. nach dem zwei-

Werner Hochmuth

ten juristischen Staatsexamen (1955) fünf Jahre Regierungsrat im Bayerischen Finanzministerium; 1961: Wechsel zur Stadt München; zuerst Direktoriums-Rechtsamt, 1961-64: Oberrechtsrat im Werkreferat, 1964–72 persönlicher Mitarbeiter des Oberbürgermeisters; seit 1974 U-Bahn-Referent der Stadt München. Adresse: Viktualienmarkt 13, 8 München 2, Telefon: 089/2331

Hoegner Wilhelm Dr., ehemaliger bayerischer Ministerpräsident, SPD-Politiker, Staatsrechtslehrer, geboren in München, 23. September 1887, verheiratet mit Anna Woock (seit 1918), zwei Kinder. Als Abiturient und Klassenbester bittet er 1907 bereits um Aufnahme in die SPD, ist 1920–33 Staatsanwalt und Richter in München, am

Wilhelm Hoegner

25. April 1945 durch die US-Militär-Regierung zum Bayerischen Ministerpräsidenten ernannt. Ein Jahr später Landesvorsitzender der bayerischen SPD. Das unbedingte Festhalten an der Koalition mit der CSU, das weiten Kreisen seiner Partei mißfällt, führt Mitte Mai 1947 dazu, daß er nicht mehr in den Parteivorstand gewählt wird. 15. September 1947: tritt mit anderen SPD-Ministern aus der Regierung aus; Vize-Ministerpräsident und Innenminister in der Regierung Erhard (1950). Aufsehen erregt unter seinen Büchern der Erinnerungsband: „Flucht vor Hitler – Erinnerungen an die Koalition der ersten deutschen Republik 1933". Auszeichnungen: Großkreuz des Verdienstordens der Bundesrepublik Deutschland, Italien, Österreich und Griechenland, Bayerischer Verdienstorden, Goldene Verfassungsmedaille, Goldmedaille der bayr. Akademie der Wissenschaften, Gedenk-Medaille der Richard-Wagner-Gesellschaft, Georg von Vollmar-Medaille. Adresse: Am Blumengarten 17, 8 München 90, Telefon: 089/8116655

Hoelscher Ludwig Professor, Cellist, geboren in Solingen, 23. August 1907, verheiratet. Schüler von Lamping, Klengel und Becker, erhält mit 22 Jahren als bester Student der Musikhochschule den Mendelsson-Preis, mit 29 Jahren Professor an der Hochschule für Musik in Berlin; Solist unter Dirigenten wie Böhm, Cluytens, Furtwängler, Karajan, Keilberth, Knappertsbusch, Münchinger, Rieger und Stokowski; Literatur über ihn: Cello – das Instrument und sein Meister Ludwig Hoelscher" (Verlag Neske), „Die großen Interpreten – L. H." (Verlag René Kister), „Ludwig Hoelscher" (Verlag Hans Schneider/Tutzing); Freizeit: Üben, Pilz-Sammeln, Schach, Skat. Adresse: Hofrat-Beisele-Str. 11 a, 8132 Tutzing.

Ludwig Hoelscher

Hoeneß Uli, 1,81 Meter großer „Bayern"-Blondschopf, Fußballspieler und Manager, geboren in Ulm, 5. Januar 1952, verheiratet (seit 1973) mit Frau Susi Martin, Tochter Sabine (1975), Sohn Florian (1979). Kickt mit sieben Jahren für „Ulm 46". Kommt später zum FC Bayern München und ist der Pechvogel bei der Fußball-Europameisterschaft in Belgrad: er verschießt einen Elfmeter. Nach einem kurzen Gastspiel beim 1. FC Nürnberg, tritt er die Nachfolge von Robert Schwan als Manager beim FC Bayern an. Fährt Porsche, sammelt Münzen und Medaillen, spielt Tennis und geht gern ins

Uli Hoeneß

Theater. Wohnt mit seiner Familie in einem Eigenheim in Ottobrunn. Schreibt das Buch: „So wurden wir Weltmeister“. Adresse: FC Bayern, Säbener Str. 8, 8 München 90, Telefon: 089/643005

Hoffmann Bernhard, Chef der Messe-Gaststätten und Autobahn-Rasthöfe (350 Mitarbeiter), geboren in Berlin, 5. Dezember 1916, Junggeselle mit fester Bindung (Anneliese Dersch), zwei Kinder,

Bernhard Hoffmann

Gert und Mario. Laufbahn: Lernt in Berlin im „Weinhaus Traube“ (1937), Hotelkaufmann (1940), Aufbau des „Parkhotel“ in München mit Vater Dr. Artur Hoffmann (1946–60), 1951 Pacht des „P 1“ dann zusätzlich das Hotel „Esplanade“ (1952); betreibt seit 1957 die Messegaststätten und das Abendrestaurant „Piroschka“; 1963: Autobahn-Raststätten Nürnberg/Feucht; 1970: Kurhausbetriebe und Casino-Gaststätte in Baden-Baden; Freizeit: Tennis, „Vitatop“, Wandern, Fahrrad (Tour 1979: Saint Michel nach La Boule 700 Kilometer); Leibspeise: Pichelsteiner; Lieblingsgetränk: trockene Weine; Garderobe: Braun und Dietl; fährt Opel Diplomat. Adresse: Prinzregentenstr. 1, 8 München 22, Telefon: 089/296969

Hoffmann Rüdiger, ehemaliger „Stimmen der Welt“-Chef und kurzfristiger „Lippmann

Rüdiger Hoffmann

+ Rau“-Partner, geboren in München, 6. März 1948, Junggeselle. Laufbahn: Abitur, kurzes Jura- und Betriebswirtschaftsstudium, dann Einstieg ins Konzert-Geschäft (12. Januar 1971 erste eigene Veranstaltung: Eric Burdon and war); „Stimmen der Welt“-Agentur (1.1.71 – 30.1.79); Freizeit: Tennis, Skilaufen; Leibspeise: Sauerbraten; Lieblingsgetränk: Jack Daniels mit Eis und Soda; Auto: 280 Mercedes S. Adresse: Bavariaring 38, 8 München 2, Telefon: 089/779033

Hoffmann Willy O., FC Bayern-Präsident, Diplom-Kaufmann, Steuerberater und Diplom-Handelslehrer, geboren

Willy O. Hoffmann

in München, 30. Juni 1930, verheiratet mit Frau Inge (liebt Hüte über alles), fünf Kinder, Christian (1957), Niki (1960), Caroline (1963), Camillo (1968), Vitus (1971). Laufbahn: Studium in München; Kanzlei in der Widenmayerstraße; Beteiligung an Hotels; Schatzmeister bei „Bayern“ (1961–79), dann Präsident als Nachfolger von Wilhelm Neudecker; Freizeit: Tennis, Ski, Schach; Lieblingslokal: „Käfer“; Leibgericht: Gefüllte Kalbsbrust; Lieblingsgetränk: Bier und Champagner, Frankenwein; fährt Mercedes. Adresse: Widenmayerstr. 23, 8 München, Telefon: 089/293621

Höflinger Franz, Groß-Bäkker, Segel-As, geboren in München, 27. Februar 1939, verheiratet mit Frau Monika, drei Kinder, Franz Josef, Josef-Franz, Regina-Monika. Betreibt Großbäckerei und

Franz Höflinger

Konditorei mit 6 Filialen; 130 Angestellte; Freizeit: Segeln, sammelt Oldtimer. Adresse: Schleißheimer Str. 87, 8 München 40, Telefon: 089/189055

Högl Helmut, Bandleader (bayerischer und brasilianischer Rhythmus), geboren in München, 10. Oktober 1936, verheiratet, vier Kinder, Andrea (1960), Michael (1963), Stefan (1965), Virginia (1977).

Helmut Högl

Laufbahn: Chorknabe in der Münchner Staatsoper; Schülerorchester im Theresiengymnasium (als Geiger); gründet 1953 eigene Band; macht rund 200 Gastspiele pro Jahr (Auslandsreisen: Mexiko, Kanada, Philippinen, USA, Brasilien); rund 15 LP's und Singles (Produktion 79: „Um die ganze Welt"); Freizeit: Reiten, Rennradfahren, Skilaufen; Lieblingslokal: „Augustiner-Keller"; Leibspeise: Beuscherl; Lieblingsgetränk: Rotwein; fährt BMW. Adresse: Hansastr. 126, 8 München 70, Telefon: 089/ 1576133

Hohenemser Herbert Dr., Kulturpolitiker, ehemaliger Stadtrat, geboren in Mannheim, 21. September 1915, verheiratet. Zunächst Kritiker beim „Münchner Mittag" und „Münchner Merkur", Kul-

Herbert Hohenemser

turreferent der Stadt München von 1956–76. Lebt seit drei Jahren in Lacanau/Oceàn, Frankreich. Auszeichnung: Fürstlich Liechtensteinischer Professor. Adresse: Zellstr. 8, 8 München 8

Hohensinn Heinz („Kripo-Heinz"), Kriminal-Hauptkommissar („K 223") und Buchautor, geboren in Karlstein bei Bad Reichenhall, 19. März 1942, verheiratet mit Frau Barbara, Laufbahn: 1960: Bereitschaftspolizei, Kurs

Heinz Hohensinn

mittlerer Dienst bei Kriminaldirektor Georg Schmidt („Aktentaschen-Schmidt") Strafrecht; 1963: Polizeiinspektion 14 (genannt: Fußballer-Revier"), ist dann Jüngster bei der Kripo in Bayern; 1964: Aufbau der Sonderfahnung, hält sich acht Monate zu „Studienzwecken" in Münchens Unterwelt auf; 1973: gehobener Kurs (Inspektor-Laufbahn), ist jetzt Chef des Einbruch-Dezernats (Villen- und Wohnungseinbrüche); nach eineinhalbjähriger Arbeit erscheint 1979 beim Langen-Müller/Herbig-Verlag sein Buch „Halt – Kriminalpolizei! Ein Sonderfahnder berichtet" (280 Seiten); hat nach eigenen Angaben 1927 Gauner dingfest gemacht; ist ausgehfreudig, wird deshalb auch Jet-Set-Polizist genannt; Freizeit: Fußball, Drachenfliegen, Skilaufen, Allkampf; Lieblingslokal: „St. Emmeramsmühle"; Leibspeise: Schweinebraten, Dampfnudeln; Lieblingsgetränk: Bier, Überkinger und Scotch; Garderobe: „vorwiegend Schlußverkauf bei Zechbauer"; fährt Volvo 124. Adresse: Ettstr. 2, 8 München 2, Telefon: 089/2147639

Hohenzollern Angela, Prinzessin von, geboren in Berlin, 11. November, mit Fernseh-Star Fritz Wepper verheiratet (1979). 2 Töchter, Prinzessin Stephanie (1971) und Prinzessin Valerie (1969). Arbeitet in der Kosmetik-Branche; Garderobe: Maja of Munich; Lieblingslokale: „Käfer's Schänke", „Galleria", „Forsthaus Wörnbrunn"; fährt Golf GTI. Adresse: Fröhlichstr. 3, 8 München 71, Telefon: 089/ 797757

Angela von Hohenzollern

Hohenzollern Ferfried („Pfaff") Maximilian Pius Meinrad Maria Hubert Michael Justinus Prinz von, geboren auf Schloß Umkirch, 14. April 1943, in erster Ehe (1968–73) mit Angela von Morgen zwei Kinder, Prinzessin Valerie (1969) und Prinzessin Stephanie (1971), in zweiter (1977) mit Eliane Etter (Tochter Prinzessin Henriette) verheiratet. Adresse: In der Au 36, CH 8706 Meilen, Telefon: 00411/9233218

Ferfried von Hohenzollern

Hohenzollern Johann Georg Carl Leopold Eitel-Friedrich Meinrad Maria Hubertus Michael Prinz von, Kunsthistoriker, geboren in Sigmaringen, 31. Juli 1932, verheiratet mit Prinzessin Birgitta, Prinzessin von Schweden; drei Kinder, arbeitet als Hauptkonservator in der Bayer. Staatsgemäldesammlung; fährt BMW. Adresse: Dr.-Max-Straße 70, 8022 Grünwald, Telefon: 089/649138

Johann von Hohenzollern

Höhn Carola, Schauspielerin, geboren in Wesermünde, 30. Januar. Filme: „Toxi" (1952), „Sonne über der Adria". Theater: „Der Mustergatte" (1945) mit Heinz Rühmann, „Staatsaffären" (1953), „O Wildnis", „Der alte Herr Kanzleirat" mit Hans Moser, „Mein Mann der Star", „No no Nanette" (1973), „Wohin mit dem vielen Geld" (1977); deutsche Stimme für Katherine Hepburn und Maureen O' Hara. Hobby: Sport, Skat; Leibgericht: „Osso Buco"; Lieblingsgetränk: „Pimm's Nr. 1". Adresse: Fischerwinkel 19, 8022 Grünwald, Telefon: 089/476459

Carola Höhn

Holenia Christoph Anton („Putzi"), 1,86 m großer und 105 Kilo schwerer St. Emmeramsmühle-Wirt, geboren in München, 23. Dezember 1945, leidenschaftlicher Junggeselle. Laufbahn: Oberschule in München, Brauereilehre bei Spatenbräu; freier Mitarbeiter bei Film und Fernsehen bis 1974 (Technik und Organisation), seit 1. Dezember 1974 Wirt (zusammen mit Peter Fischer) in der „St. Emmeramsmühle". Prominente Gäste: Bob Arnold, Siegfried Lowitz,

Christoph Anton Holenia

Michael Ande, Fritz Wepper, Lee Marvin, Mike Connors, William Holden, Bianca Jagger; Freizeit: Motorradfahren, Tontaubenschießen; Leibspeise: gesottener Kalbskopf; Lieblingsgetränk: Bier; Auto: Mercedes, Motorrad MV Agusta. Adresse: St. Emmeram 41, 8 München 81, Telefon: 089/953971

Holm Michael, Texter und Komponist, geboren in Stettin, 29. Juli 1943. Superhits: „Mendocino", „Tränen lügen nicht", „Lucille"; sein erster Erfolgsschlager „Desert Island" steht 1965 acht Wochen lang an der Spitze der Hitparade in Japan (800000 verkaufte Platten), weitere Hits: „Barfuß im Regen", 1979: „El Lute"; Freizeit: Sport, Lesen, Tanzen, Musik; Lokal: „Käfer"; Leibspeise: gefüllte Ente; Lieblingsgetränk: Bier; Garderobe: Harry's Men Shop; Auto: Jaguar XJ 4,9 l. Adresse: Ariola, Steinhauserstr. 3, 8 München 80, Telefon: 089/41361

Michael Holm

Holzapfel Nicki, Schauspieler und Gastronom (fünf Lokale), geboren in München, 5. Dezember 1931, Junggeselle. Laufbahn: will die zahnärztliche Praxis der Mutter nicht übernehmen, besucht die Schauspielschule, macht 1956 seinen ersten Film „Küß mich

Nicki Holzapfel

noch einmal" mit Partnerin Ingeborg Schöner, 1957: „Ein Amerikaner in Salzburg" (Partnerin Margit Saad), 1960 Wohnsitz-Wechsel nach Frankreich und dreht den Film „Die vor die Hunde gehen" – bei der Welturaufführung in Berlin (1962) beschließt er, ins gastronomische Fach umzusteigen; erstes Lokal: „Kings Club" (Gasteigberg), dann „Alibaba" (1965), „Match", „Casanova" (1968), „Pimpernell" (1970), „Bandit" (1973), „Jeans Club" (1974), „Cafe Chaplin" (1977); Freizeit: Skilaufen; Leibspeise: Schweinsbraten, Hummer; Lieblingsgetränk: Bier oder Wein; Auto: Porsche 924. Adresse: Gersteggerstr. 77a, 8 München 82, Telefon: 089/ 422836

Monika Holzner-Pflug

Holzner-Pflug Monika („Gold-Moni") 1,63 Meter große Eis-Sprinterin mit Schuhgröße 35, geboren in München, 1. März 1954, verheiratet mit Gartenbau-Ingenieur Franz Holzner, eine Tochter Diana, Sohn Franz Xaver. Lernt Buchbinderin; 1972: Olympia-Siegerin im 1000 Meter-Eisschnellauf in Sapporo; zieht sich zweieinhalb Jahre aus dem Eislauf zurück; 1978: Comeback. Adresse: 8212 Übersee am Chiemsee, Telefon: 08642/ 1966

Hoppe Karl, Kammersänger, geboren in Elberfeld, 21. September 1910, verheiratet mit Gretchen Harms. Laufbahn: Deutsches Theater Chemnitz, Oslo, Saarbrücken, München. Ist großer Naturfreund und

Karl Hoppe

Jäger. Adresse: Kopernikusstr. 3, 8 München 80, Telefon: 089/479889

Hörbiger Thommy, Nachtlokal-Prinzipal, Schlager-Texter, Sohn von Schauspieler Paul Hörbiger, gilt als „echtes Wiener Kind", geboren in Berlin, 11. Juli 1931, seit 1979 geschieden von Frau Heidi (Sohn Sascha), wieder verheiratet mit Gaby Schulz, Betreibt die Lokale „Greyhound", „Namenlos", „Geheimrat" und „Showboat"; Schauspieler in insgesamt 17 Filmen (drei davon mit Vater Paul); textet für Udo Jürgens

Thommy Hörbiger

die Hits „17 Jahr blondes Haar" und „Merci Cherie" (beide Songs entstehen in seinem „Kinki"-Club zu „vorgerückter Stunde"); 1966: Preis als Texter beim „Grand Prix de Eurovision" und „Goldener Löwe" von Radio Luxemburg; Freizeit: Fußball, Angeln, Wassersport, Golf, Skilaufen; fährt BMW 633 und Jeep. Adresse: Oskar-von-Miller-Ring 25, 8 München 2, Telefon: 089/ 281182

Horkel Wilhelm, Pfarrer und Schriftsteller, geboren in Augsburg, 3. Dezember 1909, verheiratet. Zwischen 1928 und 1957 Begegnungen mit Albert Schweitzer; 27 Buchveröffentlichungen, darunter „Botschaft von drüben", „Träume sind keine Schäume", „Fragen – Hören – Trösten";

Wilhelm Horkel

Freizeit: Orgel- und Klavierspiel; Zeichnen; Lieblingslokal: „Mövenpick"; Leibgericht: Scholle gebacken; Getränk: „Twinings earl grey tea". Adresse: Kuglmüllerstr. 14, 8 München 19, Telefon: 089/177880

Hornstein Wolfgang Freiherr von, Fabrikant, geboren in Eferding, 3. Februar 1918, Vater eines Sohnes Florian. Wichtigstes Ereignis: Überschreitung der 100 Millionen-Mark-Umsatzgrenze bei den Uher-Werken (1971). Freizeit: Ski, Golf, Schwimmen; Restaurants: „Boettner", „Conti Grill"; Leibspeise: Tafelspitz, Krebse, Chateaubriaud; Getränk: Bier; Garderobe: Moshammer; Privatwagen: Range Rover. Zweitwohnsitz: Terracina (Italien). Adresse: Ottostr. 4a, 8130 Starnberg, Telefon: 08151/12238

Wolfgang von Hornstein

Hösl Ernst Dr., Zahnarzt (Kiefer-Orthopäde), geboren in Cham/Bayer. Wald, 17. Juli 1936, verheiratet mit Tennis-As Helga Hösl (geb. Schulze), zwei Kinder, Michaela und Stephanie. Laufbahn: Zahnmedizinisches Studium in München; Kiefer-Orthopädie-Fachausbildung in Erlangen, Stuttgart und Chicago (North-Western-Universität); Arztpraxis in München (seit 1967) mit zehn Mitarbeitern und Fortbildungszentrum für Kiefer-Orthopäden und Zahnärzte; gibt Fachzeitschrift „Informationen aus Orthodontie und Kiefer-Orthopädie" (seit 1968) heraus; drei Fernseh-Sendungen mit TV-Ärztin Dr. Antje Schaeffer-Kühnemann („Sprechstunde"); Freizeit: Skilaufen, Golf, Waldlauf („der erste Jogger 1973"); Leibspeise: Schweinebraten im Nürnberger Bratwurstglöckl"; Lieblingsgetränk: Bier; Garderobe: „Harry's Men Shop"; Auto: Jaguar. Adresse: Rosenheimer Str. 34, 8 München 80, Telefon: 089/481088/89

Ernst Hösl

Houdek Rudolf, Fabrikant, „Erfinder" der „Kabanos"-Wurst, Sport-Mäzen, geboren in Aussig/Sudetenland, 16. Dezember 1913, verheiratet, drei Kinder (alle verheiratet), Rudolf, Wolfgang (Dr.) und Gerda. Laufbahn: 1936: Fleischfabrik in Aussig; 1945–49 Arbeiter auf dem Münchner Schlachthof, dann macht er sich mit einem Mitarbeiter selbständig in Starnberg, betreibt heute zwei hochmoderne Fleischfabriken (Starnberg und Glonn) mit 600 Angestellten, u. a. produziert er täglich 20 Tonnen „Kabanos"; 1. September 1979: 30jähriges Firmenjubiläum; bester Freund des Fußball-„Kaiser's" Franz Beckenbauer; lebt in München Grünwald und hat ein Gästehaus am Starnberger See, wo Sepp Herberger, Helmut Schön und Franz Beckenbauer schon Quartier bezogen haben; Freizeit: Fußball, Eishockey; Leibspeise: Hammelragout (am besten selbstgekocht); Lieblingsgetränk: Weißbier; Garderobe: Harry's Men Shop; fährt Mercedes. Adresse: Moorstr. 8, 8130 Starnberg, Telefon: 08151/7551–5

Rudolf Houdek

Houwer Rob, Filmproduzent („Der stille Mensch von Schwabing"), geboren in Amsterdam, 13. Dezember 1937, verheiratet mit Frau Claudia, 5 Kinder; ist eng befreundet mit Prinz Bernhard der Niederlande; Filme: „Engel-

Rob Houwer

chen", Türkische Früchte", „Solda für Oranien", „Outsider von Amsterdam". Adresse: Viktoriastr. 34, 8 München 40, Telefon: 089/399021

Hoven Adrian, (bürgerlich Peter Hofkirchner), Schauspieler, Produzent, Regisseur, geboren in Wien, 18. Mai 1922, verheiratet mit Frau Joyce (in 3. Ehe), vorher mit Jutta Knauer (Sohn Mickey) und Silvia Schär (Sohn Oliver). Karriere: Soll Pfarrer werden, studiert nach dem Abitur Maschinenbau und wird Werkflugschüler in den Messerschmittwerken. Einem zufälligen Blick in ein Berliner Filmatelier verdankt er seine Bühnenlaufbahn. Die Regisseure Helmut Weiss und Viktor de Kowa lenken seine er-

Adrian Hoven

sten Schritte. Theater: „Der Lindenbaum", „Monsignores große Stunde", „Kinder der Zeit", „Zeit des Glücks", „Aufgalopp". Filme: „Tromba" (seine erste Rolle vor der Kamera), „Der Bagnosträfling", „Wer bist Du, den ich liebe", „So sind die Frauen", „Das Doppelleben des Herrn Bruggs", „Dr. Holl", „Canaris", „Garde der Königin", „Heimatland", „Wie einst Lilli Marleen", „Der Mörder mit dem Seidenschal" (Regie: 1965), „Der Mann im Spiegel". Adresse: Agentur Jovanovic, Perfallstr. 6, 8 München 80, Telefon: 089/475024/25

Stony Hsu

Hsu Stony, Gastronom (50 Mitarbeiter), geboren in Shanghai, 29. März 1931, verheiratet mit Bankierstochter Lily Sheng, eine Tochter Diane (1973). Laufbahn: Studium in München; Start seiner Gastronomie (1962) mit „Hongkong", dann „Waikiki", „Club 13", „Alte Garde", „Aloha"; Freizeit: Tennis, Jogging; Leibspeise: Chinesische Küche; Lieblingsgetränk: Wein und Champagner; Garderobe: Harry's Men Shop; Auto: Mercedes 350 SL. Adresse: Tengstr. 34, 8 München 40, Telefon: 089/3613786

Hubensteiner Benno Professor Dr. phil., Ordinarius für bayerische Kirchengeschichte,

Benno Hubensteiner

geboren in Gosseltshausen/Hallertau, 4. Dezember 1924, verheiratet mit Erna Karl (seit 1956). Hobby: Museumsbesuch, Kunstreisen; Lieblingslokal: „Pfälzer Weinstube", Residenz; Leibgericht: Leberknödelsuppe; Getränk: herber Weißwein; Garderobe: Loden-Frey und Konen; Privat-Auto: Citroen Pallas. Adresse: Sendlinger Str. 44, 8 München 2, Telefon: 089/2607932

Huber Josef Dr., Protokoll-Chef, Ministerialdirigent, geboren in München, 12. Januar 1926, verheiratet mit Dr. Bernharde Bergenthal. 1946–49: Studium der Rechtswissenschaften (Universität München); 1954: zweite juristische Staatsprüfung; 1955–56: Rechtsabteilung in der Bayerischen Landesanstalt

Josef Huber

für Aufbaufinanzierung; 1957–60 Bayerische Finanzverwaltung, ab 1960 Staatskanzlei; 1962 als Vertreter von Baron von Brandt bei der Durchführung der Besuche der englischen Königin (1962) und Charles de Gaulle (1965); seit 1966 Protokoll-Chef; Höhepunkte: Schah-Besuch (1967), Besuch der Könige von Belgien, Norwegen, Dänemark und Schweden, Ministerialdirigent seit 1970; liebt ganz privat „Küche von guten Hausfrauen"; trinkt je nach Anlaß und Tageszeit Bier,

Wein oder Sekt; Freizeit: Bergwandern, Radfahren, ausländische Literatur; fährt Mercedes. Adresse: Staatskanzlei, Prinzregentenstr. 7, 8 München, Telefon: 089/226064

Huber Ludwig Dr., Präsident der Bayerischen Landesbank, Ex-Minister; geboren in München, 29. Dezember 1928, verheiratet mit Waltraut Nothaft, zwei Söhne, Alexander und Wolfgang. Mit 17 Jahren zählt er zu den Gründungsmitgliedern der CSU (Schützling Hundhammers);

Ludwig Huber

studiert in München Rechts- und Volkswirtschaft; 1955: Staatsanwalt, seit 1958 M. d. L. Vier Jahre später Fraktions-Vorsitzender der CSU-Fraktion bis 1972, 1964–70: Kultusminister (jüngster der Bundesrepublik), 1972: Finanzminister und stellvertr. Ministerpräsident, 1977: Landesbankpräsident. Auszeichnungen: Großes Verdienstkreuz mit Stern und Schulterband (1978), Goldener Ehrenring (Traunstein), Ehrendoktor der Universität Augsburg, Bayerischer Verdienstorden (1964), Grande Ufficiale. Hobbies: Fechten, Tennis, Bergsteigen, Skilaufen, Opernbesuche. Adresse: Briennerstr. 20, 8 München, Telefon: 089/21711

Hubmann, Hanns („Mr. Quick"), Fotoreporter (seit 30 Jahren) bei der Münchner Illustrierten „Quick", gebo-

Hanns Hubmann

ren in Freden bei Hannover, 21. Juni 1910, verheiratet mit Frau Lisl (seit 1934), drei Kinder, drei Enkel. Arbeitete für Berliner Illustrierte „Signal"; Freizeit: Garten; Lokal: „Mövenpick"; bevorzugt Fisch und Edelzwicker (manchmal mit Cassis); Garderobe: Hohenadl Münsing; Auto: Volvo. Adresse: Angersdorf 2, 8311 Kröning 1, Telefon: 08702/1400

Hugendubel Heinrich, Buchhändler, geboren in München, 3. Juni 1936, verheiratet mit Ursula Wilhelm, zwei Kinder, Maximilian (1960) und Nina (1962). Übernimmt 1970, in vierter Generation, das Familienunternehmen von seiner

Heinrich Hugendubel

Mutter Anneliese Roth-Hugendubel; Hauptgeschäft am Salvatorplatz mit 5 Filialen über die ganze Stadt verstreut und Verwaltung in der Nymphenburger Straße; eröffnet im Oktober im Peterhof am Marienplatz die 6. Filiale; 120 Angestellte; hat ständig 90000 Buchtitel vorrätig; Hobby: Hockey, Bergsteigen. Adresse: Salvatorplatz 2, 8 München 2, Telefon: 089/226646

Hundhammer Wolfgang, Filmarchitekt, geboren in München, 13. Juni 1929, verheiratet mit Renate Peters.

Wolfgang Hundhammer

Bühnenbilder für Opern, Operetten, Balletts und Shows. Adresse: Rabenkopfstr. 42, 8 München 90, Telefon: 089/647747

Hünlein Walter J., „Mr. Dunhill of Germany", geboren in Düsseldorf, 4. Juli 1928, verheiratet mit Frau Birgit, eine Tochter. Studiert Hochofen-Ingenieur und wechselt 1949 („weil nichts los war") in die Rauchwaren-Branche; kommt von Reemtsma über Muratti zu Dunhill-Deutschland (Jahresumsatz: 60 Millionen Mark), die pro Jahr 500 Millionen Zigaretten verkaufen; Lieblingslokal: „Daheim" und „Palaiskeller" im Bayrischen Hof; Leibspeise: Spanferkel; Lieblingsgetränk:

Walter J. Hünlein

Bier, Whisky; Freizeit: Hochsee-Segeln mit der eigenen 9-Meter-Yacht. Adresse: Karlstr. 55, 8 München 2, Telefon: 089/595097/8

Huppertz Dieter, persönlich haftender Gesellschafter der „Mövenpick GmbH & Co KG" (13 Millionen Mark Umsatz, 165 Mitarbeiter), geboren in Stettin, 16. Februar 1936, verheiratet mit Frau Viktoria, drei Kinder, Oliver, Christopher und Daniela. Laufbahn: Lehre im Hotel „Vier Jahreszeiten" in Hamburg; Hotelfachschule in Bad Reichenhall; Auslandserfahrung in Zürich, Genf, Brüssel, London; eröffnet 1963 das erste „Mövenpick" in München (der erste ausländische Test-Betrieb der Schweizer Mutterfirma); 1971: Start des

Dieter Huppertz

zweiten „Mövenpick" im Künstlerhaus; 1979 drittes „Mövenpick" in der Sendlinger Straße; Freizeit: Jagd, Tennis; Leibspeise: Ente; Lieblingsgetränk: französischer trockener Weißwein Sanceurre; Garderobe: Schneider Ihle; Auto: Mercedes. Adresse: Hopfenstr. 1, 8 München, Telefon: 089/592562

Hurler Jost, Großmarkt-König, Chef der „C + C"-Märkte und „SB" – Warenhäuser in der Bundesrepublik mit Hauptsitz in München, geboren in Augsburg 27. Dezember 1918, verheiratet mit

Jost Hurler

Frau Yosy, Sohn Leo. Beschäftigt 5000 Angestellte und betreibt mit seiner Frau das Nobelhotel „Überfahrt" am Tegernsee. Adresse: Leopoldstr. 152, 8 München 40, Telefon: 089/38791

Hürlimann Ernst Dipl. Ing., Architekt, Karikaturist, geboren in Weiler, 15. November 1921, verheiratet mit Dorothea Boresch. Studium an der Technischen Universität München, seit 1950 freischaffender Architekt (Hotels, Bergbahnen, Schulen, Bürohäuser), Cartoonist in der „Süddeutschen Zeitung", „Bayerisches Fernsehen",

Ernst Hürlimann

Bücher: „Ja so sans", „Eam schaug o". Der erfolgreiche Skiläufer illustrierte 50 Bücher, darunter die von Sigi Sommer. Auszeichnung: Schwabinger Kunstpreis 1970; Freizeit: Ski, Sammeln verrückter Flaschen. Adresse: Gumppenbergstr. 2, 8 München 80, Telefon: 089/982126

Hussmüller Michael, Schneidermeister, geboren in Temeschburg, 14. Dezember 1923, verheiratet. Titel: Bundesmodewart; Freizeit: Tennis; Lieblingslokale: „Tan-

Michael Hussmüller

tris" und „Calvados"; Leibgericht: Schnecken, Rehrükken; Getränk: Frankenwein; Privatauto: BMW 3,0 CSI. Adresse: Maximiliansplatz 15, 8 München 2, Telefon: 089/220886

I

Franz Inselkammer

Inselkammer Franz, Brauerei-Chef in Aying – Kurdorf für den Durst (Ausstoß: 170000 Hektoliter), geboren in München, 14. Dezember 1935, verheiratet, Tochter Barbara. Diplomkaufmann und Diplom-Braumeister (studierte in Weihenstephan), seit 1962 im väterlichen Betrieb: Brauereigasthof (1 Michelin-Stern) mit 350 Plätzen, Brauereischänke mit Biergarten (500 Plätze); 1978 feiert die Brauerei 100jähriges Jubiläum (Bier-Vertrieb zwischen Augsburg und Freilassing und Tirol) einmal im Jahr in der zweiten Woche nach Pfingsten „Ayinger Volksfest"; Leibspeise: Blut- und Leberwürste. Adresse: Brauerei Aying, 8011 Aying/Obb., Telefon: 08095/721

Inselkammer Hans V., Unternehmer, geboren in Höhenkirchen/München, 30. November 1933, verheiratet mit Frau Astrid Maier-Ankershoffen, zwei Kinder. 1971: Aufbau einer Presspaletten-Anlage; Freizeit: Schwimmen, Fliegen, Skifahren; Lieblingslokal: „Käfer's Schänke"; Leibgericht: Zartes Filet; Getränk: Bier; Garderobe: Michael Hussmüller; Privatauto: Ferrari 400 GT. Adresse: Röntgenstr. 1, 8012 Ottobrunn, Telefon: 089/6014702

Hans V. Inselkammer

Josef Issels

Issels Josef Dr., Klinikchef, Krebs-Spezialist, geboren in Mönchengladbach, 21. November 1907, verheiratet mit Ilse Maria Klos, Kinder Ruthild, Rolf Hellmut, Christian. Studiert Medizin an der Universität Freiburg, Bonn, München, Rostock, Wien, Düsseldorf und Würzburg; 1938 praktischer Arzt in Mönchengladbach, will zunächst Chirurg werden, beschäftigt sich aber dann mit Naturheilkunde, Diätvorschriften, Kneippkuren und entwickelt eigene Methoden, die er mit der Schulmedizin kombiniert. 1951: „Ringberg-Klinik" in Rottach-Egern (Spezial-Krankenhaus für Krebskranke), die er 1973 nach Prozessen und großen Kampagnen gegen ihn schließt. 1976 Wiedereröffnung seiner Praxis, 1970 Rettung aus seinem brennenden Mercedes, der Anfang Februar auf schneeglatter Fahrbahn in der Nähe von Tegernsee ins Schleudern gerät, gegen einen Alleebaum prallt und Feuer fängt. Adresse: Ringbergstr. 30, 8183 Rottach-Egern, Telefon: 08022/26800

Iwanson Jessica, blonde Chefin des Münchner „Dance Center", geboren in Stockholm, 21. April, Junggesellin. Laufbahn: Cramer-Ballett, Stockholm (1968); Stipendium bei der berühmten Martha Graham in New York; drei Jahre Paris (TV-Produktion, Peter Gross-Dance-Company), seit 1975 Dance-Center mit Iwanson-Dance-Company (seit 1977); Freizeit: Ausruhen (in der Sonne); Lieblingslokal: „Deutsche Eiche"; Leibspeise: Salate, Krebse; Lieblingsgetränk: Bier; Garderobe: „Grundahl" (Kopenhagen); Auto: VW K 70. Adresse: Hansastr. 14, 8 München, Telefon: 089/571909

Jessica Iwanson

J

Karin Jacobsen

Jacobsen Karin, Schauspielerin, Regisseurin, geboren in Düren, 14. März, verheiratet mit Carl-Heinz Schroth, Ehe wird 1968 geschieden, Sohn Alexander. Laufbahn: Schauspiel-Ausbildung in Köln; „Kleine Komödie Max II-Denkmal", dann „Kleine Freiheit" in München; Rollen als Schauspielerin und Regisseurin: „Mrs. Cheneys Ende", „Zeit des Glücks", „Zwei auf einem Sofa", „Aufgalopp", „Die erste Mrs. Selby"; TV-Rolle in „Der müde Theodor". Adresse: Kleine Freiheit, Maximilianstr. 31, 8 München, Telefon: 089/221123

Jaeger Richard Dr., Jurist, Bundestagsabgeordneter und ehemaliger Bundesminister, geboren in Berlin, 16. Februar 1913, verheiratet mit Rose Littner, sechs Kinder, Marie-Theresia, Doris Elisabeth, Beatrix, Christine, Heinrich-

Richard Jaeger

Wolfgang, Ruth-Walburga. Studiert Rechts- und Staatswissenschaften an der Münchner Universität, in Berlin und Bonn, seit 1946 Mitglied der CSU, von 1947–48 Regierungsrat und persönlicher Referent bei Kultusminister Hundhammer, 1953–65 Vizepräsident des Bundestages, dann (26. Oktober 1965) Justizminister im Kabinett Erhard, 2 Jahre später wieder Bundestags-Vizepräsident. Auszeichnung: Großes Verdienstkreuz mit Stern und Schulterband (1959), Großkreuz des Verdienstkreuzes der Bundesrepublik (1967), Bayerischer Verdienstorden. Adresse: Kirchsteig 18, 8918 Diessen/Ammersee, Telefon: 08807/12431

Jahn Friedrich, Kommerzialrat, Konzernherr (Chef über 10000 Angestellte), Super-Gastronom, genannt „Hendl-König" (fast 1000 Lokale in aller Welt mit 1 Milliarde Mark Jahresumsatz), geboren in Linz/Österreich, 29. Dezember 1923, verheiratet mit Frau Hermine, zwei Töchter, Margot und Evelyne (wurde 1973 gekidnappt und gegen drei Millionen Mark wieder freigelassen – die Gangster konnten gefaßt werden). Beginnt als Koch und Ober u. a. im Münchner „Intermezzo", übernimmt 1955 das „Linzer Stüberl" in Schwabing (Amalienstraße) und tauft es „Wienerwald". Es ist die Idee seines Lebens, das damalige Sonntagsessen, ein gebratenes Hühnchen, besonders preiswert auf den Markt zu bringen. Sein zweites Lokal entsteht in Stuttgart (1956), rund zehn Jahre später sind es 300. Jahn gehören ferner das Nobel-Restaurant „Schwarzwälder Naturweinhaus", die Fernsehturm-Restaurants, die „Kellerei Eberspacher GmbH", die „Kellerei Robert Boos GmbH", die Richard-Schwarzwälder KG, die Hotel GmbH („Tourotel"), die Wiwa-Gerätebau GmbH, die Offsetdruckerei Robert Malz KG. Startet 1978 eine neue Restaurant-Kette „Steak + Pils" und ein Reiseunternehmen; 1979: Neuester „Wienerwald" im gemütlichen Münchner Wirtshaus-Stil. Adresse: Elsenheimerstr. 61, 8 München 21, Telefon: 089/57961

Friedrich Jahn

Jahnel Heinz R., Zahnarzt (Spezialgebiet: Kosmetisch, funktionellen Zahnersatz – Porzellanjacketkronen), geboren in Bad Teplitz-Schönau, 5. August 1932, verheiratet mit Frau Regina, ein Sohn Stefan (1969). Laufbahn: Wittelsbacher Gymnasium,

Heinz R. Jahnel

Zahnmedizinstudium in München, seit 1960 eigene Praxis. Freizeit: Skifahren, Segeln; Lieblingslokal: Kay's Bistro, Tegernseer Bräustüberl; liebt „böhmische Schinkenfleckerln" und Wodka; fährt BMW. Adresse: Gerner Str. 29, 8 München 19, Telefon: 089/1575007

Jakob Katerina, Schauspielerin, geboren in München, 1. März. Filme „Grete Minde", Fernsehen: „Der rote Schal". Auszeichnung: Bambi für beste Nachwuchsdarstellerin 1979. Ausbildung: Meisterschule von Lee Straßberg (USA) Freizeit: Tanz, Sport; mag keine „Kartoffelpuffer", liebt Wodka Bitter Lemon,

Katerina Jakob

Garderobe „Les Poupees" München, Auto: VW-Cabrio. Adresse: Agentur Palz, Ortlindestr. 6/VII, 8 München 81, Telefon: 089/912010/19

Janeczek Stefan Dr., Münchner Schuh-Baron („Italy Ninetta"), geboren in Slawkow/Oberschlesien, 2. September 1918, verheiratet mit Designerin Nina Lis. Laufbahn: 1953: erstes Geschäft unter den Arkaden in der Maximilianstraße; 1970: Zweigstelle in der Theatinerstraße 31 und 1979 dritte Niederlassung am Theatiner Boulevard 15; Freizeit: Lesen, Tennis; Leibgericht: Tafelspitz; Lieblingsgetränk: Weißwein; Auto: BMW, Lieblingslokal: Franziskaner, „Pinin", Mailand. Adresse: Wurzerstraße 11, 8 München 22, Telefon: 089/292263

Stefan Janeczek

Jary Michael, (bürgerlich: Michael Jarczyk), Komponist („Schlagerkönig"), geboren in Laurahütte/Oberschlesien, 24. September 1906, verheiratet mit Frau Christiana, Tochter Michaela (arbeitet bei „Bild" als Reporterin). Konservatorium in Kattowitz, 1928–29 Tanzkapellmeister in Neisse und Beuthen, Staatliche Hochschule für Musik in Berlin; 1937: Filmmusik für „Die große und die kleine Welt" sowie sämtliche Zarah-Leander-Filme; schreibt für Vera Molnar, Marika

Michael Jary

Rökk, Rosita Serrano und Evelyn Künnecke Chansons und rund 80 Filmmusiken (u. a. „Die verschleierte Maja", „Nachts im grünen Kakadu", „Lilli, ein Mädchen aus der Großstadt"), Schlager: „Das kann doch einen Seemann nicht erschüttern", „Roter Mohn", „Das machen nur die Beine von Dolores". Freizeit: Filmen, Wassersport. Adresse: Türkenstr. 106, 8 München 40, Telefon: 089/341561

Jaumann Anton, Wirtschaftsminister, geboren in Belzheim/Nördlingen, 5. Dezember 1927, verheiratet mit Frau Margarete. Will ursprünglich Priester werden, studiert an der Universität Würzburg und eröffnet 1957 in München eine eigene Anwaltskanzlei; 1958–63 Syndikus des Landesverbandes des

Anton Jaumann

Bayerischen Groß- und Außenhandels, seit 1958 Landtagsabgeordneter; 1963: CSU-Generalsekretär als Nachfolger von Zimmermann, am 5. 12. 1966 wird er Staatssekretär bei Finanzminister Konrad Pöhner, seit 1970 Wirtschaftsminister (Nachfolger von Dr. Otto Schedl, der das Amt seit 1957 innehatte); Auszeichnungen: Bundesverdienstkreuz 1. Kl. Adresse: Prinzregentenstr. 28, 8 München 22, Telefon: 089/21621

Jedele Helmut Professor Dr., ehemaliger Chef der „Bavaria Atelier GmbH", Leiter der Film- und Fernseh-Hochschule, geboren in Heilbronn, 31. Oktober 1920, verheiratet mit Dr. med. Irmgard Fellhauser, drei Kinder, Markus,

Helmut Jedele

Stefan, Andrea. Studiert in Tübingen und Mainz, ist Reporter des Süddeutschen Rundfunks, dann (1953) Fernseh-Beauftragter und TV-Direktor des gleichen Senders (bis 1959), dann Geschäftsführer der Bavaria (bis 1978). Adresse: Graf-Seyssel-Str. 7, 8022 Grünwald, Telefon: 089/64991

Joergensen Trille, dänisches Top-Modell (Titelblatt-Mädchen der Frauenzeitschrift „Elle", sechsmal pro Jahr), geboren in Kopenhagen, 10. März, Junggesellin. Arbeitet nur in Paris, London, Mailand, New York; unterhält einen Wohnsitz in München, „nur wegen ihrer Freunde" (der Kreis um die „Sweetheart"-Modedesigner Rolf Albrecht und Bernd Stockinger); Freizeit: Kino, Schwimmen, Jogging, Stricken; Lieblingslokal: „Club Privé" (Rio de Janeiro); Leibspeise: Fleischpflanzl mit Kartoffelsalat; trinkt Campari und Champagner, raucht „Kette", hat keinen Führerschein. Adresse: Grillparzerstr. 64, 8 München, Telefon: 089/474332

Trille Joergensen

Johns Bibi, Sängerin, geboren in Arboga (Schweden), 21. Januar. Ehen mit Michael Pflegar und einem amerikanischen Offizier. Songs: „Bella Bimba", „Promises Promises". Hobby: Malen; Lieblingslokal: „Trader Vic's" oder daheim; Leibgericht: Steak; Getränk: Milch; Garderobe: „Maja of Munich", „Salon Gisela"; Auto: Mercedes und VW Scirocco GT. Adresse: Wolfratshauser Str. 70a, 8023 Pullach, Telefon: 089/7931597

Bibi Johns

Jörg Wilhelm, Präsident des Bayerischen Landessozialgerichts, geboren in Schweinfurt, 28. Januar 1915, verheiratet. Seit 4. April 1974 Präsident. 1934 bis 1938 Jurastudium in Würzburg und München, 1950 Oberversicherungsamt Nürnberg, 1966 Senatspräsident; Auszeichnung: Bayer. Verdienstorden; Hobby: Briefmarken, Musik (Heimorgel), Radfahren. Adresse: Ludwigstr. 15, 8 München 22, Telefon: 089/23671

Wilhelm Jörg

Jovanovic Stefanija („Steffi"), Film-Agentin (mit tiefer Baßstimme), geboren in Abazzia (Jugoslawien), 24. Juni. Startet mit 22 Jahren in Berlin ihre Agentur (mit Pola Negri, Camilla Horn, Gustav Diesel, Olga Tschechowa); nach dem Krieg Wechsel nach München; eröffnet in der Widenmayer-

Stefanija Jovanovic

straße 23 ihr Künstler-Office, später in der Perfallstraße (seit 1977) und vertritt Stars wie Curd Jürgens, Maria Schell, Lilli Palmer, Nadja Tiller, Walter Giller, Helmut Berger, Robert Hoffmann, Marisa Mell und Nastassja Kinski; liebt Backhendl (vor allem so, wie sie ihre Schwester macht), trinkt gern Whisky. Große Tierfreundin. Adresse: Perfallstr. 6, 8 München 80, Telefon: 089/475024/25

Juhnke Harald, Schauspieler, Fernseh-Star, geboren in Berlin, 10. Juni 1929, verheiratet mit Frau Susanne, ein Sohn Oliver-Marlon (1972). Laufbahn: 1948–50 zusammen mit Horst Buchholz Schauspiel-Unterricht bei Marliese Ludwig, erstes Engagement an der Volksbühne Berlin; erster Film (1950): „Drei Mädchen spinnen" (Regie: Prof. Karl Fröhlich) dreht bis 1979 60 Spielfilme, spielt 100 Theaterrollen und 80 Fernsehspiele, darunter „Preußenkorso", „Ein Mann für alle Fälle", übernimmt nach Peter Frankenfeld die Fernseh-Show „Musik ist Trumpf" und steht im „t(h)eater" in der Briennerstraße mit „Spiel mit dem Feuer" auf der Bühne (Partnerin Uschi Glas); Hollywood-Engagement mit Partnerin Candice Bergen; 1980; Verpflichtung an Kurt Meisels Residenztheater („Tribute" und ein Shakespeare-Stück); an der „Kleinen Komödie am Max II-Denkmal" spielt er den „Professor Higgins" in „Pigmaleon"; 1980/81: US-Musical in Berlin „They are playing our song"; Freizeit: Schwimmen; Lieblingslokal: „Sardi's" (New York); Leibspeise: Eisbein; Lieblingsgetränk: alkoholfreies Bier „Birell"; fährt nicht mehr Auto, seitdem er 1958 – feuchtfröhlich – acht Polizisten verprügelt hat. Adresse: Agentur Palz, Ortlindestr. 6/VII, 8 München 81, Telefon: 089/912019/10

Harald Juhnke

Junghans Walter, 1,85 Meter langer und 80 Kilo schwerer Torhüter des FC Bayern, Nachfolger von Sepp Maier, geboren in Hamburg, 26. Oktober 1958. Laufbahn: soll zunächst, wie sein Vater, Ringer werden, entscheidet sich für den Fußball; spielt bei Viktoria Hamburg, gehört 1974 zu den vier besten Schülertorhütern Deutschlands; seit 1979 im Tor der „Bayern"; Hobby: Kochen (Spezialität: Steaks mit Champignon). Adresse: FC Bayern, Säbener Straße 51, 8 München 90, Telefon: 089/643005

Walter Junghans

Curd Jürgens

Jürgens Curd, Schauspieler, geboren in München, 13. Dezember 1915, genannt „normannischer Kleiderschrank", geschieden von den Schauspielerinnen Lulu Basler, Judith Holzmeister und Eva Bartok (die Ohrfeige von ihr in der Münchner „Heinz-Bar" machte Schlagzeilen) sowie von Mannequin Simone Bicheron, und seit 1978 verheiratet mit Margie Schmitz. Ist lange Zeit mit Elisabeth Bittencourt und Marlene Knaus befreundet. Karriere: Reporter beim „8 Uhr-Abend-Blatt", Schauspielunterricht bei Walter Janssen. Erster Film 1936 „Der Königswalzer", weitere Streifen: „Des Teufels General", „Die Unbekannte", „Frauen sind keine Engel", „Der blaue Engel", „Schachnovelle", „Der Lügner und die Nonne", „Ohne Dich wird es Nacht", „Bankraub in der Rue Latour", „Küssen ist keine Sünd", „Meines Vaters Pferde", „Orient-Express", „Und immer lockt das Weib" mit Brigitte Bardot, „Kurier des Zaren", „Der zweite Frühling", James Bond-Gegenspieler in „Der Spion der mich liebte". Theater: Sigmund Freud in „Der rote Faden" in Paris, „Stella", „Cyprienne", „Glasmenagerie", „Richter in eigener Sache"; 1971 wenig glückliche Hand als Theaterchef in Paris am „Theatre Hebertot", 1973–77 „Jedermann" in Salzburg. Fernsehen: „Der schwarze Freitag", „Babeck", „Millionen nach Maß", „Traum eines Wahnsinnigen". Schreibt das Buch „. . . und kein bißchen weise" (Droemer) und besingt eine Platte mit dem gleichen Titel. Zirkus-Direktor in der AZ-Gala „Stars in der Manege" (1974), 1978 Theaterauftritt in Paris ist ein Reinfall, spielt 79 in Wien Siegmund Freud. Auszeichnungen: Josef Kainz-Medaille (1966), Graf-Volpi-Preis (1955), Premio Sorrento (1973), seit 1976 ist er Professor der Österreichischen Akademie der Künste. Hat guten Geschmack und richtet seine Häuser an der Cote d'Azur und auf den Bahamas selbst ein. Freizeitbeschäftigung: Musik (Bach, Jazz), Schach, fährt Rolls Royce. Adresse: Agentur Jovanovic, Perfallstr. 6, 8 München 80, Telefon: 089/475024/25

Jürgens Udo (bürgerlich Udo Jürgen Bockelmann), Sänger, Komponist, geboren in Klagenfurth/Kärnten, 30. September 1934, verheiratet mit Frau Panja Meier, zwei Kinder, Johnny (1964) und Jenny (1967). Ist verwandt mit dem

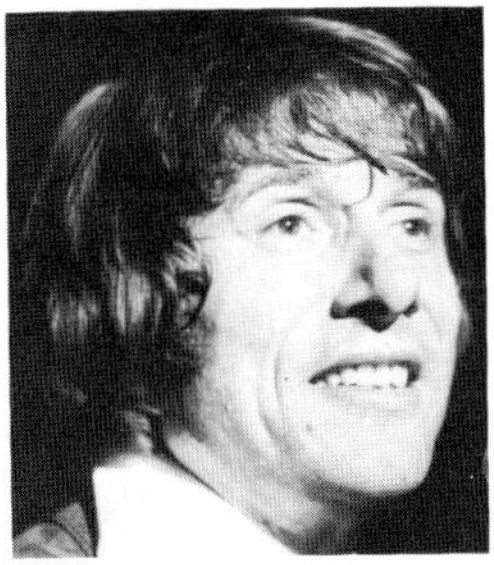

Udo Jürgens

früheren Frankfurter Oberbürgermeister Werner Bokkelmann. Seine größten Erfolge: „17 Jahr, blondes Haar", „Merci Cherie", „Griechischer Wein", „Zeig mir den Platz an der Sonne", „Aber bitte mit Sahne". Auszeichnung: „Grand Prix de Eurovision" (1966). 1970: Mammut-Tournee „Udo 70" mit 222 Konzerten und 500000 Zuhörern; Musical „Helden Helden" (1972), schreibt Lieder für Sammy Davis Jr., Al Martino und Nancy Wilson. Filme: „Die Beine von Dolores", „Unsere tollen Tanten", „Drei Liebesbriefe aus Tirol", „Unsere tollen Nichten". Zur Fußballweltmeisterschaft der Song „Buenos Dias Argentina" (250000 Platten in vier Wochen verkauft). Seit seiner Trennung von Manager Hans R. Beierlein (1978) noch größere Konzerte (München: 9000 Besucher, Dortmund: 15000); neuer Manager Freddy Burger. Freizeit: Malerei, Theater, Wassersport, Waldlauf, fährt Mercedes 6,9, benützt „Eau Sauvage"-Parfüm und hat keine Gewichtssorgen (73 Kilo). Adresse: Ariola Eurodisc, Steinhauser Str. 1, 8 München 80, Telefon: 089/41361

Jüssen Horst, Schauspieler, geboren in Recklinghausen, 10. Januar 1941, verheiratet mit Sängerin Lena Valaitis. Er erfüllt sich damit einen Lebenswunsch, Ehemann zu sein. 1974 ist er – zehn Stunden lang – mit Schauspielerin Gisela Hahn verlobt, die es sich anders überlegt. Laufbahn: Berliner Schauspielschule, von Piscator an die Freie Volksbühne engagiert (2 Jahre), der Versuch, ein eigenes Tournee-Theater zu

Horst Jüssen

starten, mißlingt. 1967 entdeckt ihn das Stuttgarter Renitenztheater als Kabarettisten, zwei Jahre später erstmals bei der Münchner Lach- & Schießgesellschaft, bei der er bis 1972 bleibt. 1975 Talker in der „Sprechstunde" der Lach & Schieß mit Alice und Ellen Kessler, Senta Berger, Strip-Star Nadja Gray, Joachim Fuchsberger, Olga Tschechowa, Barbara Rütting, Bernhard Wicki, schreibt Texte für die Lach- & Schieß. Spielt Theater „Die ist nicht von gestern" mit Grit Boettcher und „Jane" und wirkt drei Jahre in „Klimbim" (Regie: Michael Pfleghar) mit. Ist Fußball-Fan und Linksaußen der Gaudi-Kicker „FC Schmiere". Adresse: Agentur Alexander, Lamontstr. 9, 8 München 80, Telefon: 089/471011

in München
für Damen:
Boutique Angelique
Weissenburgerstraße 23
Engel-Ampenberger
Bodenseestraße 1
Modehaus Horn
Maximiliansplatz 12
Jöring
Kaufinger Str. 28
Modehaus Lacher
Neuhauser Straße 3
Modehaus Lacher
Theatinerstraße 9
Modehaus Maendler
Theatinerstraße 2
Modehaus Sattelberger
Wasserburger Landstraße
in München
für Herren:
Annas Men's Shop
Herzog-Wilhelm-Str. 1
Annas Men's Shop
Kaufingerstraße 33
Annas Men's Shop
Leopoldstraße 28 a
Modehaus Sattelberger
Wasserburger Landstraße
Victorian
Sendlinger Str. 7
Westner
Sendlinger Straße 37
Exclusive Hemden & Blusen

K

Käfer Gerd, Deutschlands größter Party-Ausstatter und Chef des 1-Stern-Restaurants „Käfer's Schänke“, geboren in München, 19. Oktober 1932, verheiratet mit Frau Inge.

Gerd Käfer

Richtete Empfänge in Dallas (USA) und im Kreml (UdSSR) aus. Ist Herr über 400 Mitarbeiter. Zum ständigen Party-Dekor zählen 20 Zelte; auf dem Oktoberfest mit einem rustikalen Bauernhaus („Käfer's Wiesn-Schänke“) vertreten. 1979: Eröffnet auf 1000 Quadratmeter im „Hertie“ mit Bruder Helmut ein Feinkost-Schlaraffenland im Stil Pariser Markthallen. Liebt gefüllte Kalbsbrust und Ente, bevorzugt seine Gastronomie, kehrt aber auch gerne in „Hinterbrühl“ ein, in der „Grünen Gans“ oder im „Aubergine“. Kleidet sich bei Prader, Kitzbühel und Schuster (Hemden) ein; fährt Golf (schwarz) und Mercedes (silber). Adresse: Schumannstr. 1, 8 München 80, Telefon: 089/476011

Georg Kahn-Ackermann

Kahn-Ackermann Georg, Ex-Generalsekretär des Europarats, SPD-Mitglied des Bundestags, geboren in Charlottenburg, 4. Januar 1918, verheiratet mit Rosemarie Müller-Diefenbach, drei Kinder, Susanne, Michael, Cornelia. Karriere: 1945 Chefredakteur des „Neuen Magazin“ und der „Münchner Post“, tritt 1946 der SPD bei, ist im Bundestag von 1953–57 und dann wieder ab 1962. Auszeichnung: Goldene Ehrennadel des Bayerischen Journalistenverbandes. Bevorzugt „Clarke's Restaurant“ in New York, liebt frischen Leberkäs mit Ei, trinkt gern trockenen Sylvaner und fährt VW-Porsche. Adresse: Sterzenweg 3, 8193 Ammerland, Telefon: 08177/206

Kalman Charles, Komponist, Textdichter, Pianist, Schau-

Charles Kalman

spieler, Sohn von Emmerich Kalman, geboren in Wien, 17. November 1929, verheiratet. Karriere: Musik-Unterricht in New York und Paris; Kompositionen: Theater-Musik: „Rendezvous mit dem Leben“, „Frau Warrens Gewerbe“, „Alfie“ mit Harald Juhnke; Film-, Fernseh-Musik: „Ricky Starr“, „Der Gelegenheitskauf“, „Botschaften aus der Tiefe“, „Fabian“; „Globetrotter-Suite“, „Timesquare-Phantasie“, „A tous les amoureux“ (erhält dafür den Kompositionspreis von Baden-Baden 1974); Chansons für Evelyn Künneke, Liselotte Pulver, Lisa Fitz, Margot Werner, Herta Worell; liebt chinesische Küche, Reisen und Filme; Lieblingsrestaurant: „Mandarin“, Amsterdam. Adresse: Maximilianstr. 56, 8 München 22, Telefon: 089/224180

Kalman Vera, Witwe des Komponisten Emmerich

Vera Kalman

Kalman („Ganz ohne Weiber geht die Chose nicht“), geboren in Perm/Sibirien, 22. August, drei Kinder, Charles, Lili, Yvonne, Russin mit amerikanischem Pass. Nimmt an Kalman-Premieren in ganz Europa teil; ist befreundet mit Hildegard Knef und Maria Schell und Patentante ihrer Kinder; liebt München und hat hier viele Freunde; Buch:

„Überall und nirgends"; Hobby: Fotografieren, Kochen, geht gern in „Kay's Bistro". Adresse: Hotel Splendid, Maximilianstr. 54, 8 München 22, Telefon: 089/296606

Kalmowicz Rudolf, Filmproduzent, Filmtheaterbesitzer, BMW-Händler, geboren in Pierschnika bei Hannover, 15. März 1915, verheiratet mit Frau Hella, Tochter Gabriele-Irmgard. Laufbahn:

Rudolf Kalmowicz

Handelsschule, Holzkaufmann; eröffnet 1946 Omnibus-Linie Erding-München-Freising; seit 1948 in der Kino-Branche (zeitweise 18 Filmtheater); 1958 Produzent mit der Firma „Astra-Filmkunst"; jetzt das Unternehmen „Tele-Contact"; 1964 „neben" BMW-Verkauf, (fabrikneue Modelle – aber mit Dellen vom Fließband) 1000 Stück pro Jahr; Freizeit: Reiten, Kegeln; Lieblingslokal: „Käfer's Schänke"; Leibspeise: Kartoffelsuppe; Lieblingsgetränk: „alle scharfen Sachen"; Auto: BMW-Coupe 630. Adresse: Tele-Contact, Mühlbauerstr. 1, 8 München, Telefon: 089/472064

Kalxdorff, Richard N., Münchens „Lufthansa"-Chef (60 LH-Flugzeuge landen und starten pro Tag in Riem), ge-

Richard N. Kalxdorff

boren in Gstocket/Österreich, 23. März 1933, verheiratet mit Frau Gisela, zwei Kinder (mit US-Paß), Michael (1963) und Susi (1964). Seit 1958 bei der Lufthansa, zunächst bei der Hauptverwaltung in Köln, Auslandsposten in Wien, Barcelona, Madrid, Stockholm, Helsinki, USA, Thailand, Israel und zuletzt in Kanada; seit 1978 Chef in München; Freizeit: Bergsteigen (Klettern), Eis- und Gletschertouren, klassische Musik; „liebt den Freizeitwert von München"; Leibspeise: Cordon bleu, Käse; trinkt gern französischen Rotwein; fährt BMW 520. Adresse: Promenadeplatz 6, 8 München 2, Telefon: 089/21941

Kanner Henry, „Jeans Columbus", geboren in Wolbromstein/Schlesien, 24. April 1930, verheiratet mit

Henry Kanner

Frau Denise, drei Kinder, Andy, Peggy, Vivian. Bringt 1957 als erster das „blaue Wunder" nach Deutschland; eröffnet erstes Geschäft in der Von-der-Tann-Straße in München, 1977 Dependance in der Herzog-Wilhelm-Straße; hat prominente Kunden wie Thomas Fritsch, Terence Hill, Werner Pochath, Ingrid Steeger, Bela Erny, „Loriot". Hobby: Schwimmen, Sauna, Flirten; Leibspeise: Pichelsteiner, Lieblingsgetränk: Saft. Adresse: Von-der-Tann-Str. 6, 8 München, Telefon: 089/288583

Kapellmann Jupp Dr., 1,73 Meter großer Fußball-Star („Löwe") geboren in Barden-

Jupp Kapellmann

berg, 19. Dezember 1949, verheiratet mit Frau Ariane, eine Tochter Hanna (1979). Abitur, Medizinstudent; erster Verein SC Bardenberg; spielt beim FC Bayern und wechselt dann zu 1860 München; Freizeit: Radrennfahren; liebt Nudelspeisen; fährt Mercedes und Mazda. Adresse: TSV 1860, Auenstr. 19, 8 München 5, Telefon: 089/643048

Kappelsberger („Kappi") Ruth, Fernseh-Moderatorin, Ansagerin der Stunde Null, Schauspielerin, geboren in München, 13. November, verheiratet (seit 1966) mit dem

Ruth Kappelsberger

„Lachenden Vagabund" Fred Bertelmann, Tochter Katharina Anna. Laufbahn: mit sechs Jahren Ballett, Schauspiel-Schule in Hannover; erste Bühnenrolle an der Kleinen Komödie und Schaubude, dann in Frankfurt („Theater am Zoo"), Stuttgart; seit 1954 beim Bayer. Fernsehen; 1959–62: Besitzerin des „Hühnergrill" (heute Theo Rueggs „Chesa") mit Ehemann Nr. 1 Gill Spatz; seit 1968 Politikerin im Starnberger Kreistag; Theater: „Witwen" (Residenztheater), „Akt und Geige" (Stuttgart), „Einen Ausgangstag" (Volkstheater), „Triumphator"-Anstich-Sketche, „Die liebe Familie" (Kleine Komödie, 1976); Freizeit: Skilaufen, Schwimmen, Lesen, Hund Mohrle. Adresse: Am Hohenberg 9, 8131 Berg/Starnberger See, Telefon: 08151/5526

Karajan Herbert von (bürgerlich: Herbert Ritter von Karajanopoulos), Meisterdirigent, geboren in Salzburg am 5. April 1908, verheiratet (in dritter Ehe mit der Französin Eliette Mouret), zwei Töchter, Isabelle (1960) und Arabelle (1964). Der Chirurgensohn besucht Gymnasium und Mozarteum in Salzburg, Musik-Studium an der Wiener Universität (Franz Schalk war sein Lehrer für Dirigieren); 1928–34 Musikdirektor in Ulm; 1935: Generalmusikdirektor in Aachen; mit 29 Jahren dirigiert er an der Berliner Staatsoper „Fidelio" und wird erstmals als „Wunder Karajan" registriert. Weitere Opern: „Elektra", „Tristan", „Meistersinger", „Zauberflöte" (mit Gustaf Gründgens); 1948: Salzburger Festspiele, dann Gastspiele in Buenos Aires, Edinburgh und Wien, „Rosenkavalier" an der Mailänder Scala (1951), Bayreuth mit Wieland Wagner (1951/52). Macht 1953 Pilotenschein. Nach Furtwänglers Tod wird er 1955 Leiter der Berliner Philharmoniker (auf Lebenszeit), von 1956–60 künstlerischer Oberleiter der

Herbert von Karajan

Salzburger Festspiele, 1957 als Nachfolger von Karl Böhm Leiter der Wiener Staatsoper (bis 1964); Anfang 1967 werden er und seine Produktionsfirma Cosmotel vom ZDF für 29 Musikproduktionen innerhalb von vier Jahren verpflichtet (13 Konzerte, 8 Opern, 6 Operetten, 2 Ballette); im Oktober 1968 Gründung der „Herbert von Karajan-Stiftung" (Kapital: 100000 Mark), drei Jahre später „Orchester-Akademie des Berliner Philharmonischen Orchesters e. V.", an der die besten Studenten der Berliner Musik-Hochschule und aus dem Ausland in dreijährigen Kursen weitergebildet werden und zugleich am Orchester mitarbeiten können. 1974 neuer Vertrag mit der Wiener Staatsoper für jährlich ein Gastspiel im Mai (ab 1977), 1978 inszeniert er die Verfilmung von „Rheingold" in den Studios der Bavaria (Unitel-Produktion), 1979 Osterfestspiele in Salzburg. Auszeichnungen: „Mozartring" (1957), „Goldener Ehrenring" (Musikfreunde Wien), Nicolai-Medaille (Wiener Philharmoniker), Großes Bundesverdienstkreuz (1959), Großoffizier des Ordens der Italienischen Republik, Goldenes Grammophon, Kunstpreis der Stadt Luzern, Prix Franco-Allemagne, Ehrenbürger von Berlin (1973), „Grand Prix International du Disque" (1979), Ehrendoktor der Universität Oxford. Stürzt 1978 bei einer Orchesterprobe und zieht sich Prellungen zu, drei Jahre vorher muß er ein schweres Wirbelsäulen-Leiden behandeln lassen. Freizeit: Jet („Mystere 50"), Segelschiff, 18,60 Meter lange 2-Mill.-Yacht „Helisara". Hat Wohnsitze in St. Moritz, St. Tropez, Paris. Adresse: Salzburger Festspiele, Hochstallgasse 1, A-5010 Salzburg, Telefon: 0043 6222/42541

Ursula von Kardorff

Kardorff Ursula von, Mode-Journalistin, Kolumnistin, Autorin, geboren in Berlin, 10. Oktober. „Deutsche Allgemeine Zeitung" in Berlin; kommt 1945 nach München, Mode-Redaktion in der „Süddeutschen Zeitung"; Kolumne „Durch meine Brille" in der „Abendzeitung"; Bücher: „Berliner Aufzeichungen", „Adieu Paris", „Richtig reisen – Paris"; ist überzeugte Schwabingerin und Pariserin aus Leidenschaft; gilt als Party-Gastgeberin. Adresse: Sendlinger Str. 80, 8 München 2, Telefon: 089/21831

Karlowa Elma, Schauspielerin mit unterschiedlichen Beschäftigungen (u. a. bei Lokal-Matador James Graser), geboren in Zagreb, 12. März. Filme: „So liebt und küßt man in Tirol", „Herzbube".

Elma Karlowa

Adresse: Paul-Heyse-Str. 2, 8 München 2, Telefon: 089/536205

Kaufmann, Christine, Schauspielerin, Designerin, Ex-Frau von Weltstar Tony Curtis, geboren in Lengdorf (Österreich), 11. Januar, verheiratet mit Sänger Reno Eckstein (1979), der ihren Namen annimmt, zwei Kinder, Alexandra und Allegra. Modell von Maler Ernst Fuchs; Film: „Rosenresli", „Der schweigende Engel", „Alle lieben Peter", „Stadt ohne Mitleid", „90 Minuten nach Mitternacht", „Taras Bulba", Liebt ihre Lehel-Wohnung; bevor-

Christine Kaufmann

zugt geräucherten Lachs, kauft ihre Kleidung bei „Rosine" in München und fährt Rad bei Wind und Wetter. 1980: Hat Pläne, nach Neuseeland auszuwandern. Adresse: Agentur Jovanovic, Perfallstr. 6, 8 München 80, Telefon: 089/475024/25

Kaufmann Günter, Star-Fotograf, Bruder von Schauspielerin Christine Kaufmann, geboren in Tours/Frankreich, 30. Oktober 1943, verheiratet mit Sylvia Biffar, ein Sohn, Benjamin. Laufbahn: Macht sich bei „Twen" und in der internationalen Werbung einen Namen, entwickelt eine Kunst, mit der Kamera zu malen, Fotoband: „Feiern in Bayern"; lebt seit 1976 auf einem Bauernhof in Niklasreuth bei Miesbach. Adresse: Keplerstr. 22 (Idea-GmbH), 8 München 80, Telefon: 089/987586

Günter Kaufmann

Kauka Rolf, ehemaliger Trickfilmproduzent, Fix und Foxi-Verleger (Deutschlands Walt Disney), geboren in Markranstädt/Leipzig, 9. April 1917, verheiratet mit Frau Alexandra, drei Töchter (aus erster Ehe), zwei Söhne (aus zweiter Ehe). Studium der Betriebswirtschaft, schreibt als 28jähriger Kurzlehrbücher („Elemente der Rechtswissenschaft"), gründet mit Heinz Ullstein 1949 den „Heinz Ullstein-Verlag" und die „Münchner Verlagsbuchhandlung"; 1951 Liquidation des Verlages. Ullstein: „Schreiben Sie lieber wieder, aber etwas, worüber die Leute lachen können". Gründung des Kauka-Verlages mit „Till Eulenspiegel"-Comic, darauf

Rolf Kauka

Fix und Foxi (1953) – produziert 59 Millionen Bilderheftchen im Jahr („Lupo", „Kleinbiberherz", „Bussi Bär", „Primo"); Filme: „Maria d'Oro und Bello Blue", „Sommerwind". 1977 verkauft er sein Imperium. Besitzt ein 34-Zimmer-Schlößchen in Geiselgasteig, eine Villa an der italienischen Steilküste von San Felice Circeo (mit eigener blauer Grotte), Gut Kaukasien (das Herrenhaus des feudalen 30 Hektar-Guts ist riedgedeckt) in der Nähe von Freising. Adresse: Gabriel-von-Seidl-Str. 41, 8022 Grünwald, Telefon: 089/6492195

Keilbach Wilhelm Dr. phil. Dr. theol., päpstlicher Hausprälat, Universitätsprofessor, geboren in Ernsthausen, 10. September 1908. Vorsitzender der Internationalen Gesellschaft für Religionspsychologie. Auszeichnung: Kulturpreis der Donauschwaben des Landes Baden-Württemberg (1968); Festschrift: Wesen und Weisen der Religion (1969); Privatauto: BMW 520.

Wilhelm Keilbach

Adresse: Hiltenspergerstr. 107, 8 München 40, Telefon: 089/3082108

Keim Walter Clemens Maria Prof. Dr. Dr., Ministerialdirigent im Bayerischen Kultusministerium, geboren in Würzburg, 29. Juli 1911, verheiratet (seit 1939) mit Frau Anni Strauss (Kostümbildnerin, Städtische Bühnen Augs-

Walter Keim

burg); Freizeit: Lesen, Reisen, Musizieren; Lieblingslokal: „Schwarzwälder"; Leibgericht: Kässpatzen; Getränk: Bocksbeutel; Privatauto: VW Golf. Adresse: Barerstr. 11, 8 München 2, Telefon: 089/592594

Keller Erhard Dr., Zahnarzt, Eissprinter (Olympiasieg und Weltrekord), geboren in Günzburg, 24. Dezember 1934, verheiratet mit Frau Christl, Tochter Patricia. Erster Kontakt mit dem Eis als Fünfjähriger in Günzburg, mit zehn – nach dem Umzug nach München – täglicher Besuch des Prinzregentenstadions. Seine ersten Schlittschuhe kosteten 20 Mark. Als seine Begabung erkannt wird, trainiert er in Inzell; Goldmedaillen 1968 in Grenoble und 1972 in Sapporo, zweimal Weltrekord, (über 500 Meter Sprint 1967 mit 39,5 und 1971 mit

Erhard Keller

38,4); 1973: zum Doktor promoviert, Moderator von TV-"Spiel ohne Grenzen"; 1974: Nachholung des Wehrdienstes (15 Monate); 1978: Gründung einer Zahnarztpraxis und einer Filmfirma (Studiofilm 38). Buch: „Schritte zum Ziel". Leibspeise: Schweinshaxe, Kaiserschmarrn; Getränk: Bier; Auto: BMW. Adresse: Von-der-Tann-Str. 5, 8 München 22, Telefon: 089/283093

Keller Heinz Dr., Chefarzt am Schwabinger Krankenhaus, Frauenheilkunde, Ge-

Heinz Keller

burtshelfer, geboren in Nürnberg, („die ganze Familie ist aber aus der Oberpfalz"), 12. August 1919, Junggeselle, lebt seit 1946 in München; Freizeit: Fischen (Mangfall); Lieblingslokale: „Franziskaner", „Osteria"; Leibspeise: „Bollito misto", „Spaghetti vongole". Adresse: Kölner Platz 1, 8 München 40, Telefon: 089/38011

Keller Kurt, Unternehmer, Chef der Juweliergeschäftskette „Christ", geboren in Frankfurt, 2. November 1926. Hat 65 Edelstein-Oasen in Deutschland und in der Schweiz, seine Münchner Dependance befindet sich in der Fußgängerzone; ist seit 1979 auch in Paris mit drei

Kurt Keller

„Christ"-Geschäften vertreten (darunter eigene Shops in den Edel-Warenhäusern „Galerie Lafayette" und „Printemps"); Erfinder des „Love Diamant" (sehr beliebt in Jet-Set-Kreisen, Audrey Hephurn und Gunter Sachs besitzen das Charme-Schmuckstück); Feinschmecker; reist im eigenen Jet („Citation"); fährt Mercedes. Adresse: Neuhauser Str. 23, 8 München 2, Telefon: 089/269028

Keller Othmar Dr., Polizeipräsident, geboren in Wiesbaden, 17. November 1925. Hobby: Schwimmen, Bergsteigen, Lesen – „andere Angaben entfallen aus beruflichen Gründen" (Keller). Adresse: Winzererstr. 9, 8 München 40, Telefon: 089/120720

Othmar Keller

Kempski Hans Ulrich, Münchens politischer Star-Reporter, SZ-Chefkorrespondent, Mitglied der Chefredaktion der SZ, geboren in Dramburg, 3. August 1922, verheiratet mit Inge Balven, zwei Söhne, Oliver und Jan. Laufbahn: Abitur, Journalistenschule, seit 1949 bei der Süddeutschen Zeitung und macht politische Reportagen über Ereignisse in der ganzen Welt; Buch: „Der Kreml öffnet seine Tore", „Rote Sonne über gelber Erde; Auszeichnung: Bayerischer Verdienstorden; Hobby: Fischen; liebt Schweinebraten mit Knödel und „Bourbon"-Whisky; Privatauto: Honda. Adresse: Sendlinger Str. 80, 8 München 2, Telefon: 089/21831

Hans Ulrich Kempski

Kerst Alexander (bürgerlich Kerszt), 1,95 großer Schauspieler, geboren in Kralup/Böhmen, 23. April 1924, in dritter Ehe mit Frau Ingrid verheiratet, zwei Töchter, Viktoria (1964) und Daniel (1966). Laufbahn: Max Reinhardt-Seminar in Wien (sein Lehrer: Fred Liewehr), studiert daneben Theaterwissenschaften und Kunstgeschichte; als Reporter und Sprecher beim österreichischen Rundfunk verdient er sein erstes Geld; 1954 erste Theaterengagements in Wien (am Burgtheater und Volkstheater) und Kassel, Wuppertal, München, Berlin und Hamburg; in Wien gründet er zwischendurch das „Kleine Theater im Konzerthaus"; 1976: „Olivia" an der Kleinen Komödie Max II Denkmal München. Filme: „Morgengrauen", „Ciske – ein Kind braucht Liebe", „Die Toteninsel", „Der Stern von Afrika", „Hunde wollt ihr ewig leben", „Mein Schulfreund", „48 Stunden bis Acapulco" (Regie: Klaus Lemke); Fernsehen: „Ein idealer Gatte", „Das Arrangement", „Affäre Dreyfuss", „Unwiederbringlich", „Der Fall Liebknecht – Luxemburg", „Zehn kleine Negerlein", „Stahlnetz", „Die Bettelprinzessin", „Der Privatsekretär". Adresse: Agentur Baumbauer, Keplerstr. 2, 8 München 80, Telefon: 089/478577

Alexander Kerst

Kessler Alice und Ellen, 58 Kilo schwere, 176 Zentimeter große Show-Zwillinge (alles gemeinsam, auch die Maße 94–62–95), geboren in Nerchau/Sachsen, 20. August. Die eineiigen Zwillingstöchter eines Ingenieurs besuchen mit sechs Jahren bereits eine Ballett-Schule, 1947 werden sie ins Kinderballett der Leipziger Oper aufgenommen, die Aufnahmeprüfung zur Operntanzschule bestehen sie mit Auszeichnung; ihre Tanzbegeisterung wird so groß, daß ihre ursprünglichen Berufs-

Alice und Ellen Kessler

pläne (Alice: Modezeichnerin, Ellen: Ärztin) aufgegeben werden; 1952 nehmen sie am Düsseldorfer Revuetheater „Palladium" ein Engagement an – dort entdeckt sie „Lido"-Direktor Guerin, der sie an sein weltberühmtes Varieté an den Champs-Elysee holt; nach Ablauf des Lido-Vertrags (1960) gehen die Schwestern auf Tournee und prägen auf allen großen Showbühnen der Welt perfekte Tanz-Kunst. Fernsehen: „Hotel Viktoria", „Lieben Sie Show?", „Nightclub, Alice und Ellen", „Wünsch dir was", „Die diebischen Zwillinge", „Peter Alexander Show". Filme: „Der Graf von Luxemburg", „Die Zwillinge vom Zillertal", „Die Tote von Beverly Hills", „Alexander der Große" mit Marlon Brando. 1975: die Kesslers nackt im „Playboy"; 1976: Auftritt als Anna I und Anna II in dem Brecht/Weill-Ballett „Die sieben Todsünden der Kleinbürger" (Choreographie: William Milie). Bei der Eröffnung des neuen „Lido" in Paris (1977) sind sie die Stars der Eröffnungs-Show. Für Professor Dr. Rolf Rodenstock (Boß der Bosse) tanzen sie 1978 beim Firmen-Jubiläum in der Kleinen Komödie „Bayr. Hof". Ellen ist seit 1963 mit dem italienischen Filmstar Umberto Orsini liiert, Alice (seit Anfang 1979) mit Axel von Hartmann zusammen (1965: mit Sänger Marcel Amont befreundet und von 1973–78 mit dem Kitzbühler Tankstellenbesitzer Franz Heiß). Adresse: Agentur Lentz, Holbeinstr. 4, 8 München 80, Telefon: 089/6492074

Keßler Rainer Dr., Staatskanzleichef, Bayerns oberster Beamter, geboren in Metten/Niederbayern, 9. August 1919, verheiratet mit Frau

Rainer Keßler

Eva-Maria, drei Kinder, Stephan, Ulrike und Andrea. Seit 1. September 1967 Leiter der Staatskanzlei, davor fünf Jahre in Bonn Vertreter von Minister Heubl (Bayer. Vertretung); 1954: Eintritt in den Staatsdienst, Finanzamt-Vorstand Starnberg; Auszeichnung: Großes Bundesverdienstkreuz und Bayer. Verdienstorden; Freizeit: Malen, Reiten, Bergwandern; Lieblingslokal: „Daheim" und „Käfer"; ißt gern Spargel, Tellerfleisch, Bratensülze und Beuscherl; trinkt trockenen Weißwein und Wodka; raucht Pfeife (Tabak: „Mac Barens") und besitzt 115 Pfeifen; fährt Mercedes. Adresse: Prinzregentenstr. 7, 8 München 22, Telefon: 089/21651

John van Kesteren

Kesteren John van, Opernsänger (Titel: Bayerischer Kammersänger), geboren in Den Haag (Niederlande), 4. Mai 1926, verheiratet seit 1956 mit Frau Louise Rouner. Freizeit: Reiten, Schreiben; bevorzugt indonesische Gerichte und Genever Scotch, fährt Mercedes 350 SE. Adresse: Menzinger Str. 92, 8 München 50, Telefon: 089/8115161

Khan Ali (bürgerlich: Karl Hans Ludwig), Star-Fotograf mit dem „High Key"-Stil, geboren in Wien, 19. Dezember 1927, Junggeselle. Seit dem neunten Lebensjahr wohnt der Schauspielersohn in München und will eigentlich lieber Schauspieler werden, schreibt Drehbücher mit 19 Jahren; 1960: Fotograf mit eigenem

Ali Khan

Atelier (ein schönes altes Maler-Studio in der Hohenzollernstraße); entdeckt das Star-Mannequin Eleonore Sachs (Industriellen-Witwe) in Augsburg und die schönen Blondinen Brigitte Laaf, Anka Hahn und Heidi Balzer (später Freundinnen von Gunter Sachs); 1964–70: 800 Quadratmeter-Villa in Harlaching (Haushalt wird zuweilen von einem Butler erledigt) mit Studio; besitzt zu dieser Zeit neben drei, vier Autos ein Flugzeug, Marke Bonanza C 33 („Beechcraft"); lebt anschließend für fast zwei Jahre auf Ibiza und kommt dann nach München zurück und zieht im

Junggesellen-Paradies „Arabellahaus“ ein; fängt 1950 als Filmfotograf an und porträtiert Schauspieler wie Romy Schneider, Christine Kaufmann u. a., macht Werbung und kommt ins große Geschäft mit Mode (Spezialgebiet: Wäsche); 1980 ist es die Kunert-Werbung (Mädchen mit hochfliegenden Röcken); im Zeichen der Zeit immer mit der neuesten Leica-Technik ausgerüstet, mietet er sich nur mehr Studios; Ali's viel gerühmter „High Key“-Stil entsteht 1958 „im alkoholisierten Zustand bei einer Fehlentwicklung im Labor“. Freizeit: Drehbuch-Schreiben („Weiße Tauben weinen nicht“ zusammen mit Regisseur Roger Fritz), Skilanglauf, hat Piloten- und Motorboot-Schein; kocht leidenschaftlich und raucht bei einer Zigarette nur fünf Züge und verbraucht dadurch drei bis vier Packungen pro Tag. Adresse: Arabellahaus, Arabellastraße 5, 8 München 81, Telefon: 089/92322337

Khan Inayat Hidayat (führt seinen Prinzen-Titel aus Bescheidenheit nicht), Komponist, Nachfahre des letzten All-Indischen Kaisers Tipu Sultan, genannt „Tiger von Mysore“ (Leitspruch: „Besser einen Tag leben wie ein Tiger als ein Jahr leben wie ein Schaf“), geboren in London,

Inayat Hidayat Khan

6. August 1917, verheiratet mit Ursula Lusanski. Musik-Studium in Paris bei Bernhard Singsheimer, Nadja Boulanger und Dirau Alexanian; längere Zeit Geiger des Lehner Quartetts, dann Lehrtätigkeit an einer französischen Musikhochschule, gründet in Holland sein eigenes Orchester, Khans Werkverzeichnis umfaßt mehr als 80 Kompositionen für Orchester, Orgel und Kammermusik u.a. „La Monotonia“, die „Ghandhi“-„Zikar“-„Royal-Legend“-die „Ghandi“-Symphonie entstand im Auftrag der UNESCO (Uraufführung 1969 in Holland). Adresse: Weilheimer Str. 21, 8 München, Telefon: 089/715355

Ernst von Khuon

Khuon Ernst von, Fernseh-Journalist (über 200 Dokumentarberichte aus Naturwissenschaft und Kulturgeschichte), geboren in München, 11. August 1915, verheiratet mit Maria Stuckenberger. Überlebt am 24. 9. 1972 Flugzeug-Bruchlandung in Bombay. Freizeit: Lesen, Schreiben; bevorzugtes Lokal: „Küche meiner Frau“, liebt Kalbshaxe mit Knödel, badische Weine, bayerisches Bier, fährt Mercedes. Adresse: Gartenstr. 8, 8024 Deisenhofen, Telefon: 0 89/6 13 16 10

Erich Kiesl

Kiesl Erich, Oberbürgermeister der Landeshauptstadt München, ehemaliger Staatssekretär, Präsident des Bayerischen Turnverbandes (seit 1972) und seit 1973 Vizepräsident des Bayerischen Landessportverbandes, geboren in Pfarrkirchen/Niederbayern, 26. Februar 1930, verheiratet mit Frau Edigna Hilpoltsteiner (seit 3.4. 1959), fünf Kinder. Laufbahn: Nach dem Abitur (1949) vier Jahre Philosophie-Studium bei den Jesuiten, zeitweise unter dem späteren CDU-Generalsekretär Heiner Geißler als Ordensvorgesetzter, wechselt zur rechts- und staatswissenschaftlichen Fakultät und legt 1955 das 1. juristische Staatsexamen, 1959 die zweite juristische Staatsprüfung ab; 1960 Eintritt in den Staatsdienst, erst Sachgebietsleiter in verschiedenen Finanzämtern; 1967: Referent für Verwaltungsvereinfachung beim Finanzministerium; seit 1960 bei der CSU, sechs Jahre später Landtagsmitglied; 1969: Bezirksvorsitzender der CSU München, die 1974 alle elf Landtagsmandate erobert und zwei Jahre danach der SPD vier der fünf Münchner Bundestagssitze abnimmt; 1970: Staatssekretär im Bayerischen Innenministerium bis zu seinem Amtsantritt als OB (5. März 1978); 1979: USA- und Kanada-Reise, Gespräche mit Amerikas größten Filmbossen, unter anderem mit

„Gulf + Western"-Chef Charlie Bluhdorn (drei Prozent seines Imperiums ist die Paramount). Freizeit: Familie, Sport, Musik (spielt mehrere Instrumente, darunter Trompete), Skilaufen, Segeln, Jagd; Restaurant: „Käfer", „Franziskaner", Leibgericht: Schlachtschüssel; Lieblingsgetränk: Bier, Champagner; Privatauto: BMW. Adresse: Marienplatz, 8 München 2, Telefon: 089/2151

Killer Ruth, Filmagentin, geboren in Graz, 18. April. Früher Schauspielerin, Engagements an Kammerspielen, Volkstheater, Residenztheater; hat seit 20 Jahren ihre Agentur und managt Künstler

Ruth Killer

wie Karin Dor, Christiane Rücker, Pierre Brice, Chris Roberts, Rex Gildo, Marianne Mendt, Elisabeth Volkmann, Gunther Philipp; Lieblingsgetränk: Budweiser Pils; Leibgericht: Marillenknödel, Szegediner Gulasch; Hobby: Skilaufen und Schwimmen. Adresse: 8022 Grünwald, Gasteig 10a, Telefon: 089/6411091

Kindler Helmut, Verleger, Autor, Konsul a. D., geboren in Berlin, 3. Dezember 1912, verheiratet mit Psychologin

Helmut Kindler

Nina Adé, Tochter Georgette. 1930 Regierungsassistent am Berliner Agnes Straub-Theater (Piscator-Schüler), sechs Jahre später Redakteur beim Deutschen Verlag (Unterhaltungszeitschrift „Erika"), 1945 erhält er mit Heinz Ullstein die Lizenz für das Magazin „Sie"; zusammen mit Gustav Schiermeyer verlegt er ab 1948 Zeitschriften („Revue", „Bravo", „Das Schönste", „Weltbild") und Bücher, u. a. zeitgeschichtliche Schriften von Willy Brandt; 1960: Produktion enzyklopädischer Werke; aus der Zeitschriftenbranche steigt er 1965 aus und erweitert den Verlag mit Taschenbuch-Produktionen; Autoren: Louis Aragon, Max Brod, Kurt Fassmann, Bernhard Grzimek, Friedrich Heer, Hermann Kesten, Fritz Kortner, Ulrich Sonnemann und Herman Wouk, Sauerbruchs Memoiren erreichen 1,2 Millionen Auflage. Bücher: Kindlers Bildbiographien, Kindlers Literatur-Lexikon (7 Bände), Kindlers Kulturgeschichte (35 Bände), Kindlers Malerei-Lexikon (6 Bände), „Grzimeks Tierleben" (13 Bände), „Die Großen der Weltgeschichte" (12 Bände); 1976 startet er das auf 15 Bände angelegte Mammutprojekt „Die Psychologie des 20. Jahrhunderts" (Investition: 15 Millionen Mark – allein die Honorare der 600 wissenschaftlichen Mitarbeiter betragen rund 1 Million); 1977: Verkauf von 49 Prozent der Kindler-Verlags GmbH an die Verlagsgruppe Georg von Holtzbrinck. Eigene Bücher: „Peppelmann lernt um", „Romy macht Karriere", „Berlin Brandenburger Tor – Brennpunkt deutscher Geschichte". Adresse: Leopoldstr. 54, 8 München 40, Telefon: 089/394041

Kinkel Klaus Dr., Präsident des Bundesnachrichtendienstes in Pullach, geboren in Hechingen/Baden-Württemberg,

Klaus Kinkel

17. Dezember 1936, verheiratet, drei Kinder. Seit 1. 1. 1979 BND-Chef, vorher mit 39 Jahren Ministerialdirektor im Auswärtigen Amt, Leiter des Planungsstabes und engster Mitarbeiter von Bundesaußenminister Hans Dietrich Genscher (arbeitete mit ihm schon im Innenministerium). Der Kinkel-Büro-Apparat ist größer als jedes Bonner Ministerium – 75 Dependancen sind in ganz Deutschland angeschlossen. Das Pullacher Riesen-Areal wird elektronisch und von 25 Schäferhunden bewacht. Adresse: Heilmannstr. 33, 8023 Pullach, Telefon: 089/7931567

Kinski Nastassja, Schauspielerin, Tochter von Film-Bösewicht Klaus Kinski, geboren in Berlin, 24. Januar. Wächst in Rom auf, kommt nach Scheidung der Eltern nach München; erste Filmrolle in Wim Wenders „Falsche Bewegung", es folgt „Die Braut des Satans" (1976) mit Richard Widmark; wird von Roman Polanski entdeckt, der in München „Rigoletto" inszeniert; „Tatort"-Krimi „Reifezeugnis"; besucht 1977 vier Monate die weltberühmte Schauspielschule „actors studio" in Hollywood; 1978:

Nastassja Kinski

„Bleib wie Du bist" mit Marcello Mastroianni und „Tess" unter der Regie von Roman Polanski; Auszeichnung: zweimal „Goldener Otto" der Zeitschrift „Bravo"; „Bambi" für „Reifezeugnis". Adresse: Agentur Jovanovic, Perfallstr. 6, 8 München 80, Telefon: 089/475024/25

Kirch Leo Dr., erfolgreicher Selfmademan in der Fernseh-Branche (beliefert ARD und ZDF mit Filmen), geboren in Würzburg, 21. Oktober 1926. Inhaber der Film- und Fernseh-Firmen „Beta", „Taurus" und „Unitel" sowie mehrerer Satelliten-Firmen, bei denen er selbst nicht auftritt. In seinem stattlichen Geschäftshaus in der Kardinal-Faulhaber-Straße ist das kleinste Zimmer sein Büro. Zu seinem Fuhrpark zählen zwei „Mystere"

Leo Kirch

(steuert gern Dirigent Herbert von Karajan) und zwei Yachten in Cannes. Lieblingslokal: „Grill" im Hotel Bayerischer Hof; Schneider: Hussmüller (bevorzugt graue unauffällige Stoffe). Adresse: Kardinal-Faulhaber-Str. 2, 8 München 2, Telefon: 089/21121

Kirsch Alfred, Ex-Butler von Generalkonsul Herbert G. Styler und heute Chef des Feinschmeckerlokals „La Mer", geboren in Danzig, 22. September 1935, Junggeselle. Laufbahn: Lehre als

Alfred Kirsch

Ober 1950–53; 1956–66 Butler bei Styler (Thaländisches Konsulat); 1969–72: „Belle Epoque" in Schwabing; seit 1975 selbständig mit dem feierlich geschmückten Gourmet-Keller „La Mer"; Freizeit: Ausgehen und Gourmet sein; Leibspeise: Langusten; Lieblingsgetränk: Rotwein. Adresse: Schraudolphstraße 24, 8 München 40, Telefon: 089/284535

Kirst Hans Hellmut „08/15"-Autor, geboren in Osterode/Ostpreußen, 5. Dezember 1914, verheiratet mit Frau Ruth, 1 Tochter. Bücher (rund 8 Millionen Auflage): „Wir nannten ihn Galgenstrick", „Sagten Sie Gerechtigkeit, Captain"? „Aufruhr in der kleinen Stadt", „08/15 die abenteuerliche Revolte des

Hans Hellmut Kirst

Gefreiten Asch", „08/15 bis zum Ende", „08/15 im Krieg", „08/15 heute", „08/15 in der Partei", „Die letzte Karte spielt der Tod – Roman der Spionage" (über Richard Sorge), „Gott schläft in Masuren", „Mit diesen meinen Händen", „Keiner kommt davon, ein Bericht von den letzten Tagen Europas", „Kultura 5 und der Rote Morgen", „Glück läßt sich nicht kaufen", „Die Fabrik der Offiziere" (auch verfilmt), „Kameraden", „Die Nacht der Generale", „Aufstand der Soldaten", „Die Wölfe", „Deutschland, deine Ostpreußen", „Kein Vaterland", „Verdammt zum Erfolg", „Verurteilt zur Wahrheit", „Verfolgt vom Schicksal", „Alles hat seinen Preis", „Der Nachkriegssieger" (1979). Filmdrehbücher: „Blitzmädels an die Front", „Ich, Karl

May". Auszeichnungen: Goldene Palme (Literaturpreis von Bordighera 1964), US-Award Edgar Allan Poe (1966), „Knight of Mark Twain" (1968). Freizeit: Sammeln afrikanischer Plastiken; Lieblingslokale: „Tantris" und „Mc Donald's", bevorzugt Meeresfrüchte, weiße, trockene Weine, fährt einen Jaguar XJG 4,2. Adresse: Moorweg 3–5, 8133 Feldafing/Starnberger See, Telefon: 08157/2515

Klama Dieter, Karikaturist, Cartoonist, Grafiker, geboren in Zabrze/Polen, 20. Dezember 1935, verheiratet mit Ursula Wild. Berühmte Zeich-

Dieter Klama

nungen: „Olümpia" (1972), „Klamasutram", Sporthaus-Chef Klaus Scheck entdeckt den talentierten Zeichner für seine Katalog-Titelbilder, die er aus treuer Verbundenheit auch jetzt noch alljährlich anfertigt. Adresse: Hohenzollernstr. 31a, 8 München 40, Telefon: 089/349871

Klarwein Franz, Kammersänger, geboren in Garmisch-Partenkirchen, 8. März 1914, verheiratet mit Kammersängerin Sari Barabas. Karriere: Gastspiel an der bayerischen Staatsoper (5. 5. 41) mit darauffolgendem Engagement, das 36 Jahre dauerte. Freizeit: Garten, Skat;

Franz Klarwein

Lokal: „Braunauer Hof"; Leibspeise: Paprika-Huhn und Gulasch; Auto: Opel Commodore. Adresse: Hugo-Junker-Str. 5, 8022 Grünwald, Telefon: 089/649537

Klick Roland, Regisseur, geboren in Hof an der Saale, 4. Juli 1939, Junggeselle. Studiert Theaterwissenschaft und besucht das Deutsche Institut für Film und Fernsehen, komponiert und gründet eine Jazzband (später schreibt er auch die Musik zu seinen Filmen); 1962 arbeitet er als Kameramann in dem Dokumentarfilm „München – Tagebuch eines Studenten". Im gleichen Jahr entsteht sein erster Kurzfilm „Weihnacht", dann „Ludwig" (1964), „Zwei" (1965), 1968 sein erster Spielfilm „Bübchen" (später unter dem Titel „Der kleine Vam-

Roland Klick

pir"), 1970 „Deadlock", 1973 „Supermarkt" mit Eva Mattes; 1975: „Lieb' Vaterland magst ruhig sein", 1978: „Hey Joe". Auszeichnung: Filmpreis 1974 (für Supermarkt). Adresse: Solaris-Film, Kurfürstenplatz 4, 8 München 40, Telefon: 089/390025

Klimm Anton, „Hacker-Pschorr"-Brauerei-Chef, geboren in Viechtach, (Bayer. Wald), 25. November 1917, verheiratet mit Frau Dagmar, Tochter Doris (1944). Entstammt einer Brauerei-Familie; Diplom-Brauer in Weihenstephan; 1949 bei „Paulaner" neun Jahre als Techn. Direktor; 1958–65 Stuttgarter

Anton Klimm

Brauerei Wulle; 1965: „Hakker", die mit „Pschorr" fusioniert; seit 1972 Vorstandsvorsitzender; Freizeit: Tennis, Segeln, Skilaufen; liebt Fisch; trägt Maßanzüge; (hat sportlichen Oberkörper durch früheres Geräteturnen); fährt Mercedes. Adresse: Schwanthalerstr. 113, 8 München 2, Telefon: 089/51061

Klühspies Christiane, „Emanuelle-Khanh"-Repräsentantin in Schwabing, Boutique-Besitzerin („St. Germain", „Lui"), geboren in Reichenberg, 15. Januar, geb. Friedrich, Tochter Madeleine. Beginnt 1966 mit Modegeschäften (zeitweise fünf Läden), Ge-

Christiane Klühspies

heimtip für antike Ungarn-Röcke, russische Handarbeits-Kleider, Charme-Schmuck aus Paris (Juwelier Sylvain); Hobby: Reisen, Jogging, Radfahren, Garten; Lieblingsrestaurant: Schwabinger „Osteria", „Aubergine", „Lassere" (Paris), „Weichandhof" und „Trader Vic's"; Leibspeise: rösche Kalbshaxe mit handgeriebenen Kartoffelknödeln und Gurkensalat, frische Himbeeren (und Himbeer-Sorbet); Garderobe: Emanuelle-Khanh; fährt roten Golf. Adresse: Feilitzschstr. 21–23, 8 München 40, Telefon: 089/344545

Knapp Josef, Kammersänger, geboren in Klagenfurt/Kärnten, 4. März 1906, verheiratet. Freizeit: Modellieren, Holzschnitzerei; bevorzugtes Lokal: „Sandwirt" Klagenfurt;

Josef Knapp

Leibgericht: Wiener Schnitzel; Getränk: Whisky; Auto: Fiat. Adresse: Destouchesstr. 33, 8 München 40, Telefon: 089/398829

Knittel Wilhelm Dr., Ministerialdirigent, Chef des Strauß-Büros, geboren in Breslau, 10. März 1935, verheiratet mit Frau Barbara, zwei Töchter, Stefanie und Gabriele. Laufbahn: Studium in Frankfurt, München und Southampton; promoviert in München 1962; an der Haward-Universität (1963/64) macht er den „Master of Laws" (hinter seinem

Wilhelm Knittel

Namen steht deshalb auf der Visitenkarte LL.L.); seit 1964 Staatsdienst, Assessor beim bayer. Justizministerium, 1966–69 in der Bayerischen Vertretung in Bonn bei Heubl; 1969–70 Zivil-Richter am Münchner Amtsgericht (Buchstabe „A"); 1970–73 persönlicher Referent des Justizministers Philip Held; 1973–74 Strafkammervorsitzender des Landgerichts München 1 am „Tag der Arbeit" (1. Mai 1974) Wechsel in die CSU-Landesleitung zu Franz Josef Strauß; Freizeit: Segeln (Starnberger See); Leibspeise: Steak; Lieblingsgetränk: Frankenwein; Auto: BMW. Adresse: Prinzregentenstr. 7, 8 München 22, Telefon: 089/21651

Marianne Koch

Koch Marianne Dr. med., Filmschauspielerin, geboren in München, 19. August. Von 1953 bis 1973 mit Arzt Dr. Gerhard Freund verheiratet, zwei Söhne, Thomas (1957) und Gregor (1959), danach mit Kritiker Peter Hamm zusammen. Spielt seit 20 Jahren Theater und hospitiert in der Opernschule; nach dem Abitur Kopierwerk Geiselgasteig und Medizinstudium an der Universität München (Ziel: Kinderärztin), in den Semesterferien Statistin beim Film. Debüt: (1950) „Der Mann, der zweimal leben wollte", insgesamt 70 Rollen u. a. in „Servus Peter", „Ludwig II", „Des Teufels General", „Königswalzer", „Dem die Sterne leuchten", „Gli italiani sono matti", „Der Stern von Afrika", „Frau im besten Mannesalter", „Die Landärztin", „Mit Himbeergeist geht alles besser", „Heldinnen", „Für eine Handvoll Dollar". Fernsehen: „Entführung aus dem Serail", „Don Giovanni", „Der Tod läuft hinterher", „Stehts in den Sternen"; als Quizmasterin „Was bin ich" (Rate-Team-Mitglied), „Die Journalistin", Talk Show „III nach neun" (seit 1975), macht viele Werbespots. Nach der Scheidung nimmt sie das unterbrochene Medizinstudium wieder auf und besteht (1976) das Staatsexamen mit „sehr gut", arbeitet als Assistenzärztin in der Inneren Abteilung der Uni-Klinik Ziemssenstraße. Bücher: „Darauf kommt es an – Kosmetik – Mode – Benimm“, „Das Vergnügen, zu verreisen“. Hobby: Kochen, Sport, Fotografie, Kunstgeschichte. Adresse: Höhenbergstr. 11, 8132 Tutzing, Telefon: 089/08158/441

Koch Otto, Chef der Feinschmecker-Oase „Restaurant le Gourmet“, geboren in Grö-

Otto Koch

benzell, 4. Januar 1949, Junggeselle. Lehre im Münchner „Regina Palast Hotel“. Karriere: Gotthard Hotelbetriebe, Hagmann in Zürich und Kulm in St. Moritz, wo er mit den Köchen Ousteau de Beaumaniere und Pere Bise zusammenarbeitet; später Wechsel ins St. Moritzer „Carlton“ zu Star-Patissier Francois Gatti; 1971: erst Sous Chef im „a Point“ in Basel, dann Küchenchef; 1974: Start seines eigenen Restaurants in München, das seit 1977 einen „Michelin“-Stern hat. Freizeit: Tennis, Squash, Skilaufen; Privatwagen: VW-Passat. Adresse: Ligsalzstr. 46, 8 München 2, Telefon: 089/503597, 5022826

Koczian Johanna von, Schauspielerin, Autorin, geboren in Berlin, 30. Oktober, verheiratet in erster Ehe mit Regisseur

Johanna von Koczian

Dieter Haugk 1957–61), dann mit Schallplattenproduzent Wolf Kabitzky (seit 1967), eine Tochter Alexandra (geb. 1972). Mit 17 Jahren Schauspiel-Seminar Mozarteum in Salzburg, erste Rolle als Magdalena (Apostelspiel; Mell) bei den Salzburger Festspielen 1951/52. Sonderlob von Gustav Gründgens für ihre Leistung: „Wie es euch gefällt“; 1952: Landestheater Tübingen, ab 1953 drei Jahre unter Helmut Henrichs am Wuppertaler Schauspielhaus – Rollen: Ingeborg (C. Götz), Thekla (Wallenstein), Sara Sampson (Lessing), Franziska (Minna von Barnhelm), Viola (Was ihr wollt), Angelique (Der eingebildete Kranke); 1956: Boleslaw Barlog engagiert sie ans Schiller- und Schloßparktheater; 1957: erster Film „Victor und Victoria“, dann „Petersburger Nächte“, „Wir Wunderkinder“, „Menschen im Netz“, „Agathe laß das Morden sein“, „Heldinnen“, „Die Ehe des Herrn Mississippi“; 1959 Ensemble-Mitglied des Münchner Residenztheaters; 1961 Wiener Theater in der Josefstadt; 1976 wieder München: „Don Gil von den grünen Hosen“; Schallplatten „Meine kleine Welt“, „Du bist mein Zuhause“, „Alle meine Tiere“, „Das bißchen Haushalt“ . . . sagt mein Mann“, „Der Kater läßt das Mausen nicht“, „Aufstehen ist schön“, „Ein bißchen von mir“, schrieb u. a. auch drei Bücher (darunter „Abenteuer in der Vollmondnacht“); Fernsehen: „Der seidene Schuh“, „Mrs. Cheneys Ende“, „Hier bin ich Elefant“, „Derrick“, „Reise nach Mallorca“. Auszeichnungen: Berliner Kunstpreis 1958 für „Anne Frank“, Kritikerpreis 1959, „Preis der jungen Generation“ (1974), Bundesfilmpreis für „Wir Wunderkinder“. Adresse: Agentur Jovanovic, Perfallstr. 6, 8 München 80, Telefon: 089/475024/25

Koeckert Rudolf, Primarius des „Koeckert-Quartett“, geboren in Aussig/Böhmen, 27. Juni 1913, verheiratet; sein Sohn Rudolf Joachim (1941) ist Sologeiger. Laufbahn: Studium in Prag; gründet 1939 das Koeckert-Quartett, das älteste deutsche Streichquar-

Rudolf Koeckert

tett; kommt über die Bamberger Symphoniker 1949 als erster Konzertmeister an das von Eugen Jochum gegründete Symphonieorchester des Bayerischen Rundfunks; später Professor am Augsburger Konservatorium; Konzerte in den USA, Kanada, Indonesien, Australien, Neuseeland, Japan, UdSSR, Südamerika, Südafrika; Auszeichnung: Kulturpreis der Stadt Würzburg (1978). Adresse: Sonnentaustr. 18, 8 München 50, Telefon: 089/1504678

Kohn Karl Christian, Kammersänger, Dozent für Gesang, geboren Losheim/Saar, 21. Mai 1928, verheiratet mit Anne Oehms. Wichtigstes Ereignis: Cuvilliers-Theater-Eröffnung 1958; Auszeichnung: Bundesverdienstkreuz 1976; Freizeit: Bergwandern, Segeln; Lieblingslokal: „Bouillabaisse"; Leibgericht: Tafelspitz; Getränk: Moselwein; Privatauto: Monza S 3,0. Adresse: Hochkönigstr. 12, 8 München 82, Telefon: 089/423158

Karl Christian Kohn

Köhnlechner Manfred Dr. jur., ehemaliger Verlagsmanager, Finanzjurist, Publizist und Akupunkteur, geboren in Krefeld, 1. Dezember 1925, verheiratet mit Frau Marianne, zwei Kinder, Eva und Jochen. 1945–49 Studium der Rechtswissenschaften in Würzburg und Mainz, von 1952 bis 1954 Syndikus des Apothekerbundes und arbeitet bei der Bundesfinanzverwaltung. Ein Jahr später bekommt er die Zulassung als Anwalt und wird Syndikus bei Bertelsmann in Gütersloh. Nachdem er die gesamte Bertelsmann-Gruppe nach vorteilhaftesten Gesichtspunkten umorganisiert, bestellt ihn Firmenchef Reinhard Mohn zum Generalbevollmächtigten. 1970 löst er überraschend den Vertrag (Laufzeit bis 1985), verkauft seine zahlreichen Beteiligungen und seine Gütersloher Villa, legt sein Amt als Ehrenkonsul von Österreich nieder, zieht nach München, bildet sich in Naturheilkunde mit intensivem Selbststudium und Privatunterricht bei Ärzten aus und erwirbt 1972 die Heilpraktiker-Linzenz, Akupunktur erlernt er bei einem Meister in Hongkong. Eröffnet Groß-Praxis in Harlaching. Klienten: Franz Beckenbauer, Senta Berger. Bücher: „Die Managerdiät" (Verlag R. S. Schulz), „Machbare Wunder", „Vermeidbare Operationen", „Handbuch der Naturheilkunde". In dem Film „Die chinesischen Wunder" spielte er neben Heinz Rühmann einen sowjetischen Akupunktur-Spezialisten (Regie: Wolfgang Liebeneiner). Freizeit: Fußmärsche, Schwimmen; trinkt gerne Wein und bevorzugt Meeresfrüchte, trägt gern 12 Jahre alte Cord-Jeans und fährt „Golf". Adresse: Gabriel-Max-Str. 3, 8 München 90, Telefon: 089/7912711

Manfred Köhnlechner

Kolbe Jürgen Dr., Kulturreferent, geboren in Dessau, 19. August 1940, verheiratet. Studium der Literaturwissenschaft, Kunstgeschichte und Philosophie in Marburg und München. Stipendiat der Thyssen-Stiftung; von 1968–76 Lektor im Karl Hauser Verlag, dann Münchens Kulturreferent (Nachfolger von Hohenemser). Großer Beuys-Fan. Adresse: Rathaus, Marienplatz, 8 München 2, Telefon 089/2151

Jürgen Kolbe

Kollo Rene (bürgerlich Kollodzieyski), Tenor, geboren in Berlin, 20. November 1937, heiratet 1967 die dänische Schlagersängerin Dorthe. Die Ehe, aus der Tochter Olivia-Nathalie stammt, wird zehn Jahre später wieder geschieden. Will zunächst Kameramann werden und startet als Schlagersänger („Hello Mary Lou", „Meine große Liebe wohnt in einer kleinen Stadt", studiert aber dann bei Elsa Varena in Berlin (1958–65), um seine ausdrucksvolle Tenorstimme einer gründlichen Ausbildung zu unterziehen; 1965: Debüt am Staatstheater in Braunschweig; 1967–71: Deutsche Oper am Rhein, Düsseldorf-Duisburg, 1969: Erfolgreicher Start bei den Bayreuther Festspielen im „Fliegenden Holländer"; großer Durchbruch als Wagner-Sänger 1971/72 in „Lohengrin" (Bayreuth); 1973/74 singt er dort als Stol-

Rene Kollo

zing in den „Meistersingern"; 1975/76 als „Parsifal" in Wolfgang Wagners Neuinszenierung; 1976 „Siegfried" im Jahrhundert-„Ring"; tritt an der Mailänder Scala in „Arabella" und in der Oper von Bologna in „Salome" (1971) auf; USA-Debüt mit „Fliegender Holländer" in New Yorks Carnegie-Hall und gleich darauf in der „Met", wo er in August Everdings „Lohengrin"-Inszenierung (so auch 1978 in München) die Titelpartie singt; 1979 „Ariadne auf Naxos", „Fliegender Holländer" (New York), Opernfestspiele in München mit „Meistersinger". Freizeit: Sportfliegerei, Segeln, Lesen (Nietzsche). Adresse: Hübschstr. 8, 8580 Bayreuth, Telefon: 0921/66900

Kommer Josef („Peps"), Gastronom, geboren in München, 22. April 1926, Junggeselle mit fester Bindung. Beginnt in der kaufmännischen Branche („Waagen", „Solinger Stahlwaren") und macht seine Karriere mit Abendlokalen („Kleine Liebe", „Intermezzo", „Filmcasino", „Scotch-Casino", „Scotch-Kneipe", „Jee Bee", „Nr. 1" (mit Auftritten von Ella Fitzgerald und Nancy Wilson), „Cin Cin". In den 50er Jahren ist ihm ein Kontakt mit Filmstar Linda Christian in guter Erinnerung. Freizeit: Tennis, Skilaufen, Schwimmen, Laufen. Seit 20 Jahren hält er sich mit hartem Box-Training fit; Lieblingslokale: „Augustiner", „Klösterl", „Franziskaner", „Olympia" (griechische Küche), trinkt am liebsten Bier, raucht gelegentlich Zigarren, aber nur die besten Havanna-Sorten, fährt Mercedes Coupé und kleidet sich bei l'Uomo" ein. Adresse: Peko, Neuturmstr. 5, 8 München 2, Telefon: 089/226663

Josef Kommer

Konsalik Heinz G. (bürgerlich: Heinz Günther), Schriftsteller, Auflagen-Rekordler, Schnell-Schreiber, geboren in Köln, 28. Mai 1921, verheiratet mit Frau Elsbeth, zwei Töchter. Sein schriftstellerisches Talent macht sich schon mit 10 Jahren bemerkbar: Studium in Köln, München, Wien (Medizin, Theaterwissenschaft, Germanistik, Literatur); seine 85 Romane (mit „Der Arzt von Stalingrad" wird er beim Publikum mit einem Schlag bekannt) erreichen bis 1979 eine Auflage in Höhe von 45 Millionen; schreibt pro Jahr einen Roman und bringt von 1981 an nach genauem Zeitplan 17 Taschenbuch-Originalromane heraus (Honorar rund 4 Millionen Mark); zusammen mit Tochter Dagmar (verheiratet mit Reinhold G. Stecher, persönlicher Bevollmächtigter von Verleger

Heinz G. Konsalik

Rolf Heyne), die seine Geschäfte führt, kauft er 1979 den Bayreuther Hestia-Verlag; hat eine Zweit-Wohnung im Haus seiner Tochter in Breitbrunn am Ammersee; Freizeit: Opern, Klavierkonzerte, Reisen, Hunde, Pferde u. ostasiatische Kunst. Adresse: Elisabethenhof, 5343 Aegidienberg b. Bad Honnef, Telefon: 02224/2810

Kopf Hans Christian Dr. jur., Rechtsanwalt, Konsul von Uganda, geboren in Ulm, 15. Juli 1939, verheiratet mit Evelyn-Lalam Ochan. Ist im Herbst 1967 als Berichterstatter mehrerer deutscher Zeitungen im Vietnam-Krieg. Freizeit: Musik, Filmen, Golf; Restaurants: „Forner", „Schnecke"; Leibgericht: „Mittelrippenstück al Forner"; Getränk: Württember-

Hans Christian Kopf

ger Weißwein; Schneider: Max Dietl; Auto: Volvo. Adresse: Keferstr. 2, 8 München 40, Telefon: 089/335005

Korn Peter Jona, Komponist, Dirigent, Schriftsteller, Direktor des Richard-Strauß-Konservatoriums, geboren in Berlin, 30. März 1922, verheiratet mit Barbara Sheldon (3. September 1951 in Las Vegas), 1978: Uraufführung seiner Oper „Das fremde Haus", eigenes Libretto nach Johanna Spyris „Heidi". Freizeit: Skat,

Peter Jona Korn

Wandern, Theaterstückeschreiben; Restaurants: „Tantris", „Dallmayr", „Hofbräukeller"; Getränk: Aquavit, Gewürztraminer; Leibgericht: Gemüsesuppe, Gänseleber, Porterhouse-Steak. Adresse: Mozartring 10, 8011 Baldham, Telefon: 08106/6166

Körper Viktoria, Chefin des Nobel-Pelzhauses „Vikt. Körper", geboren in München, 1. Dezember. Laufbahn: Ausbildung im Familienbetrieb; eröffnet 1929 mit Ehemann Theodor den renommierten Betrieb, der 1935 die offizielle Bezeichnung „Modellhaus" erhält; vertreten in New York, Montreal, London und Johannesburg; Leibspeise: amerikanische Steaks; Lieblingsgetränk: Whisky;

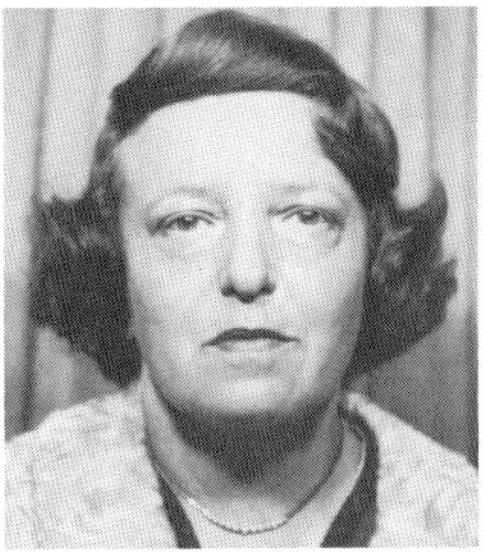

Viktoria Körper

fährt gern schnelle Sportwagen; Hobby: Pelzmodelle entwerfen. Adresse: Maximiliansplatz 17, 8 München 2, Telefon: 089/293341

Koss Irene, Schauspielerin, Fernseh-Ansagerin, geboren in Hamburg, 3. August, verheiratet mit „Lach + Schieß"-Chef Sammy Drechsel, zwei Kinder. 1960 Verleihung des „Goldenen Bildschirms"; Freizeit: Tennis; Leibgericht: Curryhuhn; Getränk: Wein; Auto: BMW.

Irene Koss

Adresse: Am Blütenring 72, 8 München 45, Telefon: 089/325258

Kotter Ludwig Prof. Dr. Dr., Stadtrat, Universitätsprofessor, Vorstand des Instituts für Hygiene und Technologie der Lebensmittel tierischen Ursprungs der Ludwig-Maximilians-Universität, Fachbereich Tiermedizin. Geboren in Augsburg, 21. März 1920, verheiratet mit Frau Helga Wießner, drei Kinder. Freizeit: Klettern, Radfahren, Skilaufen, Konzertbesuche; bevorzugt „selbst zubereitetes Steak aus dem runden Rostbeef (‚Auge' der Hochrippe)", Bier und „betont trockene Weine"; fährt Mercedes. Adresse: Ansprengerstr. 4, 8 München 40, Telefon: 089/21802522

Ludwig Kotter

Kramm-Auersperg Hannelore, Frau des deutschen Schlagerbarden Heino, geboren in Linz, 30. Mai. Als Hannelore Auer macht sie 1959 ihre erste Schallplatte in Köln mit dem Titel „Dreimal darfst Du raten" (Rückseite: Cigarillos aus Havanna) und spielt in einer Nebenrolle in dem Film „Ich heirate Herrn Direktor", darauf zweijähriger Ausbildungsvertrag bei der UFA. 3. Oktober 1968: Hochzeit mit Prinz Alfi von Auersperg, davor hat sie längere Zeit in Franz Antels Luxusvilla in Wien „Hausfrauenpflichten" übernommen; 1969: LP „Ein Busserl aus Wien" und Gesangsabende in San Francisco. Fernsehen: „Percy Stuart". 1971: Debüt als Dirndl-Modeschöpferin; verunglückt

Hannelore Kramm-Auersperg

1972 mit ihrem „Cortina GT 1600“ in Kitzbühl und wird mit schweren Knochenbrüchen am ganzen Körper und lebensgefährlichen Schädelverletzungen ins Krankenhaus eingeliefert. 1975: Überfall im Hotel während des Urlaubs in Malindi (Kenia); 1979 Hochzeit mit Sänger Heino (Heinz Georg Kramm); geht gern in „Käfer's Schänke“, kauft bei „Maja“ und läßt sich die Roben von Wiens Mode-Zar Fred Adlmüller schneidern. Adresse: Wörnbrunner Str. 23, 8022 Grünwald bei München. Telefon: 089/6413030

Kraus Fred, Produzent, Regisseur, Schauspieler, geboren in Salzburg, 2. November 1917; befreundet mit Margit Schramm, Sohn Peter. Seit 1929 in München. Theater:

Fred Kraus

„Das Ministerium ist beleidigt“, Kabarett: „Die kleine Vier“ im Annast, „Der alte Herr Kanzleirat“, „Der heimliche Casanova“, „Simone, der Hummer und die Ölsardine“, „Ritter von Mirakel“, „Boeing Boeing“, „Der Verführer“. Eröffnet 1956 im ersten Stock des FK-Espresso am Maximiliansplatz das Weinlokal „Wein-Stock“, feiert am 27. 8. 1975 sein 20jähriges Bühnen-Jubiläum und die 250. Regie-Arbeit. Filme: „Jetzt ist er da aus USA“; Fernsehen: „Schallplattenbaby“ mit Ilse Werner, „Meine Schwester und ich“, 35 Fred-Kraus-Brettl, vier Peter Alexander-Shows, „Spiel ohne Grenzen“, „Acht mal eins in Noten“, „Hallo Peter“. Adresse: Kaiserplatz 7, 8 München 40, Telefon: 089/395926

Peter Kraus

Kraus Peter, Schauspieler und Sänger, Rock-Idol der 50er und 60er Jahre, geboren in München, 18. März 1939, Sohn von Fred Kraus, verheiratet (seit 1969) mit Ingrid („Schnurrli“) Braun, ein Sohn Micki und eine Tochter aus ihrer ersten Ehe. Karriere: Schauspiel-, Gesangs- und Tanzunterricht; erster Film mit 14 „Das fliegende Klassenzimmer“, 20 weitere Filme, mit 17 Sänger; hat eigene TV-Shows „Hallo Peter“ und „8×1 in Noten“. Liebt Oldtimer („Jaguar“, „MG“). Adresse: Kaiserplatz 7, 8 München 40, Telefon: 089/395926

Kreuder Peter, Film- und Schlagerkomponist, geboren in Aachen, 18. August 1905, in vierter Ehe seit April 1971 mit

Peter Kreuder

Ingrid Wallisch verheiratet. Gibt schon als Zehnjähriger Klavierkonzerte, mit 16 Kapellmeister (Hamburger Kammerspiele), Musikstudien in Hamburg, Köln, Wien und München; 1930 entwickelt er sich in Berlin zu einem As unter den Schlager-, Film- und Bühnenkomponisten, arbeitet mit Marlene Dietrich, Pola Negri, Marika Rökk, Greta Keller, Hans Albers und Willi Forst zusammen. 200 Filmmusiken stammen von ihm und 1200 Schlager, von denen viele Evergreens sind; 1937: Musikdirektor der Bayerischen Staatsoperette in München; 1945 nimmt er in Wien die Österreichische Staatsangehörigkeit an, ein Jahr später geht er nach Südamerika und wird dort Leiter der Radiostationen Sao Paulo, Rio de Janeiro und Buenos Aires. Da entstehen die Kompositionen „Ein Wiener in New York“, „Brasilianische Symphonie“ in C-Dur mit dem Titel „Kreuz des Südens“; 1955: Rückkehr nach Europa. Hits: „Sag beim Abschied leise Servus", „Für eine Nacht voller Seligkeit", „Schön war die Zeit", „Good bye Johnny", „Ich brauche keine Millionen", „Ich wollt' ich wär' ein Huhn", „Wenn die Sonne hinter den Dächern versinkt", „Einmal von Herzen verliebt sein", „Immer und ewig", „Das Fräulein Niemand", „Nur eine Stunde", neben vier Operetten (u. a. „Bal musette") schreibt er die komische Oper „Der Zerrissene" (Nach Nestroy), die musikalische Komödie „Madame Scandaleuse" (1958 mit Zarah Leander), das Musical „Lola Montez" (1973) sowie „Wedding Mary". Bücher: „Schön war die Zeit", „Nur Puppen haben keine Tränen" (Verlag R. S. Schulz). Auszeichnung: Paul-Lincke-Ring (1975). Freizeit: Sammelt Madonnen und Musikpartituren. Adresse: Kreuzbergpromenade 40, A-5026 Salzburg, Telefon: 0043 6222/23 81 42

Kreuzer Lisa, Schauspielerin, geboren in Hof/Saale, 2. Dezember, lebt lange Zeit mit Regisseur Wim Wenders zusammen. Karriere: Schauspielschule in München, dann Engagements am Münchner Residenztheater und an der Berliner Volksbühne. Filme: „Alice in den Städten" (Regie: Wim Wenders), „Kampf um ein Kind" (Regie: Ingemo

Lisa Kreuzer

Engström), „Auf Biegen oder Brechen" (Regie: Hartmut Bitomsky), „Im Laufe der Zeit" (Wim Wenders), „Der amerikanische Freund" (Wim Wenders); Fernsehen: „Barbara" (Serie „Notsignale"), „Dämonen", „Derrick", „Der Alte"; ißt gern chinesisch; Hobby: Lesen. Adresse: Agentur Baumbauer, Keplerstr. 2, 8 München 80, Telefon: 089/47 85 77

Kronawitter Georg („Schorsch"), ehemaliger Oberbürgermeister der Stadt München, Landtagsabgeordneter, geboren in Oberthann/Landkreis Pfaffenhofen/Ilm, 21. April 1928, verheiratet mit Frau Hildegard, eine Tochter Isabella. Bäckerlehrling und später Absolvent einer Lehrerbildungsanstalt, zwei Jahre Lehrer an Münch-

Georg Kronawitter

ner Volksschulen, auf dem zweiten Bildungsweg Abitur 1952, studiert bis 1956 Wirtschaftswissenschaft und Pädagogik und später Soziologie an der Münchner Universität; 1966 kommt er über die SPD-Liste (Mitglied seit 1961) für den Wahlkreis Oberbayern in den Bayer. Landtag; wird der breiteren Öffentlichkeit durch seine Fehde mit Bankier Baron August von Finck bekannt. Vom 1. Juli 1972 bis 6. März 1978 Münchens Oberbürgermeister als Nachfolger von Dr. Hans-Jochen Vogel, 1979: neue politische Karriere als Landtagsabgeordneter. Buch: „München"; Freizeit: Gebirgswandern, Lesen. Adresse: SPD München, Oberanger 38, 8 München 2, Telefon: 089/ 260 83 17

Krutoff Leo Dr. med., Facharzt für innere Krankheiten, Schriftsteller, geboren in Berlin, 14. Juni 1919, gründet

Leo Krutoff

„Deutsche Klinik für Diagnostik" in Wiesbaden, genannt „Deutsche Mayo Klinik"; Freizeit: Golf, Schreiben; Restaurant: „Käfers Schänke"; Lieblingsgericht: Baby-Steinbutt; Getränk: Chablis Vandesir; Schneider Heidenreich + Söhne; Auto: Mercedes. Adresse: Ottostr. 6, 8 München 2, Telefon: 089/59 24 94

Krüger Christiane, Filmschauspielerin, geboren in Hamburg, 8. September, verheiratet mit Maler Manfred Bockelmann, Sohn Tim Oliver (15. 12. 76). Filme: „48 Stunden bis Acapulco", „Lovemaker", „Das ausschweifende Leben des Marquis de Sade", „Little Mother" (spielt Eva Peron), „11 Uhr 20", „Heiße Spur St. Pauli", „Sonderdezerant K 1". Freizeit: Lesen; Lieblingsrestaurant: „Schiffsglocke", Possenhofen; Leibgericht: Krebse;

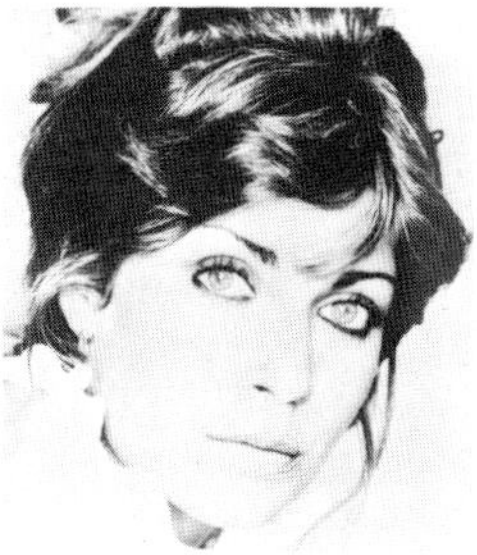

Christiane Krüger

Lieblingsgetränk: Coca Cola; Garderobe: „Maja of Munich"; Auto: „Ford-Station". Adresse: Agentur Lentz, Holbeinstr. 4, 8 München 80, Telefon: 089/474026

Kubaschewski Ilse („Kuba"), blauäugige Filmkönigin, Produzentin und Verleihchefin, geboren in Berlin-Neukölln als Ilse Kramp, 18. August, verheiratet mit Hans Kubaschewski (Vorstand der Bavaria-Filmgesellschaft), der im Spätherbst 1961 in Lugano starb, lebt jetzt mit Autor Fritz Werner zusammen. Laufbahn: Stenotypistin in der Siegel-Monopol-Filmgesellschaft, erwirbt Anteile an einem Berliner Vorstadtkino und absolviert einen Filmvorführerlehrgang. Nach Kriegsende kommt sie nach München und startet 1949 mit fünf

Ilse Kubaschewski

Angestellten ihren „Gloria-Filmverleih". Guter Start mit US-Filmen der „Republic Pictures", deren Hauptschlager „Zorro"-Filme sind und später mit Heimat- und Musikfilmen („Schlagerparade" mit Caterina Valente und Vico Torriani). Weitere „Gloria"-Filme: „08/15", „Sterne über Colombo" (mit Kristina Söderbaum) „Die Gefangene des Maharadscha", „Weil du arm bist, mußt du früher sterben", „Die Goldene Brücke", „Die Trapp-Familie", „Nachts wenn der Teufel kam", „Der Arzt von Stalingrad", „Heimatlos", „Dorothea Angermann", „Die Landärztin", „Die Trapp-Familie in Amerika", „Der Haustyrann". 1962 Schließung ihres eigenen Ateliers in Baldham. Trotz Filmkrise kann sich „Kuba" und ihre „Gloria" noch fast ein Jahrzehnt behaupten. Mitte 1973 Verkauf der „Gloria" zu 51 Prozent an den US-Konzern „Project seven" (Chef Barney Bernhard kündigt große Pläne an, aber alles nimmt kurz darauf ein wenig glorreiches Ende). Sie lebt seither sehr zurückgezogen, besitzt in München mehrere Häuser (Stachus) und Wohnblocks (Laim), hat Wohnsitze in Starnberg, Lugano und Nizza; ißt gern Kaviar. Adresse: Karlsplatz 5, 8 München 2, Telefon: 089/557941

Kubitschek Ruth Maria, Fernsehstar, geboren in Komoten (CSSR), 2. August. Aus der geschiedenen Ehe mit Dramaturg Friedrich Götz stammt Sohn Alexander, fünf Jahre ist sie mit Regisseur Günther Gräwert zusammen. Hochschule für Theater und Musik in Halle und Deutsches Theaterinstitut in Weimar. Debüt in Brechts „Puntila und sein Knecht" in Halle, Engagement an der Maxim-Gorki-Bühne Schwerin, dreht

Ruth Maria Kubitschek

bei der DEFA „Das kleine und das große Glück", „Thomas Müntzer", „Senta auf Abwegen", „Jacke wie Hose"; nach Gastspiel am Schloßtheater in Celle (1959) bleibt sie mit den Eltern im Westen, Zwei-Jahresvertrag in Celle, Fritz Kortner engagiert sie für die TV-Inszenierung „Lysistrata" und für seinen „Othello" an den Münchner Kammerspielen; mit dem „Grünen Wagen" geht sie auf Tournee in „Hermann und Dorothea". Wichtige Bühnenrollen: „Hauptmann von Köpenick", „Die Nacht des Leguan", „Die Verdächtigen" (Kleine Komödie am Karlstor 1974), „Olivia". Sehr bekannt wird sie durch die kurze, aber wirkungsvolle TV-Rolle „Melissa" (1966) im Durbridge-Dreiteiler. Weitere TV-Sendungen: „Don Carlos", „Der trojanische Krieg findet nicht statt", „Die selige Edwina Black", „Großer Ring mit Außenschleife" (mit Gustav Knuth), „Der ideale Gatte", „Millionen nach Maß", „Hochspannung", „Ein Fall für Titus Bunge" (15 Teile), „Tatort", „Die Reise nach Tilsit" und „Friedrich III.". Film: „Madame und ihre Nichte", „Die bitteren Tränen der Petra von Kant" (Faßbinder). Freizeit: Malen, kleidet sich in der Daisy-Boutique ein, fährt VW, schwimmt gern und ist sehr abergläubisch.

Adresse: Agentur Alexander, Lamontstr. 9, 8 München 80, Telefon: 089/471011

Kuchenreuther Thomas, Filmtheaterbesitzer, geboren in Bad Kissingen, 26. Juni 1944, verheiratet mit Frau Susanne. Wächst in Erlangen auf (Vater ist im Kino- und Porzellan-Geschäft tätig), startet eigene Kino-Kette mit dem „Leopold" (1965), weitere Lichtspielhäuser: „Eldorado", „Odyssee", „Fantasia", „ABC"; 1979 Umbau seines „Schauburg-Filmtheaters" in 4 Kinos; Lieblingslokal: „Boettner"; fährt Porsche

Thomas Kuchenreuther

und hält sich gerne in Frankreich auf. Adresse: Leopoldstr. 80, 8 München 40, Telefon: 089/332224

Kuenheim Eberhard von, BMW-Vorstandsvorsitzender, Industrie-Manager, Chef über 30000 Mitarbeiter (die Bayer. Motorenwerke verfügen über vier Werke und sind an mehreren Finanzierungs- und Vertriebsfirmen im In- und Ausland beteiligt), geboren in Juditten bei Königsberg, 2. Oktober 1928 (Familie entstammt dem elsässischen Uradel), verheiratet, zwei Söhne, eine Tochter. Laufbahn: Salem-Schüler, nach dem Krieg Arbeiter bei Bosch in Stuttgart-Feuerbach (am Fließband fertigt er Autozu-

Eberhard von Kuenheim

behör und Kühlschränke), später studiert er Maschinenbau an der TH Stuttgart, nach acht Semestern erwirbt er das Diplom mit Prädikat „gut"; als Diplom-Ingenieur arbeitet er in einer Werkzeugfabrik in Hannover, wechselt zur Quandt-Gruppe, wird engster Mitarbeiter von Harald Quandt und Direktor der Familien-Holding (später Generalbevollmächtigter); seit 1969 bei BMW; Freizeit: Wandern, Lesen (Bücher über Politik und Geschichte). Adresse: Petuelring 130, 8 München 40, Telefon: 089/38951

Kuffler Roland, Gastronom („Wurstkuchl", „Käptn Flotte", „Seerose", „Tangente") Chef einer Lokal-Kette (45 Betriebe), geboren in Ludwigshafen, 15. November 1937, verheiratet, drei Kinder. Wichtigstes Ereignis:

Roland Kuffler

„Geburt meines Sohnes, da ich gemerkt habe, daß ich's auch kann"; liebt Schweinebraten und Bier; fährt Range Rover, VW Cabrio. Adresse: Trautenwolfstr. 6, 8 München 40, Telefon: 089/345787

Kugel Erich Prof. Dr., Lungenspezialist, Chefarzt, geboren in Berlin, 12. September 1916, drei Kinder. Laufbahn: Medizin-Studium in Freiburg und München (1938–42); von 1945–55 bei Ordinarius Prof. Emil Karl Frey (Sauerbruch-Schüler) in der Chirurgischen Klinik in der Nußbaumstraße (Thorax); 1956–65: Thorax-

Erich Kugel

Chirurgische Klinik rechts der Isar bei Prof. Maurer, macht erste offene Herzoperation in München, seit 1965 Harlachinger Krankenhaus; Freizeit: Segelfliegen (besitzt alle Scheine) und Lesen. Adresse: Sanatoriumsplatz 2, 8 München 90, Telefon: 089/62101

Kuhn Cyril, deutscher „Vogue"-Chef mit Sitz in Schwabing, US-Staatsbürger, geboren in Tronville/Frankreich, 5. Februar 1934, verheiratet mit Frau Christine, zwei Kinder (ein Sohn und eine Tochter). Seine Magazin-Karriere beginnt bei der amerikanischen Vogue in New York; arbeitet später für die US-Vo-

Cyril Kuhn

gue in Paris und leitet seit 1978 in München die deutsche Niederlassung der internationalen Modezeitschrift (Geschäftsführer und Herausgeber); die erste Ausgabe erscheint im August 1979; Freizeit: Tennis, Skilaufen, Sauna, Schwimmen; Lieblingslokale: „Aubergine", „Tantris", Tivoli"; trägt Pariser Maß-Anzüge und fährt BMW. Adresse: Rabenkopfstraße 27, 8 München 90 oder Vogue Leopoldstr. 44, Telefon: 089/648783 oder 340921

Kulenkampff Hans-Joachim, Schauspieler und Quizmaster, geboren in Bremen, 27. April 1921. Karriere: Schauspielschule, „Deutsches Theater" Berlin, tritt in Bremen und Frankfurt auf, spielt u. a. Lessings „Nathan", „Iphigenie", kommt zu Rundfunk und Fernsehen, wird mit seinem

Hans-Joachim Kulenkampff

Charme und seiner Schlagfertigkeit ein ausgesprochener Liebling des deutschen TV-Publikums. Fernseh-Sendungen: „Einer wird gewinnen" (43 mal), die 1979 wieder neu aufgenommen wird, „Guten Abend Nachbarn" (bis 1972), „Mary Celeste"; Theater: Zuckmayer-Stück „Des Teufels General" (1968 in Zürich, 1973 in München), „Beredtsamkeit der Hunde"; Film: „Dr. med. Fabian", schreibt das Buch „Wer das Meer liebt – die tollsten Seemannsgeschichten der Weltliteratur". Auszeichnung: fünfmal Goldener Bildschirm (1968), Goldene Rose, Goldene Kamera (1966), TV-Bambi (1969). Freizeit: Segeln auf seiner dreimastigen Hochsee-Yacht. Adresse: Agentur Lentz, Holbeinstr. 4, 8 München 80, Telefon: 089/474026

Kunstmann Doris, Schauspielerin (die Blonde mit dem Botticelli-Blick), geboren in Hamburg, 22. Oktober, verheiratet mit Autor Michael Fuhrmann, sein Sohn Marc-Manuel (5. 4. 77). Die Tochter von Filmproduzent Georg Thiess geht schon als Minderjährige zur Schauspielschule; spielt Theater in Cuxhaven, Bamberg, München, Hamburg und Zürich; der römische Regisseur Ugo Liberatore engagiert sie für „Sex of Angels"; sie lebt drei Jahre in Rom, dreht danach mit Johannes Schaaf „Trotta" (1970). Weitere Filme: „Und Jimmy ging zum Regenbogen", „Alle Menschen werden Brüder", „Adolf Hitler – die letzten zehn Tage" (mit Alec Guiness); Fernsehen: „Ein ganz perfektes Ehepaar", „Cagliostro" mit Jean Marais, „Die Eingeschlossenen", „Oscar Wilde", „Ein Abend, eine Nacht, ein Morgen", „Mike Bumbullis", „Depressionen", „Herbstzeitlosen"; ist in Le-

Doris Kunstmann

bensgefahr bei Dreharbeiten zu „Nachtwache" in Frankreich durch defekte Gasleitung (1978), Freizeit: Tiere, Spazierengehen, Lesen, Malen. Adresse: Agentur Alexander, Lamontstr. 9, 8 München 80, Telefon: 089/471011

Kunze Michael, Textdichter, Plattenproduzent, geboren in Prag, 9. November 1943. Karriere: Spielt in der Oberrealschule in München (Klenzestraße) in einer Schülerband (mit Peter Rubin und Chris Roberts) als Gitarrist, Einser-Abiturient und Referendar am Münchner Jugendgericht (1966); Erfolge als Textdichter: „Griechischer Wein", „Die kleine Kneipe", „Ein Bett im Kornfeld"; Produktion: „Silver Convention". Adresse: Otto-Heilmann-Str. 8, 8022 Grünwald, Telefon: 089/6411214

Michael Kunze

Kusche Benno Paul, Baß-Bariton, Opernsänger, Bayerischer Kammersänger, geboren in Freiburg, 30. Januar 1916, in zweiter Ehe mit Schauspielerin und Soubrette Christine Görner verheiratet, ein Sohn Christian. 1935–37: Theaterakademie des Staatstheaters Karlsruhe, erstes Engagement 1938 in Koblenz, später Augsburg, seit 1946 Bayerische Staatsoper; 1951: Beckmesser (seine Paraderolle) in „Meistersinger" an der Covent-Garden-Oper in London unter musikalischer Leitung von Sir Thomas Beecham, Gastspiele in vielen Ländern Europas und in den USA sowie Japan. Adresse: Harthauser Str. 67, 8 München 90, Telefon: 089/645283

Benno Paul Kusche

Kutzer Heinz A., Rechtsanwalt, geboren in Waldsassen/Oberpfalz, 1. April 1928, verheiratet mit Dr. Margot Edda Kutzer, zwei Kinder, Susi und Andreas. Laufbahn: Universität Erlangen, Kanzlei am Münchner Stachus (seit 1958). Berühmte Fälle: Axmann, Gerda Munsinger und Elyesa Bazna, größter Spion des 2. Weltkriegs (genannt „Cicero"). Freizeit: Tennis, Skilaufen, Schach. Lieblingsrestaurants: „Franziskaner", „Augustiner", „Klösterl"; Leibgericht: Beinfleisch; Lieblingsgetränk: Bier und

Heinz A. Kutzer

Champagner. Adresse: Karlsplatz 10, 8 München 2, Telefon: 089/593166

Kutzer Margot Edda Dr., Fachärztin für Gynäkologie und Geburtshilfe, geboren in München, 5. September, verheiratet mit Rechtsanwalt Heinz A. Kutzer. Studiert in München, Frauenärztin seit 1971. Freizeit: Tennis, Theater, Oper. Lieblingsessen: Blut- und Leberwürste, Hummer; Lieblingsgetränk: Weißbier und Champagner. Adresse: Maximilianstr. 50, 8 München 2, Telefon: 089/298297

Margot Edda Kutzer

Kuzmany Elfriede, bayer. Staatsschauspielerin, geboren in Rokitnitz (Tschechoslowakei), 29. September, verwitwet, ein Sohn Michael und eine Tochter Jutta. Studium bei Prof. Ferdinand Ritt und Christian Martin an der Wiener Kunstakademie (erst Malerei und Grafik, später Musik und darstellende Kunst); 1938–44 Engagement am Wiener Theater in der Josefstadt, dann 1941–44 am Deutschen Theater in Berlin, Kammerspiele Bremen (1947–49), Münchner Residenztheater (1949 bis Mai 79). Theater: „Käthchen von Heilbronn", „Egmont", „Totentanz", „Die heilige Johanna", „Ein Duft von Blumen". Beim

Elfriede Kuzmany

„Ratten"-Gastspiel des Residenztheaters in New York lobt die „Harald Tribune": „Miss Kuzmanys Spiel ist ein Triumph der flatternden Verzweiflung . . . Auch ohne ein Wort Deutsch zu verstehen, weiß man, daß sich großes Theater ereignet. Dramatische Funken solcher Brillanz haben sich in dieser Saison nirgends, in keiner Sprache entzündet." Fernsehen: „Fern-Amt bitte", „Der Stock mit der silbernen Krücke", „Der Präsident". Filme: „Der fallende Stern", „Haus des Lebens", „Das schwarzweißrote Himmelbett". Auszeichnungen: Bayerischer Verdienstorden (1967), Bundesfilmpreis (1963) für schwarzweißrotes Himmelbett. Freizeit: Spazierengehen. Adresse: Agentur Alexander, Lamontstr. 9, 8 München 80, Telefon: 089/471011

L

Lampert Michael („Mischa"), „Klappe"-Wirt, Lemke-Star, geboren in Neuwied/Rhein, 24. Juni 1954, Junggeselle (seit 1977 verbandelt mit Silvia Maelzer, die mit ihm das Lokal führt). Laufbahn: Fliegt aus sechs Schulen und fängt 1970 als Redaktionsbote bei der „Süddeutsche Zeitung" an, lernt Kupferstecher, arbeitet in der Werbeagentur seines Vaters, handelt mit Antiquitäten und veranstaltet im Circus Krone das „Deutsch-Rock"-Konzert, mit dem er finanziell auf die Nase fällt, jobbt in der Super-Mini-Disco „Stop in" (heute „Namenlos") am Oscar-von-Miller-Ring und im „Chez-Mageaux"; seine Bundeswehrzeit ist kurz: nach drei

Michael Lampert

Wochen entläßt man ihn freiwillig; drei Jahre als Schwabinger Jung-Clochard folgen, ehe er im ehemaligen „Ventilator" den schönen häßlichen Filmtreffpunkt „Klappe" 1977 eröffnet; spielt Hauptrollen in den Klaus Lemke-Filmen „Der Allerletzte" und „Arabische Nächte"; interessiert sich für kreative Filmarbeit; Freizeit: Flippern, Kino, Lesen; liebt selbstgemachte China-Kost und trinkt am liebsten Fernet Branca oder Tequila. Adresse: Fendstr. 2, 8 München 40, Telefon: 089/333974

Ernst Maria Lang

Lang Ernst Maria, Architekt, Karikaturist, geboren in Oberammergau, 8. Dezember 1916 (am höchsten Marienfeiertag, deshalb der weibliche Vorname), verheiratet mit Frau Liselotte, fünf Kinder, Petra (1941), Michaela (1944), Florian (1946), Barbara und Susi (1948) sowie zwei Pflegekinder Silvia (1944) und Josef (1946). Größte Bauwerke: Studentenstadt Freimann, Hacker-Zentrum an der Theresienhöhe, Pfarr-Zentrum St. Ansgar, Parkstadt Solln; zweimal in der Woche (Mittwoch und Samstag) Karikatur in der „Süddeutschen Zeitung" (seit 1947), Sechs Bücher, darunter „So lang die Tusche reicht", „Die Gezeichneten"; entwickelt zusammen mit Ernst Hürlimann die Faschings-Ausstattung der Münchner Olympiahalle; Prozesse: Adenauer wegen Beleidigung (1960), Klage wird zurückgezogen; Staatssekretär Vialon, den er als „Verwalter des Todes" zeichnet, (Verfahren wird nicht eröffnet); Freizeit: Lesen, Sauna, Reisen; Lieblingslokal: Moevenpick im Rundfunk, Augustiner (Sigi-Sommer-Stammtisch); Leibspeise: Tellerfleisch mit Meerrettich; Lieblingsgetränk: Bier, Slivovicz, Rotwein. Adresse: Forstenrieder Allee 93, 8 München 70, Telefon: 089/591133

Lange H. J. Professor Dr., Ordinarius für Medizinische Statistik und Emdemiologischer Facharzt für Innere Medizin, geboren in Oppeln, 16. September 1925, verheiratet mit Maria Platzelt.

H. J. Lange

Adresse: Gotthelfstr. 40, 8 München 40, Telefon: 089/915468

Langer Renate, Sprachstudentin, Filmschauspielerin, geboren in München, 20. Mai. Erste schauspielerische Anre-

Renate Langer

gungen bekommt sie von Star-Regisseur Roman Polanski bei dem Film „Was" (in Italien gedreht); Filme: „Disco-Fever", „Melodie in Love", „Schwedinnen in Oberbayern". Freizeit: Skilaufen, Tennis, Wasserski. Adresse: Darmstädter Str. 11, 8 München 50, Telefon: 089/1575618

Langner Marina, Top-Fotomodell (Maße: 88–58–88), geboren in Berlin, 15. Novem-

Marina Langner

ber. Entdeckt von Starfotograf Michael Doster; 1975: zweitschönste Frau bei der Miss Welt-Wahl; arbeitet für „Vogue", „Elle", „Madame", „Stern", und Werbung; 2 Filme „Frauenstation" und „Ensalada Baudelaire"; Hobby: Malen; Lieblingslokal: Tivoli; Lieblingsgetränk: Champagner mit Orangensaft. Adresse: Agentur „Talents", Hirschgartenallee 45, 8.München 19, Telefon: 089/176085

Lattmann Dieter, Schriftsteller, Bundestagsabgeordneter, geboren in Potsdam, 15. Februar 1926, verheiratet seit 1950. Freizeit: Schach, Bergwandern; bevorzugtes Restaurant: „Adler" in Martinszell/Allgäu; Leibgericht: Filet-Steak (medium) mit Kopfsalat; Lieblingsgetränk; Frankenwein; Auto: Golf.

Dieter Lattmann

Adresse: Heimstättenstr. 28, 8 München 40, Telefon: 089/325479

Lederle Franz X., Chef-Kameramann, geboren in Mindelheim, 18. Februar 1931, verheiratet (seit 8.8. 66) mit Frau Katja, zwei Söhne, Franz J. und Markus S. Filme: insgesamt 100, u. a. „Der Arzt von St. Pauli" (mit Curd Jürgens), „Schrei der schwarzen Wölfe" (mit Ron Ely und Raimund Harmstorf), „Vanessa" (mit Olivia Pascal). Freizeit: Familie; bevorzugte Lokale: „St. Emmeramsmühle", „Alter Simpl", liebt Bier und trockenen Weißwein, fährt Golf GTI und VW-Cabrio. Adresse: Georgenstr. 20, 8 München 40, Telefon: 08261/1546

Franz X. Lederle

Leipnitz Harald, Schauspieler, Regisseur, Gästehaus-Besitzer und Galerie-Inhaber, geboren in Wuppertal-Elberfeld, 22. April 1926, verheiratet mit Frau Walpurga, Vater eines Sohnes. Bundesfilmpreisträger (1963). Hans Caninenberg animierte ihn zum Beruf als Schauspieler. Karriere: Debüt in Wuppertal mit „Leonce und Lena", 1965 Deutschlands meistbeschäftigter Schauspieler (12 Kino- und Fernsehfilme pro Jahr), Durbridge-Star in „Die Schlüssel", Hauptrolle im Karl May-Film „Old Fire-

Harald Leipnitz

hand", „Bengelchen liebt kreuz und quer", „Endlose Nacht" (Regie: Will Tremper), „The Boys in the Band", „Alle Menschen werden Brüder", „Barfuß im Park", „Die Eule und das Kätzchen" mit Ingrid Steeger. Freizeit: Schlafen; Lieblingslokal: „Alter Simpl"; Leibgericht: Dicke Bohnen mit Speck; Getränk: Bier; Schneider: Franz Sackstätter; Privatauto: RO 80. Adresse: Badstr. 10, 8112 Bad Kohlgrub, Telefon: 08845/274

Lembke Robert Emil, Journalist, Quizmaster des Fernseh-Dauerbrenners „Was bin ich", geboren in München, 17. September 1913, verheiratet mit Heidi Berthold, Tochter Ingrid. Karriere: Nach Abbruch des Jura-Studiums freier Journalist (freier Mitar-

Robert Emil Lembke

beiter beim „Simplicissimus“, „Berliner Tagblatt“), 1933: zunächst Anzeigenvertreter einer Annoncenaktion, dann Mitarbeiter beim Rudolf-Mosse-Verlag; 1935: Fachbearbeiter im „Auslandsverkauf“ der IG Farben-Industrie AG, nach Kriegsende „Neue Zeitung“ in München, von 1949 bis 1960 Chefredakteur und Fernsehdirektor (Bayerischer Rundfunk); 1969 Geschäftsführer des „Deutschen Olympia Zentrums“, leitete mit einem Stab von 1200 Technikern und einem Etat von 125 Millionen Mark die Übertragungen (1500 Reporter, 1600 Kameratechniker aus 60 Ländern) der Olympischen Spiele (1972) und Fußball-Weltmeisterschaft (1974). Bücher: „Quiz leicht gemacht“, „Melbourne“, „Aus dem Papierkorb der Weltpresse“, „Rom – Squaw Valley“, „Kleine Spätlese“, „Olympische Spiele 1964 Innsbruck – Tokio“, „Interviews mit Tieren“, „Bissiges ABC – Sprache beim Wort genommen“, „Steinwürfe im Glashaus“, „Robert Lembkes Witzauslese“. Freizeit: Lesen; Lieblingslokal: „Eigenes Eßzimmer; fährt Mercedes. Adresse: Augustenstr. 14, 8 München 2, Telefon: 089/598636

Lemke Klaus, König von Schwabing, Spontan-Filmer, Regisseur, Drehbuchautor, geboren in Landsberg/Warthe, 13. Oktober 1940 als Sohn eines Regierungsdirektors und einer Tänzerin; Junggeselle mit langjähriger Bindung (Ingeborg Maria Kretschmer, Cleo genannt). Laufbahn: Nach dem Abitur, das er als chronisch schlechter Schüler gerade noch besteht, verdient er als Asphaltarbeiter (800 Mark im Monat) in Berlin sein erstes Geld und kommt dadurch mit der Filmbranche in Berührung, daß er die Straße vor der Filmakademie bearbeitet; seine erste Regie-Assistenz dauert nur vier Tage, dann wird er von Kortner gefeuert; seinen ersten Kurzfilm „Kleine Front“ produziert Franz Seitz; weitere Kurzfilme: „Henker Tom“ (1966), „Flipper“ und „Ein Haus am Meer“; bei seinen ersten Kinofilmen (Produzent Peps Kommer) „48 Stunden bis Acapulco“ (1967) und „Negresco: eine tödliche Affäre“ (1968) lehnt er sich deutlich an seine Vorbilder Howard Hawks, Jean-Luc Godard an; 1971 entsteht sein Spielfilm „Liebe so schön wie die Liebe“; ab Ende der 60er Jahre arbeitet er vorzugsweise für das Fernsehen: „Brandstifter“ (1969), „Mein schönes kurzes Leben“ (1970), „Rocker“ (1972), „Sylvie“ (1973, mit seiner Freundin Fotomodell Sylvie Winter), „Paul“ (1974), „Idole“, „Sweethearts“, „Moto Cross“, „Amore“, „Der Allerletzte“. In diesen meist locker improvisierten Milieu-Komödien bedient er sich der einmaligen Lemke-Masche: Er schreibt den Ablauf der Handlung, die Dialoge müssen die Darsteller (meist Laien) selbst vor der Kamera „live“ entwickeln – da wird eine „neue Sprache“ gesprochen, Jargon und Dialekt, kein ziseliertes Papierdeutsch. Bei den Moritaten und Balladen über kleine Leute ragen zwei seiner Entdeckungen in

Klaus Lemke

der hollywoodnärrischen Schwabinger Clique besonders hervor: Cleo und Wolfgang Fierek, die auch die Hauptrollen seiner Kinofilme „Ein komischer Heiliger“, „Arabische Nächte“ (1979) und „Flitterwochen“ (1980 in Rio gedreht) spielen. Auszeichnungen: Kritikerpreis 1968, Adolf Grimme-Preis; neben dem Appartement (für 1400 Mark monatlich) im „Residence“-Hotel, wo er wohnt, ist Michael Lamperts Filmtreff „Die Klappe“ sein Zuhause (ein „zweites Wohnzimmer“ hatte er im „Capri“, als es das Cafe noch gab); trägt Jeans und Lederjacke (Marke uralt). Adresse: Hotel Residence, Arthur Kutscher Platz 4, 8 München 40, Telefon: 089/399041

Lennar Rolf, Schriftsteller, geboren in Leipzig, 9. Juli

Rolf Lennar

1911, verheiratet (seit 1946) mit Gusti Pilz, geb. Florschütz. 1939: erster Rühmann-Filmpreisträger; Freizeit: Bergwandern, Garten; bevorzugtes Lokal: „Weißes Bräuhaus"; Leibgericht: Rouladen mit Blaukraut; Lieblingsgetränk: Bananenmilch; Privatwagen: Audi. Adresse: Am Waldspitz 28, 8 München 70, Telefon: 089/703397

Lentz Georg, Autor, geboren in Berlin, 21. Juni 1928, drei Ehen, drei Kinder (gegenwärtig verheiratet mit Mischa Lentz, Tochter von Herman Mostar, die Kochbücher und Romane schreibt und naive Bilder malt). Laufbahn: Verlagslehrling, gründet mit 24 seinen ersten Kinderbuchverlag („Edition Lentz"), lebt heute als freier Schriftsteller in

Georg Lentz

seiner „factory" (einer umgebauten Fabrik in einem Schwabinger Hinterhof); sein Berlin-Roman „Muckefuck" erreicht die Auflage von 115000; neuester Roman (1979): „Molle mit Korn"; Freizeit: Südfrankreich; Leibspeise: Reiberdatschi; Lieblingsgetränk: „Molle mit Korn"; fährt Golf. Adresse: Herzogstr. 50, 8 München 40, Telefon: 089/395911

Lentz Gerhard, Chef der gleichnamigen Filmagentur mit 100 Schauspielern, darunter Ruth Leuwerik, Mario Adorf, Helmut Griem, geboren in Berlin, 6. September 1923, Junggeselle. Hat gute

Gerhard Lentz

Kontakte zu Meister-Regisseur Federico Fellini. Freizeit: Autofahren, Kochen; Lieblingslokal: „Franziskaner"; Leibgericht: Bries; Getränk: Bier; Schneider: Max Dietl; Auto: Mercedes. Adresse: Holbeinstr. 4, 8 München 80, Telefon: 089/474026

Lerche Peter Prof., Doktor der Rechte, Staatsrechtslehrer, geboren in Leiternitz, 12. Januar 1928, verheiratet mit Frau Ilse. In der Freizeit beschäftigt er sich mit Nilpferdkunde, fährt privat einen

Peter Lerche

BMW. Adresse: Junkerstr. 13, 8035 Gauting, Telefon: 089/850 20 88

Lesemann Peter-Jürgen, Verlagschef von „Münchner Merkur" und „tz", geboren in Nürnberg, 11. August 1939, verheiratet mit Frau Verena, Sohn Jan-Mathias, Tochter Sinje-Kathrin. Laufbahn: beginnt bei den „Nürnberger Nachrichten" (alle Bereiche als Verlagskaufmann), dann Axel Springer-Verlag („Die Welt" und „Bild") in Hamburg; später „Badische Neueste Nachrichten" in Karlsruhe und von 1965–72 wieder „Nürnberger Nachrichten"; über Bremen und Hamburg nach München (seit 1. Oktober 1978 beim Münchner Zeitungsverlag mit Doppelfunktion); Freizeit: Lesen; Lieblingslokal: „Schwengerle" (Nürnberg); Leibspeise: Nürnberger Bratwürstl mit Meerrettich; Lieblingsge-

Peter-Jürgen Lesemann

tränk: Bamberger Rauchbier. Adresse; Bayerstr. 57–67, 8 München 2, Telefon: 089/53061

Leuwerik Ruth (bürgerlich: Leeuverik), Schauspielerin, geboren in Essen, 23. April, verheiratet in erster Ehe mit Schauspieler Herbert Fleischmann, in zweiter (1965–67) mit Opernstar Dietrich Fischer-Dieskau und seit 1969 mit Augenarzt Dr. Heinz Purper. Laufbahn: Nach Lyzeum in Essen und München sowie Abschluß der höheren

Handelsschule arbeitet sie während des Krieges als Fräserin in einer Fabrik (dienstverpflichtet), danach als Stenotypistin; nimmt privaten Schauspielunterricht und geht mit der Wanderbühne des „Westfälischen Landestheaters" auf Tournee; 1949: Deutsches Schauspielhaus in Hamburg; erster Film 1950: „13 unter einem Hut", dann „Vater braucht eine Frau" und „Die große Versuchung" mit

Ruth Leuwerik

Dieter Borsche, „Ein Herz spielt falsch", „Geliebtes Leben", „Die Trapp-Familie", „Immer wenn der Tag beginnt", „Auf Engel schießt man nicht", „Das Haus in Montevideo", „Und Jimmy ging zum Regenbogen", „Taiga", „Unordnung und frühes Leid" (1977). Fernsehen: „Hedda Gabler", „Ninotschka", „Das weite Land", „Derrick", „Meine beste Freundin", „Die Buddenbrocks" (10 Teile). Auszeichnungen: 5 Bambis, Bundesfilmpreis (1954), „beste Darstellerin" bei Filmfestival von San Francisco (1958), Deutscher TV-Preis in Bronze (1966), Bundesverdienstkreuz 1. Klasse, Bayerischer Verdienstorden, seit 1956 Mitglied der Akademie der Darstellenden Künste in Hamburg. Lebt in einer Villa in der Nähe des Nymphenburger Schloßes; Freizeit: Lesen, Musik, Antiquitäten. Adresse: Zuccalistr. 31, 8 München 19, Telefon: 089/173554

Ley Hans Prof. Dr., Internist, Klinik-Chef („Klinikum rechts der Isar"), geboren in Weißenburg/Bayern, 8. Januar 1916, verheiratet mit Frau Christa. Laufbahn: Studium und Examen in München; 1945–53 an der Universitätsklinik München (Habilitation); von 1948 bis 1960 zweite Universitätsklinik links der Isar; 1958: außerordentliche Professur; 1960–63: Chefarzt in St. Louis; seit 1963 Klinikum rechts der Isar; wissenschaftliches Interesse an Leber, Magen, Darm, Pancrase, Rheumatismus-Erkrankungen, Colagenosen; Veröffentlichungen: Artikel über die verschiedenen Vergiftungen im zentralen Nervensystem, Artikel über Glukocorticoide, schreibt 1979 an einem Buch über Theraphie innerer Krankheiten; gibt Vorlesungen (pro Woche neun Stun-

Hans Ley

den); Freizeit: Musik (spielt Klavier). Adresse: Ismaninger Str. 22, 8 München 80, Telefon: 089/41401

Lieffen Karl (bürgerlich: Lifka), Schauspieler, geboren in Ossek/Böhmen, 17. April 1926, Junggeselle mit fester Bindung (Sigrid Schenk). Lauf-

Karl Lieffen

bahn: Als Achtjähriger Geigenunterricht beim Dorflehrer, 1938 Stipendium am Braunschweiger Konservatorium, nimmt später Schauspielunterricht; Debüt: Freiburger Theater, dann zwei Jahre bei Stroux in Wiesbaden, später Münchner Kammerspiele; erster Filmerfolg (1938) „Nick Knattertons Abenteuer"; Theater: „Maß für Maß", „Don Carlos", „Die Heiratsvermittlerin", „Kreidekreis", „Frieden", „Mutter Courage", „Kiss me Kate", „Das Gnadenbrot", „Hamlet", „Macbeth", „Furcht und Elend", „Revisor"; Filme: „Saison im Savoy", „Haie und kleine Fische", „Wir Wunderkinder", „Die Wahrheit über Rosemarie", „Das Totenschiff", „Ein Mann geht durch die Wand", „Der Schleier fiel", „Eine Frau fürs ganze Leben", „Brücke des Schicksals", „Verrückt und zugenäht", „Josefine und die Engel von St. Pauli", „Ein Lied geht um die Welt"; Fernsehen: „Der Richter von London", „Madame Bovary", „Napoleon in New Orleans", „Der Eismann kommt", „Im weißen Rößl", „Damenquartett", „Peter Brauer", „Die Katze im Sack", „Der Geheimagent", „Lehmanns Erzählungen", „Dem Täter auf der Spur" (Inspektor Janot), „Wie man seinen Gatten los wird", „Zwickelbach & Co",

„Heute wird gefeuert"; Buch: „Was fällt Ihnen ein, Lieffen" (Verlag R. S. Schulz); liebt natürlich böhmische Küche, fährt Cabrio, raucht russische Zigaretten (in Reispapier gedreht). Adresse: Wirtstr. 8, 8 München 90, Telefon: 089/698866

Liegl Alfred Dr. h. c., Bankdirektor i. R., verheiratet mit Frau Gerdy, geb. Königbauer, zwei Kinder. Ehemaliger Direktor der Deutschen Bau- und Bodenbank, Vorstandsmitglied der Bayerischen Handelsbank, München, Konsul des Fürstentums Monaco (seit 1959), Präsident des Bayerischen Herrenclubs für die Bau- und

Alfred Liegl

Wohnungswirtschaft. Auszeichnungen: Bayerischer Verdienstorden, Großes Verdienstkreuz der Bundesrepublik Deutschland, Officier de l'Ordre de Grimaldi, Commendatore des Verdienstordens der Republik Italien. Freizeit: Bergwandern, Skilauf, Tennis. Adresse: Von-der-Tann-Str. 14, 8 München 22, Telefon: 089/287373

Linnebach Liselotte, Generalkonsul von Irland, geboren in München, 11. Juni. Chefin der Werbeagentur Linnebach, Repräsentantin des Hafen Triest. Wichtigstes Ereignis im

Liselotte Linnebach

Leben: glückliche Landung nach einem Gewitterflug über den Pyrenäen in einer einmotorigen Sportmaschine. Freizeit: Musik, Bücher, Theater, Segeln, Jagd, Schwimmen; Lieblingslokal: „Käfer's Schänke"; Leibgericht: Schweinebraten mit Reiberdatschi; Lieblingsgetränk: Irish Coffee; Schneider: Machnik, Berlin; Privatauto: Mercedes 280 SE. Adresse: Mauerkircherstr. 1a, 8 München 80, Telefon: 089/985723

Lindmeyer Harry, Herrenausstatter („Harry's") geboren in München, 7. Juli 1940; in Rosenheim aufgewachsen. Karriere: Verkaufsleiter bei Hertie, seit 1965 selbständig – erstes Herrengeschäft in Schwabing, heute Großraum-Modegeschäft mit 350 m^2; prominente Kunden: „Kaiser"

Harry Lindmeyer

Franz Beckenbauer, Pierre Brice, Dr. Friedrich Karl Flick; ist Vater eines Sohnes Oliver; Freizeit: Boxen, Tennis, Fallschirmspringen, Skilaufen, Leichtathletik; Lieblingsrestaurants: „Aubergine", „Boettner", „Franziskaner" und Würstlstand Rosa Stoiber; bevorzugt Krustentiere, bayerische Morcheln; fährt Mercedes 280 CE Coupe. Adresse: Oskar-von-Miller-Ring 1, 8 München 2

Löbel Bruni, Schauspielerin, geboren in Chemnitz, 20. Dezember, verheiratet (seit 15.9. 1971) mit Holger Hagen, hat einen Sohn Felix aus erster Ehe mit Kabarettist Gerhard

Bruni Löbel

Bronner. Karriere: Theateraufführung in der Schule als „Hänsel" oder „Gestiefelter Kater"; mit 13 Louison in Molieres „Der eingebildete Kranke"; fällt bei der Eignungsprüfung als Schauspielerin in Leipzig durch und wird Stenotypistin; abends nimmt sie Privat-Unterricht bei Schauspielerin Sonja Karzau; 1939 erster Film „Heimatland", dann „Junges Frontheater", „Liebesbriefe", „Meine vier Jungen", „Wenn die Sonne wieder scheint", „Kein Platz für Liebe", „Krach im Hinterhaus"; 1950 der amerikanische Luftbrückenfilm „Big Lift",

„Man spielt nicht mit der Liebe", „Mädchen mit Beziehungen", „Nacht ohne Sünde", „Vom Himmel gefallen", „Drei von denen man spricht", „Ein Gruß aus Wien"; Theater in Düsseldorf, Hamburg, München; Fernsehen: „Gesellschaftsspiel", „Eine Frau ohne Bedeutung", „Kommissar", „Derrick", „Hallo Hotel Sacher ... Portier", „Die Heldin", „Tristan", „Spannagel & Sohn"; Autorin des Hörspiels „Fanta und Tasia", „Kurz vor der Premiere", Roman: „Kleine unbekannte Größe". 1956 schwerer Autounfall; Hobby: Zeichnen, Malen, Modellieren, Schreiben; Leibgericht: „Noisette des porc aux pruneaux"; Lieblingsgetränk: Kaffee; fährt BMW. Adresse: Agentur Lentz, Holbeinstr. 4, 8 München 80, Telefon: 089/474026

Lobkowicz Nikolaus Prof. Dr. hil., Präsident der Universität München, geboren in

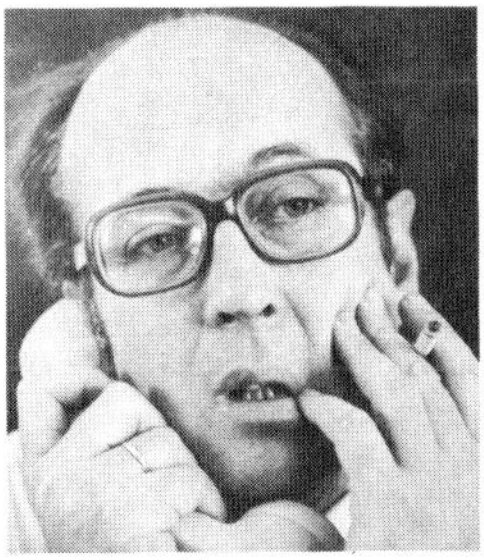

Nikolaus Lobkowicz

Prag, 9. Juli 1931, verheiratet mit Josephine Gräfin Waldburg-Zeil, fünf Kinder: Johannes, Erich, Franz, Monika und Miriam, Nachfahre eines alten böhmischen Fürstengeschlechts, macht von ererbten Titeln keinen Gebrauch (Vorfahre von ihm war Wenzel Eusebius von Lobkowicz, leitender Minister unter Kaiser Leopold I. Gymnasium in Prag, Abitur in der Schweiz, absolviert Universität Fribourg, 1958 Dr. hil., von 1960–67 Professor an der Universität of Notre Dame in Indianapolis/USA, besitzt US-Staatsbürgerschaft; 1971 Rektor an der Münchner Universität; 1973 wiedergewählt; 1975 erster Präsident der Universität (Amtszeit währt bis 1. Mai 1982) München. Veröffentlichungen: „Marxismus-Leninismus in der CSSR", „Marx and the Western World". Freizeit: Garten; Lieblingslokal: „Schwabinger Grillroom"; Leibgericht: Böhmische Kartoffelsuppe; Getränk: Malt-Whisky; Schneider: Bedö; Auto: Opel Admiral. Adresse: Westpreußenstr. 7, 8 München, Telefon: 089/932178

Locker Gerlinde, Schauspielerin, geboren in Linz, 28. April; seit 1974 verheiratet mit Schauspieler Richard Rüdiger (aus der Verbindung mit Regisseur Kurt Wilhelm stammt Sohn Anatol, geb. 1963). Laufbahn: Handweberin an der Kunstgewerbeschule, vier Jahre Schauspielunterricht am Bruckner-Konservatorium in Linz; Schauspielprüfung 1956 am Mozarteum in Salzburg; Debüt als Schauspielerin als „jugendliche Naive" am Linzer Landestheater; 1958 erste Filme: „Der Schandfleck", „Dort oben wo die Alpen glühn", „Der Pfarrer von St. Michael", „Der Jungfernkrieg", „Hallo Taxi", „Gefährdete Mädchen", „Schick Deine Frau nicht nach Italien"; Fernsehen: (rund 50 Rollen) „Die Fledermaus", „Der ideale Gatte", „Arzt am Scheideweg", „Eine Rose zum Frühstück", „Spiel von Liebe und Zufall", „Madame, Sie übertreiben"; Theater: Tourneen mit Stücken von Mariveaux, Calderon, Molière,

Gerlinde Locker

Krasna; Engagements am Wiener Theater in der Josefstadt (1960); Renaissance-Theater Berlin, Thalia-Theater Hamburg, „Komödie" München, Salzburger Festspiele. Freizeit: Sammelt Gläser, Kupferstiche, Porträt-Miniaturen. Adresse: Karl-Marx-Str. 4, 8 München, Telefon: 089/792600

Loewitsch Klaus, Schauspieler, geboren in Berlin, 8. April 1936, verheiratet. Karriere: Tanz-Eleve bei den Salzburger Festspielen, Schüler des Reinhardt-Seminars, erster Durchbruch in der Volksoper „Der Heilige von der Bakerstreet", Theater (Kammerspiele): Maxim Gorkis „Wassa Schelesnova" (1961), „Liebe für Liebe" (1966), Mroseks „Tango", „Alchemist" (1967), „Dickicht" (1968), Change" (1970), „Bürger Schippel",

Klaus Loewitsch

„Dantons Tod“ (1972), Musical „Stop the world – I want to get off“ (Kleine Freiheit). Fernsehen: „Tag für Tag“ (1969), „Der Alte“ (1978), Tatort; Filme: „Der Pauker“, „Welt am Draht“ (Regie: Rainer Werner Faßbinder), „Schatten der Engel“, „Steiner „I“, „Steiner II“, „Die Brüder“, „Libero“ mit Franz Beckenbauer, „Eine Reise ins Licht“, „Die Ehe der Maria Braun“. Besingt 1976 erste Platte „Wir leben und wir lieben“. Freizeit: Faulenzen; bevorzugte Lokale: Stehimbisse; Leibgericht: Steak, Scampi; Lieblingsgetränk: Wasser, Kaffee; Schneider: Sebisch, Dietl; Hobby: Skifahren; Privatwagen: Porsche. Adresse: Sternwartstr. 80, 8 München 80, Telefon: 089/427969

Lohmeier Georg, Schriftsteller, Fernseh-Autor und bayerischer Monarchist, „Erfinder“ des „königlich-bayrischen Amtsgerichts“; und „Schönheiten-Galerie“ von König Ludwig für das Fernse-

Georg Lohmeier

hen. Bücher: u. a. „Immobilien“, Gspenstergschichten“, „Komödienstadel“ (Verlag R. S. Schulz). Geboren in Loh/Kreis Erding, 9. Juli 1926. Freizeit: Mähen mit Sense; Lieblingslokal: „Bräu“ in Loh; Leibgericht: Kaiserschmarrn und Sachertorte; Lieblingsgetränk: „Loher Weißbier“; Schneider: Josef Angermeier, Schwindkirchen; Auto: Buick. Adresse: Kaulbachstr. 69, 8 München 22, Telefon: 089/395264

Lossos Wilhelm, ehemals Bayerns oberster Richter, Präsident i. R. des Oberlandesgerichts und Präsident i. R.

Wilhelm Lossos

des Bayerischen Verfassungsgerichtshofs, geboren in Segen-Gottes/Tschechoslowakei, 5. April 1915, verheiratet; 1973–1980 Präsident; Auszeichnung: 1972 Bundesverdienstkreuz, 1975 Bayer. Verdienstorden. Freizeit: Tennis und Konditionstraining (läuft circa 10 Kilometer pro Tag vor dem Weg ins Büro, im Winter Langlauf). Adresse: Prielmayerstr. 5, 8 München 35, Telefon: 089/55971

Ralph Louisoder

Louisoder Ralph, Kleiderfabrikant („Ralph-Modelle“) Slogan: „Eine Nadellänge besser angezogen“, geboren in München, 5. Juni 1927, verheiratet mit Frau Monika. Modepreisträger der Stadt München; Freizeit: Kochen; geht gern in die „Emmeramsmühle“. Adresse: Leopoldstraße 234, 8 München 40, Telefon: 089/340091

Low Bruce, Sänger, Textdichter, Journalist bei „Jasmin“ unter Will Tremper, geboren in Paramaribo/Surinam, 26. März 1913, verheiratet (seit 1963) mit Marian Elmendorp. Hits: „Der Herr sprach Noah“, „Heimat deine Sterne“. Hobby: Reiten, Reisen; Lieblingslokal: „Brasserie“ Hesseloherstr.; Leibgericht: Linsensuppe; Getränk: Scotch Whiskey; Schneider: Flingelli, München; Auto:

Bruce Low

VW-Passat. Adresse: Buchenstr. 6, 8021 Straßlach, Telefon: 08170/7272

Lowitz Siegfried, Schauspieler, Star in der TV-Serie „Der Alte“, geboren in Berlin, 22. September 1914, verheiratet. Karriere: Gymnasium in Mainz, Staatliche Schauspielschule in Frankfurt. Bühnenstücke: „Viel Lärm um nichts“, „Was ihr wollt“, „Minna von Barnhelm“, „Die

Siegfried Lowitz

Möwe", „Die Ratten", „Des Teufels General", „Die Dreigroschenoper", „Meuterei auf der 'Caine'", „Endspurt" (von Peter Ustinov), „Wallenstein", „Emilia Galotti", „Heilige Johanna". Filme: „Himmel ohne Sterne", „Hauptmann von Köpenick", „Herrscher ohne Krone", „Robinson soll nicht sterben". Fernsehen: „Pauken und Trompeten", „Babeck", „Geld von toten Kassieren", „Der Trinker" mit Hannelore Elsner, „Tagebuch eines Frauenmörders", „Einfach davonsegeln", „Krebsstation", „Die Physiker", „Eine Tote soll ermordet werden", „Die Gentlemen bitten zur Kasse", „Bei Anruf Mord". Auszeichnung: Goldene Kamera (für „Der Trinker"); Freizeit: Bergwandern, Schwimmen, Philosophie (Schopenhauer); Lieblingslokal: „Klösterl"; Lieblingsgetränk: Weißbier, „Überkinger"; Garderobe: Dietl, Stenwachs; Auto: Renault 30 TS. Adresse: Possartstr. 14, 8 München 80, Telefon: 089/471515

Lüftner Egmont („Monti"), Bertelsmann-Vorstand und Chef des Schallplattenkonzerns „Ariola", dem weltweit 20 Firmen angeschlossen sind. Geboren in Leoben/Steiermark, 12. November 1931, Junggeselle. Ausbildung: Examen an der Hochschule für Welthandel in Wien. Zu seinen Sängern zählen Peter Alexander, Udo Jürgens, Cat Stevens, Boney M., Tina Turner, Amanda Lear und La Bionda. Liebt ganz privat Tiroler Musik, lebt in einem Bogenhausener Luxusappartement mit einer 3-Sterne-Köchin, fährt dienstlich Mercedes 450 mit Telefon und fliegt Privat-Jet, hält sich mit Tennis und Kniebeugen fit und arbeitet oft 19 Stunden pro Tag, hat sehr viel Geschmack, sammelt Silber und Surrealismus.

Egmont Lüftner

Adresse: Steinhauser Str. 1, 8 München 80, Telefon: 089/41361

Lühr Peter, „Kammerspiele"-Star, Schauspieler, Regisseur, geboren in Hamburg, 3. Mai 1908, verheiratet. Lessings „Nathan" ist für seine Karriere von besonderer Bedeutung: nach dem Krieg spielt er in Leipzig den Tempelherrn; Erich Engel sieht Lühr in der Rolle und engagiert ihn 1947 an die Kammerspiele („Seitdem bin ich da"). Freizeit: Spazierengehen (geht zu Fuß ins Theater und täglich zwischen zwei und drei Uhr zum Einkaufen am Kufsteiner Platz. Adresse: Widenmayerstraße 50, 8 München 22, Telefon: 089/220851

Peter Lühr

Lukschy Wolfgang, Schauspieler und „James Mason"-Stimme, Regisseur, geboren in Berlin, 19. Oktober 1905, geschieden von der verstorbenen Bühnenbildnerin Victoria von Schack, zwei Söhne, Wolfgang und Stefan. Laufbahn: Lehre als Chemigraph und Filmkopierer bis zum 23. Lebensjahr, ab 1928 Schauspielunterricht bei Paul Bildt, Debüt Volksbühne Berlin, erster Film „Zwischen Himmel und Erde" (1942) mit Werner Krauß, „Der Tag vor der Hochzeit", „Drei, von denen man spricht", „Der Rommel-Schatz", „Emil und die Detektive", „Die Deutschmeister", „Fuhrmann Henschel", „Ich schwöre und gelobe", „Bekenntnisse eines möblierten Herrn", „Für eine Handvoll Dollar"; Theater: 2 Jahre „Higgins" in „My Fair Lady" (Deutsches Theater

Wolfgang Lukschy

München); Lieblingsrestaurant: „Klösterl", „Käfer's Schänke"; „Augustinerkeller"; Lieblingsgetränk: Whisky; Auto: Opel. Adresse: Caspar-Theyß-Str. 9, 1 Berlin, Telefon: 030/8858547

Lundi Monika, Schauspielerin, Graphikerin, Hobby-Köchin (ihr Käsekuchen ist berühmt), geboren in Berlin,

Monika Lundi

6. Januar. Laufbahn: Graphik-Studium an der Berliner Hochschule für Bildende Künste, heiratet am 2. Juli 1973 (für 150 Mark) in Tondern/Dänemark unter der Nummer 226/231 im „Bryllup"-Register den Schauspieler Horst Janson, mit dem sie neun Jahre zusammenlebt; verheiratet mit Regisseur Hartmut Griesmayr. Fernsehen: „Babeck" (1968), „Mord in Frankfurt" (Regie: Rolf Hädrich), „Sternschnuppe" (singt darin „Laß die Sterne wo sie sind"); Filme: „Das Go-Go-Girl vom Low up", „Grün ist die Heide". Wirkt in „Stars in der Manege", der Wohltätigkeitsgala der Abendzeitung 1972 mit (Messerbrett); Freizeit: Soul-Musik, Bücher, Tiere (Goldfisch, Kater, Kanarienvogel), Nähen, Malen. Adresse: Viktoriastr. 24, 8 München 40, Telefon: 089/332959

Lüst Reimar Professor Dr., Präsident der Max Planck-Gesellschaft, Physi-

Reimar Lüst

ker, geboren in Wuppertal-Barmen, 25. März 1923, verheiratet mit Frau Dr. Rhea, geb. Kulka. Freizeit: Skifahren, Tennis. Adresse: Residenzstr. 1a, 8 München, Telefon: 089/21081

M

Michael Detlef Maaß

Maaß Michael Detlef, Chef des Hotel „Vier Jahreszeiten" und Mitglied des Vorstand der „Kempinski AG", geboren in Elmshorn/Holstein, 27. Januar 1941, verheiratet mit Frau Lore, Tochter Esther-Corinne (1970). Laufbahn: nach Gymnasium Kellner-Lehre im „Atlantik"-Hotel in Hamburg; Auslandserfahrung in Frankreich, England, Spanien und in der Schweiz; Direktions-Assistent im „Intercontinental-Hotel" in Genf und Hannover; dann Vizedirektor im Bristol-Hotel Kempinski Berlin; seit 1970 Leitung des „Vier Jahreszeiten"; 1979 verantwortlich auch für das neue Kempinski-Hotel (ganz im Country-Stil) in Grafenbruch bei Frankfurt; Freizeit: Theater, Musik, Einsamkeit, Wandern; Leibspeise: Eintopf; fährt BMW. Adresse: Maximilianstr. 17, 8 München 22, Telefon: 089/228821

Machac Peter, Schauspieler, Rundfunk-Moderator („B 3"), geboren in Wien,

Peter Machac

14. September 1939, verheiratet mit Schauspielerin Monika Strauch. Hobby: Fotografieren; Lieblingslokal: Hotel „Sacher", „Käfer's Schänke"; Leibspeise: Tafelspitz mit Apfelkren; Lieblingsgetränk: Sieveringer Heuriger. Adresse: Elisabethstr. 15, 8 München 40, Telefon: 089/373567

Mack Heinz, Geheimtip unter Münchens Zahnärzten (Spezialgebiet: Gnathologie – umfassende Kieferheilkunde, funktioneller Einklang des Kiefergelenks), geboren in Karlsbad, 3. Juli 1934, verheiratet mit Frau Hermine, zwei Kinder, Katja (1969) und Florian (1971). Laufbahn: Zahnmedizin-Studium in München; seit 1964 eigene Praxis; seit 1977 in Nymphenburg; jährliche Studienaufenthalte in den USA; Freizeit: Zahnheilkunde, Segel- und Motorfliegen (Pilotenschein auch für Blindflug); Leibspeise: Süßigkeiten; Lieblingslokal: „Weißer Schwan" (Wegensteiner in Wien); Lieblingsgetränk: Tee; Garderobe: krawattenlos; Auto: Mercedes. Adresse: Südliche Auffahrtsallee 64, 8 München 19, Telefon: 089/177454

Maegerlein Heinz, Rundfunkreporter, Fernseh-Kommentator, Quizmaster, Sportschriftsteller (40 Bücher, 9 Olympia-Bücher), geboren in Leipzig, 27. Dezember 1911, verheiratet mit Frau Zehrfeld. Besucht als Sportpublizist 16 Olympische Spiele; Freizeit: Skilaufen, Klassische Musik, liebt „Fondue chinoise und Weine aus dem Markgräfler Land", fährt Mercedes. Adresse: Geigerstr. 8, 8032 Gräfelfing, Telefon: 089/855705

Heinz Maegerlein

Magoley Karl-Heinrich Dr., Chirurg, geboren in Düsseldorf, 14. Oktober 1911, verheiratet mit Waldrun Biedermann. Laufbahn: Hohenzollern-Gymnasium in Düsseldorf, Universität Würzburg, Berlin, Medizinische Akademie Düsseldorf, Facharzt-Ausbildung Berlin St. Antonius- und St. Joseph-Krankenhaus Tempelhof; seit 1946 als Chirurg in München.

Karl-Heinrich Magoley

Adresse: Maximilianstr. 31, 8 München, Telefon: 089/226106

Maier Hanns Dr., Konsul, Bauunternehmer, Architekt, geboren in Rottenburg/Laaber, 13. August 1922, verheiratet mit Marie Louise Kramer. Hobby: Golf, Ski, Wasserski; Lieblingslokal: Land- und Gastwirtschaft „Zum Schmidbauer" Unterbachern;

Hanns Maier

Leibspeise: Kalbshaxe mit Semmelknödel; Getränk: Frankenwein; Auto: Golf, Mercedes. Adresse: Klenzestr. 101, 8 München 5, Telefon: 089/267051

Maier Hans Dr. phil., Kultusminister, Universitätsprofessor, geboren in Freiburg i. Br. 18. Juni 1931, verheiratet mit Adelheid Dilly, 5 Töchter. 1950 Sieger (als Schüler des Bertold-Gymnasiums Frei-

Hans Maier

burg) im Concoursgeneral der Französischen Zone, 1962 jüngster Professor an der Universität München. Freizeit: Orgelspielen, Cembalo, Klavier; Lieblingslokal: „Schwarzwälder's"; Leibgericht: Fisch; Getränk: Wein, Elsäßer Riesling; Garderobe: „von der Stange", fährt VW („vom teueren BMW haben wir uns mit wachsender Kinderzahl getrennt"). Adresse: Salvatorstr. 2, 8 München 2, Telefon: 089/21861

Maier Sepp (Josef Dieter), 1,83 Meter großer Star-Torhüter beim FC Bayern (bis 1979), Fußball-Weltmeister, geboren in Metten (Niederbayern) am 28. Februar 1944, verheiratet mit Frau Agnes (seit 1966), Tochter Alexandra (1970). Laufbahn: Maschinenschlosser, kommt vom TSV Haar zur Jugend des FC

Sepp Maier

Bayern (14 Länderspiele), als Amateur steht er viermal zwischen dem Torpfosten der Nationalelf, später A-Nationalmannschaft und Bundesliga (beim FC Bayern mit über 450 Einsätzen). 1975 schwerer Unfall, als auf der Autobahn bei Nürnberg-Tennenlohe der linke Hinterreifen seines 35000 Mark-Jaguar bei 150 Stundenkilometer platzt; 1979: schwerer Unfall mit seinem Mercedes in der Nähe von München, liegt mehrere Wochen in der Klinik, Wagen Totalschaden. Auszeichnung: „Fußballer des Jahres", Bundesverdienstkreuz; wirkt im Fernsehen in „Hallo Peter", „Disco" mit; Buch „Mensch Meier" (1967). Chef der Tennisanlage in Anzing (15000 Quadratmeter), bewohnt Doppelhaus, mag keine Knödel, ist Langschläfer und hat gern Blödsinn auf Lager. Adresse: Säbener-Str. 53, 8 München 90, Telefon: 089/643005

Viktor Maier

Maier Viktor Erich Georg, Intendant der Iberl-Bühne in Solln (Ensemble mit 20 Mitgliedern), Gründer der Münchner Volkstheater-Renaissance, geboren in München, 27. September 1941, Vater einer Tochter Georgia. Laufbahn: mit 16 Jahren Eintritt in den väterlichen Betrieb („Hesseloher Hof", „Hundskugel"); seit 1966 Iberl-Gaststätte mit Jazz-Club; ab 1972 Theater (80 Plätze); bis 1980 werden 17 verschiedene Stücke aufgeführt – darunter die Musicals „Grattler-Oper" und „Letzte Nachtigall" (Premiere: 2. Juni 1980); prominente Zuschauer der fast durchwegs ausverkauften Vorstellungen: Weltstar Gert Fröbe, Kabarettist Dieter Hildebrandt, Regiseur Franz Peter Würth, Publikumsliebling Gustl Bayrhammer, Politiker-Ehefrau Marianne Strauß, Innenminister Gerold Tandler, OB Erich Kiesl, BMW-

Chef Eberhard von Kuenheim; Freizeit: Tennis, Reiten, Motorradfahren – kauft sich im Frühjahr 1980 eine Halidavich mit Beiwagen (mit Fernseher); Leibspeise: Wild; Lieblingsgetränk: Bier; Auto: Sting-Ray. Adresse: Wilhelm-Leiblstr. 22, 8 München 71, Telefon: 089/794214

Malura Oswald, Maler, geboren in Boleslau, 9. Oktober 1906, verheiratet. Studienreise

Oswald Malura

durch Indien (1930–33), Bücher: „Als Maler durch Indien" (Broschek-Verlag, Hamburg), „Oswald Malura – eine Werkauswahl" (Sailer); fährt VW. Adresse: Hohenzollernstr. 16, 8 München 40, Telefon: 089/398587

Mann Irene, Choreografin, Tänzerin, Regisseurin, geboren in Königsberg, 12. April, verheiratet mit Berno von Cramm. Laufbahn: Ballett-

Irene Mann

schule, Debüt als Tänzerin 1943, erst in Hamburg, Bremen und Oberhausen, schließlich München, Choreografin bei Fernsehen und Theater. Filme: „Wir tanzen auf dem Regenbogen", „Der letzte Walzer". Adresse: 8069 Loipersdorf 7, Kreis Pfaffenhofen, Telefon: 08444/444

Margret Walter Professor Dr. med., Hochschullehrer, Kinderarzt, geboren in Stuttgart, 1. August 1920. Gründet 1973 die weltweit verbreitete medizinische Zeitschrift „Infection" (englisch) und führte 1975 systematische Hospital-Infektionskontrolle in Deutschland ein. Hobby: Ski, Wassersport; Lokal: „Klösterl"; Leibgericht: Schwäbische Maultaschen; Privatauto: Porsche 924. Adresse: Lindwurmstr. 4, 8 München 2, Telefon: 089/51601

Walter Margret

Marguth Frank Prof. Dr., Gehirn-Spezialist, geboren in Leipzig, 25. April 1921, verheiratet mit Dr. Hildegard Heinz. Laufbahn: Universität Leipzig und Frankfurt/Main, Promotion 1945 in Frankfurt, Habilitation 1960 in Köln, II. Med. Klinik der Med. Akademie Düsseldorf (1945–47), Max-Planck-Institut Bad Nauheim (1948–49), Neurochirurgische Universitätsklinik Köln, dann Direktor

Frank Marguth

und Professor der Neurochirurgischen Universitätsklinik München. Adresse: Klinikum Großhadern, Marchioninistr. 1, Telefon: 089/70951

Marischka Alexandra (bürgerlich Baronin von Weitershausen), Vicco-Torriani-Assistentin beim „Goldenen Schuß" und Schauspielerin, geboren in Warburg/Westfalen, 10. August, Mutter einer Tochter Sarah („Mückchen"). Entdeckt von „Goldener Schuß"-Produzent Werner Schmidt, dreht zwei TV-Krimis der „Kommissar"-Serie und steht unter der Regie von Rolf Hädrich für „Tino", unter Peter Beauvais für „Dreh dich nicht um der Gohlem geht um" und unter Dr. Dieter Wedel für „Pariser Geschichten" vor der Kamera. Besucht in New York sechs Monate die Lee Straßberg-Schule und ist am Bochumer Theater Regie-

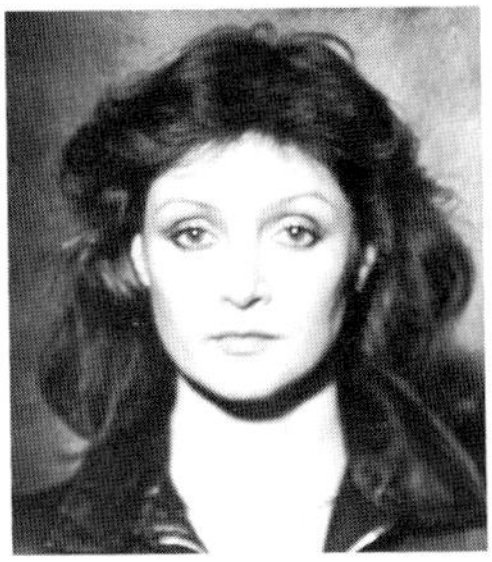

Alexandra Marischka

assistentin von Dieter Schroeter. Freizeit: Fotografieren; Lokal: „Klappe“; Leibgericht: Königsberger Klopse; Getränk: Frisch- und Buttermilch; fährt Fahrrad (Marke: „alt“), kauft Second hand-Kleider und ist Kundin bei „Sweetheart“. Adresse: Kaiserstr. 46, 8 München 40, Telefon: 089/346462

Marischka Franz („Zwetschi“), Regisseur, Drehbuchautor und Schauspieler, geboren in Unterach/Attersee (Österreich), 2. Juli 1918, geschieden von Alexandra (Assistentin von Vicco Torriani),

Franz Marischka

Reinhardt-Seminar in Wien (in seiner Klasse waren Ilse Werner, Winnie Markus, Maria Becker, Judith Holzmeister und Paul Hubschmid), ging nach England, ist zeitweilig Chef einer Kleinkunstbühne, spielt im Westend, schreibt später drei Jahre für „Constantin-Film“ Drehbücher, dann „Deutsches Theater“: „Ein Münchner in Wien“ mit Liesl Karlstadt und Michel Lang; 1958 Erste Rieg: „Mikosch im Geheimdienst“. Größter Erfolg: „Laß jucken Kumpel“ (mit fünf Nachfolge-Filmen), „Liebesgrüße aus der Lederhose“, „Zwei Däninnen in Lederhosen“; zuletzt: „Guru Guru“ mit „Eis am Stil“-Star Zachi Noy. Stammlokal: Alter Simpl, Leibspeise: Naturschnitzel mit Reis; Lieblingsgetränk: Bier; Garderobe: Ted Lapidus; Auto: Toyota. Auszeichnung: Goldene Leinwand für „Laß jucken Kumpel“. Adresse: Schellingstr. 88, 8 München 40, Telefon: 089/525401

Marischka Georg, Regisseur, Drehbuchautor und Schauspieler, geboren in Wien, 29. Juni 1922, verheiratet mit Schauspielerin Ingeborg Schöner, Vater zweier Töchter, Juliette und Nicole. Regie-Assistent von Willy Forst, erste Regie: „Der Fidele Bauer“ mit Paul Hörbiger und Bruder „Zwetschi“. Weitere Filme (insgesamt 12): „Es muß nicht immer Kaviar sein“ mit O. W. Fischer, „Mit Himbeergeist geht alles besser“ mit O. W. Fischer, Marianne Koch, Petra Schürmann, „Einmal keine Sorgen haben“ mit Hans Moser und Nadja Tiller, „Vermächtnis der Inka“. Fernsehen: (insgesamt 30) „Streichquartett“ mit der „Lach- und Schießgesellschaft“, „Volksfeind“, „Appartement für 3“ mit Uschi Glas und Ute Willing, „Tatort“ mit Gustl Bayrhammer, „Alles oder nichts“ (die Gestaltung). Filme als Schauspieler: Unter Rene Clement „Babysitter“, Claude Lelouch „Der Gute und die Bösen“, Frank Schaffner „Boys of Brasil“, Roland Klick „Lieb Vaterland magst ruhig sein“,

Georg Marischka

Rainer Erler „Blaues Palais“, Rainer Hauff „Desaster“ sowie „21 Stunden in München“ mit Franco Nero und William Holden. Hobby: Originalbriefe von historischen Persönlichkeiten (Napoleon, Marie Antoinette); Lieblingslokal: „Meine Küche“; Leibspeise: Kalbsgulasch; Lieblingsgetränk: „Lift“, Fruchtsaft; Auto: BMW (alt). Adresse: Mark-Twain-Str. 5, 8 München, Telefon: 089/832999

Markus Winnie, Schauspielerin, Frau von Ex-“Salzbaron“ Ady Vogel, geboren in Prag,

Winnie Markus

16. Mai, eine Tochter Diana (1961), in erster Ehe mit dem Berliner Hotelbesitzer Zellermayer verheiratet, aus der Sohn Alexander stammt. Laufbahn: Englisches Gymnasium und Ballettschule in Prag, 1937–39 Reinhardt-Seminar in Wien mit schauspielerischer Abschlußprüfung; Debüt am Theater in der Josefstadt in Wien mit „Die gute Sieben“; erste Filmrolle 1939 mit „Mutterliebe“; vor dem Krieg: „Die Geierwally“, „Brüderlein fein“, „Gefährlicher Frühling“; nach dem Krieg: „In jenen Tagen“, „Zwischen gestern und morgen“, „Diese Nacht vergess ich nie“, „Der Bagnosträfling“, „Es begann um Mitternacht“, „Tausend rote Rosen blühn“, „Man nennt es

Liebe", „Roman eines Frauenarztes", „Teufel in Seide", „Hoch klingt der Radetzkymarsch", „Was eine Frau im Frühling träumt"; zwischendurch Theater in Berlin, München, Stuttgart „Affäre Dreyfus", „Idealer Gatte", „Hokuspokus", „Nachtwandler". Adresse: Agentur Jovanovic, Perfallstr. 6, 8 München 80, Telefon: 089/475024/25

Markwort Helmut, Doppel-Chefredakteur („Gong", „Die Aktuelle"), geboren in Darm-

Helmut Markwort

stadt, 8. Dezember 1936, verheiratet mit Frau Elke, ein Sohn Moritz. Journalistische Laufbahn: „Mittag" (Düsseldorf), „Darmstädter Tagblatt", „Wuppertaler Generalanzeiger", „Stern", „Bild und Funk", dann „Gong" (Bayerns größte Fernsehzeitschrift, eine Million Auflage) und seit 1979 zusätzlich „Die Aktuelle" (Verkaufsauflage 450000); nebenberuflich Kreisvorstandsmitglied der FDP München; Freizeit: Tennis; Leibspeise: Saltin Bocca a la Romana; Lieblingsgetränk: Elsässer Riesling; fährt BMW. Adresse: Willibaldstr. 37, 8 München 21 und Nordendstr. 63, Mü. 40, Telefon: 089/581150 u. 38401

Marzin Werner Dr., Messe-Chef in München, geboren in Teplitz-Schönau, 1. November 1930, verheiratet mit Frau Dr. Gerta Eichler. Freizeit: Sport, Klassische Musik, Le-

Werner Marzin

sen; Lieblingslokal: „Hazy Land" Zürich; Leibgericht: Hasenbraten mit Rahmsoße und böhmischen Knödeln; Getränk: Frankenwein. Adresse: Theresienhöhe 13, 8 München 2, Telefon: 089/51071

Mattern Kitty, Schauspielerin, geboren in Wien, 28. Dezember. Wichtigstes Ereignis: „Meine Rolle in der Uraufführung von „Jacobowsky and the colonel" am Broadway, New York. Freizeit: Collagen; Lieblingslokal: „Alter Simpl"; Lieblings-

Kitty Mattern

speise: Club Sandwich; Getränk: Mineralwasser; fährt Opel. Adresse: Schlichtegrollstr. 1, 8 München 81, Telefon: 089/933651

Mattes Eva, Schauspielerin, geboren in Tegernsee, Tochter von Komponist Willy Mattes und UFA-Star Margit Symo. Wächst in München auf; als 12jährige wirkt sie in „Dr. med. Hiob Prätorius", als 15jährige in Michael Verhoevens „OK" mit, dann „Mathias Kneissl", „Die Tränen der Petra Kant", „Wildwechsel", „Supermarkt", Synchron-Stimme für Pippi Langstrumpf, David Copperfield und „Timy" in 250 „Lassie"-Serien; Theater: „Stallerhof", „Kleinbürgerhochzeit",

Eva Mattes

„Jungfrau von Orleans", „Maria Magdalena", „Othello", „Hamlet" (Zadek); Fernsehen: Immobilien; nahm nie Schauspielunterricht. Auszeichnung: zwei Bundesfilmpreise 1971/73. Adresse: Wagenbauerstr. 4, 8 München 80, Telefon: 089/479554

Matysik Manfred G., Chef des Münchner „Hilton"-Hotels, geboren in Jauernig/Schlesien, 2. Dezember 1932, verheiratet mit Frau Margaret, drei Söhne, Martin (1963), Marco (1967), Mathias (1972). Laufbahn: Hotel- und Gaststätten-Lehre in Bielefeld, dann „Atlantik" Hamburg, Maitre im Grill Carlton St. Moritz (1954); Oberkellner in Tanger („Hotel Villa de France", lernt dort seine Frau kennen); Restaurant-Chef in Caracas/Vene-

Manfred G. Matysik

zuela; studiert 1960–62 an der Cornell-Universität in Ithaka/Staat New York; dann bei Konrad Hilton in Chicago als stellvertretender kaufmännischer Leiter; Bankett-Leiter im „Denver-Hilton"; Vize-Manager im „Las Brisas", Acapulco und „Hilton" Athen; Chef des „Malta-Hilton", dann „Mainz-Hilton" und „Mailand–Hilton" sowie „Kensington-Hilton" London; seit 1976 „München-Hilton"; Freizeit: Segeln (auf dem Chiemsee), Wohnwagen-Tours in England; Leibspeise: Rostbeef und Yorkshire-Pudding; Lieblingsgetränk: leichter Bordeaux; Lieblingslokal: „Hilton-Roof" im Londoner Hilton; Garderobe: Boss-Konfektion und Cerruti; Auto: Opel Diplomat (Coupé, von dem es 230 Stück gibt). Adresse: Am Tucherpark 7, 8 München 22, Telefon: 089/340051

Maurer Georg Professor Dr., Ex-Klinik-Chef des Klinikums rechts der Isar der Technischen Universität (seit 1979 pensioniert) und emeritierter Ordinarius für Chirurgie, ehemaliger CSU-Stadtrat, geboren in München, 29. Mai 1909, verheiratet mit Dr. Erika Winz, drei Kinder. Laufbahn: Schule und Studium in München, 1941 Dozent, acht Jahre später Professor der Chirurgie, mit 37 Jahren Chefarzt der Klinik München-Perlach, seit 1953 rechts der Isar. 83 Fachärzte, 44 Chefärzte und 25 Habilitierte stammen aus Maurers Schule. Realisiert 1967 sein großes Lebensziel: die Gründung einer zweiten medizinischen Fakultät; 68 Ärzte stehen in sieben Minuten bereit, um 1970 den Verletzten bei dem Sprengstoffanschlag auf eine israelische Verkehrsmaschine zu helfen; 1958 nach dem Absturz einer englischen Maschine klappt die medizinische Versorgung in seiner Klinik mit beispielloser Präzision. Auszeichnung: „München leuchtet", Bayerischer

Georg Maurer

Verdienstorden (1969), Bundesverdienstkreuz am Bande (1978). Die englische Königin Elizabeth II. ehrt ihn mit dem Orden „Commander of the British Empire"; über 150 wissenschaftliche Veröffentlichungen aus allen Gebieten der Chirurgie. Adresse: Ismaninger Str. 22, 8 München 80, Telefon: 089/41401

May Alexander, Schriftsteller, Regisseur, Dramaturg, Schauspieler, geboren in Görlitz/Schlesien, 8. Juli 1927. Karriere: arbeitet 1959 an den Kammerspielen München, „Intertel", Drehbücher: „Protokoll einer Ehe", „Frühbesprechung", „Die Prüfung". Fernsehen, Film (als Schauspieler): „Tätowie-

Alexander May

rung", „Bericht einer Krise", Regie-Arbeiten: „Herr im Haus bin ich" (Volkstheater); Valentin-Abende (Werkraumtheater, Kammerspiele); 1978/79: Schauspiel-Direktion des Staatstheaters Hannover (für 5 Jahre). Auszeichnung: Bundesfilmpreis 1968 (für „Tätowierung"). Adresse: Agentur von Pilecki, Oettingenstr. 46, 8 München 22, Telefon: 089/220263

May Michaela (bürgerlich: Gertraud Mittermayr), Schauspielerin, geboren in München, 18. März, verheiratet mit Anwalt Dr. Jack Schiffer. Mit 7 Jahren Kinderballett; Kinderrollen im Film: „Nußknackersuite", „Robinson soll nicht sterben", „Onkel Toms Hütte" mit O. W. Fischer, Juliette Greco; „Heidi", „Todesschüsse am Broadway"; mit 17 Jahren Kindergärtnerinnen-Ausbildung, daneben Rollen bei Theater und Fernsehen; mit 21 Jahren Schauspiel-Unterricht; 50 Fernseh-Rollen u. a. „Münchner G'schichten" mit Günther Maria Halmer und Therese Giehse, „Derrick", „Tatort", „Michael Pfleghar-Schow"; Filme: „Die Leute von Feichtenreut" (Regie: Franz Peter Wirth), „Die Fluchtlinie"; Theater: „Der Mann, der sich nicht traut" mit Georg Thomalla, Deutschland-Tournee „Meine Frau erfährt kein

Michaela May

Wort" mit Hans Jörg Felmy; Hobby: Klavierspielen, Tennis, Skifahren, Hochsee-Segeln, Kochen; liebt italienische und französische Küche: Lieblingsrestaurant: Aubergine, Bistro; fährt Alfa-Romeo. Adresse: Agentur Alexander, Lamontstr. 9, 8 München 80, Telefon: 089/471011

Maydell Freiin Sabine von, Schauspielerin, geboren in Baden-Baden, 9. Oktober.

Sabine von Maydell

Filme, Fernsehen: „Tatort", „Ich gehe nach München", Auszeichnung: Bambi. Lebt in einer Wohnung in Schwabing, die aussieht wie eine spanische Finca, mit Garten und Hühnern. Freizeit: Sammeln von alten Gläsern und Postkarten; Lieblingslokal: „Klappe"; Leibspeise: Gemüse; Lieblingsgetränk: bayerisches Mineralwasser; fährt VW-Cabrio. Adresse: Agentur Alexander, Lamontstr. 9, 8 München 80, Telefon: 089/471011

Mayr Jolo, Freizeit-Paradies-Chef („Marina" Bernried am Starnberger See), geboren in München, 20. Juli 1943, verheiratet mit Frau Eva Maria (stark am Management des Hotels beteiligt, kümmert sich selbst um den reichen Blumenschmuck in der ganzen Anlage), ein Sohn. Klosterschule Ettal (Abitur), Jura-Studium (1962–69), daneben,

Jolo Mayr

ganz privat „Polnisches Praktikum" (vor der Ehe); 1971: Bau des schwimmenden Leichtmetall-Hafens (250 Liegeplätze), errichtet zwei Restaurants am Seeufer, die er mit einer weitläufigen Hotelanlage (150 Betten) ergänzt – mit Schwimmhalle und Sauna; auf dem Gelände eröffnet er 1980 in einem 300jährigen Bierkeller (direkt am Hofgut seines Vaters Dr. Lorenz Mayr) den Marina Nightclub „Blubb Blubb"; bewohnt neben seiner schmucken Hofgut-Wohnung ein schlößchenartiges Haus in München-Solln; Freizeit: Segeln, Jagd, Reiten, Surfen, Skilaufen, Bobfahren; Lieblingslokal: „Grüne Gans"; Leibspeise: Maultaschen mit Käse und Zwiebelkraut; Getränk: Muscadet de Sevre-Maine; Garderobe: Harry's Men Shop; fährt US-Cars und Porsche. Adresse: Marina, 8431 Bernried am Starnberger See, Telefon: 08158/6046

Mc Lean Penny (bürgerlich: Gertrude Wirschinger), Sängerin, geboren in Klagenfurt, 4. Oktober, bereits mit 17 verheiratet und gleich wieder geschieden; ihr Vater läßt sie als Kinderpflegerin ausbilden; sie lernt Klavier, Flöte und Gitarre; gründet eigene Band, die „MTH-Singer". Die erste Platte (1969) heißt „Bananendampfer-Kapitän", die aber völlig untergeht; durch Produzent Michael Kunze kommt sie ins Geschäft, erster Erfolg „Lady Bump" (1974, weitere Titel „1-2-3-4-Fire" und „Nobody's Child", „Dance, Bunny Honey Dance". Neben ihrer Karriere als Solistin gehört sie zu der Gruppe „Silver Convention", die weltweit Furore macht und mit „Fly Robin fly" Münchner Sound erstmals in der US-Hitparade ertönen läßt; steigt 1978 aus dem Trio aus und gastiert mit

Penny Mc Lean

dem Musical „Cabarett" in Münster; in München zeigt sie eine eigene Bühnen-Show im „Theater am Einlaß". Adresse: Jupiter-Records, Höchlstr. 2, 8 München 80, Telefon: 089/984926

Mehnert Hellmut Prof. Dr., „Zuckerpapst", Chefarzt, Diabetes-Experte, geboren in Leipzig, 22. Februar 1928,

Hellmut Mehnert

verheiratet mit Frau Ulrike, vier Kinder. Laufbahn: Medizin-Studium und medizinische Ausbildung in München, Facharzt Universitäts-Poli-Klinik und in den USA (Diabetes-Spezialklink), „Joseline"-Krankenhaus in Boston, (1957), Habilitation 1964, Fach Innere Medizin; seit 1. 1. 66 Chefarzt im Schwabinger Krankenhaus (Stoffwechsel Endokrinologie); zwei Jahre später zusammen mit Prof. Wieland Leiter des Diabetes-Forschungsinstituts, Ernennung zum Professor; 1970: Präsident der deutschen Diabetes-Gesellschaft (1973: Präsident des Europäischen Kongresses in München), dann Ernennung zum persönlichen Extraordinarius, weiter Vorsitzender des Ausschußes Ernährung der Deutschen Diabetes-Gesellschaft, Vertreter der Bundesregierung im Diabetes-Experten-Komitee der Weltgesundheitsorganisation; wissenschaftlicher Beirat im Bundesgesundheitsamt Berlin, Vizepräsident der internationalen Diabetes-Gesellschaft; 480 Veröffentlichungen über das Diabetes-Fachgebiet, drei Bücher: „Diabetologie in Klinik und Praxis", „Ärztlicher Rat für Diabetiker", „Stoffwechsel-Krankheiten" sowie Co-Autor von zehn weiteren Fachbüchern; Freizeit: klassische Musik (die ganze Familie musiziert), historische Literatur, politische Bücher (Churchill-Memoiren), Skilaufen, Schwimmen, ist großer Fußball-Fan (FC Bayern); Leibspeise: Schweinswürstl im „Nürnberger Bratwurstglöckl" und Miesbacher Käse, dazu „eiskaltes Bier"; fährt Mercedes. Adresse: Schwabinger Krankenhaus, Kölner Platz 1, 8 München 40, Telefon: 089/38011

Meier Alfred Dipl. Ing., Präsident der Oberpostdirektion München, geboren in Schwandorf, 12. Januar 1933,

Alfred Meier

verheiratet, 3 Töchter. Freizeit: Wandern, Skilaufen, Garten; Leibspeise: Schweinebraten mit Knödeln; Getränk: Bier; fährt Opel. Adresse: Waisenhausstr. 4 8 München 19, Telefon: 089/5588–2828

Meier Heinz, Präsident des Bayerischen Landesentschädigungsamtes, geboren in Stuttgart, 10. Januar 1912. Freizeit: Berg- und Waldwanderungen, Sammeln altsiamesischer Kunst; Leibgericht: Schwäbische Spätzle; Getränk: Natursäfte. Trägt Maßanzüge und fährt Opel. Adresse: Heimstr. 61, 8031 Stockdorf, Telefon: 089/8573245

Heinz Meier

Meineke Eva Maria, Schauspielerin, geboren in Berlin, 8. Oktober, verheiratet mit Filmproduzent Heinz Angermeyer. Von Gustav Gründgens entdeckt, Theater-Debüt mit „Biberpelz"; Filme: „Drei Männer im Schnee", „Salzburger Geschichten", „Der verzauberte Tag", „Heidesommer", „Ansichten eines Clowns", „Heute heiratet mein Mann" (Regie: Kurt Hoffmann), „Traumstadt" (Regie: Johannes Schaaf); Engagements in Berlin, Köln, Stuttgart, Baden-Baden. Auszeichnung: Bundesverdienstkreuz erster Klasse. Adresse:

Eva Maria Meineke

Agentur Alexander, Lamontstr. 9, 8 München 80, Telefon: 089/471011

Meir Gerhard („Wuppi"), Schwabings Star-Figaro (Salon „Coupe"), geboren in München, 4. August 1955. Laufbahn: Lehre im Salon Frank (Leopoldstraße), Hair-cutting-scool London, Assistent bei Figaro Jacques Dessanges

Gerhard Meir

(Paris), dann Neun-Monate-Gastspiel bei Hairstylistin Mara Cromer (MCM-Salon); seit Juli 1978 selbständig, hat prominente Kundinnen wie Prinzessin Angela von Hohenzollern, Prinzessin Ursula von Bayern, Prinzessin Tini von Auersperg, Gräfin Charlotte von Bismarck, Prinzessin Marie-Antoinette von Fürstenberg (verheiratete Schönborn), Mode-Journalistin Bambi Burda, Jet-Setterin Angie Münemann, die Industriellen-Ehefrauen von Oetker, Underberg, Söhnlein; Freizeit: Haareschneiden, neue Frisuren entwerfen; Lieblingslokal: „Bratwurstglöckl"; Leibspeise: Schweinebraten, trinkt Bier und raucht Kette (40 Zigaretten), hat keinen Führerschein. Adresse: Adalbertstr. 10, 8 München 40, Telefon: 089/394903

Meisel Kurt, Intendant mit stets blitzblank rasiertem Kopf, jugendlich emphatischer Prinzipal des Münchner „Residenztheaters", geboren in Wien, 18. August 1912, verheiratet (seit 1952) mit Ursula Lingen (Tochter von Theo Lingen), Sohn Christoph. Laufbahn: gibt das angefangene Jura-Studium dem Theater zuliebe auf; als Schauspieler in Wien am Volkstheater auf der Bühne; 1933 kommt er zu Falckenberg an die Münchner Kammerspiele (erste Rolle: „Wie es Euch gefällt"); 1937 Engagement am Berliner Staatstheater, das von Gustaf Gründgens geleitet wird, später Hebbel-Theater und dann wieder München (Residenztheater und Kammerspiele) und Wien (Theater in der Josefstadt). Filme (als Schauspieler): „Ehestreik", „Das Hofkonzert", „Eine kleine Nachtmusik", „Der Weg ins Freie", „Menschen im

Kurt Meisel

Sturm", „Figaros Hochzeit", „Die keusche Geliebte", „Die goldene Stadt", „Emil und die Detektive", „Mannequins für Rio", „Die Stadt ist voller Geheimnisse", „La Chatte", „Zeit zu leben und zu sterben", „Der veruntreute Himmel", „Liebe verboten – Heiraten erlaubt"; Filme (als Regisseur): „Verspieltes Leben", „Tragödie einer großen Leidenschaft", „Liebe auf dem Eis", „Dämonische Liebe", „Es geschah am 20. Juli", „Unternehmen Schlafsack", „Vater sein dagegen sehr", „Drei auf einem Pferd", „Dorothea Angermann", „Kriegsgericht"; 1960: Oberspielleiter des Bayerischen Staatsschauspiels; 1967: Oberregisseur des Wiener Burgtheaters; 1972: Intendant des Münchner Residenztheaters; Fernsehen (als Schauspieler): „Geschlossene Gesellschaft", „Spiel im Morgengrauen", „Thomas Moore", „Der seidene Schuh", „Requiem für eine Nonne" und „Tag des Zorns" (als Regisseur); Auszeichnungen: Kunstpreis der Stadt Berlin (1952), Ludwig-Thoma-Medaille (1975), Bayerischer Verdienstorden (1975); Freizeit: Bücher, Garten, Rosenzucht, Kochen (Pfeffer aus Wien); Leibgericht: Powidl-Knödl und Ungarisches Gulasch. Adresse: Max-Joseph-Platz 1, 8 München 22, Telefon: 089/21851

Meister Sabine, Verlegerin (Kunstobjekte und Grafik), Management bildender Künstler, geboren in Hamburg, 10. März; betreibt im Lehel zwei Firmen „The Editors-Verlagsgesellschaft mbh", „Sabine Meister Management GmbH"; zu ihren Künstlern zählen Ernst Fuchs, Leherb, Vasarely; Freizeit: Moderne Kunst, Golf; Leibspeise: Nieren in Sahne; Lieblingsgetränk: Rotwein (französisch); Garderobe: Selbstentwürfe und Boutiquen; Auto: Porsche 924. Adresse: Widenmayerstr. 27, 8 München 22, Telefon: 089/224511/12

Sabine Meister

Mendelssohn Peter de, Präsident der „Deutschen Akademie", Schriftsteller, geboren in München, 1. Juni 1908. Bücher: „Das Haus Cosinsky", „Wolkenstein", „Das zweite Leben", „Einhorn singt im

Regen", „Die Nürnberger Dokumente", „Der Geist in der Despotie", „Zeitungsstadt Berlin, Menschen und Mächte in der Geschichte der deutschen Presse", „Churchill, sein Weg, seine Welt", „Das Gedächtnis der Zeit" (Verlag R. S. Schulz); „Das Gewissen und die Macht"; hat über 100 Bücher ins Englische und aus dem Englischen ins Deutsche übersetzt. Auszeichnung: Bundesverdienstkreuz erster Klasse, Bayerischer Verdienstorden. Hobby: Lesen; Lieblingslokal: „Kanne"; Leibgericht: Spargel; Lieblingsgetränk:

Peter de Mendelssohn

Whisky Soda; fährt BMW. Adresse: Rümelinstr. 10, 8 München 81, Telefon: 089/ 980764

Mendl Johann, Inhaber von Münchens „Rahmenhandlung" Nummer 1, kunstgewerbliche Werkstätte und Vergolderei, geboren in Glonn, 23. März 1935, verheiratet mit Frau Elfriede, zwei Kinder. Laufbahn: Lehre 1949 bei Vergolder-Innungsmeister Georg Ulrich, dessen Geschäft er 1972 übernimmt; arbeitet für Pinakothek, Staatsgemäldesammlung und Residenz; prominente Kunden: Peter Schamoni, Samuel Bak, Volker Schlöndorff, Graf Arco-Zinneberg, Brad Harris, Rolf Kallenbach; Freizeit: Skilaufen, Schwimmen, Bergsteigen,

Johann Mendl

Motorbootfahren; Lieblingslokal: „Steuerberg" (bei Kitzbühel); Leibspeise: Wild; Lieblingsgetränk: Rotwein und Pils; Auto: BMW. Adresse: Schellingstr. 42, 8 München, Telefon: 089/ 283815

Merk Bruno Dr., ehemaliger Innenminister, Präsident des Bayerischen Sparkassen- und Giroverbandes, geboren in Großkötz, 15. April 1922, verheiratet (seit 1948) mit Martha Epp, ein Kind. Laufbahn: von 1945–53 Verwaltungsdienst der Stadt Günzburg; ab 1950 Stadtinspektor; 1952–55 Studium der Rechtswissenschaften an der Münchner Universität; 1956: Dr. jur. und 1958 große juristische Staatsprüfung; danach arbeitet er als Regierungsrat im Innenministerium (Oberste Baubehörde); 1960–66 Landrat in

Bruno Merk

Günzburg, von 1958 an CSU-Abgeordneter im Bayer. Landtag; Dezember 1966 im 2. Kabinett Goppel Innenminister; 1977: Austritt aus der Bayr. Landesregierung; wird beim Bayer. Sparkassen- und Giroverband geschäftsführender Präsident. Aufsichtsrat in „Bayernwerk AG", „Landeswohnfürsorge GmbH", „Olympiabaugesellschaft", „Rhein-Main-Donau AG". Auszeichnungen: Bayerischer Verdienstorden (1965), Großes Bundesverdienstkreuz (1969) mit Stern (1973). Adresse: Brienner Str. 20, 8 München 2, Telefon: 089/ 21731

Otto Merk

Merk Otto, Chefredakteur der Münchner Tageszeitung „tz", geboren in München, 10. Januar 1922, verheiratet. Freizeit: Lesen; bevorzugtes Lokal: „Bratwurstglöckl", „Hirschgarten"; Leibgericht: Tafelspitz; Getränk: Frankenwein; fährt BMW. Adresse: Bayerstr. 57, 8 München 2, Telefon: 089/ 53061

Messemer Hannes, Schauspieler, geboren in Dillingen/ Donau, 17. Mai 1924, lebt mit Schauspielerin Susanne Corda zusammen, aus der Ehe (1952–77) mit Schauspielerin Rosl Schäfer stammt Tochter Betina (1961). Schauspieltruppe mit Rudolf Fernau, Elisabeth Flickenschildt,

Theodor Loos; Debüt mit „Romeo und Julia" in Tübingen. Wird schnell zu einem Begriff der deutschen Theater-Szene; Mackie Messer („Dreigroschenoper") zählt zu seinen Glanzrollen; Film (1957): „Rose Bernd", „Nachts wenn der Teufel kam", „Der gläserne Turm", „Taiga" mit Ruth Leuwerik, „Babette zieht in den Krieg" mit Brigitte Bardot, „Grieche sucht Griechin", „Wer stirbt schon gerne unter Palmen";

Hannes Messemer

Fernsehen: Segeant Berry (13 Teile), „Der tödliche Schlag", „Fastnachtsbeichte", „Adenauer"; Schallplatten-Produktionen: „Dreigroschenoper", „Das unerhörte Wort" (5 Platten mit Texten aus vier Evangelien). Freizeit: Fotografieren. Adresse: Agentur Palz, Ortlindestr. 6 VII, 8 München 81, Telefon: 089/ 912019/10

Messerschmid Felix Dr., Akademie-Direktor a. D., geboren in Untertalheim/Schwarzwald, 14. November 1904, verheiratet (seit 1929). Auszeichnung: Großes Bundesverdienstkreuz, Bayerischer Verdienstorden, Komturkreuz des Ordens vom Hl. Silvester. Freizeit: Organist; Leibgericht: Schwäbische Spätzle; Getränk: Wein. Adresse: Nürnberger Str. 53, 8 München 19, Telefon: 089/ 1571571

Felix Messerschmid

Messerschmidt Otfried Professor Dr. med., Facharzt für Radiologie, Leiter eines strahlenbiologischen Forschungsinstituts, geboren in Rügenwalde/Pommern, 29. Dezember 1920, verheiratet mit Frau Ortrun Michelis. Untersuchungen bei den Atombombenopfern in Hiroshima und Nagasaki; 70 Publikationen, Bücher über Röntgenologie,

Otfried Messerschmidt

Strahlenschutz, Strahlenschäden, Vorsitzender der Vereinigung Deutscher Strahlenschutz-Ärzte. Freizeit: naturkundliche und kulturgeschichtliche Exkursionen; Leibgericht: Süßwasser- und Seefische (gebraten); Getränk: französischer Rotwein; fährt Mercedes Diesel. Adresse: Neuherbergstr. 54, 8 München 45, Telefon: 089/316611

Messmer Hermann, Rechtsanwalt, geboren in Krumbach, 16. Februar 1935, verheiratet (seit Januar 58). Wichtigstes Ereignis: Berufswechsel vom Staatsanwalt zum Rechtsanwalt. Freizeit: Tennis, Skifahren, Bergsteigen; Lieblingslokal: „Franziskaner"; Leibgericht: warmer Leberkäs; Getränk: „Augustiner Edelstoff"; Garderobe: „Harry's Men Shop"; fährt Mercedes. Adresse: Sophienstr. 4, 8 München 2, Telefon: 089/ 555030

Hermann Messmer

Meyer Werner, Chefreporter der „Abendzeitung" und Buchautor („Schwarzer Oktober", 1975: „Götterdämmerung", 1979: „Journalismus von heute" – alle Verlag R. S. Schulz), geboren in Bayreuth, 11. Juni 1931, verheiratet mit Frau Linde, drei Söhne, Till, Berny und Florian; Laufbahn: „Fränkische Presse", Bayreuth, freier Mitarbeiter

Werner Meyer

bei Agenturen und Zeitungen, US-Aufenthalt (1955), dann „Abendzeitung“; Lehrer an der „Deutschen Journalistenschule“ und Lehrbeauftragter an der Münchner Universität; Auszeichnung: Erzählerpreis der „Süddeutschen Zeitung“ (1955); Leibspeise: Chinesische Küche; Lieblingsgetränk: Kaffee; Auto: Ford. Adresse: Sendlinger Str. 79, 8 München 2, Telefon: 089/237 71

Meyer-Wölden Axel Dr., Show-Anwalt, Urheberrechts-Spezialist, geboren in München, 2. Juni 1941, Junggeselle. Laufbahn: Jura-Studium in München und Würz-

Axel Meyer-Wölden

burg, Anwalt seit 1969 (Spektakulärer Rechtsfall Udo Jürgens-Kunze/Hachfeld; Dave King gegen Giorgio Moroder wegen Donna Summer); seine Kanzlei vertritt u. a. Peter Alexander, Mireille Mathieu und Ralph Siegel; Hobby: Tennis, Bergsteigen; Lieblingslokal: „Käfer“; Leibspeise: Tafelspitz; fährt Porsche. Adresse; Rondell Neuwittelsbach 9, 8 München 19, Telefon: 089/13 20 61/62

Michl Willy, bayerischer Blues-Sänger, Gitarrist, Komponist, geboren in München, 9. Juli 1950, verheiratet mit Eva Vera Rath. Laufbahn: Verläßt mit 17 das Gymnasium, jobt und verschreibt sich der Musik, zunächst dem eng-

Willy Michl

lisch gesungenen Blues; ist zwischendurch Hüttenwirt und entdeckt den bayrischen Blues; schreibt mit Rolf Bengert eigenen Stücke; endgültiger Durchbruch 1976 zusammen mit Dave Inker im Atelier Jean; besingt Alltagsgeschichten mit lebensnaher Hinterhof-Poesie; kämpft gegen das Sepperl-Image der Bayern; Auftritte in „Drehleier“, „Song parnass“, „Spectacle“, „Spectrum“, „Marienkäfer“; Schallplatten: „Blues goes to Mountain“, Blues und Balladen“; Hobby: „ist das blödeste Wort, das ich kenne, ich mache das, was ich will“; Auszeichnung: AZ-Stern des Jahres 1976. Adresse: Conollystraße 22, 8 München 40, Telefon: 089/3 51 75 35/ 3 51 57 80

Miehe Ulf, Drehbuch-Autor, Regisseur, Literat, geboren in Wusterhausen/Dosse, 11. Mai

Ulf Miehe

1940, verheiratet mit Angelika Schlögl. Filme: „John Glückstadt“; Bücher: „Ich hab noch einen Toten in Berlin“, „Puma“; Auszeichnungen: Bundesfilmpreis (1975), AZ–Stern des Jahres. Adresse: Kreuzpullach b. München, Telefon: 089/6 13 32 73

Milde Hans Dietrich Eckehard, Geheimsekretär von Generalkonsul i. R. Herbert G. Styler, geschäftsführender Gesellschafter der „Globe Commerce GmbH München“, geboren in Parchwitz/Schlesien, 9. November 1938. Studium der Volkswirtschaft an der Albert-Lud-

Hans Dietrich Milde

wigs-Universität Freiburg. Adresse: Schackstr. 1, 8 München 22, Telefon: 089/34 19 79 u. 33 30 30

Milié William, Choreograph, geboren in Pittsburgh/Pensylvenia, 27. November 1929, Junggeselle. Laufbahn: Tanzausbildung in Pittsburgh, an der Metropolitan-Opera-Ballet-School und der Katrin Dunham-School in New York; tanzt in Musicals am Broadway; tritt in amerikanischen Fernseh-Schows als Tänzer auf; 1958: Europa-Tournee mit dem American Festivalballet als Solist mit Gastspiel in München; 1959: Lehrer an Ballettschule in München, gewinnt ersten Preis bei einem Choreogra-

William Milié

phen-Wettbewerb 1960; 1960–65 Choregraphie für Fernseh-Shows („Lieben Sie Show“); 1971: Gründung des „Depot Dance-Studio“ im ehemaligen Straßenbahn-Depot in der Wilhelmstraße; seit 1972 Choreographie für „Jedermann“ in Salzburg, Michael Pfleghar-Show, Musicals wie „Gigi“, „Annie get your gun“, „Kiss me Kate“, „Hallo Dolly“, „My fair Lady“; 1977: eigenes Musical „Broadway Showtime“; fördert zusammen mit Susi Nicoletti in einem Musical-Seminar den Nachwuchs. Hobby: Kochen; hat vor fünf Jahren sein Auto verkauft und will sich auch keins mehr anschaffen. Adresse: Ungererstr. 19, 8 München 40, Telefon: 089/341344 (399598)

Milies Trixi, geborene Fines, Frau von Springer-Neffe Andreas Milies, Münchens hüb-

Trixi Milies

scheste Juristin (ohne Kanzlei), geboren in Dortmund, 13. Juni, ein Sohn; Mutter ihres Ehemanns ist Schwester des Hamburger Zeitungszaren Axel Cäsar Springer; Freizeit: Skilaufen; liebt italienische Küche und Rum-Drinks; fährt Mini; Garderobe: Sweetheart, bevorzugt Lederkleidung. Adresse: Mauerkircherstr. 167, 8 München 80, Telefon: 089/984163

Rosi Mittermaier

Mittermaier Rosi, „Gold-Rosi“, Ski-Rennläuferin, geboren in Reit im Winkl, 5. August, verheiratet mit Slalom-As Christian Neureuther. Macht Hotellehre, hilft auf der elterlichen Winklmoosalm, fährt Ski seit dem 7. Lebensjahr, 14 Jahre Trainingskurse des Deutschen Skiverbandes; von 1968–73 deutsche Meisterin im Slalom und mehreren anderen Disziplinen; bis März 1976 erreicht sie 10 Weltpokal-Siege; bei den Olympischen Spielen 1976 in Innsbruck gewinnt sie zwei Goldmedaillen in Abfahrt und Spezialslalom und eine Silbermedaille im Riesenslalom; seither stark in der Werbung vertreten. Freizeit: Bergsteigen, Gymnastik, Töpferei, Keramik-Malerei. Adresse: Winklmoosalm, 8216 Reit im Winkl, Telefon: 08640/8502

Mödl Martha Opernsängerin (Titel: Kammersängerin), geboren in Nürnberg, 22. März.

Martha Mödl

Start auf der Opernbühne Remscheid (1942), Auszeichnung: Bundesverdienstkreuz 1973. Bevorzugt das Restaurant „Roma“, liebt Mineralwasser und kleidet sich bei Sebisch ein. Adresse: Perlacher Str. 19, 8022 Grünwald, Telefon: 089/6413515

Möhner Carl, „Rififi“-Star, Schauspieler, geboren in Wien, 11. August 1921, verheiratet mit Wilma Langhamer; aus erster Ehe ein Sohn Gernot. Mit 15 Jahren rezitiert er im Grazer „Orpheum“, zwei Jahre später Bühnen-Debüt, nach dem Krieg Beleuchter beim Film, erstmals in dem Paula-Wessely-Streifen „Vagabunden der Liebe“ vor der Kamera; großer Erfolg in Käutners „Letzte Brücke“; 1955: „Rififi“, „Wo die alten Wälder rauschen“, „Geierwally“, „Der, der sterben muß“; dreht insgesamt 50

Carl Möhner

Filme in aller Welt; lebt seit Dezember 1978 in Texas und züchtet Kakteen, malt in der Freizeit, organisiert in den 70er Jahren Faschingsbälle. Adresse: Agentur von Pilecki, Oettingenstr. 46, 8 München 22, Telefon: 089/220263

Molden Fritz Peter, Verleger, Leitartikel-Schreiber, Buchautor, geboren in Wien, 8. April 1924, verheiratet mit Dr. Hanna Bernhard, fünf Kinder, Gabriela, Alexandra, Andrea, Ernst und Berthold. Laufbahn: besucht das Wiener Schottengymnasium, studiert Rechts- und Wirtschaftswissenschaften in Wien, Innsbruck, Zürich. Molden-Verlagsgründung 1964. Bücher: „Swetlana Memoiren“, Charrieres „Papillon“, Puzos „Pate“, Knefs „Geschenkter Gaul“, Sophia Lorens Memoiren, Micheners „Die Kin-

Fritz Peter Molden

der von Torremolinos“; eigene Bücher: „Austria in Facts and Figures“, „Ungarns Freiheitskampf“, „Fepolinski und Waschlapski auf dem berstenden Stern“. Verkauft 1970 das „Pressehaus“ samt Großdruckerei, errichtet neues Buchverlagshaus in Wien-Grinzing; betreibt die Molden TV-Verlagsgesellschaft. Freizeit: Bücher lesen; bevorzugtes Lokal: „Frankfurter Buchmesse“; Leibgericht: „ein Bestseller“; Lieblingsgetränk: herber niederösterreichischer Weißer gespritzt; Schneider: Karl Miksis, Wien; Auto: Mercedes. Adresse: Stievesstr. 9, 8 München 19, Telefon: 089/176071

Moll Petra, Malerin, Naiv-Spezialgebiet: Münchner Motive, geboren in Krumbach,

Petra Moll

3. April, verheiratet mit Richard Moll. Wichtigstes Ereignis: Kirchliche Trauung nach 20jähriger Ehe. Auszeichnung: Bundesverdienstkreuz 1. Klasse; Lieblingslokal: „Osteria“, „Bei Fertl“ (Königshaus); Leibgericht: Kuttelfleck; Lieblingsgetränk: Frankenwein; Auto: Porsche 924. Adresse: Landwehrstraße 12a, 8 München 2, Telefon: 089/594580

Molo Conrad von, Chef der Synchron-Firma „Molo-Film“, Produzent, geboren in Wien, 21. Dezember 1906 (seine Zwillingsschwester ist die berühmte Schauspielerin Trude von Molo). Aufgewachsen und studiert in Berlin, Arbeitsstudent (als Nachtredakteur beim „Berliner Tageblatt“), erlebt die „Goldenen 20er Jahre“ in Berlin mit Bert Brechts „Dreigroschenoper“-Premiere, dann Intellektuellen-Treff „Schwannecke“ (wo Fritz Kortner und Elisabeth Bergner ein- und ausgingen), wechselt von Medien-Presse zum Film (1929), geht für zwei Jahre nach Indien und schreibt für deutsche Zeitungen, beginnt bei Tobis-Klangfilm für 120 Mark als Cutter-Assistent, ist bei Fritz Lang Regie-Assistent (1933–40 USA, Frankreich, England); 1945 baut er die Deutsche Wochenschau „Welt im Film“ auf, eröffnet die „Bavaria“ in Geiselgasteig, gründet 1947 die „Ala“-Film, die er zwei Jahre später in „Aura“-Film umbenennen muß und die bis 1978 besteht (produziert u. a. „Ludwig II“ mit O. W. Fischer, Ruth Leuwerik, Klaus Kinski); seither heißt seine Firma Molo-Film (Synchron); Freizeit: Tiere (war früher Springreiter); Leibspeise: früher Rindfleisch (seit 1974 Vegetarier), liebt Rot- und Weißwein. Adresse: Richard-Pietzsch-Weg 17, 8 München 71, Telefon: 089/798033

Conrad von Molo

Moroder Giorgio, Komponist, Produzent, „Oscar“-Preisträger, verwandt mit Luis Trenker, geboren in Ortisei, 25. April 1940, Junggeselle. Verläßt 1969 seine Südtiroler Heimat und geht nach München, wo er sich im „Arabellahaus“ niederläßt, eröffnet dort das berühmte „Music-Land“-Studio, auf das die „Rolling Stones“ schwören; erreicht millionenstarke Plattenauflage mit „Son of my father“ und „Love to love you baby“; bringt den „Sound Mün-

Giorgio Moroder

chens" nach Amerika; produziert neben Donna Summer das farbige Pop-Trio „Three Degrees". Besitzt eine Eigentumswohnung in Colorado und eine Villa in Los Angeles; achtet sehr auf die Linie und hat sich amerikanischen Lebensstil angeeignet; fliegt „Concorde"; Auszeichnungen: „Golden Globe" für beste Filmmusik 1978 („Midnight Express"); 1979: „Oscar" für „Midnight Express". Adresse: 1720 Carla-Ridge, Beverly Hills, Kalifornien, Telefon: 0012132756180

Moshammer Rudolph, Boutique-Besitzer („Carnaval de Venise"), nach eigenen Angaben Designer, geboren in München, 27. September 1945. Bewirbt sich 1978 um den Münchner Modepreis. Wichtigstes Ereignis: „Erste Liebe"; Autor des Buches „Nicht nur Kleider machen

Rudolph Moshammer

Leute" (Verlag R. S. Schulz); Freizeit: Tennis; Lieblingslokal: „La Mer"; Leibgericht: Abgeröstete Leberknödel; Lieblingsgetränk: Bier; Autos: Rolls Royce „Silver Shadow" (1977), Rolls Royce Clud (1962) und Jeep. Adresse: Maximilianstr. 14, 8 München 22, Telefon: 089/373692

Moszkowicz Imo, Regisseur, geboren in Ahlen/Westfalen, 27. Juli 1925, verheiratet mit Frau Renate, zwei Kinder, Martin und Daniela. Laufbahn: Schauspielschule in Düsseldorf, Regie-Assistent

Imo Moszkowicz

bei Gustaf Gründgens und Fritz Kortner. Filme, Fernsehen: „Die Frau des Fotografen", „Tageszeiten der Liebe", „Mein Freund Harvey", „Der Vetter aus Dingsda", „Kiss me Kate", „Lieselotte von der Pfalz", „Kli-Kla-Klawitter" (ZDF-Kinderserie), „Die Meuterei auf der Bounty", „Max der Taschendieb" mit Heinz Rühmann, „Straße der Verheißung" mit Karin Baal und Mario Adorf, „Es war mir ein Vergnügen" mit Esther Ofarim und Axel von Ambesser, „Die Mißvergnügten". Hausgast ist lange Zeit Sängerin Esther Ofarim; Freizeit: Lieben; Leibgericht: Nudelsuppe; Lieblingsgetränk: Wasser; Privat-Auto: Renault Automatic. Adresse: Uhlandstr. 40, 8012 Ottobrunn, Telefon: 089/608571

Rudolf Heribert Mühlfenzl

Mühlfenzl Rudolf Heribert (Pseudonym: Rufus Mücke), Fernseh-Chefredakteur, geboren in München, 30. November 1919, verheiratet mit Dr. Isabelle Paintner, eine Tochter Caroline. Laufbahn: Studium an der Universität München; 1945–1946: Geschäftsführer und Dramaturg des Neuen Münchner Theaters; 1948: Leiter des Wirtschaftsfunks im Bayer. Rundfunk; 1961: Leiter der Redaktion Wirtschaft in Funk und Fernsehen; 1964: Hauptabteilungsleiter für Wirtschaft und Sozialpolitik; 1969: Chefredakteur, Koordinator für Politik und Stellvertreter des Fernsehdirektors; Veröffentlichungen: „Interview mit dem Geld"; „Dabeisein ist alles – Wirtschaftswunder in der Karikatur", „Gesellschaft im Überfluß", „Der große Krach"; Freizeit: Skilaufen, Schreinerarbeit in eigener Schreinerei, sammelt biliophile Seltenheiten; Auszeichnungen: Bayerischer Verdienstorden (1970), Bayer. Staatsmedaille (1975), Ludwig-Erhard-Preis für Wirtschaftspublizistik (1977). Adresse: Bayer. Fernsehen, Floriansmühlstr., 8 München 45, Telefon: 089/38061

Müllauer Friedrich Dr., Generalkonsul von Österreich, geboren in Fieberbrunn, 21. Dezember 1922, verheira-

Friedrich Müllauer

tet mit Frau Claudia, zwei Kinder. Seit 1951 im österr. diplomatischen Dienst; 1952–54: Legationssekretär in Prag; 1954–55: Handelsattaché in Warschau; 1958–62 Generalkonsul in Mailand; 1966–67: Botschafter in Kolumbien und Equador; 1970–72: Botschafter in Saudi-Arbabien und Nord-Jemen; ab 1. 2. 75 österreichischer Generalkonsul in München; Hobby: Philosophie, Früh- und Vorgeschichte, Literatur; liebt kräftige Hausmannskost aus aller Herren Länder und trockene Weine. Adresse: Ismaninger Str. 136, 8 München 80, Telefon: 089/98 72 72–74

Müller Erich, Generaldirektor der „Warner Columbia"-Filmgesellschaft Deutschland und Supervisor der „Warner Columbia"-Filmgesellschaft Österreich, geboren in Marienbad, 14. Februar 1921. Laufbahn: Akademie für Handel in Böhmen; seit 1949 Salesman bei Columbia Pictures; seit 1952 Salesmanager für Columbia Pictures Deutschland und Österreich; bringt seit 1949 ca. 1500 Filme heraus und hat ca. 8600 gesehen; Hobby: Curling; Lieblingsgericht: Tafelspitz; raucht am liebsten Zigarre „Romeo und Julia" und fährt gern nach Südfrankreich. Adresse: Ickstattstr. 1, 8 München 5, Telefon: 089/23 60 10

Erich Müller

Gerd Müller

Müller Gerd („Mausi"), 1,76 Meter großer Fußball-Star („Bomber") mit Schuhgröße 41, links eine halbe Nummer größer, geboren in Nördlingen, 3. November 1945, verheiratet mit Frau Uschi, eine Tochter Nicole. Laufbahn: Weber, mit 18 Jahren zum FC Bayern in die Regionalliga Süd (damaliges Grundgehalt 160 Mark), wird dann erfolgreichster Torjäger aller Zeiten in Verein (FC Bayern) und Nationalmannschaft (vor allem im Zusammenspiel mit Franz Beckenbauer). Hört als Spieler in der Nationalelf auf, schießt bis 1977 insgesamt 600 Tore und geht im Juni 1979 nach Florida zum Verein „Fort Lauderdale Strikers". Schallplatte: „Da macht es Bumm", „Hipp hipp hurra in Mexiko", „Das gibt ein Schützenfest"; Auszeichnung: Fußballer des Jahres (1970), zweimal Goldener Schuh (Paris) als bester Torschütze Europas, Bundesverdienstkreuz. Liebt Wildwest-Romane und Operetten, hat Angst vor dem Fliegen, bewohnt Fünf-Zimmer-Bungalow mit französischem Ehebett; eröffnet 1975 ein Sportgeschäft in Aschheim. Adresse: Ismaninger Str. 10, 8011 Aschheim, Telefon: 089/903 15 42

Müller Günther Dr., Historiker, Bundestagsabgeordneter, geboren in Passau, 27. September 1934, verheiratet mit Liane Pokorny (seit 1. April 1958). Freizeit: Fußball, Schwimmen, Bergsteigen; bevorzugtes Lokal: „Osteria Romana"; Leibgericht: Volpina (Fisch) mit frischer Majonaise; Lieblingsgetränk: Chablis; Auto: BMW. Adresse: Vinzenz-Schüpfer-Str. 43, 8 München 71, Telefon: 089/75 76 39

Günther Müller

Müller Hans Reinhard, Intendant, Regisseur, Schauspieler, geboren in München, 15. Januar 1922, verheiratet mit Irene Holop, drei Kinder, Thomas (1946), Gabriel (1949) und Florian (1954). Schauspiel-Unterricht bei Friedrich Kayßler, Debüt in Klagenfurt; von 1945 bis 1954 Schauspieler, ab 1960 Intendant in Freiburg, ab 1973 in München;

Hans Reinhard Müller

über 50 Inszenierungen stammen von ihm, außerdem die Bücher: „Ein deutsches Stadttheater – Freiburg 1866–1966", „Reden und Aufsätze", „Linien – eine Dokumentation", „Streß – unser Schicksal". Auszeichnungen: Bundesverdienstkreuz erster Klasse, Ludwig-Thoma-Medaille; Freizeit: Musik, Lesen. Adresse: Münchner Kammerspiele, Hildegardstr. 1, 8 München 22, Telefon: 089/225371

Müller Hans Wolfgang Dr. phil., emer. Universitätsprofessor der Ägyptologie, Direktor i. R. der Staatl. Sammlung Ägyptischer Kunst, geboren in Magdeburg, 16. August 1907, verheiratet mit Maleen von Saalfeld. Baut Ägyptische Sammlung auf, errichtet ägyptische Obelisken im Münchner Hofgarten. Freizeit: Fotografieren, Beratung bei Ägypten-Film; bevorzugtes Lokal: „Pfälzer Stuben" in der Residenz; Leibgericht: Pfeffersteak; Getränk: Burgunder Rotwein; Auto: Fiat 128. Adresse: Mühlbergstr. 23, 8130 Starnberg, Telefon: 08151/14550

Hans Wolfgang Müller

Müller Konstantin, Senator (Bayerischer Senat), Landesverbandsleiter der Deutschen Angestelltengewerkschaft, geboren in München, 15. Juli 1919, verheiratet. Freizeit: Angeln, Fußball, Theater; Lieblingslokal: „Käfer's Schänke"; liebt bayrische Spezialitäten und badische Weine; fährt Audi 100. Adresse: Friedenheimerstr. 121c, 8 München 21, Telefon: 089/577010

Konstantin Müller

Müller Kurti, Chef des Pop-Dancing „Sugar Shack", geboren in München, 27. November 1944, verheiratet mit Helga Gruber. Laufbahn: Wächst beim Circus Krone auf und will zunächst Artist werden; wegen eines Augenleidens muß er aufgeben und wechselt (mit 21 Jahren) zur Gastronomie; erst Cafe in Herrsching, dann Buffetier bei Robert Boos in der „Reblaus"; Geschäftsführer im „Wiener P. B.", Ober in einem ostfriesischen Hotel und später „Große Freiheit"; nach Münchner „Gastspielen" im „Short Stop", „Tilbury" und „Tiffany's" macht er sich mit dem „Sugar Shack" zunächst im Humplmayr-Haus, später im Augustinerhaus in der Herzogspitalstraße selbständig; seine Disco ist das Lieblingslokal der internationalen Musik-Szene. Adresse: Herzogspitalstr. 6, 8 München 2, Telefon: 089/263720

Kurti Müller

Müller Lothar, Präsident der Landeszentralbank, ehemals Ministerialdirektor und Amtschef des Bayer. Staatsministeriums der Finanzen, Bayerns höchster Steuerbeamter, geboren in München, 27. Januar 1927, verheiratet mit Frau Irmgard, drei Töchter, ein Sohn. Laufbahn: Studium in Bamberg und München (Rechte, Volkswirtschaft); Eintritt in die Finanzverwaltung (1951); Chef der Betriebsprüfungsreferate der Finanzämter Kempten und Augsburg der Oberfinanzdirektion München und im Bay-

Lothar Müller

er. Finanzministerium; Freizeit: Malen, Wandern; Lieblingslokal: „Franziskaner"; liebt bayerische Schmankerl; Lieblingsgetränk: Bier und Frankenweine; fährt Mercedes. Adresse: Ludwigstr. 13, 8 München 22, Telefon: 089/ 237001

Walther Müller-Goerne

Müller-Goerne, Walther Dr. jur., Filmanwalt, geboren in Greifswald, 10. November 1909, Junggeselle. Laufbahn: 1933: Referendar-Examen; 1936: Assessor-Examen; 1936–40: Justitiar bei der UFA; ab 1950 Anwalt in München und Syndikus mehrerer Filmproduktions- und Verleih-Firmen. Adresse: Pienzenauerstr. 4, 8 München 80, Telefon: 089/988937

Eckhart Müller-Heydenreich

Müller-Heydenreich Eckhart, ehemaliger 3. Bürgermeister der Stadt München, Rechtsanwalt mit Arabisch-Kenntnissen, geboren in Swinemünde/Pommern, 19. April 1935, verheiratet mit Frau Karin. Freizeit: Arabisch büffeln, Fußballspielen, Golf; Leibgericht: Linseneintopf mit Würstl; Getränk: Roter Bordeaux-Wein; Privatauto: Renault. Adresse: Harthauser Straße 94, 8 München 90, Telefon: 089/648616

Müller-Meiningen Ernst jun. Dr. jur., Rechtsanwalt, Kommentator, geboren in München, 8. Juni 1908, verheiratet mit Hilde Sand. Laufbahn: Studium an der Universität München; seit 1946 bei der „Süddeutschen Zeitung"; ist begeisterter Tennisspieler.

Ernst Müller-Meiningen jr.

Adresse: Residenzstr. 11, 8 München 2, Telefon: 089/ 224856/225892

Münemann-Rossi Angela, Jet-Setterin, Schriftstellerin, geboren in München, 16. April, noch verheiratet mit Produzent Giorgio-Carlo Rossi, lebt mit Christian Bier (bis 1979) in Marbella. 1978 erscheint Autobiographie „Angie und die Männer" („Bild"); 1980: bisherige Bilanz erscheint in „Neue Revue": 2 Ehemänner, 2 Verlobte und 99 Liebhaber; Freizeit: Lesen; Lieblingslokal: „Luitpold-Grill"; Leibgericht: Bircher Müsli, Salat; Lieblingsgetränk: Milch, Kaffee; Garderobe: „Salon Lange" und „Maja of Munich"; Auto: Ford Fiesta. Adresse: Über der Klause 12, 8 München 9, Telefon: 089/ 645564

Angela Münemann-Rossi

Münemann Rudolf, Bankier, geboren in Berlin, 8. Januar 1908, verheiratet mit Lucia Minck, Tochter Angie. Industriefinanzierungen, lebt in Marbella und hat sein Harlachinger Haus an die SPD vermietet. Adresse: Über der Klause 12, 8 München 90, Telefon: 089/645564

Rudolf Münemann

Murschetz Luis, Karikaturist („SZ", „Zeit"), geboren in Wöllan/Steiermark, 7. Januar 1936, Vater einer „Spitzentochter" Annette (1967). Laufbahn: Kunstakademie Graz in den 50er Jahren; beginnt mit Sportkarikaturen, ist

Luis Murschetz

dann Werbegrafiker in Rotterdam; seit 1962 in München; zeichnet jeweils in der Wochenendausgabe der „Süddeutschen Zeitung" auf der Meinungsseite und übernimmt 1970 Paul Floras Platz in der „Zeit"; zwei Grafik-Bücher „Draculas Ende" (1969) und „Die Ungeheuer von Loch Ness" (1973); Cartoons „Tschau, Tschüs, Servus"; drei Kinderbücher „Der Maulwurf Grabowski" (Text und Illustration – in 18 Sprachen übersetzt, erscheint 1972) „Der Hamster Radel" (1975) und „Der dicke Karpfen Kilobald" (1978); Freizeit: Tennis, Skilaufen; Leibspeise: Topfenstrudel; Lieblingslokal: Gasthof Weißenbacher in Frohnleiten bei Graz; fährt BMW. Adresse: Kunigundenstr. 38a, 8 München 40, Telefon: 0 89/3 61 54 76

Müthel Lola, Kammerschauspielerin, geboren in Darmstadt, 9. März, verheiratet mit Schauspieler Hans Caninenberg, zwei Kinder, Angela und Andres. Karriere: wird in einer Schauspielschule in Berlin von Gustaf Gründgens entdeckt und gehört dem G. G.-Ensemble von 1936–44 an; in den 50er Jahren ist sie an Bühnen, die ihr Vater Lothar Müthel (gestorben 1964) leitet; Film: „Spiel im Sommerwind", „Der Polizeifunk meldet", „Eine Frau genügt nicht", „Der Jugendrichter"; Fernsehen: „Ein Mann Gottes", „Der Gärtner von Toulouse". Freizeit: Musik, Schwimmen; liebt italienische Restaurants; Leibspeise: Parmaschinken mit Melonen; Lieblingsgetränk: Whisky und Sherry; fährt Citroen. Adresse: Maria-Eich-Str. 43, 8032 Gräfelfing, Telefon: 0 89/85 32 17

Lola Müthel

N

Marlene Neckermann

Neckermann Marlene, Malerin, Nichte des Frankfurter Kaufhaus-Senior Josef Nekkermann, geboren in Würzburg, 22. Mai, Junggesellin. Laufbahn: Wiesbadener Werkkunstschule, dann 1963 Akademie für grafisches Gewerbe in München, beginnt mit Kinderbuch-Illustrationen („Rate mal“, „Birki“), Naiv-Malerin und seit 1974 „phantastischer Realismus“ (mit dem Onkel Neckermann anfangs nicht viel anzufangen wußte, sich erst distanzierte, aber seit 1979 den Kontakt zur malenden Nichte pflegt); malt häufig für „Playboy“ und „Lui“ Freizeit: Reiten, Skilaufen; Lieblingslokal: „Brasserie“, bevorzugt süße Speisen, trinkt Frankenwein; Garderobe: „Leopoldsmarkt“ und „Sweetheart“; fährt BMW 318. Adresse: Straßbergerstr. 16, 8 München 40, Telefon: 089/3516196

Neerpasch Jochen, Rennleiter, Ex-Chef der BMW-Motorsport GmbH und seit 1980 bei der Autofirma Talbot,

Jochen Neerpasch

Image-Macher, geboren in Krefeld, 23. März 1939, verheiratet mit Frau Helga, zwei Kinder, Jessica und Nicholas. Lieblingskind ist sein „BMW M 1“ (260 Stundenkilometer schnell, 116000 Mark teuer). Adresse: Preußenstr. 45, 8 München 40, Telefon: 089/38681

Paolo Nestler

Nestler Paolo Professor, Architekt, Schriftsteller, geboren in Bergamo (Italien), 4. Juli 1920. Veröffentlichung: „Neues Bauen in Italien“; Freizeit: Jagd, Malerei, Philosophie. Adresse: Holbeinstr. 26, 8 München, 089/448703

Netzle Toni (geborene Fischer), Wirtin des Schwabinger Treffs „Alter Simpl“, geboren in München, 25. März, wieder Junggesellin mit fester Bindung (Jurist Ole Olowson), zwei Kinder, Christian und Birgit. Schülerin der Falkenbergschule, Schauspielerin (Kammerspiele), nach der Scheidung von Klaus Netzle Eröffnung des „Alten Simpl“ (1960); berühmte Gäste: Sammy Davis jr., Brigitte Bardot, Curd Jürgens, Udo Jürgens; Stammtisch: Luggi Waldleitner, Carl Spiehs, Günter Ungeheuer, Harald

Toni Netzle

Leipnitz, Karsten Peters; Filme: „Das Glöckerl unterm Himmelbett“ mit Horst Frank und Alexander Golling, „Zeit für Träumer“, „Zur Sache Schätzchen“, „Sommersprossen“ (Regie: Helmut Förnbacher), „Gauner wider Willen“; Lieblingslokal: „Franziskaner“, „Emmeramsmühle“, „Käthe's Küche“; Leibspeise: Selbstgemachter Schweinebraten; Lieblingsgetränk: Whisky, Wodka und in Mengen Tee; Garderobe: „Daisy“; Auto: Citroen „Pallas“. Adresse: Türkenstr. 57, 8 München 40, Telefon: 089/287242 (2723083)

Neudecker Wilhelm, Senator h. c. der Ludwig-Maximilian-Universität München, ehem. Präsident des „FC Bayern“, Bauunternehmer, Hotelier, geboren in Straubing, 24. Oktober 1913, verheiratet (seit 1938). Auszeichnung: Bayerischer Verdienstorden, Bundesverdienstkreuz

Wilhelm Neudecker

1. Klasse, Medaille „München leuchtet den Freunden Münchens", Reichssportabzeichen; Freizeit; Golf, Fischen; bevorzugte Lokale: „Käfer's Schänke", „Franziskaner", „Nürnberger Bratwurstglöckl"; Leibgericht: Beinfleisch mit frischem Meerettich; Getränk: Bier und Frankenwein; Garderobe: Dietl, München und Scherer, Bad Wiessee. Adresse: Waltherstr. 33, 8 München 2, Telefon: 089/537444

Neumeister Rudolf, Konsul von Jordanien, Antiquitäten-Mogul, Chef des Kunstversteigerungshauses (früher: A. Weinmüller), geboren in München, 14. Oktober 1925. Hat 1300 Quadratmeter-Imperium in der Barerstraße; Freund von Konzernchef Dr. Friedrich Karl Flick; Kunden seines Hauses: Rudolf Oetker,

Rudolf Neumeister

August von Finck und früher auch Paul Getty sen.; ist passionierter Jäger und gelegentlicher Sänger mit eigenwilliger Tonart („Die Gamserl schwarz und braun"). Adresse: Barerstr. 37, 8 München 40, Telefon: 089/283011

Neureuther Christian, Slalomstar, geboren in Garmisch-Partenkirchen, 28. April 1949, verheiratet mit Rosi Mittermaier. Studiert Medizin und Kunstgeschichte; macht 1968 erstmals sportlich

Christian Neureuther

von sich reden in der Deutschen Meisterschaft (4. im Abfahrtslauf); gilt als größte deutsche Nachwuchshoffnung; erzielt fünf Siege in Weltcup-Rennen im Spezial-Slalom; besitzt in Deggendorf ein Tennis-Zentrum; Freizeit: Fußball, Wasserski; liebt Antiquitäten. Adresse: Münchner Str. 42, 81 Garmisch-Partenkirchen, Telefon: 08821/4317

Neven du Mont Alfred, Verleger von „AZ", „Kölner Stadtanzeiger", „Express", geboren in Köln, 29. März 1927, verheiratet mit Hedwig Prinzessin von Auersperg; Laufbahn: Studium der Kunstgeschichte und der Literatur an der Universität München und Publizistik an der Northwestern University Chicago;

Alfred Neven du Mont

hat zweiten Wohnsitz in München; Lieblingslokal: „Osteria". Adresse: Breite Strasse 70, 5000 Köln 1, Telefon: 0221/20511

Niessen Charly, Textdichter und Schlagerkomponist, geboren in Wien, 22. August 1923, verheiratet. Erfolgsschlager: „Der Mann im Mond", „Banjo-Boy", „Eine Insel für zwei", „Er war nie ein Kavalier", „Bißchen denken beim Schenken"; Musical:

Charly Niessen

„Wonderful Chicago", „Poker mit Dame". Adresse: Herrenberg 22, 8210 Prien/Chiemsee, Telefon: 08051/1529

Noack Barbara, Autorin, geboren in Berlin, 28. September, Sohn Jan (1959). ZDF-Serie „Der Bastian", auch

Roman „Die Züricher Verlobung" ist verfilmt worden (mit Lilo Pulver), ebenso „Das kommt davon, wenn man ver-

Barbara Noack

reist", „Auf einmal sind sie keine Kinder mehr" (1979) und die TV-Serie „Drei sind einer zuviel" (mit Jutta Speidel); lebt am Starnberger See. Adresse: Langen-Müller/ Herbig, Hubertusstr. 4, 8 München 19, Telefon: 089/ 177041

Noack Paul Dr. phil., Universitätsprofessor, Kommentator, geboren in Hagen/ Westfalen, 28. Februar 1925, verheiratet (seit 1954). Freizeit:

Paul Noack

Tennis, Wandern, Literatur; Lieblingsgericht: Austern („aber die kleinen Portugaises"); Lieblingsgetränk: trokkener Weißwein; Privatauto: Opel Commodore. Adresse: Albert-Schweizer-Str. 13, 8034 Unterpfaffenhofen, Telefon: 089/842869

Nöhbauer Hans F. Dr. phil., Journalist, Schriftsteller, geboren in Dietersburg/Niederbayern, 28. Oktober 1929. Laufbahn: Oberrealschule Pfarrkirchen; Universität München (Philosophie, Literatur und Zeitungswissenschaft); 1954: Zeitungsvolontariat; 1956: Promotion Dr. phil. 1958: Bayer. Fernsehen; 1959: Abendzeitung (Feuilleton, Literaturkritik); 1970 Cheflektor beim Droemer-Verlag; seit 1972: freier

Hans F. Nöhbauer

Schriftsteller und Journalist; Bücher, u. a.: „Von A–Z im Kinderland", „Die Bajuwaren", „Die Wittelsbacher"; Freizeit: Niederbayern und Burgund; Auto: Volvo. Adresse: Schleißheimer Str. 110, 8 München 40, Telefon: 089/188381

Nouhuys Heinz van, „Lui"-Herausgeber, Geschäftsführender Gesellschafter des „Newmag"-Verlags, Journalist, geboren in Frankfurt/ Main am 27. September 1929, verheiratet, vier Kinder (aus zwei Ehen). Laufbahn: Reporter beim Wiesbadener Kurier und Rias Berlin; Autor bei allen deutschen Illustrierten; Chefredakteur „Quick"; Verleger von „Lui" und „Foto"; Freizeit: Motorboot, Fliegen (Pilotenschein für Sportmaschinen); Lieblingslokal: „Oak-Bar" im „Plaza"-Hotel

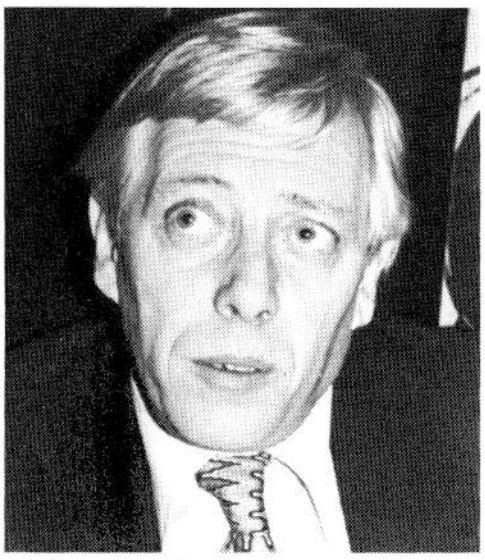

Heinz van Nouhuys

New York, „Harry's New York Bar" in München; Leibspeise: Nudeln mit frischem weißen Piemont-Trüffel; Lieblingsgetränk: Single Malt-Whisky; Garderobe: Cardin; Auto: 280 SE Cabrio (Baujahr 1967). Adresse: Lui, Sternwartstr. 4, 8 München 80, Telefon: 089/984911

Nüchtern Rüdiger, Regisseur, geboren in Dietramszell/Obb., 11. April 1945, verheiratet mit Frau Monika,

Rüdiger Nüchtern

zwei Kinder, Max (1976) und Jakob (1979). Laufbahn: Abitur, Studium der Theaterwisssenschaften und Filmhochschule München; macht Musikfilme, Beiträge für Kinder-

und Jugendmagazine im Fernsehen; Filme „Anschi und Michael" (auch Fernseh-Serie), „Schluchtenflitzer"; Drehbuch für 13teilige Fernseh-Serie „Ein Mayer kommt selten allein"; Hobby: Autos, Musikautomaten; Leibspeise: Wild; Lieblingsgetränk: trokkener Weißwein, Bier, Rum-Drinks; Autos: Volvo 123 GT, Mini, VW-Kübelwagen, Ford-Transit. Adresse: Breisacher Str. 14, 8 München 80, Telefon: 089/481230

Simon Nüssel

Nüssel Simon, Agrar-Staatssekretär im Bayerischen Landwirtschaftsministerium (seit 1970), geboren in Bad Berneck/ Landkreis Bayreuth, 20. Januar 1924, verheiratet mit Elsa Groh (seit 1947), drei Kinder, Manfred, Helmut, Christine. Betreibt einen Hof mit 38 Hektar Eigentumsfläche, 30 Hektar Pachtland und neun Hektar Wald. Adresse: Ludwigstraße 2, 8 München 22, Telefon: 089/2182216

O

Obermaier Hannes, Gesellschafts-Kolumnist, geboren in Mühldorf, Inn, 12. Juni 1923, verheiratet mit Haide Wenger, 2 Kinder, Thomas und Daniela. Hatte 20 Jahre lang in der „Abendzeitung" täglich die Kolumne „Hunter notiert". Publikation: „Hunter's Treibjagd" (Droemer-Verlag), schreibt heute eine Kolumne in der „Diner's Club-Zeitung" und gehört zum Redaktionsstab der „Bunte"-Illustrierte. Besitzt ein traumhaftes Feriendomizil („Casa Moresca") direkt am Meer in

Hannes Obermaier

Terracina. Freizeit: Garten (in Italien), bevorzugtes Lokal: „Bayerischer Hof" (gibt dort am Swimmingpool immer die ‚Silvesterparty'), Leibgericht: Steinpilze mit Semmelknödel; Getränk: Landwein aus Terracina, Garderobe: Max Dietl, Auto: BMW. Adresse: Osserstr. 34, 8 München, Telefon: 089/989473

Oeller Helmut Dr., Fernseh-Direktor, geboren in Würzburg, 19. Oktober 1922. Studium in Würzburg (Philosophie, Literaturwissenschaft, Kunstgeschichte), Doktorarbeit „Das schlafende Lied bei Eichendorff"; 1953 Assistent des Fernseh-Direktors, 1954 Jugendbuch-Herausgeber, 1960 TV-Produktionschef, 1961 Fernseh-Beauftragter,

Helmut Oeller

1964 Direktor des Studienprogramms, 1971 Fernsehdirektor. Auszeichnung: Silberne Medaille des „Grand Prix France Allemagne". Freizeit: Sammelt Kinderbilderbücher. Adresse: Rundfunkplatz 1, 8 München 2, Telefon: 089/59001

Oetker Richard, Sohn des Backpulver-Konzernherrn Rudolf Oetker, geboren in Senne, 4. Januar 1951; verheiratet mit Frau Marion; Land-

Richard Oetker

wirtschafts-Studium an der Freisinger Uni; lebt seit dem Kidnapping im Jahre 1976 (für 21 Millionen Mark freigelassen) sehr zurückgezogen in seiner Freisinger Wohnung, geht kaum noch aus und folgt nur privaten Einladungen (ist öfter bei Ferdinand Freiherr von Michel in Nymphenburg zu Gast); Lieblingslokal (wie sein Vater): „Weichandhof", „La Mer". Adresse: Lutterstr. 14, 4800 Bielefeld, Telefon: 0521/1551

Ofarim Esther (bürgerlich: Zaied) 1,56 Meter große Sängerin, geboren in Zafed bei Nazareth, 13. Juni. Von Otto Preminger für seinen Film „Exodus" (1959) entdeckt, ein Jahr später Partnerin seiner

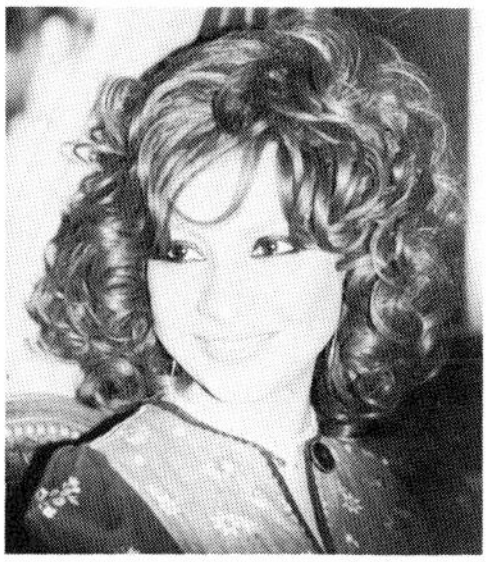
Esther Ofarim

sechs TV-Shows in Israel; 1961 gewinnt sie mit ihrem Mann Abi Reichstadt einen Chanson-Wettbewerb in Tel Aviv unter dem Namen Ofarim (zu deutsch: Gazelle); beide arbeiten erfolgreich bis 1969 (viele Goldene Schallplatten), in England sind sie top mit „Cinderella Rockefeller". 1970: Scheidung, danach wird es eher still um Esther, ihre Solo-Karriere scheitert ebenso wie die von Abi. Freizeit: Schlafen, schlafen, Antiquitäten, Vögel. Adresse: Agentur Alexander, Lamontstr. 9, 8 München 80, Telefon: 089/471011

Olsen Rolf, Regisseur, Schauspieler, geboren in Wien, 26. Dezember 1919, verheiratet mit Ilse Peternell. Filme (rund 40): „Das Geheimnis

Rolf Olsen

der Mary Eleste", „Schwarzer Freitag", „Der Schrei der schwarzen Wölfe" mit Raimund Harmstorf und Ron Ely, „Die Reise ins Jenseits". Adresse: Keltenstr. 3, 8021 Sauerlach, Telefon: 08104/7153

Opela Evelyn, Schauspielerin, geboren in Warnsdorf/CSSR 4. Februar. Seit 1967 in Deutschland, Bernhard Wicki-Film „Das falsche Gewicht" (1970), bis 1979 70 Film- und TV-Rollen, Theater: Düsseldorfer Schauspielhaus (1977–78), Josefstadt (1978–79). Beschäftigt sich mit Astrologie, Jogging im Grüntal und Englischen Garten,

Evelyn Opela

fährt weißen BMW (Name: „Franz Josef"). Adresse: Agentur Bloy, Gasteigstr. 1, 8022 Grünwald b. München, Telefon: 089/6411893

Orentschuk Boris („Bobsi") Dr., Wittelsbacher Intimus, internationaler Druckmaschinen-Großhändler mit Firmensitzen in Brasilien, Mexiko, Bolivien, Peru, Venezuela, Thailand und auf den Philippinen, geboren in München, 12. Februar 1925, aufgewachsen in Schliersee, Witwer (seine Frau Ulrike Ziehen verunglückte 1978 auf Sylt tödlich bei einem Treppensturz). Die Feste, die er in seinem herrschaftlichen Gästehaus in Durham bei Bayrischzell gibt, sind berühmt; großer Privatbesitz in Mexiko und Argentinien, reist sehr viel und hält sich in München pro Jahr höchstens drei- bis viermal

Boris Orentschuk

auf. Sein Freundeskreis ist speziell der Hochadel, hat keinen Führerschein und läßt sich grundsätzlich chauffieren; Lieblingslokale: „Boettner", „Käfer"; Leibgericht: Krebse; Getränk: Champagner. Adresse: Oskar-von-Miller-Ring 34, 8 München 2, Telefon: 089/282098

Orff Carl, Komponist, Musikpädagoge, Professor, geboren in München, 10. Juli 1895,

Carl Orff

Ehe mit Schriftstellerin Luise Rinser (geschieden), Vater einer Tochter Godela (arbeitet als Schauspielerin). Laufbahn: erhält bereits als Fünfjähriger ersten Unterricht in Klavier-, Orgel- und Cellospiel und versucht auch an eigenen Kompositionen; 1911 schreibt er 50 Lieder nach Texten von Heine, Hölderlin und Uhland; 1912 entsteht ein größeres Chorwerk, das auf Nietzsches „Also sprach Zarathustra" basiert; 1913 seine erste Oper „Gisei" (nach einer japanischen Sage); ein Jahr später studiert er in München an der Akademie der Tonkunst, wird Kapellmeister an verschiedenen Bühnen; 1915–17 bei Otto Falckenberg an den Kammerspielen; 1918–19 in Mannheim und Darmstadt; 1920 freischaffender Komponist in München; 1921–22 Kompositionsstudien bei Kaminski; 1924 Gründung der Günther-Schule; 1930–35 „Schulwerk für Kinder", „Das Pardiesgärtlein" (Ballett), „Kinderreigen" (Eröffnungsspiel der Olympischen Spiele Berlin 1936), „Carmina burana" (1937 in Frankfurt/Main uraufgeführt), „Der Mond", „Die Kluge", „Catulli carmina", „Die Bernauerin", „Antigonae", „Ein Sommernachtstraum", „Ödipus, der Tyrann", „Ludus de nato infante mirificus", „Prometheus", „Rota" (1972 nach dem Kanon „Sumer is icumen" als „Gruß der Jugend" für das Opening der Olympischen Spiele München); 1950–60 Leiter der staatlichen Hochschule für Musik in München; 1961 Gesamtleitung des neugegründeten Orff-Instituts an der Akademie „Mozarteum"; 1975: Dokumentation „Carl Orff und sein Werk" (8 Bände), Literatur „Carl Orff – Idee und Werk" (Andreas Ließ), „Musik und Bewegung" (Barbara Kreye), „Carl Orff zum 75. Geburtstag" (Grieshaber). Auszeichnungen: Musikpreis der Stadt München (1947), New Yorker Preis der Musikkritiker (1954), Ehrendoktor der Universität Tübingen (1955) und der Universität München (1957), Mitglied des Ordens „Pour le Merite" für Kunst und Wissenschaft (seit 1956), Bremer Musikpreis (1956), Großes Bundesverdienstkreuz mit Stern (1967) und Schulterband (1972), Ehrenmitglied des Mozarteums (1960), Mitglied der Bayrischen Akademie der Schönen Künste (1961), Frankfurter Goethe-Plakette, Silberne Medaille von Salzburg, Mozart-Preis der Goethe-Stiftung in Basel (1969), Goldene Humboldt-Medaille der Humboldt-Gesellschaft, Romano-Guardini-Preis (1974), 1975 Ehrenbürger Münchens und Salzburgs, in Berlin wird eine Schule nach Carl Orff benannt; Freizeit: Rhythmisches Fitness-Training: Holzhakken. Adresse: St. Georgen 134, 8918 Diessen/Ammersee, Telefon: 08807/7106

Ostermayer Christine, Bayerische Staatsschauspielerin (seit 1966), geboren in Wien, 15. Dezember. Mit 16 Jahren Wiener Reinhardt-Seminar, dort entdeckt sie der Essener Oberspielleiter Heinz Dietrich Kenter; spielt später

Christine Ostermayer

Theater „Alle Kinder Gottes haben Flügel" (in Wuppertal), Intendant Helmut Henrichs engagiert sie 1963 (erstes Stück am Münchner Residenztheater „Kabale und Liebe"), Salzburger Festspiele 1972, 1979; 1977 spielt sie unter der Regie von Ingmar Bergman in Strindbergs „Traumspiel" (Residenztheater), später das Musical „Sweet Charity"; die Zusammenarbeit mit Bergman verläuft so gut, daß sie noch zwei weitere Theaterstücke unter seiner Regie macht („Drei Schwestern" und „Hedda Gabler"). Auszeichnung: Josef-Kainz-Medaille; Freizeit: Klavierabende (spielt selbst Klavier). Adresse: Viktoriastr. 11, 8 München 40, Telefon: 089/343455

Ott Max, Architekt, Innenarchitekt, Spezialist für alpen-

Max Ott

ländischen Stil („Der Grundriß ist die Seele des Hauses"), geboren in München, 2. Februar 1907, verheiratet, drei Kinder. Studiert Architektur an der Akademie in München; seit dem 20. Lebensjahr selbständig; baut neben berühmten Lokalen wie „Humplmayr", „Schubert", „Bei Hans Gruß", „Heinz Bar" bis 1979 rund 400 Privathäuser im In- und Ausland (bevorzugte Materialien: Ebenholz, Eiche, Fichte), darunter die Karajan-Villa in St. Moritz und das Jagdhaus von König Leopold von Belgien; Freizeit: Fischen, Bergsteigen, Skilanglauf. Adresse: Rosenheimer Str. 124, 8 München, Telefon: 089/405410

Ottenjann Rudolf Professor Dr. med., Chefarzt (Krankenhaus Neuperlach), geboren

Rudolf Ottenjann

in Cloppenburg (Oldb.), 19. April 1926, verheiratet. Beschäftigt sich in der Freizeit mit Geschichtsstudien und mit Autobiographie; Lieblingslokal: „Kreitmaier", Keferloh; Leibgericht: Stangenspargel mit Schinken und zerlassener Butter; Lieblingsgetränk: „Whiskey und Whiskey", Privatauto: Mercedes. Adresse: Oskar-Maria-Graf-Ring 51, 8 München 83, Telefon: 089/6794–310

P

Paul Mathias Padua

Padua Paul Mathias, Professor, Maler, geboren in Salzburg, 15. November 1903, verheiratet mit Maria-Antonie Biggy. Verbringt die Freizeit mit Schwimmen, Bergtouren, Skilaufen; Lieblingsrestaurants: „Nürnberger Bratwurstglöckl", „Käfer's Schänke"; Leibspeise: Donauwaller, Gansbraten mit Knödel; Getränk: Milch; fährt Mercedes. Adresse: Ganghoferstr. 15, 8163 Rottach-Egern, Telefon: 08022/5013

Ilse Page

Page Ilse, Schauspielerin, geboren in Berlin, 29. Mai, verheiratet mit Jugendfreund Peter Schumann. Theater: „Früher oder später", „Komödie im Dunkeln", Film: „Liebe will gelernt sein", „Und so nennt sich Leben". Freizeit: Alte Puppen sammeln, Bücher, Psychologie; Lieblingslokal: „Romana Antica", „Kulisse"; Leibgericht: Pfeffersteak, Berliner Weichkäse mit Leinenöl; Getränke: Milch, Bier; Auto: Scirocco. Adresse: Schleißheimer Str. 15, 8046 München-Garching, Telefon: 089/3202965

Pakuscher Ernst Karl Dr., Präsident des Bundespatentgerichts, geboren 26. August 1921; 1949 und 1951: Staatsprüfungen in Berlin; 1952: Promotion an der Universität München (Dissertation über Urheberrecht); „Master of Laws" an der Berkeley University in Kalifornien; Land- und Kammergericht Berlin; seit 1964 Richter und seit 1970 Präsidialreferent am Bundesverwaltungsgericht in Berlin; wird im Oktober 1972 Nachfolger von Dr. Rudolf Neumar, Präsident des Bundespatentgerichts München. Adresse: Zweibrückenstr. 12, 8 München 2, Telefon: 089/21951

Ernst Karl Pakuscher

Paleske Ingrid von, Freifrau, Porträt-Fotografin, geboren in Liegnitz/Schlesien, 9. April, 3 Töchter, Christa, Ina und Sylvia. Laufbahn: Fotoschule und Volontariat in Berlin; arbeitet mit Film-Agenturen zusammen; 1961: eröffnet in München ein eigenes Atelier in der Schackstraße, macht Porträts von Schauspielern wie Harald Leipnitz, Sonja Zieman, Thomas Fritsch, Charles Regnier; Hobby: Kochen. Adresse: Montgelasstr. 2, 8 München 80, Telefon: 089/985868

Ingrid von Paleske

Palz Irmgard, Filmagentin, geboren in Aachen, 18. Juni. Früher Schauspielerin, gründet Agentur und betreut Künstler wie Elke Aberle, Franziska Bronnen, Harald Juhnke, Hannes Messemer, Horst Tappert, Karlheinz Böhm, Diana Körner, Barbara Valentin, Thomas Fritsch; liebt Champagner, die Farbe Rosa, Katzen und ißt gern und gut. Adresse: Ortlindestr. 6/VII, 8 München 81, Telefon: 089/91201910

Irmgard Palz

Papan (bürgerlich: Manfred von Papen), „Stern"-Zeichner, Erfinder des „undressierten Mannes" (wöchentlich, seit 1972) und von Cartoons die man entweder sofort, gar nicht oder erst eine Woche später versteht, geboren in Hamburg, 21. Januar 1943, Junggeselle, SPD-Mitglied. Schwarzes Schaf einer alten preußischen Adelsfamilie; 1969: wohnt erst bescheiden in einer ehemaligen Metzgerei in Bogenhausen (mit Toilette über den Hof); seit 1979 Atelierwohnung in der Maximilian-Straße; Buch: „Papan's Panoptikum"; Freizeit: Sammelt „Tote Insekten im Park", Reisen, Bücherschreiben. Adresse: Trogerstr. 20, 8 München 80, Telefon: 089/298705

Papan

Pappas Dimitri, griechischer Generalkonsul, geboren in Hajoschalem (österreichisch/ungarische Grenze), 12. Dezember 1921, Junggeselle. Ingenieur-Studium in Wien; Österreichs „Mercedes-Benz"-Statthalter mit Sitz in Salzburg; seine Partys sind

Dimitri Pappas

die besten. Adresse: Reichenhaller Str. 7, Salzburg/Österreich, Telefon: 0043 6222/43501

Pascal Olivia, Schauspielerin, geboren in München, 26. Mai,

Olivia Pascal

Junggesellin mit fester Bindung (Achim Lenz). Arbeitet als Sekretärin in München und wird von Produzent Carl Spiehs für den Film entdeckt. Filme: „Vanessa", „Griechische Feigen" mit Claus Richt (betreibt das Lokal „Lucky Elephant"), „Angst vorm Fliegen", „Candy, Cola, Chocolate", Summernight-Fever", „Casanova + Co" (Regie: Franz Antel). Adresse: Lisa-Film, Widenmayerstr. 48, 8 München 22, Telefon: 089/227195

Pasetti Peter, Schauspieler, geboren in München, 8. Juli 1916, verheiratet mit Marianne Swoboda. Karriere: Schauspiel-Unterricht bei Magda Lena in München, Musikausbildung bei Rudolf Hindemith

Peter Pasetti

(Cello) und Hermann Bischler (Klavier) spielt Theater (Kammerspiele, München, Ingolstadt, Kiel, Berlin, Zürich, Salzburg); Filme: „Das Fräulein von Barnhelm", „Der rote Prinz", „Parkplatz zur großen Sehnsucht", „Spielbank-Affäre", „Der Henker von London", „Der Hund von Blackwood Castle", „Der Hexer"; Fernsehen: „Leben wie die Fürsten", „Ein Schweigen am Himmel", „Der Scheck", „Entführung aus dem Serail", „Besuch gegen zehn", „Geliebtes Scheusal". Auszeichnung: Schwabinger Kunstpreis 1976; verläßt 1979 die Münchner Kammerspiele (war 32 Jahre dieser Bühne verbunden). Freizeit: Wassersport,

Musik; Lieblingslokal: „Jadran Grill"; Leibgericht: Samobor; Getränk: Campari; Garderobe: Sackstetter; Privatwagen: Mercedes. Adresse: Feilitzschstr. 34, 8 München 40, Telefon: 089/346281

Peck Gerson, Stadtschulrat, geboren in Trebnitz/Niederschlesien, 3. Mai 1928, verheiratet, drei Söhne. Laufbahn: Volksschule, Besuch der Lehrerbildungsanstalten Obernigk und Liebenthal in Schlesien und von 1946–48 in Straubing; 1953: Lehrer in München, zuletzt Rektor der Grundschule in der Türkenstraße; 10 Jahre ehrenamtli-

Gerson Peck

cher Stadtrat, am 5. Mai 1976 zum Stadtschulrat Münchens (als Nachfolger von Fingerle) gewählt. Adresse: Rathaus, Marienplatz 8, 8 München 2, Telefon: 089/2151

Peitsch Monika, Schauspielerin, geboren in Zeitz/Sachsen, 23. Dezember, von 1969–72 mit Fabrikant Peter Kessler verheiratet, nach der Scheidung Liaison mit Dressman und Galerist Jörg Janisch. Aus der Verbindung stammt Sohn Philipp Christopher (1974). Seit 1978 mit dem französischen Kartonagen-Fabrikanten Bernhard Rossmann zusammen. Karriere: Zahnarzthelferin, wirkt von Zeit zu Zeit als Statistin am Berliner Hebbeltheater mit; Schauspiel-Unterricht bei Marlise Ludwig; Boleslaw Barlog schließt

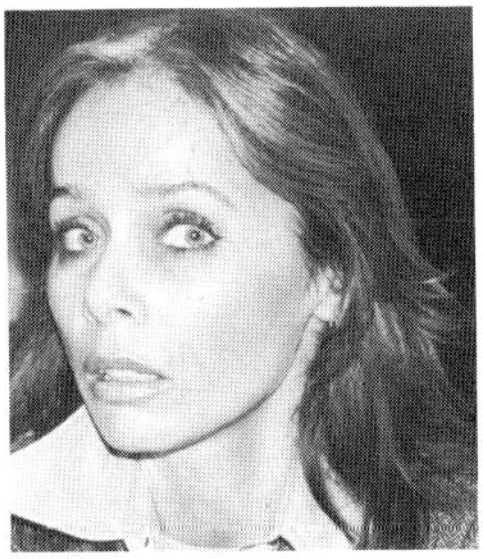

Monika Peitsch

einen Ausbildungs-Vertrag mit ihr ab, fünf Jahre Berliner Schiller-Theater (ihre Lieblingsrolle: Shaws Cleopatra). Filme: Schamonis „Schonzeit der Füchse", „Hotel der toten Gäste", „Der Bucklige von Soho"; ihr erstes Fernsehstück heißt „Kleider machen Leute" (mit Hanns Lothar), dann „Boeing-Boeing", die Serie „Die Unverbesserlichen" (mit Inge Meysel), „Das Kriminalmuseum", „Die vier Schlüssel", „Nathan der Weise", „Milch für Zimmer 4", „Die fünfte Kolonne", „Blick von der Brücke" (mit Hans Christian Blech), „Okay S.I.R.", „Traumfrau"; geht hauptsächlich auf Theater-Tourneen (80 Städte-Gastspiele). Auszeichnung: Bambi 1970. Adresse: Agentur Bloy, Gasteigweg 1, 8022 Grünwald, 089/6411893

Penkert Rainer, Schauspieler, geboren in Berlin, 23. Juni 1921, Junggeselle. Laufbahn: Deutsche Schauspielschule in

Rainer Penkert

Berlin 1945–48; Rollen bei Film, Fernsehen und Bühne; seit 1963 Inneneinrichter und Kunsthändler mit Geschäft in der Fürstenstraße. Adresse: Fürstenstr. 6, 8 München 2, Telefon: 089/281271

Pertramer Elfie, Schauspielerin, Filmemacherin, Autorin, geboren in München, 18. November, in vierter Ehe mit dem Sarden Francesco Deianas verheiratet; zwei Kinder, Dorle und Wolfgang (als Schauspieler unter dem Namen Wolfgang Fischer bekannt); lebt seit 1972 in Sardinien. Theater „Fensterl zum Hof", „Schwabinger Vorstadtbrettl"; TV-Serien: „Das Fensterl zum Hof", „Die rote Marianne von Tirol"; eigene TV-Filme: „Eleonora d'Ar-

Elfie Pertramer

borea", „Die Herrgottsapotheke", „Die Deianas"; Buch: „Die magische Insel", Geschichten aus Sardinien; Freizeit: Bergsteigen, Malen, Sammeln von Tulpenzwiebeln. Adresse: Mechthildenstr. 26, 8 München 19, Telefon: 089/173474

Peter Albrecht, Kammersänger, geboren in Nürnberg, 6. August 1914, verheiratet

Albrecht Peter

mit Kammersängerin Maud Cunitz. Auszeichnung: Bayerischer Verdienstorden; Hobby: Kunstausstellungen besuchen, liebt Kalbshaxe und Hefe-Weißbier, fährt BMW. Adresse: Kirchenweg 8, 8011 Baldham, Telefon: 08106/8377

Peters Karsten, Journalist, Kritiker, Autor, TV-Moderator, geboren in Waren/Müritz (Mecklenburg), 12. August 1935, moderiert seit 1978 Kino-Sendung im 3. Programm des Bayerischen Fernsehens, arbeitet vorher beim Herren-Magazin „Lui" und rund 15 Jahre bei der „Abendzeitung" (Feuilletonchef und Vize-Chefredakteur); 1979: „Bürger-Anwalt" der AZ; Freizeit: Ballett- und Opern-

Karsten Peters

besuche, Schallplatten (Klassik), Fußball-Schiedsrichter; Lieblingslokal: „Alter Simpl"; Leibgericht: Tomaten-Makkaroni („wenn ich dürfte"); Getränk: alle Alkohol-Arten außer Eierlikör („wenn ich dürfte"). Adresse: Türkenstr. 70, 8 München 40, Telefon: 089/283547

Pfeiffer Michael, „MP"-Gepäck-Fabrikant (seine Kollektion wurde von der Fach-Jury der „Accademia Internatio-

Michael Pfeiffer

nale Dell'Alta Moda" in Turin mit dem Lederwaren-„Oscar" 1979 ausgezeichnet), geboren in Berlin, 21. Oktober 1942, verheiratet mit Frau Christl, zwei Töchter; Hersteller des blauen zehnteiligen „Lufthansa"-Fluggepäcks; Freizeit: Surfen, Segeln, Radeln; Leibspeise: Schweinebraten; Lieblingsgetränk: Bier; Auto: Mercedes und Jeep Golden Eagle. Adresse: Jägerweg 1, 8012 Ottobrunn, Telefon: 089/606190 u. 606193

Pflug Eva, Schauspielerin, geboren in Leipzig, 12. Juni, Junggesellin. Deutsche Stimme von Julie Christie und Ursula Andress; Schallplatte: „Ich"; Fernsehen: „Die Falle", „Die phantastischen Abenteuer des Raumschiffes

Eva Pflug

Orion"; Filme: „Gestehen Sie, Dr. Corda" (mit Hardy Krüger), „Der Frosch mit der Maske"; Theater: „Bier unter den Palmen", „Ameisenpolka", „Hokuspokus" mit Karlheinz Böhm, „Wolken am Himmel" mit Harald Juhnke, „Geliebtes Scheusal", „Die letzte Runde". Freizeit: Garten, Schwimmen, Malen. Adresse: Agentur von Pilecki, Oettingenstr. 46, 8 München 22, Telefon: 089/220263

Pilati Siegward, Graf von, Gestaltungskünstler für hohen Wohnstil, Innenarchitekt, geboren in Breslau, 18. Mai 1940, verheiratet mit Frau

Graf Siegward von Pilati

Margit, zwei Kinder, Ennio (1970) und Pilar (1979). Laufbahn: zunächst Architektur-Studium in Augsburg; als er seine Frau (Innenarchitektin) kennenlernt, läßt er seine ursprünglichen Pläne fallen und geht in die gleiche Branche, wird später künstlerischer Leiter bei den „Vereinigten Werkstätten"; seit 1974 selbständig; hat ein 600 Quadratmeter großes Geschäft in Münchens feinster Lage, daneben eine David Hicks-Dependance und ein 250-Quadratmeter großes Architektur-Büro; bewohnt in München-Gern ein hübsches Haus mit klassizistischer Fassade; Bauten: Montgelas-Palais, Hotel Excelsior Köln, Trink-Haus-Bank, Düsseldorf; hat prominente Kunden wie Konzernherr Dr. Friedrich Karl Flick, Saudi-Prinz Turkey in Riad; Freizeit: Skilaufen, Tontaubenschießen, Tauchen; Lieblingsrestaurant: „Lassere"; Leibspeise: Schnecken; Lieblingsgetränk: „Bourbon"-Whisky; trägt nur Maßkleidung und fährt Porsche 928 (dunkelgrün). Adresse: Amiraplatz 3, 8 München 2, Telefon: 089/229071–73

Pilecki Janusz von, Film-Agent, geboren in Danzig, 14. März 1928, verheiratet mit Gertrud Winkelmann, Vater eines Sohnes Boris. Betreut Schauspieler wie Erik Ode, Gustav Knuth, Karin Baal, Eva Pflug, Smuel Rodensky, Ilona Grübel, Hellmut Lange. Hobby: Fischen; Lokal: „Mario", Hiltenspergerstr. und „28"; Leibgericht: Polnische Piroggen (selbstgemacht); Getränk: Weißherbst, Bauernmost; Auto: Passat. Adresse: Oettingenstr. 46, 8 München 22, Telefon: 089/220263

Janusz von Pilecki

Piontek Heinz, Schriftsteller, Mitglied der „Bayerischen Akademie der Schönen Künste" und der „Deutschen Akademie für Sprache und Dichtung", geboren in Kreuzburg, 15. November 1925, verheiratet. Bücher: Lyrikband „Klartext", „Die mittleren Jahre", „Leben mit Wörtern" (Verlag R. S. Schulz), „Dunkelkammer-

Heinz Piontek

spiel" (Verlag R. S. Schulz); acht Literaturpreise, darunter den Georg-Büchner-Preis. Freizeit: Spazierengehen, Eislaufen; Lieblingslokal: Feldmochinger Hof; Leibgericht: Rehbraten mit polnischen Knödeln; Getränk: Bier; Auto: Manta Berlinetta. Adresse: Dülferstr. 97, 8 München 50, Telefon: 089/3133752

Piper Klaus, Verleger des gleichnamigen Verlages (besteht seit 1904), geboren in München, 27. März 1911, verheiratet mit Elisabeth Holthaus, Kinder Ernst-Reinhard, Karin. Laufbahn: nach Abschluß seiner Verlagsausbildung (Buchhändler-Lehre bei Christian Kaiser in München) und Aufenthalten in Italien, Frankreich und Österreich Eintritt in den Verlag (1932); 1941: Mitinhaber des Verlages; 1953: alleiniger Leiter des Verlages, der 1980 75jähriges

Klaus Piper

Bestehen mit Ausstellung und Vortragsreihe im Münchner Stadtmuseum (dazu erscheint ein roter Ausstellungskatalog mit wertvollen Handschriften und inzwischen köstlich zu lesenden Verträgen) feiert: 2739 Veröffentlichungen (1964); Autoren: Yehudi Menuhin, Frederick Forsyth, Prof. Elisabeth Noelle-Neumann, Barbara Bronnen, Lothar Günther Buchheim, Erich Segal u. a.; Auszeichnungen:

Verdienstkreuz 1. Klasse der Bundesrepublik Deutschland, Goldene italienische Kulturmedaille, Großes Verdienstkreuz des Verdienstordens der BRD, Plakette „Dem Förderer des deutschen Buches"; Freizeit: Skilaufen, Bergwandern, Reisen, Musik, Literatur. Adresse: Georgenstraße 4, 8 München 40, Telefon: 089/397071

Pirkl Fritz Dr. Dipl. Psych., Staatsminister für Arbeit- und Sozialordnung, geboren in Sulzbach-Rosenberg, 13. August 1925, verheiratet mit Elisabeth Heimbach (seit 1. Mai 1955), vier Kinder. Laufbahn: Studium 1946–52 an der Universität Würzburg und Erlangen (Psychologie, Volkswirtschaft, Geschichte), tritt 1949 in die CSU ein, 1952–59 Stadtrat in Nürnberg, seit 1958 im Bayr. Landtag; 1964: Staatssekretär im Ministerium für Arbeit und soziale Fürsorge, im November 1966 Minister (als Nachfolger von Minister Schütz), leitet Hanns-Seidel-Stiftung der CSU, seit 1970 auch Präsident der Gemeinschaft katholischer Männer Deutschlands. Auszeichnung: Bayr. Verdienstorden, Großes

Fritz Pirkl

Bundesverdienstkreuz mit Stern (1977). Freizeit: Angeln, Bergsteigen; Restaurant: „Schwarzwälders", „Hofbräuhaus", „Torggelstuben"; Leibgericht: Tafelspitz mit Apfelkren; Lieblingsgetränk: Frankenwein. Adresse: Winzererstr. 9, 8 München 40, Telefon: 089/12531

Plapperer-Lüthgarth Heiko, Jurist, Veranstaltungsunternehmer und Geschäftsführer des renovierten „Deutschen Theaters", geboren in Ruhpolding, 21. Oktober 1943, Junggeselle. Laufbahn: Jura-Studium in München, erstes und zweites Staatsexamen 1969 und 1975; Mit-Geschäftsführer des Deutschen Theaters seit 1970; seit der Schließung (1977) Ball-Organisator der Veranstaltungen

Heiko Plapperer-Lüthgarth

„Münchner Operball", „Ball der Silbernen Rose", „Tanz auf dem Olymp"; Freizeit: Reiten, Surfen; Leibspeise: Filetgulasch „Stroganow", China-Küche; Lieblingsgetränk: Karibik-Drinks; fährt BMW. Adresse: Florian-Geyer-Str. 8, 8 München 70, Telefon: 089/711511

Plettner Bernhard Dr., Top-Manager des Siemens-Konzerns, geboren in Oberlahnstein, 2. Dezember 1914, verheiratet mit Ursula Ganswindt. Seit 1971 an der Siemens-Spitze. 1940 beginnt er dort als Projekt-Ingenieur, neun Jahre später wird er Leiter der Export-Abteilung,

Bernhard Plettner

1960 Vorstandsmitglied und 1968 als stellvertretender Vorstandsvorsitzender der Kronprinz des Unternehmens; Plettner, pragmatisch und kostenbewußt, regiert über eine Unternehmensgruppe mit 300000 Mitarbeitern (40 Prozent der Siemens-Umsätze werden im Ausland erzielt, wo das Unternehmen etwa 100 Tochterfirmen unterhält). Adresse: Wittelsbacherplatz 2, 8 München 2, Telefon: 089/2341

Polanski Ernst Maria Dr., Facharzt für innere Krankheiten, geboren in Falkau, 15. März 1928; 1967–76 Ehe mit Sängerin Ingeborg Hallstein, Tochter Konstanze. Laufbahn: Studium Dramaturgie, Philosophie, Medizin; seit 1960 eigene Praxis; Freizeit: Tennis, Skilaufen; sam-

Ernst Maria Polanski

melt alte Pferdegemälde und alte Balladen; Lieblingslokal: „Vier Jahreszeiten-Eck", „Milan", „Conti-Grill". Lieblingsgericht: Pajella, Hecht mit Sahne-Sauce, Spaghetti; Getränke: Pernod, Bier; Schneider: Gasch, Hamburg, Scholtyssek, Salzburg; Auto: Daimler-Cabrio. Adresse: Oswaldstr. 73, 8 München 40, Telefon: 089/3614853

Ponater Gertrud, Mode-Schöpferin, Chefin des Modehauses „Ponater", Witwe von Otto Koloman-Ponater, zwei Kinder, Marina und Harry. Geschäft besteht seit 1924; nach dem Krieg erste Modeschauen zusammen mit ihrem Mann im Haus der Kunst; Ausstattung für Film und Theater; prominente Kunden: Ruth Leuwerik, Barbara Rütting; früher Königin Friederike von Griechenland; 1969: Staatspreis der Bayerischen Staatsregierung auf der Handwerksmesse; ist zeitweise erfolgreiche Trabrennfahrerin;

Gertrud Ponater

Hobby: Tiere, Reisen. Adresse: Residenzstr. 27, 8 München 2, Telefon: 089/224544

Poschinger von Frauenau, Hippolyt, Freiherr, Diplom-Forstwirt, Präsident des Bayerischen Senats, geboren in Bamberg, 19. Juni 1908, verheiratet mit Maria Gräfin von Soden-Fraunhofen, fünf Kinder. Entstammt der ältesten Glasmacher-Familien (350 Jahre Familien-Historie); 1919: Gymnasium Ettal; 1926–30 Studium der Forstwirtschaft an den Universitäten Freiburg und München; 1930 besteht er die forstliche Hauptprüfung (Diplom-Forstwirt) mit Auszeichnung, im gleichen Jahr übernimmt er die Leitung des elterlichen Betriebes (Glasfabrik und Mustergut) in Frauenau, den ihm

Poschinger von Frauenau

sein Vater, Gutsbesitzer und Reichsrat der Krone Bayerns, Eduard Benedikt Freiherr von Poschinger von Frauenau fünf Jahre später übergibt; seit 1949 Mitglied des Bayerischen Bauernverbandes, seit 1952 beim bayerischen Senat, Präsident seit 1968; Auszeichnung: Großes Bundesverdienstkreuz mit Stern und Schulterband, Staatsmedaille in Gold; Freizeit: Jagd, Sammeln und Pflegen „alten Hausrats". Adresse: Torquato-Tasso-Str. 54, 8 München 40, Telefon: 089/358118

Pöschl Max Dr. med., Universitätsprofessor, Radiologe, Lehrauftrag für Sport-Medizin, geboren in Pfaffenhofen/Ilm, 22. Februar 1909, verheiratet mit Dr. med. Erika Hans. Freizeit: Golf, Tennis; Leibgericht: „Lauer-Brotzeit" (in

Max Pöschl

Tennis-Hütte „Tivoli"); Getränk: Bier. Adresse: Karl Rauppstr. 4, 8 München 71, Telefon: 089/794484

Preißinger Hans, ehemaliger Kommunalpolitiker, geboren in München, 30. Januar 1915. Seit 1952 Münchner Stadtrat, 1960 – als Nachfolger Albert Bayerles – SPD-Fraktionsvorsitzender, kandidiert 1978 nicht mehr für den Stadtrat, SPD-Schiedsgericht verhängt Funktionsverbot (bis 1978

Hans Preißinger

politisch kaltgestellt), wird 1979 Geschäftsführer der stadteigenen gemeinnützigen Wohnstätten- und Siedlungsgesellschaft bmH; Auszeichnung: Goldene Bürgermedaille (1975). Adresse: Gemeinnützige Wohnstätten- und Siedlungsges., Sonnenstr. 15, 8 München 2, Telefon: 089/558301

Premauer Werner Dr., Bankier, Vorstandssprecher und jetziger Aufsichtsrats-Vorsitzender der Bayerischen Vereinsbank AG sowie Vorsitzender und Mitglied des Aufsichtsrates anderer Gesellschaften, geboren in Berlin, 27. Juli 1912, verheiratet mit Charlotte Schröder, drei Kinder. Laufbahn: Will Theologe oder Journalist werden, studiert Rechtswissenschaften; 1945 tritt er in die Bayer. Vereinsbank ein, 1951 wird er

Werner Premauer

stellvertretendes, 1953 ordentliches Vorstandsmitglied. Ämter: Aufsichtsratsvorsitzender der Brau AG Nürnberg, Augsburger Hasen Aktienbrauerei, Andreas Noris Zahn AG, Senator der Max Planck-Gesellschaft und Ehrensenator der Julius-Maximilian-Universität Würzburg. Auszeichnungen: Bayerischer Verdienstorden, Großes Bundesverdienstkreuz, Komturkreuz des königl. Schwedischen Vasa-Ordens, Staatsmedaille für besondere Verdienste um die bayerische Wirtschaft. Adresse: Kardinal-Faulhaber-Str. 14, 8 München 2, Telefon: 089/21325575

Preußen Christa, Friederike Alexandrine Viktoria Prinzessin von, geboren auf Schloß Kl. Obisch, 31. Oktober; Innenarchitektin (früher mit Graf Siegward Pilati) und jetzt

Christa von Preußen

Antiquitäten mit eigenem Geschäft in Schwabing. Adresse: Leopoldstr. 9, 8 München 40, Telefon: 089/331035

Prey Hermann, Bariton, Lieder- und Oratoriensänger, geboren in Berlin, 11. Juli 1929, verheiratet mit Barbara Pniok (seit 1954), drei Kinder, Annette, Florian, Franziska. Laufbahn: Gymnasium in Berlin; Studium an der Musikhochschule und bei Harry Gottschalk in Berlin; 1952:

Hermann Prey

erste Verpflichtung am Staatstheater Wiesbaden; 1953: Hamburger Staatsoper, Wiener Staatsoper; 1960: Bayerische Staatsoper München; 1962: Bayerischer Kammersänger, Debüt an der New Yorker Met in Wieland Wagners „Tannhäuser"-Inszenierung; Festspiele in Bayreuth, Salzburg, Dresden, Edinburgh, London, München; zahlreiche Schallplattenaufnahmen von Opern wie „Der Barbier von Sevilla", „Martha", „Zar und Zimmermann", „Hochzeit des Figaro", deutsche Lieder; Hobby: Sammeln von alten Möbeln, Tennis. Adresse: Fichtenstr. 14, 8033 Krailling, Telefon: 089/8965 90

Proebstl Max, Kammersänger, geboren in München, 24. September 1913, verheira-

Max Proebstl

tet mit Frau Hermine Bonheim. Engagement an der Bayerischen Staatsoper; Auszeichnung: Verdienstorden (1968); Freizeit: Angeln, Kegeln; Leibgericht: Apfelstrudel; Getränk: Bier; Auto: Golf. Adresse: Friedenheimer Str. 18, 8 München 21, Telefon: 089/563249

Pröttel Dieter Dr. rer. pol., Regisseur, Journalist (zeitweise Chefredakteur), geboren in Offenburg, 31. Oktober 1933, verheiratet mit Birte Ruchholtz, Vater dreier Söhne. Hobby: Skilaufen, Tennis, Familie (Reihenfolge nach eigenen Angaben); Leibspeise: Krautwickel; Getränk: Fernet Branca; Auto: VW-Bus. Seine Frau Birte (Geburtstag 21. Mai) schrieb das Buch „Ein Zwilling kommt selten allein" (Verlag R. S. Schulz). Adresse: Wittelsbacherstr. 7, 8131 Berg/

Dieter Pröttel

Starnberger See, Telefon: 08151/5680

Pscherer Kurt, Intendant des Staatstheaters am Gärtnerplatz, geboren in Bensen, 3. Juni 1915, verheiratet mit Ursula Heimerer. Kommt 1964 nach München ans Gärtnerplatz-Theater, hat einen Vertrag bis 1982. Adresse: Gärtnerplatz 3, 8 München 5, Telefon: 089/263041

Kurt Pscherer

Pucher Paul Dr., Chefredakteur des „Münchner Merkur", geboren in Brünn/CSSR, 2. Februar 1933, verheiratet mit Frau Dorothea, Tochter Alice. Laufbahn: Gymnasium; Studium der Volkswirtschaft, Geschichte, Anglistik und Romanistik in Tübingen, Freiburg und Paris; Promotion 1961 in Freiburg; erst Redakteur bei der Stuttgarter Zeitung; seit 1971 beim „Münchner Merkur"; Buch: „Im Interesse der Freiheit". Adresse: Bayerstr. 57, 8 München 2, Telefon: 089/53061

Paul Pucher

Hans Putzo

Putzo Hans Prof. Dr., Senatspräsident am Oberlandesgericht München, lange Zeit Vorsitzender der Pressekammer am Landgericht München, geboren in München („echter Giesinger"), 16. September 1926, verheiratet mit Frau Ingrid, drei Kinder. Studium und Referendarzeit in München; seit 1955 bei der Justiz; Mitautor des berühmt gewordenen Kommentars zur Zivilprozeß-Ordnung „Thomas Putzo" (1960), „Palandt" (Kommentar für Bürgerliches Gesetz); Freizeit: Fliegenfischen, Fußball, Waldlauf; Lieblingslokal: „Montgelas-Keller"; Leibspeise: Tellerfleisch; fährt Mercedes 230. Adresse: Prielmayerstr. 5, 8 München 35, Telefon: 089/55971

Q

Quadflieg Christian, Schauspieler, geboren in Wäxjö/Schweden, 11. April 1945, verheiratet mit Schauspielerin Renate Reger. Karriere: 1965 Debüt an der Westfälischen Schauspielschule Bochum, Theater, Tourneen, Fernsehen: „Don Carlos", „Blick von der Brücke", „Der Winter, der ein Sommer war", „Reifezeugnis" („Tatort"), „Erkältung im Sommer" („Der Alte"); Freizeit: Lesen. Adresse: 8031 Wörthsee, Telefon: 08143/1202

Christian Quadflieg

Quest Hans, Schauspieler, Regisseur, geboren in Herford, 20. August 1915, verheiratet. Karriere: Schauspielschüler von Gustav Gründgens, Theater in Berlin, Wuppertal, Hamburg und München (Residenztheater), Cuvillies-Theater, Marstall-Theater; Regie (1955–59 insgesamt 15 Filme): „Wenn der Vater mit dem Sohne" mit Heinz Rühmann und Oliver Grimm, „Wenn Poldi ins Manöver zieht", „Mädchen ohne Pyjama", „Kindermädchen für Papa", „Die große Chance", „12 Mädchen und ein Mann", „Tim Frazer" (Fernsehen 1963), „Die zwölf Geschworenen" (Residenztheater 1976). Freizeit: Schwimmen, Fahrradfahren; Leibgericht: Milchreis mit Zimt, Zucker, brauner Butter; Lieblingsgetränk: Bier; Schneider: Dietl, Weller, Unnützer; Privatauto: BMW-Coupé 2800 CS. Adresse: Hermann-Vogel-Str. 2, 8 München 40, Telefon: 089/326827

Hans Quest

R

Brigitte Raab-Kasch

Raab-Kasch Brigitte, Theaterleiterin („Kleine Freiheit"), geboren in Stettin, 15. April, verheiratet. Freizeit: widmet sie ihren vier Katzen; Lieblingslokal: „Klösterl"; Leibgericht: Pellkartoffel mit Topfen, Heringsfilet in Sauerrahm. Adresse: Maximilianstr. 31, 8 München 22, Telefon: 089/221123

Thomas Radmer

Radmer Thomas („To"), Münchens schnellster Bauunternehmer („Betten-Rid"-Haus am Theatinerboulevard in neun Monaten) mit rund 1000 Mitarbeitern, geboren in München, verheiratet mit Frau Marie-Antoinette, drei Kinder, Marie-Jeanette (1972), Danielle-Alix (1973) und Felix-Max (1975). Laufbahn: TH-Studium in München; Auslandserfahrung u. a. in Südafrika (1 Jahr Johannesburg) und seit 1969 in der elterlichen Firma; Freizeit: Golf, Skilaufen; Lieblingslokal: „Ponystall"; Leibspeise: Bries; fährt Porsche Carrera. Adresse: Ötztaler Str. 10, 8 München 70, Telefon: 089/72951

Radenkovic („Radi") Petar, ehemaliger Supertorwart der „Löwen 1860" („bin i Radi, bin i König") und Wienerwald-Wirt, geboren in Bel-

Petar Radenkovic

grad, 1. Oktober 1934, verheiratet mit Frau Olga (ehemalige Basketball-Spielerin), eine Tochter Petra (1965). Dribbelt als 10jähriger Bub auf einer Belgrader Straße, ist bei der Jugendmannschaft „Roter Stern Belgrad", seit 1959 in München, spielt bis 1970 bei den Löwen. Schallplatte „Bin i Radi . . .", „Bißchen Glück in Liebe, bißchen Glück im Spiel"; Pächter des Wienerwald in der Emersonstraße und Besitzer einer Discothek. Adresse: Emersonstr. 1, 8 München 90, Telefon: 089/6902915

Mady Rahl

Rahl Mady, Schauspielerin, Malerin, geboren in Berlin, 3. Januar, war dreimal verheiratet. Karriere: „Trux" (1939), „Fräulein" (1940), „Die Nacht der Zwölf" (1945), „Sag die Wahrheit" (1946), „Der blaue Strohhut" (1949), „Die Sterne lügen nicht" (1950), „Haie und kleine Fische" (1957), „Ganoven-Ehre" (1960), „Stahlnetz" (1963); Theater: „Die ehrbare Dirne", „Blauer Engel". Freizeit: Malen; Lieblingslokal „Brasserie" in Schwabing; liebt Fisch und Wodka, kleidet sich im Hamburger Salon Hartmann ein, fährt Ford Escort Combi. Adresse: Steinhauser Str. 14, 8 München 80, Telefon: 089/476512

Karl Rahner

Rahner Karl Dr. theol. Dr. h.c., o. Prof. für Dogmatik und Dogmengeschichte, Theologe, geboren in Freiburg/Breisgau,

5. März 1904. 1949–71 Ord. Universität Innsbruck, München (1964), Münster (1967), rund 1800 Veröffentlichungen, 30 Bücher; Auszeichnungen: Ehrendoktor der Universität Münster (theol.), Straßburg (theol.), Notre Dame/USA (jur.), St. Louis/USA (jur.), New Haven/USA (Yale theol.), Innsbruck (phil.), Loewen (phil.); 1965 Reuchlin-Preis Pforzheim, 1973 Romano Guardini-Preis (erster Träger), Sigmund Freud-Preis, Großes Bundesverdienstkreuz mit Stern. Adresse: Jesuitenkolleg, Kaulbachstr. 31, 8 München 22, Telefon: 089/23861

Heiner H. Rankl

Rankl Heiner H. „Etienne Aigner"-Chef, Münchens Lederkönig (Firmenzeichen: Hufeisen), geboren in Augsburg, 9. Mai 1921, lebt getrennt von Frau Heidi, zwei Söhne. In einer Küche in Kaufbeuren lernt er an einer Strickmaschine das Pulloverstricken und gründet - nach kurzer Zeit als Strickwarenvertreter – seine eigene Firma „Meggi-Strickmoden", später mit Export bis nach USA und Kanada, Unützer ist sein erster Kunde mit sechs der damals so beliebten Paralello-Pullover; bei einer langjährigen Kundin entdeckt er in Kanada erstmals die Lederprodukte von Etienne Aigner und trifft sich mit dem Designer und Hersteller in New York, Standort der Etienne Aigner Produkte; nach zähem Anlauf, die „E.A."-Kollektion in Deutschland an den Mann zu bringen, macht er seinerseits Design-Vorschläge und erwirbt von Aigner (lebt jetzt in Paris) die Welt-Lizenz (mit Ausnahme des amerikanischen Marktes); während der US-Look der Aigner-Artikel liegen bleibt, schlagen Rankls Formschöpfungen mit dem Hufeisen-Symbol ein, treffen den Geschmack des gehobenen Durchschnitts; im Zuge des Erfolgs (zu der 1200teiligen Lederkollektion zweimal im Jahr kommt Kosmetik und ein Whisky-Fabrikat) macht er Image-Pflege mit „Renntagen" in Riem mit Weltstars; in letzter Zeit lebt er sehr zurückgezogen; Freizeit: Hochsee-Yacht, Hochsee-Fischen; Lieblingslokal: „Käfer's Schänke"; Leibgericht: „Fleisch ist mein liebstes Gemüse"; Lieblingsgetränk: Whisky Balantine (12 Jahre alt) und „Chevas Salut"; kleidet sich bei Harry's Men Shop und „Raspanti (Florenz) ein; fährt Ferrari. Adresse: Marbachstr. 9–10, 8 München 70, Telefon: 089/7600021–5

Rathmayer Hartmut, Münchens „Halston"-Repräsentant und Chef der Schwabinger Trend-Boutique „Daisy", geboren in Freising, 7. Mai

Hartmut Rathmayer

1945, Junggeselle. Laufbahn: Dekorateur, Ausstatter für Film und Fernsehen; Leibgericht: alle Arten von Fisch; Lieblingsgetränk: Champagner; Auto: VW-Cabrio. Adresse: Trautenwolfstraße 2, 8 München 40, Telefon: 089/343203

Ratzinger Joseph Kardinal, Theologie-Professor, geboren in Marktl am Inn, 16. April 1927. Studiert von 1946 bis

Joseph Kardinal Ratzinger

1951 Philosophie und Theologie an den Hochschulen Freising und München; 1951: Priesterweihe, ein Jahr später Dozent an der Freisinger Hochschule, nach Promotion zum Doktor der Theologie erfolgt 1957 die Habilitation; ab 1959 lehrt er an den Universitäten Bonn, Münster, Tübingen und Regensburg; 1976 Ernennung zum Ehrenprälat durch den Papst; empfängt am 28. Mai 1977 im Liebfrauendom in München die Bischofsweihe (5000 Ehrengäste, darunter 32 Kirchenhirten). Als Münchner Erzbischof ist er der 72. Nachfolger auf dem Bischofsstuhl des heiligen Korbinian. Publikationen: „Die erste Sitzungsperiode des zweiten Vatikanischen Konzils – ein Rückblick", „Das Konzil auf dem Weg – Rückblick auf die zweite Sitzungsperiode", „Der Gott des Glaubens und der Gott des

Philosophen", „Die christliche Brüderlichkeit", „Episkopat und Primat", „Einführung in das Christentum", „Demokratisierung in der Kirche – Möglichkeiten, Grenzen, Gefahren", „Das neue Volk Gottes", „Dogma und Verkündigung", „Wer antwortet, die Aussagen der Theologie". Freizeit: Bergsteigen. Adresse: Maxburgstr. 2, 8 München 33, Telefon: 089/21371

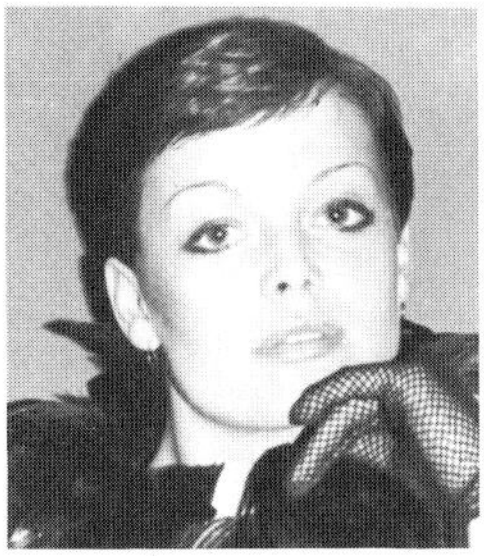

Andrea Rau

Rau Andrea, ehemalige Titel-Nackte der Zeitschrift „Pardon" und „Konkret", Schauspielerin, geboren in Stuttgart, 31. Oktober, verheiratet mit Kameramann Gernot Köhler (seit 1975), ein Sohn David. Die Karriere der 1,63 großen Ausziehpuppe fängt 1969 splitternackt an und jetzt trägt sie von Film zu Film mehr Kleider („Rückfall" beim Filmball 1979 mit einem besonders einsichtsreichen Abendkleid), kurzfristig im Dienstleistungsgewerbe hinter der Bar des „Alten Simpl" bei Toni Netzle. Filme, Fernsehen: „Blut an den Lippen", „Tagebuch einer Frau", „Vertreibung aus dem Paradies". Adresse: Dorfstraße 16, 8011 Vaterstetten, Telefon: 08106/8236

Rau Fritz, Konzert-Impresario, Chef der Agentur Lippmann + Rau, geboren in

Fritz Rau

Pforzheim, 9. März 1930, verheiratet mit Hildegard Fast. Karriere: Jura-Studium in Heidelberg; 1963: Assessor, Jazz-Club-Manager und Konzertagent; gründet Konzertbüro Lippmann + Rau, Frankfurt; Präsentation von internationalen Künstlern wie Rolling Stones, Sammy Davis junior, Liza Minnelli, Shirley MacLaine, Diana Ross, The Who; Lieblingsgetränk: Weißwein, Whisky-Pernod; Leibspeise: bayrische und schwäbische Kost; Hobby: sein Konzertbüro. Adresse: Bavariaring 38, 8 München 2, Telefon: 089/779033

Rauch Fred, „Wunschkonzert"-Gastgeber im Bayerischen Rundfunk, geboren in Wien, 28. September 1909, verheiratet. 1974 feiert seine Sendung 25jähriges Jubiläum, 1979 „schaltet" er mit großer Abschiedsveranstaltung (in Nürnberg) ab und zieht sich an den Tegernsee zurück. Er hat während seiner Funkzeit 27000 Platten aufgelegt; 1949 stand „Mariandl" an der Spitze, 1953 war es „High Noon", 1958 „River Kwai Marsch", 1967 „Dr. Schiwago", 1973 „Blau blüht der Enzian". Horoskop-Langspielplatte (1968); Buch: „Mit dem Gongschlag ist es 6 Mark 30". Auszeichnung: Bayerischer Verdienstorden, Goldenes Ehrenabzeichen von Österreich (1978). Bewohnt in Gmund am Tegernsee ein hübsches Haus; Freizeit: Malerei, Angeln; Lieblingslokal: „Tai Tung", „Milan", „Tröpchen", „Bachmayr" (Tegernsee), „Amalfi" (Bad Tölz); Leibgericht: Scampi, Wiener Schnitzel, Eiernockerl; Lieblingsgetränke: Bier, Apfelsaft, Sprudel; Schneider: Atelier Scherer; Auto: BMW. Adresse: Mittermayrstr. 11, 8 München 40, Telefon: 089/307406

Fred Rauch

Rauch Siegfried, Filmschauspieler („der deutsche Belmondo"), Sänger, geboren in Landsberg/Lech, 2. April 1932, verheiratet mit Frau Karin, ein Sohn Benedikt. Startet in Bremen und spielt alles, Klassiker wie Jeansrollen. Fernsehen: „Undine", „Lawinenpatrouille", „Tatort", „Es muß nicht immer Kaviar sein" (Serie), „Winnetou" mit Pierre Brice (spielt Old Shatterhand); Filme: „Sanitätsgefreiter Neumann", „Le Mans" mit Steve McQueen (1970), „Der Mönch mit der Peitsche", „Kommisar X", „The big red one" mit Lee Marvin; Theater: „Weekend" (1963 an der Kleinen Komödie), „Stop the world – I want to get off" (Kleine Freiheit 1964); Schallplatte: „Mich stört der Regen nicht". Adresse: Haus Nr. 2, 8121 Untersöchering, Telefon: 08847/306

Siegfried Rauch

Reber Else, Nachtclubkönigin, Besitzerin des Cabaret „Intermezzo“, geboren in Regensburg, 24. November, Witwe, ein Sohn Willy (1943). Betreibt seit 1954 den Nightclub „Intermezzo“ (bis 1978 in der Maximilianstraße, ab März 1979 im ehemaligen „Humplmayr“-Haus am Maximiliansplatz), besondere Attraktion: „Susanne im Schaumbad“ und Monique Montez (auf einem Pferd), Richard Wagner-Striptease „Elsa von Brabant“, Nadja Gray, „Poupee la Rose“; berühmteste Gäste: Baron Heini von Thyssen, Curd Jürgens, Fürst Jocki zu Fürstenberg; Lieblingsgetränk: Kaffee; Leibspeise: Schweinsbraten; Haustier: Whisky-Hund Birschi (Schnauzer, schwarz); besitzt den ersten Mercedes 190 SL in München und fährt heute Mercedes Limousine 350. Adresse: Maximiliansplatz 16, 8 München 2, Telefon: 089/221812

Else Reber

Reed Harbottle Adrian, Generalkonsul von Großbritannien in Bayern, geboren in Devonshire, 5. Januar 1921, verheiratet. Laufbahn: Geschichtsstudium am Emanuel College, Cambridge; 1947: Auswärtiger Dienst in Pakistan, Rhodesien und Nyasaland; 1966: Leiter der Abteilung für fernöstliche Commonwealth-Länder im Auswärtigen Amt; 1970: Botschaftsrat für Handelsfragen in Helsinki, dann Generalkonsul; 1971–73: Botschaftsrat für Wirtschaftsfragen in Pretoria, Südafrika; seit 1973 Generalkonsul in München. Adresse: Amalienstr. 62, 8 München 40, Telefon: 089/394015

Adrian Reed Harbottle

Reiber Carolin, 1,76 Meter große Fernsehansagerin (Maße: 94-63-94) mit rollendem „R“, Moderatorin, geboren in München, 2. November, verheiratet mit Dr. Luitpold („Poldi“) Maier (Fünfkampf-Meister und bayerischer Speerwerfer), zwei Söhne, Markus und Luitpold Maximilian. Karriere: Auslandskorrespondentin; Film: „Durch die Wälder, durch die Auen“ (1956), Münchens Faschingsprinzessin von 1958, Mannequin, ein Jahr später Fernseh-Ansagerin (23. 1. 1959); Leibspeise: Leberkäs, Weißwürste. Adresse: Bayer. Fernsehen, Floriansmühlstr., 8 München-Freimann, Telefon: 089/38061

Carolin Reiber

Reichardt Ernst Dr., Anwalt, geboren in Erfurt, 24. Juni 1920, drei Kinder. Laufbahn: Jura-Studium in Halle-Wittenberg und Berlin, Anwalt seit 1954 mit eigener Kanzlei in Berlin, später in München (seit 1971); Ehe mit Filmschauspielerin Barbara Valentin (1967–73); Freizeit: Schwimmen, Radfahren; Lieblingslokal: „König Pilsner“ (Promenadeplatz); Leibspeise: Hammel; Getränk: Pils; Garderobe: Modehaus Gerard (Starnberg); Auto: Mercedes. Adresse: Brienner Str. 3, 8 München 2, Telefon: 089/226121

Ernst Reichardt

Reichart Hermann, Flughafen-Chef, geboren in Ingolstadt, 13. Dezember 1920, verheiratet. Laufbahn: Jura-, Wirtschafts- und Geschichts-Studium; zunächst Anwalt, dann Bayr. Finanzministerium (Ministerialdirigent); 1968–72 stellvertr. Generalsekretär des NOK; seit 1973 Hauptgeschäftsführer der Flughafen München GmbH und Sprecher der Gesellschaft; Auszeichnungen:

Hermann Reichart

Bayerischer Verdienstorden, Großes Verdienstkreuz der BRD, „Chevalier de l'ordre national du merite de la republique francaise"; Hobby: Geschichte, Kochen; liebt bayrische Küche und trinkt gern Pils; fährt Mercedes. Adresse: Flughafen GmbH, Töginger Str. 400, 8 München 87, Telefon: 089/92110

Reichenbach-Klinke, Heinz Hermann, Universitätsprofessor, Zoologe (Fischerei-Biologe) geboren in Fürstenwalde/Spree, 14. August 1914, verheiratet mit Frau Helga Müller, 2 Söhne, Klaus-Ekkehard (Dr. med.) und Matthias (Dipl. Ing.). Wichtigstes Ereignis: Umhabilitation zum Professor für Fischereibiologie und Fischkrankheiten an der Tierärztlichen Fakultät der Universität München (13. 1. 66); Hobby: Fossilien; Leibgericht: Nudeln mit Tomaten;

Heinz Reichenbach-Klinke

Lieblingsgetränk: Bier. Adresse: Rathochstr. 72, 8 München 60, Telefon: 089/8112793

Reinbold Eduard („Eddie"), Hotelkaufmann und Chef der Weißwurst-Hochburg „Franziskaner" (145 Mitarbeiter), „Schützenzelt"-Wirt auf der Wies'n (1980), geboren in München, 26. April 1942, Junggeselle mit fester Bin-

Eduard Reinbold

dung (Rosemarie Springer). Laufbahn: „Platzl", „Ambassador", Hotelfachschule Tegernsee; Hobby: Tennis, Segeln. Adresse: Perusastr. 5, 8 München 2, Telefon: 089/225002

Reindl Helmi, gewichtiger „Bummerball"-Organisator, Stammtisch-Vorsitzender und Chef von Schwabings einst berühmten „Europa-Cafe", geboren in München, 13. Juli 1926, Junggeselle. Laufbahn: Molkerei-Lehre, Meister (1950) im elterlichen Betrieb; sattelt zehn Jahre später zum Cafetier um (heute Privatier) mit Stammtisch-Funktionen im „Augustiner" und „Bratwurstglöckl"; geht auch gern in den „Franziskaner"; liebt Ochsenfleisch und Bier; fährt BMW. Adresse: Ortnitzstr. 29, 8 München 81, Telefon: 089/981927

Helmi Reindl

Reiser Hans, Schauspieler und Gastronom („Ristorante Roma"), geboren in München, 3. Juni 1919, verheiratet mit Frau Irmi. Film: „Ein Lied geht um die Welt", „Der Schleier fiel"; Theater: „Die Falle", „Das Schloß in Schweden" (Zürich), „Ardele oder das Gänseblümchen", „Othello" (Regie: Fritz Kortner), „Zwiesprache"; Fernse-

Hans Reiser

hen: „Das unverschämte Glück, ein Mann zu sein", „Die Gentlemen bitten zur Kasse". Regie (Theater der Jugend): „Die Zeit und die Conways". Adresse: Maximilianstr. 31, 8 München 22, Telefon: 089/227435

Reiss Peter, Junior-Chef des „Mathäser" und der gleichnamigen Kino-Kette (300 Mitarbeiter), geboren in Kassel, 3. April 1939, verheiratet mit Frau Edda, zwei Kinder, Michael und Alexander. Laufbahn: Abitur, Banklehre, Handelshochschule St. Gallen, Auslandserfahrung in London, Rom und Madrid,

Peter Reiss

1970 Weltausstellung in Osaka, dann Eintritt in die elterlichen Betriebe; Freizeit: Sport, vor allem Tennis; Lieblingslokal: „Hazienda" Menton/Cote d'Azur; Leibspeise; Italo-Kost; Lieblingsgetränk: Bier und Whisky; fährt VW-Cabrio (von der Ehefrau). Adresse: Bayerstr. 3–5, 8 München 2, Telefon: 089/592896

Reiss Rosa, charmante „Mathäser"-Wirtin („Größter Bierausschank der Welt"), geboren in Freising, 19. Mai. Laufbahn: lernt im „Kempinski", Heirat mit Georg Reiss 1938, Witwe seit 1974; führt das Münchner Bierhaus am Stachus seit 1957 (monatlicher Bier-Ausstoß 1000 Hektoliter); Freizeit: Reisen

Rosa Reiss

(Filmfestspiele Cannes, nach Übersee zu ihren Kindern); liebt Lammbraten; trinkt Bier; fährt Mercedes. Adresse: Bayerstr. 3–5, 8 München 2, Telefon: 089/592896

Relin Veit, Intendant, Schauspieler, Regisseur, Maler, geboren in Linz, 24. September 1926, verheiratet (seit 1966) mit Filmstar Maria Schell, eine Tochter Marie-Theres, aus erster Ehe drei Kinder. Karriere: Reinhardt-Seminar und Kunstakademie. Fernsehen: „Gut gefragt ist halb gewonnen", „Ungarische Hochzeit", „Kommissar", „Schönheiten-Galerie von König

Veit Relin

Ludwig I.", „Durchgefallen"; Regie: „Wie man Wünsche am Schwanz packt", „Die Pfarrhauskomödie"; seit 1976 Intendant am Torturmtheater in Sommerhausen bei Würzburg. Malt Akt (u. a. steht auch Maria Schell Modell), hat eine Stadtwohnung in Schwabing und bewohnt eine hübsche Villa in Wasserburg. Adresse: Agentur Bloy, Gasteigweg 1, 8022 Grünwald, Telefon: 089/6411893

Richter Karl, Bach-Prophet, Professor an der Staatlichen Musik-Hochschule, Dirigent, Organist, Leiter des Münchner Bach-Chors, geboren in Plauen/Sachsen am 25. Oktober 1926, verheiratet mit Gla-

Karl Richter

dys Müller. 1949: als Dreiundzwanzigjähriger wird er, Schüler von Karl Straube und Günter Ramin, zum Organisten der Leipziger Thomaskirche ernannt, drei Jahre später ist er jüngster Musikprofessor Münchens, gründet Bach-Chor 1953, Bach-Orchester und macht Bach-Feste; internationale Gastspiele in Japan, USA, Italien, Frankreich, UdSSR, Südamerika, gibt bis 1978 rund 800 Konzerte; Platten-Aufnahmen u. a. „Matthäus-Passion" von Johann Sebastian Bach (1959 und 1979); Buch: „Selbstverständlich empfängt Sie Ihre Gnaden" (1978); Auszeichnung: Bayerischer Verdienstorden (1966), Städtischer

Förderungspreis (1964), „Goldenes Grammophon“. Adresse: Münchner Bachchor e. V., Habsburgerplatz 1, 8 München 40, Telefon: 089/343248

Riedl Erich Dr. rer. pol., Dipl. Kfm., Bundestagsabgeordneter, Präsident des Fußballvereins „1860 München“, Oberpostdirektor a. D., geboren in Eger, 23. Juni 1933, verheiratet. Schafft neben seiner beruflichen Tätigkeit als Postinspektor ein Betriebswirtschaftsstudium an der Universität Erlangen/Nürnberg und kann wegen der Prädikats-

Erich Riedl

note auch noch promovieren. Freizeit: Fußball, Briefmarken; Lieblingslokal: „Rosengarten“, Harlaching; Leibgericht: Schweinebraten mit Knödel; Getränk: Herber Mosel-Saar-Ruwer Wein; Privatauto: K 70. Adresse: Auenstr. 19, 8 München 5, Telefon: 089/268045

Riehl Hans, Chefredakteur („tz“), geboren in Altötting/Oberbayern, 21. Juni 1935, verheiratet (seit 1962) mit Eva Witthalm-Ruttmann, drei Kinder. Buchveröffentlichungen: „Als Deutschland in Scherben fiel“ (1975), erschienen im Verlag R. S. Schulz, „Die Völkerwanderung“, „Die Mark – Geschichte einer Weltwährung“ (1978).

Hans Riehl

Freizeit: Tennis, Lesen; bevorzugtes Lokal: „Nürnberger Bratwurstglöckl“; Leibgericht: Meeresfrüchte aller Art; Lieblingsgetränk: Champagner; Garderobe: Hirmer; Privatauto: Citroen CX. Adresse: Bayerstr. 57, 8 München 2, Telefon: 089/53061

Riemerschmid Heinrich, Getränkefabrikant „Mister Escorial“, geboren in Berg/Starnberger See, 9. November 1918, verheiratet mit Frau Renate, Sohn Dieter. Übernimmt 1963 von seinem Vater das über 100 Jahre alte Familien-Unternehmen mit Sitz auf der Praterinsel in der Isar; leitet die Firmengruppe Anton Riemerschmid, Georg Hemmeter Weinbrennerei und Donath- und Wolfra-Kelterei; ist der größte Enzian-Hersteller im Bundesgebiet; zu seinen Pro-

Heinrich Riemerschmid

dukten gehören: Sangrita, Alkotropiks, Pitu, Tequilla Silla, Erster altbayerischer Kartoffelschnaps, Escorial Grün; ist Vizepräsident der Industrie- und Handelskammer München, 1. Vorsitzender des Schutzverbandes der Spirituosen-Industrie e. V., Mitglied des geschäftsführenden Vorstand des Verbandes der deutschen Essigindustrie e. V., Kuratoriumsmitglied im Bund für Lebensmittelrecht und Lebensmittelkunde. Adresse: Praterinsel 3, 8 München 22, Telefon: 089/225321

Josef Riepl

Riepl Josef, Bauunternehmer, geboren in Regensburg, 8. Juli 1898. Laufbahn: Studium an der Techn. Hochschule München; seit 1925 selbständig; Konsul von Thailand; Auszeichnungen: Bayerischer Verdienstorden, Thai-Orden des weißen Elefanten. Adresse: Meglingerstr. 19, 8 München 71, Telefon: 089/78011

Rigan „Ritchi“ Richard (bürgerlich: Richard Winter), Bandleader und Lokalbesitzer („Rigan“, „Rigan-Club“), geboren in Politschka/CSSR, 13. April 1945, Junggeselle. Laufbahn: Schülerband in Schwabing, seit 1963 Profi-Gruppe, zehn Jahre später Rock'n Roll-Band „Rigan“; wird dem breiten Publikum im „East Side“ bekannt; 1974:

Eröffnung des ersten Lokals in Dachau; 1977: „Rigan Club" in Schwabing, macht inzwischen pro Jahr 200 Gastspiele (in der Dortmunder Westfalenhalle vor 14000 Zuhörern, in Berlin vor 8000); Band bei privaten Festen (Fürstenberg-Hochzeit, „Playboy"-Partys in Zürs), gemeinsame Auftritte mit Fats Domino („East Side"), Suzy Quatro, Udo Lindenberg, James Hunt (singt mit Ritchi im Duo);

Richard Rigan

Freizeit: Sammeln von Porzellanfiguren und „Schneegestöber" (100 Stück); Lieblingslokal: „Austernkeller", Disco „Musikpalast" Hannover und Rock-Schuppen „Chicago" Hamburg; Leibspeise: Fisch; Lieblingsgetränk: Wein; Garderobe: „Lord John + Lady Jane", „Marc Mano"; fährt schneeweißen Buick. Adresse: Herzogstr. 7, 8 München 40, Telefon: 089/307171

Ringelmann Helmut, Filmproduzent, Chef der Neuen Münchner Fernseh-Produktion, geboren in München, 4. September 1926, verheiratet mit Lilo Altmann (1954), Sohn Tobias. Erfolgreicher Produzent der TV-Serien „Der Kommissar", „Der Alte" (mit Siegfried Lowitz), „Derrick" (mit Horst Tappert, Fritz Wepper), „Polizeiinspektion 1" (mit Elmar Wepper) sowie

Helmut Ringelmann

„Babeck", „11 Uhr 20". Lieblingslokal: „Boettner", „Käfer"; Leibgericht: „Pot au feu" mit Mark; Hobby: Drehbuchlesen; fährt Mercedes, ist großer Pferdefreund. Adresse: Geiselgasteig, Bavariafilmplatz 7, Telefon: 089/6492381

Luise Rinser

Rinser Luise, Schriftstellerin, geboren in Pitzling, 30. April, in erster Ehe mit Opernkapellmeister Horst Günther Schnell, dann mit Carl Orff verheiratet, zwei Kinder, Christoph und Stephan. Laufbahn: Studium der Psychologie und Pädagogik: lebt in München und Rom; Romane: „Die gläsernen Ringe", „Die Wahrheit über Konnersreuth", „Abenteuer der Tugend", „Gespräche über Lebensfragen", „Unterentwikkeltes Land Frau", „Grenzübergänge", „Der schwarze Esel", im Verlag R. S. Schulz erschienen folgende Bücher: „Hochzeit der Widersprüche", „Wie, wenn wir ärmer würden", „Dem Tode geweiht?", „Wenn die Wale kämpfen", „Khomeini und der Islamische Gottesstaat". Adresse: Pickelstr. 13, 8 München, Telefon: 089/153729

Günter Rittner

Rittner Günter, Prominentenmaler, geboren in Breslau, 11. März 1927. Malte Bundespräsident Walter Scheel, Bundeskanzler Helmut Schmidt, Alt-Kanzler Kurt Georg Kiesinger, Justizminister Dr. Hans Jochen Vogel, Ministerpräsident Franz Josef Strauß, Julius Kardinal Döpfner, Senta Berger, Curd Jürgens, Fritz Kortner und Therese Giehse. Freizeit: Klassische Musik, Lyrik, Theater, Wandern, Sport. Adresse: Isabellastr. 13, 8 München 40, Telefon: 089/2717111

Inge Rodenstock

Rodenstock Inge, Malerin, geboren in Tübingen, 1. Juli, verheiratet mit Professor Dr. Dr. Rolf Rodenstock. Sammelt moderne Kunst, beschäftigt sich in der Freizeit mit Filmen und übt Sport; Lieblingslokal: „Alte Post", Holzkirchen; Leibgericht: Gänsebraten; Getränk: Whisky mit Ginger Ale. Adresse: Isartalstr. 39, 8 München 5, Telefon: 089/72021

Rodenstock Rolf Professor Dr., Industrieller der gleichnamigen Optischen Werke, Brillen-Fabrikant, BDI-Präsident („Boss der Bosse"), Herr über 6000 Mitarbeiter (Jahresumsatz 350 Millionen Mark), geboren in München, 1. Juli 1917, verheiratet mit Inge Haux, ein Sohn Benedikt; aus erster Ehe mit Charlotte Manns stammen die Kinder Randolf, Alexandra und Eva-Beatrice. Nach Prüfung als Diplom-Kaufmann in München promoviert er 1944 mit einer Arbeit über „Die Kostenrechnung in der feinmechanischen optischen Industrie" zum Dr. rer. pol., habilitiert sich 1947, diesmal mit der Arbeit über „Vermeidbare und unvermeidbare Ungenauigkeit in der industriellen Kostenrechnung" an der selben Hochschule, an der er als Privatdozent (1947), seit 1956 als außerplanmäßiger Professor über Betriebsorganisation, industrielles Rechnungswesen und technisch-wirtschaftliche Rationalisierung liest; nach dem Tod des Vaters übernimmt er 1953 den Konzern, der Zweigwerke in Regen, Ebersberg sowie Tochtergesellschaften in Mailand, Wien, Paris, Chicago, New York, Puerto Rico, Buenos Aires und Santiago unterhält. Hat eine Vielzahl von Aufsichtsratsmandaten (u. a. bei der Esso AG, Industriekreditbank Düsseldorf oder Kodak Stuttgart), Präsident der Industrie- und Handelskammer. Auszeichnung: Großes Bundesverdienstkreuz (1977) mit Stern und Schulterband, Bayerischer Verdienstorden, Silberne Johann-Friedrich-Schärler-Plakette, Medaille „Bene merenti". Freizeit: Skilaufen, Segeln, Tennis, interessiert sich für Philosophie, Mystik und Kunst. Adresse: Isartalstr. 43, 8 München 5, Telefon: 089/72021

Rolf Rodenstock

Rohrbach Günter Dr., Chef der Münchner Traumfabrik „Bavaria Atelier-Gesellschaft mbH", Geiselgasteig, geboren in Neunkirchen/Saar, 23. Oktober 1928, verheiratet mit Frau Erika, zwei Kinder, Anne und Sebastian. Laufbahn: Studium in München; 1950: Staatstheater Saarbrükken, Regie-Assistent und Leiter einer Studiobühne; nach 18 Jahren beim WDR wechselt er 1979 zur „Bavaria" (10 Atelier-Hallen, riesiges Freigelände, Kopierwerk, Schneideräume, Synchronstudios, 850 Mitarbeiter); ihm verdankt der Fernseh-Zuschauer die „Talkshow" und „Klimbim"; er macht Rainer Werner Fassbinder salon- und servierfähig („Acht Stunden sind kein Tag"), gewinnt Peter Zadek, Tankred Dorst und Max von der Grün für den Bildschirm sowie bunte Talente wie Wim Wenders und Hans W. Geissendörfer und holt die TV-

Günter Rohrbach

Serie „Holocaust" nach Deutschland; 1979: zwei neue Groß-Folgen „Berlin-Alexanderplatz" und „Ein Stück Himmel". Adresse: Bavariafilmplatz 7, 8022 Geiselgasteig, Telefon: 089/64991

Rosenberger Raimund, Komponist und Dirigent, Präsident des deutschen Komponistenverbandes, geboren in München, 17. Juli 1917, verheiratet, 3 Töchter; Freizeit: Lesen; Leibspeise: Gänsebraten mit Kartoffelknödel; fährt Mercedes Cabriolet. Adresse: Pienzenauerstr. 12, 8 München 80, Telefon: 089/989889

Raimund Rosenberger

Rosendorfer Herbert, Richter, geboren in Bozen, 19. Februar 1934, verheiratet mit Ellen Casper. Beschäftigt sich in der Freizeit mit Schreiben, für das Fernsehen zwei „Tatort"-Folgen: „Weißblaue

Turnschuhe", „Wohnheim Westendstraße", zwei „Alte"-Folgen: „Zeugenaussagen", „Eine große Familie", mehrere „Polizeiinspektionen"; Bücher: „Der Prinz von Homburg", „Das Messingherz", Lieblingslokal: „Schwarzwälder's"; Leibspeise: Wiener Schnitzel; Lieblingsgetränk: Sekt; Schneider: Tellmann, München; Privatauto: Volvo. Adresse: Amtsgericht München, Pacellistr. 2, 8 München 35, Telefon: 089/55971

Herbert Rosendorfer

Rossi Alberto, Generalkonsul von Italien in München, geboren in Rom am 15. Juni 1914, verheiratet mit Sofia Azzolina, zwei Töchter. Laufbahn: Universität Rom: 1935: Doktorat in Rechtswissenschaften; 1938: Assistent-Wissenschafts-Attaché im Ministerium für Außenhandel; 1944: Außenministerium; 1946: Wirtschafts-Attaché in Montevideo und 1951 in Prag; 1956: Wirtschaftsrat in Rio und 1962 in Moskau; 1968: Ministerrat an der italienischen Botschaft in Washington; 1971: Außerordentlicher Gesandter und bevollmächtigter Minister 2. Klasse; 1974: Botschafter in Sambia; 1977: Generalkonsul in München; 1979: Außerordentlicher Gesandter und bevollmächtigter Minister 1. Klasse; Auszeichnungen: Grande Ufficiale

Alberto Rossi

dell' Ordine al Merito della Repubblica Italiana; Komturkreuz do Cruzeire do Sul (Brasilien); Komturkreuz Polonia Restituta (Polen); Orden Jugoslovenske Zastave sa Zlatnom Zvezdom na Ogrlici (Jugoslawien); Großes Verdienstkreuz mit Stern (Bundesrepublik Deutschland); liebt die Küche seiner Frau und geht in den Weichandhof; fährt Alfetta. Adresse: Möhlstr. 3, 8 München 80, Telefon: 089/4701081–84

Rossi Henri Dr., Schweizer Generalkonsul, Diplomat, geboren in Brig, 20. Oktober 1919, verheiratet mit Monique Delaloye. Beschäftigt sich in der Freizeit mit Lesen, Wandern, Reisen; trinkt gerne herben Wein und bayerisches Bier; fährt Mercedes 250. Adresse: Leopoldstr. 33, 8 München 40, Telefon: 089/347063/64

Henri Rossi

Rosy-Rosy (bürgerlich: Rosemarie Heinikel) Schwabinger Original mit großer Oberweite, geboren in Nürnberg, 4. Juni. Laufbahn: Arzthelferin; 1967: Film „Rosy-Rosy" (steht mit ihrer Schwester nackt vor der Kamera, Regie: Peter Schneider); 1968 Demonstriert auf der Offenbacher Sexmesse die sexuelle Befreiung der Frau; Gips-Abdruck ihres Wunder-Busens ist sogar in Japan ein Exportschlager; zwischendurch Groupie; 1971: Sex-Seller

Rosy-Rosy

„Rosy-Rosy"; 1977: Film „Der amerikanische Freund" (Regie Wim Wenders); schreibt 1979/1980 über ihre Vergangenheit und arbeitet zeitweise wieder als Arzthelferin. Adresse: Clemensstr. 12, 8 München 40, Telefon: 089/344277

Roth Franz, Fußball-Star („Bulle") geboren in Bertholdshofen b. Kaufbeuren, 27. April 1946, verheiratet mit Frau Inka, Sohn Klaus (1969). Spielt 12 Jahre beim FC Bayern; 369 mal in der Bundesliga, 56 mal im Europacup und 4 mal in der Nationalmannschaft; 1978: Wechsel zu Austria Salzburg; zieht sich 1979 vom Fußball zurück. Adresse: Stadion Lehen, Salzburg/Österreich, Telefon: 0043/6222 3333, 089/662149

Franz Roth

Rothemund Helmut Dr. jur., Oberstaatsanwalt, Mitglied des Landtags (SPD), geboren in Rehau/Oberfranken, 31. März 1929, verheiratet (seit 1951) mit Frau Frieda; Tochter Barbara, Sohn Peter. Auszeichnung: Bundesverdienstkreuz, Bayerischer Verdienstorden. Freizeit: Kartenspielen, Schwimmen; Leibgericht: Hausmannskost; Lieblingsgetränk: Frankenwein; Privatwagen: Peugeot. Adresse: Über der Klause 12, 8 München 90, Telefon: 089/644031

Helmut Rothemund

Rothenberger Anneliese, Kammersängerin, geboren in Mannheim, 19. Juni, verheiratet mit Journalist Gerd W. Dieberitz. Karriere: Musikhochschule Mannheim; Bühnenlaufbahn beginnt (1947) in Koblenz; Mitglied der Staatsoper Hamburg (1948–57), Gastspielreise nach Caracas, Buenos Aires und New York, wo sie an der „Met" bis 1967 verpflichtet ist; Gast-Engagement an der „Mailänder Scala" („La Traviata"); auf die Salzburger Festspiele 1967 verzichtet sie, um sich ganz auf die Münchner Festspiele konzentrieren zu könnnen; erfolgreichste Rollen: „Rigoletto", „Boheme", „Figaros Hochzeit", „Zauberflöte", „Entführung aus dem Serail", „Carmen" (in den USA), „Orpheus und Euridyke", „Rosenkavalier", „Fledermaus", „Lulu"; Fernsehen: „Anneliese Rothenberger gibt sich die Ehre" (1972), „Serenade im Zwinger – ein Abend mit Anneliese Rothenberger". Auszeichnung: Zweimal Goldener

Anneliese Rothenberger

Bildschirm 1970/72, Preis der Robert-Stolz-Stiftung München 1975, Bundesverdienstkreuz erster Klasse (1967); Buch: „Memoiren"; „Melodien meines Lebens"; Freizeit: Lesen, Modellieren, Malen, Sammeln von Antiquitäten; Garderobe: „Salon Gisela"; fährt Mercedes. Adresse: Elektrola GmbH, Maarweg 149, 5 Köln 41, Telefon: 0221/49021

Rudorf Günter, Autor (Romane, Kinderbücher, Fernsehspiele und Theaterstücke), geboren in Essen, 11. November 1921, verheiratet mit Frau Jutta Dernbach. Freizeit: Wandern und Lesen; Lieblingslokale: „Bouillabaisse", „Ristorante Galleria"; Leibgericht: Tafelspitz; Getränk: Sekt-Campari; Garderobe: Loden-Frey; Auto: Opel Rekord 2,0 S, Adresse: Flötnerweg 8, München 71, Telefon: 089/796201

Günter Rudorf

Rücker Christiane, Schauspielerin, geboren in Schertendorf/Schlesien, 12. Juni. Fernsehen: „Hätten Sie heut' Zeit für mich" mit Michael Schanze; Film: „Das Einhorn"; Theater: „Irma la Douce", „Gigi", „Die Eule und das Kätzchen" mit Harald Juhnke. Adresse: Agentur Killer, Fafnerstr. 32, 8 München 19, Telefon: 089/173455

Christiane Rücker

Rühmann Heinz, Schauspieler, geboren in Essen, 7. März 1902, verheiratet in dritter Ehe mit Hertha Droemer, davor

Heinz Rühmann

mit Hertha Feiler (starb 1970) und Maria Bernheim, ein Sohn Peter (1942). Schauspielschüler von Fritz Basil, München; erste Bühnenrolle (19 Jahre alt) am Lobe-Theater in Breslau; erster Film „Das deutsche Mutterherz"; Otto Falckenberg holt ihn an die Münchner Kammerspiele, von 1923 bis in die 30er Jahre; es folgen Engagements an Reinhardt-Bühnen und Staatstheatern in Berlin sowie Burgtheater Wien; Debüt als Filmregisseur 1938 „Lauter Lügen" (mit Hertha Feiler in der Hauptrolle); ein Jahr später „Lauter Liebe"; Filme (rund 150): „Die Drei von der Tankstelle" mit Lilian Harvey, „Bomben auf Monte Carlo" mit Hans Albers, „Es gibt nur eine Liebe", „Heimkehr ins Glück" mit Luise Ullrich, „Die Finanzen des Großherzogs" (Regie: Gustaf Gründgens), „Allotria" (Regie: Willi Forst), „Der Mustergatte" (Regie: Wolfgang Liebeneiner), „Kleider machen Leute" (Regie: Helmut Käutner), „Quax der Bruchpilot" (1941) mit Beppo Brem, „Die Feuerzangenbowle", „Briefträger Müller" (1953), „Zwischenlandung in Paris" (mit Dieter Borsche), „Wenn der Vater mit dem Sohne", „Charleys Tante" (1955) mit Walter Giller, „Der Hauptmann von Köpenick" (1956), „Vater sein dagegen sehr" (1957) mit Marianne Koch, „Es geschah am hellichten Tag" mit Michel Simon und Gert Fröbe, „Der eiserne Gustav", „Der Pauker" (1958), „Menschen im Hotel", „Max der Taschendieb", „Das Haus in Montevideo", „Dr. med. Hiob Prätorius" (1965), „Grieche sucht Griechin" (1966), „Geld oder Leben" mit Fernandel und Darry Cowl, „Die Ente klingelt um halb acht", „Der Kapitän", „Der Hausmeister", „Oh Jonathan", „Das chinesische Wunder", „Gefundenes Fressen" (Regie: Dr. Michael Verhoeven); Theaterrollen: „Der Mustergatte" (2000 mal), „Warten auf Godot", „Meine Frau erfährt kein Wort", „Tod eines Handlungsreisenden", „Mein Freund Harvey", „Sonny-Boys", „Fledermaus"; Fernsehen: „Der eiserne Gustav", „Endspurt", „Dreizehn Stühle", „Heinz Rühmann Special". Auszeichnungen: Bundesfilmpreis (1957), Preis der internationalen Filmfestspiele in San Francisco, Kunstpreis der Stadt Berlin, Ernst Lubitsch-Preis (1959) , Kritiker-Preis (1961), Bundesfilmpreis (1961), Bambi (1965 + 66), Großes Bundesverdienstkreuz (1966), „Goldener Bildschirm" (1967), Großes Bundesverdienstkreuz mit Stern und Schulterband (1972), Münchner Ehrenpreis (1977), Bambi (1978); legt 1931 die Pilotenprüfung für Sportflugzeuge ab; ist Vorsitzender des „Vereins zur Förderung der Münchner Kammerspiele e. V." Adresse: Robert-Koch-Str. 20, 8022 Grünwald, Telefon: 089/6492696

Rummenigge Karl Heinz „Dribbel-Rastelli" von Bayern München („Rummelfliege") geboren in Lippstadt, 25. September 1955, verheiratet mit Martina Wehling, ein Sohn Andrè. Laufbahn: mittlere Reife, Banklehre; spielt

Karl Heinz Rummenigge

bei Borussia Lippstadt, kommt 1974 zu Bayern; spielt in der Nationalmannschaft; steigt innerhalb von vier Jahren vom Banklehrling mit 400 Mark zum hochdotierten Profi auf. Hobby: Squash, Tennis, Lesen, Musik; Leibgericht: Kalbsmedaillons; Auto: Mercedes 280 CE. Adresse: FC Bayern, Säbener Straße 51, 8 München 90, Telefon: 089/643005

Eberhard Rüsch

Rüsch Eberhard („Ebsch"), Ex-„La Cave"-Chef, geboren in Berlin, 22. Oktober 1936, wieder Junggeselle. Münchner Spezi des Industriellen Gunter Sachs; Hobby: Segeln, Skifahren, Reiten; Leibgericht: Flußkrebse im Sud; Leib- und Magen-Getränk: Scotch; Garderobe: Harry's Men Shop; Privat-Auto: Fiat (selten im Einsatz). Adresse: Maximilianstr. 25, 8 München 22, Telefon: 089/223029

S

Margit Saad

Saad Margit, Schauspielerin, Fernseh-Journalistin, TV-Regisseurin, geboren in München, 30. Mai, verheiratet mit Regisseur und Bühnenbildner Jean-Pierre Ponelle, Sohn Pierre Dominique. Karriere: Wächst in Kairo und München auf, nach dem Krieg absolviert sie die Falckenbergschule und wird im damaligen „Opern-Espresso" in der Maximilianstraße von Kay Lorentz für sein Düsseldorfer „Kom(m)ödchen" entdeckt; im Flugzeug zwischen Berlin und Düsseldorf lernt sie ihren Mann kennen; sie ziehen nach München. Filme: „Die Spur führt ins Nichts" (Regie: Joseph Losey), „Die nach Liebe hungern" mit Charles Aznavour, „Playback", „Das Geheimnis der drei Dschunken", „the last escape", „Eva erlebt das Paradies", „Schwedenmädel", „Ein Amerikaner in Salzburg", „Peter Voss, der Millionendieb"; Theater: „Irma La Douce", „Feenkönigin", „Fantasio", „Jetzt nicht, Liebling"; Fernsehen: „Das verflixte erste Mal"; macht TV-Porträts z. B. von Ex-Opernchef Rudolf Otto Hartmann; Platte: „Steh' nicht so da"; Freizeit: Biographische Romane, Schallplatten (Fernseher wird kaum eingeschaltet). Adresse: Agentur Jovanovic, Perfallstr. 6, 8 München 80, Telefon: 089/475024/25

Sabitzer Herwig, „1-Stern"-Koch und Chef des Gourmet-Lokals „Alte Königswache" (1976–80), ab 1. Dezember 1980 „Sabitzer im Lehel" (ehemalige „Ente" bzw. „Schnecke"), geboren in Friesach/Österreich, 20. Juli 1951, verheiratet mit Dorothea Knafl. Laufbahn: 1968–70 „Maxim's" in Paris, später „Humplmayr", München; macht sich 1976 in Schwabing selbständig und wird 1979

Herwig Sabitzer

vom „Guide Michelin" mit 1 Stern ausgezeichnet; Freizeit: Skilaufen und Wassersport. Adresse: Steinheilstraße 7, 8 München 2, Telefon: 089/525454

Sachs Eleonore („Lo"), geborene Olschner, Witwe des „Fichtel + Sachs"-Industriellen Ernst Wilhelm, geboren in Augsburg, 17. März, drei Töchter, Monika, Elinor, Caroline; arbeitet als besonders hübsches Star-Modell in Berlin; 1958 Heirat mit Ernst Wilhelm Sachs. Lieblingsrestaurant: „Käfer"; Garderobe: „Maja of Munich"; Freizeit: Stoff-Design. Adresse: Gabriel-von-Seidl-Str. 34a, 8022 Grünwald, Telefon: 089/6492474

Eleonore Sachs

Sachs Gunter, Industrieller („Fichtel & Sachs" 17000 Beschäftigte, Jahresumsatz 1,7 Milliarden), Filmproduzent, Kameramann, Kunstsammler, Bonvivant, geboren auf Schloß Mainberg bei Würzburg, 14. November 1932, verheiratet in dritter Ehe mit Mirja Larsson, Sohn Christian Gunnar Zourab (1971), genannt „Cri Cri"; Sohn Rolf stammt aus erster Ehe mit Anne-Marie Faure (starb 1958), danach zweijährige Ehe mit Filmstar Brigitte Bardot (Hochzeit in Las Vegas am 14. Juli 1966). Sein Großvater väterlicherseits war Dr. Ernst Sachs, der Erfinder des Freilaufs, der Großvater mütterlicherseits, Dr. Wilhelm von Opel, Sohn des Opel-Gründers. Studiert Mathematik am Polytechnikum in Lausanne und erwirbt Dolmetscher-Diplom, arbeitet in der Holding Sachs AG München, sein Bruder Ernst Wilhelm übernimmt nach dem Tod des Vaters (1958) die Leitung der Sachs-Gruppe; die Brüder machen 1975/76 Schlagzeilen beim Versuch, 74,9% des Grundkapitals der Sachs AG Holding für 330 Millionen Mark an den englischen Maschinenbau-Konzern Guest, Keen & Nettlefolds Birmingham zu verkaufen; durch einen Einspruch des Bundeskartellamtes (aus Wettbewerbsgründen) kommt alles anders; die inzwischen in der Schweiz (Gemeinde Suculolm, Graubünden) eingebürgerten Brüder halten nach Verkäufen (Commerzbank 25 Prozent und bundeseigene Salzgitter AG 23 Prozent) an der verbleibenden Mehrheit von 52 Prozent fest; seit dem Tod von Bruder Ernst Wilhelm, der 1977 bei einem Lawinenunglück ums Leben kommt, kümmert sich Gunter intensiv um den Konzern, er ist Mitglied des Aufsichtsrates der Fichtel & Sachs AG und

Gunter Sachs

gehört dem Vorstand der Sachs AG an; außerdem betreibt er eine „Mic Mac"-Boutiquen-Kette mit Hauptsitz in Paris. Seine Südsee-Filme bekamen zweimal das Prädikat „wertvoll", ein großer Erfolg war sein Ski-Film „Happening in Weiß" (1969), Fotobuch: „Mädchen in meinen Augen", fotografiert 1979 für Vogue „Land und Mode auf den Philippinen" sowie für „GEO" den Pariser Eiffelturm. Er besitzt eine bedeutende Kunstsammlung und ist mit Skulpteur Cesar, Pop-Künstler Andy Warhol und Maler Armand befreundet, hat Wohnsitze in Lausanne, Gstaad, St. Tropez (Beach-and Hill-House), St. Moritz, London und auf der Rechenau bei Oberaudorf; Garderobe: meist weiße Jeans und blauer Blazer. Adresse: Wehrlestr. 13, 8 München 80, Telefon: 089/989046

Elisabeth von Sachsen-Weimar

Sachsen-Weimar Elisabeth Sophie Feordora Mathilde Dorothea Louise Adelaide Vera Renate (Hoheit), geboren in Burgellern bei Bamberg, 22. Juli; arbeitet in der Immobilien- und Schmuck-Branche. Adresse: Kratzerstr. 5, 8 München 19, Telefon: 089/1572975

Sachsen-Weimar, Wilhelm Ernst Emisch Georg Rudolf, Prinz von (Hoheit), geboren in Höxter, 10. August 1946, ver-

Wilhelm von Sachsen-Weimar

heiratet mit Eva Katalin Kovarcz, zwei Kinder, Prinzessin Desiree (1974) und Georg Constantin (1977). Werbeleiter des Optik-Konzerns Rodenstock; Hobby: Rennsport. Adresse: Germeringer Strasse 1a, 8033 Planegg, Telefon: 089/8599574

Sackmann Franz, ehemaliger Staatssekretär im Bayer. Wirtschaftsministerium, CSU-Bezirksvorsitzender der Oberpfalz, geboren in Kaiserslautern, 17. Dezember 1920, verheiratet. Seit 1933 in München, nach Abitur (1939) Chemie-Studium an der Münchner Universität; 1951 Staatsexamen und Mitglied des CSU-Landesvorstandes (1945 Gründungsmitglied); 1956: Landrat des Landkreises Roding; politische Studienaufenthalte in den USA, Italien, Frankreich, England und der Schweiz; seit 5.12. 66 Staats-

Franz Sackmann

sekretär, (sein Nachfolger im Kabinett Strauß wird Georg von Wachenfels), Landtagsmitglied seit 1954; Auszeichnung: Großes Bundesverdienstkreuz mit Stern, Ehrenbürger von Neunburg vorm Wald. Adresse: 8495 Roding/Oberpfalz, Telefon: 09461/72965

Sägebrecht Marianne, Amme der Subkultur und bayrisches Kraftwerk, in erster Linie aber „Mutter Courage" der „Opera curiosa", geborene Steiger, geboren in Starnberg, 27. August. Laufbahn: Lernt Arzthelferin, führt zusammen mit Mann Fritz Sägebrecht in

Starnberg das Nachtlokal „Spinnradl“ (1972–75), arbeitet später in einer Werbeagentur in Solln und – nach ihrer Scheidung – für ein gutes Jahr als Geschäftsführerin im Schwabinger Lokal „Mutti Bräu“; 1976 startet sie im „Marienkäfer“ mit kunterbunten Künstlern die „Opera curiosa“, die später in neuer Fassung bei Andre Hellers Münchner „Circus Roncalli“ gastiert; 1979 ist das Marstall-Theater (Münchner Oper) Schauplatz ihrer Pop-Opera; 1980 Tournee der Revue paradox mit Freaks und Transis in

Marianne Sägebrecht

Hamburg und Berlin (Organisation: Hans Pilz); Freizeit: Fotografieren, Skifahren, Schlittschuhlaufen; liebt Steaks, Weißwein und Sekt, kleidet sich nach Schwabinger Art. Adresse: Kaulbachstraße 61, Rückgebäude bei Pellkofer, 8 München 80, Telefon: 089/343887

Sagner Otto, Buchhändler, Verleger, Spezialist für slawische Bücher und Zeitschriften, geboren in Wiesen/Braunau (Böhmen), 25. Januar 1920, verheiratet mit Frau Lotte Regner. Freizeit: Wandern, Skifahren, Kurzbücher; Lieblingslokal: „Alte Königswache“; Leibspeise: Tafelspitz und Pilzgerichte; Getränk: Beeren- und Trockenbeerenauslese; ausgefallene Teesor-

Otto Sagner

ten. Adresse: Heßstr. 39/41, 8 München 2, Telefon: 089/522027

Sahm Walter, Salon-Fotograf und ehemaliger Chefkameramann beim Bayer. Fernsehen, geboren in Wien, 18. August 1919, verheiratet mit Frau Alice Ehrentreich, drei Kinder, Ilonka Marietta (Apothekerin), Toni (Photograph), Uli (Landwirt); Laufbahn: Mittlere Reife, Musikstudium (Akademie der Tonkunst München), Lehre bei Foto Rodenstock, später bei Vater Anton Sahm; ab 1954 beim Bayer. Fernsehen (Kameramann), 1968 Übernahme des väterlichen Ateliers (Farbfoto-Labor), Ausstellungen in Baden-Baden (1976) und Münchner Stadtmuseum (1979); Lieblingslokal: „Nürnberger Bratwurstglöckl“ und „Kay's Bistro“;

Walter Sahm

Leibspeise: Kalbshaxe; Sport: Tennis, Schwimmen, Radfahren, Ski-Langlauf; Hobbys: Fotografieren, Musik; Auto: BMW. Adresse: Pienzenauerstr. 10, 8 München 80, Telefon: 089/981845

Sailer Anton, Maler, Schriftsteller, geboren in München, 14. Februar 1903, verheiratet. Wichtigstes Ereignis: Bleibt von einer Granate verschont, die in Berlin neben ihm einschlägt und sechs Menschen tötet. Hobby: „Rumschauen“, bevorzugtes Lokal: „Nürnberger Bratwurstglöckl

Anton Sailer

am Dom“, Leibgericht: „Schweinebraten mit Semmelknödel“; Lieblingsgetränk: Bier; Auto: Mercedes. Adresse: Schneckenburgerstr. 21, 8 München 80, Telefon: 089/472969

Sauter Alfred, Rechtsanwalt, Mitglied des CSU-Parteipräsidiums, Landesvorsitzender der „Jungen Union“ (46000 Mitglieder), geboren in Ichenhausen bei Günzburg, 3. August 1950, Junggeselle. Jura- und Polit-Studium in Tübingen, Genf und München; Kanzlei-Eröffnung mit Kollege Peter Gauweiler im Juli 1979; politische Laufbahn: 1970 jüngster Kreisvorsitzender der „Jungen Union“ in Bayern, seit 1972 in München;

Alfred Sauter

ist Kreisrat in Günzburg und seit 1979 „Junge Union“-Chef; Freizeit: Reisen, Langlauf, Handball; liebt Ente mit rohen Knödeln („von der Mama“), geht gern in den „Alten Simpl“ und fährt Audi. Adresse: Keferstr. 2, 8 München 40, Telefon: 089/349081

Sawallisch Wolfgang, Professor, Generalmusikdirektor und zeitweise kommissarischer Intendant, Dirigent, geboren in München, 26. August 1923, verheiratet mit Sängerin Mechthild Schmied. Karriere: mit 5 Jahren Klavierunterricht; Studium der Musik bei Professor Wolfgang Ruoff und Professor Dr. Hans Sachße; absolviert 1946 ein Semester an der Staatl. Musikhochschule München (Prof. Joseph Haas); Weiterbildung bei Rosbaud und Markevitch, dann Kapellmeister-Diplom und 1. Kapellmeister am

Wolfgang Sawallisch

Augsburger Stadttheater 1947; 1949 Erster Preis für Sonaten-Duo mit Gerhard Seitz (Violine) beim Internationalen Musikwettbewerb in Genf; 1952–53 Dirigent in Salzburg, später (jüngster deutscher) Generalmusikdirektor in Aachen; internationale Gastspiele, dirigiert 1957 in Bayreuth die sechsmal aufgeführte Neu-Inszenierung von „Tristan und Isolde“ (Wolfgang Wagner); schlägt 1960 Angebot der New Yorker Metropolitan Opera aus und unterschreibt bei Oscar Fritz Schuh, Städt. Bühnen Köln (gleichzeitig ab September 1960 Chefdirigent der Wiener Symphoniker); 1974 Bayerische Staatsoper, Vertrag bis 1982; Auszeichnung: Ehrendirigent in Tokio und Accademico onorario del Accademia Sana Cecilia, Kritikerpreis 1979; Freizeit: Mathematik, Basteln. Adresse: Hinterm Bichl 2, 8211 Grassau/Chiemgau, Telefon: 08641/2315

Sayn-Wittgenstein-Sayn, Manie Fürstin von, Münchens charmanteste Fürstin, Witwe, Fotografin aus Passion, arbeitet für „Bunte“-Illustrierte, geboren in Salzburg, 9. Dezember. Kunstakademie in München, Kochkurs (während der Verlobungszeit mit ihrem späteren Mann Fürst Ludwig zu Sayn-Wittgenstein-Sayn, der 1962 bei einem Autounfall ums Leben kommt), fünf Kinder, Prinzessin Teresa, verheiratet mit dem spanischen Grafen Louis Quintanilla, Prinzessin Elisabeth, verheiratet mit Baron Hasso von Senden, Prinzessin Yvonne, verheiratet in erster Ehe mit Graf Alfons Coreth (2 Söhne), in zweiter mit Nierenspezialist Dr. Klaus von Bolzana, Prinz Alexander (1943), Chef der Familie, verheiratet mit Gräfin Gabriela Schönborn (drei Kinder) und Prinz Peter (1954), arbeitet bei

M. v. Sayn-Wittgenstein-Sayn

BMW (nach zwei Jahren in München jetzt in London); Freizeit: Skilaufen, Reisen, Gastgeberin spielen, Fotografieren; Leibspeise: Rehrücken mit Knödel und Rahmsoße; Lieblingsgetränk: Österreichischer Weißwein; kleidet sich bei „Verena“ und „Ponater“ ein; fährt Ford Station-Car. Adresse: Möhlstr. 46, 8 München 80, Telefon 089/982177 und Jagdhaus Ellmau, Fuschl am See / Österreich, Telefon: 0043 6226/322

Schaeffer-Kühnemann Antje Dr., Fernseh-Ärztin, Journalistin, Ansagerin, geboren in München, 22. Februar, verheiratet mit Journalist und Schriftsteller Max Pierre Schaeffer. Laufbahn: Medizin-Studium in München und Ärztin seit 1971; leitende Ärztin des Vital-Zentrums im Hotel „Bachmair“; jede Wo-

Antje Schaeffer-Kühnemann

che „Sprechstunde" im Fernsehen; vierzehntägige AZ-Kolumne; „Fernsehwoche" (alle zwei Wochen) seit 1972, moderiert sporadisch den „Samstags-Club" des Bayerischen Rundfunks; Freizeit: Schwimmen (mit neun Jahren bei den „Isarnixen"), Skilaufen, Leichtathletik, Wasserski; Leibspeise: Capatio (rohes Jungstierfleisch hauchdünn), Fisch; Lieblingslokal: „Käfer"; Lieblingsgetränk: Cocktail Belini und Mineralwasser. Apfelsaft; fährt BMW. Adresse: Bayer. Fernsehen, 8 München-Freimann, Telefon: 089/38061

Schamoni Peter, Regisseur und Filmproduzent, geboren in Berlin, 27. März 1934, Junggeselle. Filme: „Zur Sache Schätzchen" mit Uschi Glas, „Potato Fritz" mit Hardy Krüger, großer Kunstsammler, Freund des verstorbenen Max Ernst (vererbte ihm ein kostbares Himmel-

Peter Schamoni

bett) und des Wiener Malers Friedensreich Hundertwasser („Ein Regentag"). Macht vier Filme, ein Buch und eine Multimedia-Schau über Max Ernst, erhält den Berlinalepreis für seinen Film „Schonzeit der Füchse". Freizeit: Reisen, Schnorcheln; Lieblingslokal: „Seerestaurant Marina" Bernried/Starnberger See und „Brasserie Lipp" in Paris; Leibgericht: Renke, Saibling; Getränk: trockener Weißwein. Adresse: Mauerkircherstr. 184, 8 München 81, Telefon: 089/988419

Schandner Richard, „Wies'n"-Wirt („Hofbräuhaus"-Zelt) und Ex-Chef des „Aumeister", geboren in Nürnberg, 25. Juli 1924, verheiratet (seit 1952) mit Frau Margret. Laufbahn: Lehre im „Bayerischen Hof" beim alten Volhardt, Ausbildung in Pa-

Richard Schandner

ris; seit 1952 Chef der „Aumeister"-Ausflugs-Gaststätte und seit 1966 auf der Wies'n; prominente Gäste: Dr. Friedrich Karl Flick, Franz Josef Strauß, Konsul Richard Neumeister, Franz Schönhuber; Freizeit: Tennis, Eisstockschießen, früher Boxen und Ringen (Münchner Halbschwergewichtsmeister im Freistil); Leibspeise: Schweinsbraten mit „gscheiten" Knödeln; Lieblingsgetränk: Weißbier; Garderobe: Tracht; Auto: BMW. Adresse: Sondermeierstr. 1, 8 München 45, Telefon: 089/325224

Schanze Michael, TV-Star, Show-Master, geboren in Tutzing, 15. Januar 1947, lebt mit Monika Peer zusammen, ein Sohn Florian Michael (1980). Laufbahn: Schule in Tutzing und Internat in Nürnberg; während der Schulzeit musikalischer Leiter

Michael Schanze

der Band „Quarter-Deck"; nach Abitur 1966 Schlagersänger; tritt 1968 im Talentschuppen auf; erste Single „Ich bin kein Lord"; Studium an der Hochschule für Fernsehen und Film; 1970: Diplom und Moderator der Jugendsendung „Mobile"; seit 1972 eigene Skow im ZDF „Hätten Sie heut Zeit für mich?"; mehrere Langspielplatten; 1977: Kinderserie „Ein zwei oder drei"; Hobby: Windsurfen, Skilaufen. Adresse: Montana, Königinstraße 121, 8 München 40, Telefon: 089/343036

Scharnagl Wilfried, gewichtiger Chefredakteur (110 Kilo) des „Bayern Kurier" (Herausgeber Franz Josef Strauß), geboren in Plan bei Dachau, 26. Oktober 1938, verheiratet mit Frau Gunda, Tochter Sabine (1966). Laufbahn: Berufswunsch Journalist besteht schon immer; beginnt beim

Wilfried Scharnagl

„Freisinger Tagblatt" und ist Chef beim „Bayern Kurier" (Auflage: 200000) seit 1964; Freizeit: Bücher lesen und sammeln; bevorzugt chinesische Küche; trägt Konfektion und fährt Mercedes Diesel. Adresse: Nymphenburger Str. 64, 8 München 19, Telefon: 089/182011

Schech Marianne, Kammersängerin, Professor an der Staatlichen Hochschule für Musik in München, geboren in Geitau/Bayrisch Zell, 18. Januar, Junggesellin. 1945: Engagement an der Bayerischen Staatsoper München bis Juli

Marianne Schech

1970 als dramatische Sängerin; Freizeit: Fotografieren, Filmen; Lieblingslokal: Restaurant „Arabellahaus"; Leibgericht: Schweinebraten mit Kartoffelknödel; Getränk: Sekt; Auto: Opel Rekord. Adresse: Richard-Strauß-Str. 119, 8 München 80, Telefon 089/985818

Scheck Klaus, mit Bruder Robert Chef des gleichnamigen Sporthauses und Europas größten Sportversandhauses (jährlich zweimal größter Sport-Katalog der Welt), geboren in München, 23. Juni 1940; verheiratet mit Frau Gisela, zwei Töchter, Barbara und Michaela; Freizeit: Tennis, Skilaufen, Fußball; Lieblingslokal: „I Soldati di Nov-

Klaus Scheck

anta Novi" bei Monte Bellina/Italien; Leibgericht: Risotto Nero; Lieblingsgetränk: Bier; Garderobe: Sport-Scheck; Privatauto: Range Rover. Adresse: Sendlinger Str. 85, 8 München 2, Telefon: 089/21661

Schedl Otto Dr. phil., ehemaliger Wirtschaftsminister, zeitweise stellvertr. Ministerpräsident, geboren in Sinzing bei Regensburg, 10. Dezember 1912, verheiratet mit Rosa Fischer (seine erste Ehefrau Maria Reuss, mit der er zwei Kinder hat, stirbt 1968). Studiert Philosophie, Psychologie, Zeitungskunde, Volkswirtschaft, Literatur und Kunstgeschichte; Werkstudent an den Hochschulen Regensburg, Würzburg und München; 1937–40 Mitarbeiter des „Regensburger Anzeigers", promoviert 1941 zum Dr. phil., nach dem Krieg Mitarbeiter der Münchner „Abendzeitung"; 1947/48 Generalsekretär der CSU; 1950 Landtagsabgeordneter des Stimmkreises Neumarkt-Stadt und Land; 16. Oktober 1957: Ministerpräsident Seidel beruft ihn als Wirtschaftsminister (Steckenpferd: Energie-Politik: Pipelines bringen Erdöl als billigen Energieträger nach Bayern; verhandelt sehr geschickt mit der italienischen Ölgesellschaft ENI, und so kommt es zum Erdölraffinerie-Zentrum bei Ingolstadt; Abschluß mit den Sowjets für Erdgas-Lieferungen nach Bayern); geht 1972 in den Ruhestand; Buch: „Die Lebenskreise bei Krause"; Auszeichnung: Bayerischer Verdienstorden, Großes silbernes Ehrenzeichen am Band der Bundesrepublik Österreich; Goldener Ehrenring des Bayerischen Handwerks, Ehrenbürger von Ingolstadt, großes Bundesverdienstkreuz mit Stern (1969), Staatsmedaille; Freizeit: Lesen, Hobbyfilmen, Reisen, Schreiben; bevorzugtes Restaurant: „Bayerischer Hof"; Leibgericht: gebratene kleine Tin-

Otto Schedl

tenfische, Landleberwurst; Getränk: Wein, Hefe-Weißbier; Schneider: Max Dietl, Privatauto: VW Passat. Adresse: Neuberghauser Str. 6, 8 München 80, Telefon: 089/981300

Schell Maria, Filmstar, geboren in Wien, 15. Januar, in erster Ehe (1957–65) verheiratet mit Regisseur Horst Hächler (Sohn Oliver 1962), in zweiter mit Regisseur Veit Relin (Tochter Marie-Theres 1966) verheiratet. Wächst in Frankreich und in der Schweiz auf; nach ihrer kaufmännischen Ausbildung bekommt sie ohne jegliche Schauspiel-Ausbildung eine Rolle in dem „Gloria"-Film „Der Steinbruch";

Maria Schell

ihr Erfolg ist so groß, daß ihr Vater dem Besuch einer Schauspielschule in Zürich zustimmt; erstes Engagement in Bern, dann Wien mit „Dream Girl". Filme: „Der Engel mit der Posaune"; „Maresi", „Nach dem Sturm", „Die letzte Brücke", „Das Herz aller Dinge", „Die Ratten", „Napoleon", „Liebe", „Rose Bernd", „Die Brüder Karamasow", „Le notti bianchi", „Schinderhannes", „Un vie", „Hanging Tree", „Raubfischer in Hellas", „Wem die Stunde schlägt" (Hemingway beglückwünscht sie zu dieser Leistung), „Ninotschka", „Cimmaron", „Riesenrad", „Whisky mit Sofa", „Ich bin auch nur eine Frau", „Wenn man James Dean einladen würde", „Der Hexer von Blackmoor", „House in the woods" (New York), „Superman" mit Marlon Brando; TV: Partnerin von „Kojak" (in der TV-Serie „Einsatz in Manhattan"), „Derrick", Porträt: „Meine Träne in Eurem Knopfloch"; Theater: „Armer Mörder" (am Broadway in New York), „Weites Land" (Salzburg 1979). Platte: „Tränenlieder"; Auszeichnungen: Bambi (1951–58), beste Schauspielerin bei den Filmfestspielen in Cannes (1954), „Volpi-Pokal" (1956), französischer Filmpreis „Victoire". Adresse: Agentur Jovanovic, Perfallstr. 6, 8 München 80, Telefon: 089/475024/25

Schell Maximilian, Regisseur, Schauspieler, „Oscar"-Preisträger, geboren in Wien, 8. Dezember 1930, Junggeselle mit fester Bindung Bundesfilmpreisträgerin Dagmar Hirtz (Filmschnitt). Studiert Kunst- und Literaturgeschichte, Germanistik, Theater- und Musikwissenschaft; als sein Idol, der Schauspieler Horst Caspar 1952 stirbt, entschließt er sich, Schauspieler zu werden. Start in Basel, dann geht er nach Essen, Bonn

Maximilian Schell

(„Prinz von Homburg"), Lübeck und München (Kammerspiele); 1959 holt ihn Gustaf Gründgens nach Hamburg, er spielt dort auch die Titelrolle der Gründgens-Abschiedsinszenierung von „Hamlet"; Ende der 60er Jahre Gast-Star am Londoner „Royal Court" (Osborns „Apatrict for me"); Debüt beim Film mit „Kinder, Mütter und ein General" (1955), dann: „Es geschah am 20. Juli", „Ein Herz kehrt heim", „Taxichauffeur Bänz", „The young Lions", „Ein wunderbarer Sommer", „Das Urteil von Nürnberg" (Regie: Stanley Kramer), „Die Eingeschlossenen", „Anruf für einen Toten", „Die Akte Odessa", „Steiner", „Julia"; Regie: sein erster Film „Erste Liebe" (wurde 14mal ausgezeichnet), „Der Fußgänger", „Der Richter und sein Henker", „Geschichten aus dem Wienerwald"; 1975: La Traviata-Inszenierung in Basel; bei den Salzburger Festspielen 1979 mit „Jedermann" als Schauspieler und in Schnitzlers „Weites Land" als Regisseur; Fernsehen: „Bernauerin" (als Herzog von Bayern), „Seidener Schuh", „Hamlet", „Open end" (vier Talk Shows im ORF und Bayern III); Bühnenstück: „Die Stadt wird dunkel"; Auszeichnungen: „Oscar" 1961 (für die Rolle eines deutschen Anwalts in „Das Urteil von Nürnberg"), später vielfach nominiert für den „Oscar" (u. a. sein Film „Fußgänger"), Silberne Muschel (Festspiele San Sebastian); Bundesfilmpreise 71/74; Freizeit: Musik (Mozart, Chopin). Adresse: Agentur Baumbauer, Keplerstr. 2, 8 München 80, Telefon: 089/478577

Scheller Jürgen, Schauspieler, Kabarettist, Theaterchef, leitet das „Theater des Münchner Ostens", geboren in Potsdam, 21. August 1922, verheiratet mit Trude Haefelin, lange Jahre „Lach + Schießgesellschaft". Viele Fernsehstücke; im eigenen Haus spielte er „Die Sache mit dem Feigenblatt", „Unser Goldbua"; Freizeit: Garten, Sport; Leib-

Jürgen Scheller

gericht: Apfelreis mit deutschem Beefsteak; Lieblingsgetränk: Bier; Privatauto: Peugeot 504 Cabrio. Adresse: Management Palz, Ortlinderstr. 6/VII, 8 München, Telefon: 089/91 20 19/10

Schessl Rudolf Dr., stellvertretender Aufsichtsratsvorsitzender der „Paulaner Thomas"-Brauerei, ehemaliger Vorstandssprecher, geboren in Ingolstadt, 12. Juni 1914, verheiratet mit Frau Rosemarie. Laufbahn: 1947: Studium an der TH München-Weihenstephan; 1950: Dipl. Brauingenieur, Studium der Rechtswissenschaft (Promotion

Rudolf Schessl

1952), seit 1951 bei „Paulaner"; Freizeit: Skilaufen, Bergsteigen, Radfahren, fährt Mercedes. Adresse: Hochstr. 75, 8 München 90, Telefon: 089/4 11 51

Bernhard Scheublein

Scheublein Bernhard Dr., Brauerei-Eminenz (Brauereidirektor i. R.), Beirat der „Paulaner Thomas"-Brauerei, geboren in München, 22. Januar 1906, verheiratet mit Maria-Charlotte, drei Kinder; ca. 29 Jahre bei „Paulaner"; Freizeit: Golf, Skilaufen. Adresse: Hochstr. 75, 8 München 90, Telefon: 089/4 11 51

Wolfgang Schier

Schier Wolfgang Dr., Präsident des Bayerischen Obersten Landesgerichts, geboren in Kassel, 22. Februar 1918, verheiratet. Seit 1. August 1977 Präsident. Adresse: Schleißheimer Str. 139, 8 München 35, Telefon: 089/ 3 86 71

Wolfgang Schieren

Schieren Wolfgang Dr. jur., Vorstands-Vorsitzender der „Allianz-Versicherungs-Aktiengesellschaft", geboren in Herzogenrath, 8. Juni 1927, verheiratet, zwei Töchter; Laufbahn: Studium in Tübingen und Köln, seit 1956 Allianz Versicherungs AG, u. a. Leiter der Niederlassungen in Paris und Berlin; seit 1971 Vorsitzender des Vorstands; ist Kunstliebhaber; Hobby: Tennis. Adresse: Königinstr. 28, 8 München 44, Telefon: 089/3 80 01

Schirach Klaus von Dr., Anwalt (Spezialgebiet: Firmenberatung und Scheidung), geboren in München, 5. April 1935, verheiratet mit Frau Jutta, drei Kinder, Viktoria, Frederike, Eva. Laufbahn: Jura-Studium in München

Klaus von Schirach

und Hamburg; Kanzlei seit 1965; Freizeit: Bergsteigen, Skilaufen, Oper; Lieblingslokal: „Franziskaner"; Leibspeise: Tintenfisch; Lieblingsgetränk: Bier, Wein; Garderobe: „Boss"-Kollektion; Auto: Mercedes. Adresse: Leopoldstr. 48, 8 München 40, Telefon: 089/33 10 13

Schloendorff Volker, Filmregisseur, geboren in Wiesbaden, 31. März 1939, verheiratet mit Schauspielerin Margarethe von Trotta. Studiert Rechtswissenschaft und legt in Paris Staatsexamen ab (1963 in economie politique); 1959: trifft auf „Nouvelle Vague"-Regisseure wie Godard Truffaut und Louis Malle, wird

Regie-Assistent von Malle („Zazie in der Metro", „Privatleben", „Viva Maria"), weiter lernt er bei Meister-Regisseur Alain Resnais („Letztes Jahr in Marienbad") und Jean Pierre Melville; erster Film: „Der junge Törless" (1966), dann „Mord und Todschlag" (1967), „Michael Kohlhaas" (1969), „Der plötzliche Reichtum der armen Leute von Kombach" (1970), „Die Moral der Ruth Halbfass" (1972), „Die verlorene Ehre der Katharina

Volker Schloendorff

Blum" (1975), „Die Blechtrommel" (1979); Theater: „Katja Kabanowa" (1974 an der Frankfurter Städtischen Bühne); Fernsehen: „Strohfeuer", „Übernachtung in Tirol", „Georgines Gründe"; Auszeichnung: 6 Bundesfilmpreise, „Goldene Palme" (bester Film bei den Canner Film-Festspielen 79: „Blechtrommel"). Adresse: Türkenstr. 95, 8 München 40, Telefon: 089/394987

Schlüter Gisela, Fernseh-Liebling („Lady Schnatterley") der Show „Zwischenmahlzeit", geboren in Berlin, 6. Juni. Erich Ponto entdeckt ihr komisches Talent. Freizeit: Astrologie; Leibgericht: Rindsgulasch mit Knödel; Getränk: Moselwein, fährt Audi 100. Adresse: Badstr. 8, 8112 Bad Kohlgrub, Telefon: 08845/368

Gisela Schlüter

Schmidbauer Jakob, Deutschlands Kran-König (900 Mitarbeiter) mit Hauptsitz in München (17 Niederlassungen), geboren in München, 4. September 1913, verheiratet mit Frau Franziska, drei Kinder, Werner, Heinz und Erika. Beginnt 1932 mit einem kleinen Transportgeschäft (ein Lastwagen, Marke Chevrolet); besitzt heute neben einer Flotte von Lastern und Spezialtransportern in seinem Verleih rund 250 meist gelb/schwarz gestrichene Auto- und Mobilkräne, der kleinste mit 7,5 Tonnen Hebekapazität, der größte mit 600 Tonnen (Auslegerlänge 162 Meter); auf 262 Seiten ist die Firmengeschichte in dem Buch „Jakob Schmidbauer – ein Lebenswerk" festgehalten, das zum 40. Firmenjubiläum am 4. September 1973 er-

Jakob Schmidbauer

scheint. Adresse: Hansastr. 138–140, 8 München 70, Telefon: 089/7601001

Schmidhuber Peter M., Bayerns Mann in Bonn, Minister für Bundesangelegenheiten, Multi-Funktionär, Anwalt, geboren in München, 15. 12. 1931, verheiratet mit Frau Elisabeth Schweigart (Rechtsanwältin), Tochter Susanne. Laufbahn: Studium (Jura und Volkswirtschaft) an der Universität München; 1955 Examen als Diplomvolkswirt;

Peter M. Schmidhuber

Staatsexamen (1956 und 1960); Finanzministerium (1961–72), dann Wirtschaftsministerium, später in München Anwaltspraxis; seit 1952 bei CSU („Ochsen-Sepp" Josef Müller war sein Mentor); 1960–66 ehrenamtlicher Stadtrat in München; 1965–72 Bundestag; 1978 Bayerischer Landtag und in der neugebildeten Regierung Strauß Minister und Leiter der bayrischen Landesvertretung in Bonn (als Nachfolger von Franz Heubl); hat rund 35 Ämter inne, unter anderem ist er Vorsitzender der Arbeitsgemeinschaft Mittelstand der CSU, Mitglied des Bundesvorstandes der Mittelstandsvereinigung der CDU/CSU und Mitglied des Parteiausschusses der CSU, Geschäftsführender Vorsitzender der Studiengesellschaft für Mittelstandsfragen e. V., Vorsitzender des Energiebeirates der Gesellschaft zum Studium strukturpolitischer Fragen e. V. Bonn; Freizeit: Schach, sammelt Kunstgegenstände; Leibgericht: Fisch; Lieblingslokal: „El Toula" und daheim („meine Frau kocht sehr gut"). Adresse: Max-Planck-Str. 4, 8 München 80 oder Schlegelstr. 1, 53 Bonn. Telefon: 02221/2021

Schmidinger Walter, Schauspieler, Regisseur, geboren in Linz, 28. April 1933. Spielt schon im Kindergarten, in der

Walter Schmidinger

Schule und bei der Katholischen Jugend Theater, verdient sein erstes Geld als Dekorateur und Verkäufer in einem Linzer Einrichtungshaus; Schauspieler-Debüt im Wiener Theater in der Josefstadt, Bühnenauftritte in Essen, Bonn (10 Jahre lang – auch Operette), Düsseldorf (mit Strehler), Bremen (unter Zadek), Hamburg und München (Kammerspiele und Residenztheater); Theater: „Der Zerrissene", „Heimarbeit", „Die Unberatenen", „Ring der Nibelungen", „König Lear", „Einen Jux will er sich machen", „Richard II", „Hamlet", „Richard III", „Die See", „Der Umzug", „Besuch der alten Dame", „Die heilige Johanna", „Michael Kramer", „Der Bauer als Millionär", „Tartuffe" (unter Ingmar Bergman); Regie: „Globales Interesse"; Auszeichnung: AZ-Stern des Jahres 1973; Freizeit: Lesen, Musik (Mozart, Strauß). Adresse: Agentur Baumbauer, Keplerstr. 2, 8 München 80, Telefon: 089/478577

Schmid-Wildy Ludwig, Volksschauspieler, Regisseur, „Platzl"-Eminenz, Drehbuchautor, geboren in Aachen, 3. Mai 1896. Laufbahn: Kochlehre (mit 13 Jahren); mit 20 erste Bühnenerfahrung; gründet vier Jahre später eine Wanderbühne in der Pfalz und im Rheinland; später Oberspielleiter der Theater in Heidelberg, Konstanz, Schaffhausen, Winterthur, Würzburg, Aachen; 1953: Leiter der Bühne im „Platzl" (für die nach Weiß Ferdls Tod niemand mehr einen Pfifferling geboten hätte) in München; wirkt in 30 Filmen mit; schreibt 20 Drehbücher und rund 250 „Platzl"-Programme; im Fernsehen Star des „Komödienstadl"; Buch: „Allerhand Durcheinander"; Auszeichnung: Bayerischer Verdienstorden (1971); Thoma-Medaille (1976); Freizeit: Spaziergänge; Lieblings-

Ludwig Schmid-Wildy

getränk: Bier; Laster: 70 Zigaretten pro Tag. Adresse: 8161 Irschenberg/Obb., Telefon: 08025/1456

Johann Schmidt

Schmidt Johann Dr., Präsident des Bayerischen Verwaltungsgerichtshofs, geboren in Trossingen, 28. Dezember 1922, verheiratet. Seit 1. Juli 1974 Präsident. Adresse: Ludwigstr. 23, 8 München 22, Telefon: 089/21301

Werner Schmidt-Boelcke

Schmidt-Boelcke Werner, Chefdirigent und Komponist, geboren in Berlin, 28. Juli 1903, verheiratet, fünf Söhne. Freizeit: Autofahren; bevorzugtes Lokal: „Augustiner Keller"; Leibgericht: Eisbein mit Erbsenpüree; Getränk: „Augustiner Edelstoff"; Schneider: Breitenfeld; Auto: Volvo. Adresse: Unterbrunnerstr. 46½, 8035 Gauting, Telefon: 089/8503000

Schmidt-Tintemann Ursula Professor Dr., Chirurgin, Spezialistin für „Plastische Chirurgie" (Schönheitschirurgie) mit eigener Abteilung im Klinikum rechts der Isar (9 Mitarbeiter), geboren in Goldap/Ostpreußen, 19. Juni, Lebensgefährte: Fernseh-Journalist Dagobert Lindlau. Laufbahn: studiert in München und erkennt als „allgemeine Chirurgin" ihre Chance auf speziellem Gebiet; läßt sich 1956 in Amerika und England in plastischer Chir-

Ursula Schmidt-Tintemann

urgie ausbilden; 1960 baut sie im Münchner „Klinikum rechts der Isar" dieses medizinische Fachgebiet auf, das inzwischen Weltgeltung hat, habilitiert auch als ersten in der Plastischen Chirurgie; ist Vorsitzende vieler internationaler Kongresse; 100 Veröffentlichungen, darunter das Buch „Zur Lage der plastischen Chirurgie." Adresse: Klinikum rechts der Isar, Ismaninger Str. 22, 8 München 80, Telefon: 089/414 01

Schmitt Fritz, Schriftsteller, geboren in Reichersdorf/Niederbayern, 20. September 1905, verheiratet. Verfasser von mehr als 20 Bergbücher („Das Buch vom Wilden Kaiser", „Der Bergsteiger von heute"), Schriftleitung „Deutsche Alpenzeitung". Erstieg rund 2000 Berggipfel, „darunter 30 Erstbegehungen". Freizeit: Skifahren; Leibgericht: Spargel; Getränk: Moselwein; Privatwa-

Fritz Schmitt

gen: Audi. Adresse: Düppeler Str. 20, 8 München 81, Telefon: 089/93 18 30

Schmitt Gisela („Salon Gisela"), Kostümbildnerin, geboren in München, 28. April, geschieden von Ernst Schmitt, zwei Kinder, Gabriele und Dieter. Laufbahn: Modeakademie Lausanne, arbeitet bei Dior in Paris (1950), ein Jahr später selbständig (erst Brien-

Gisela Schmitt

ner Straße, dann in Schwabing in der Dreschstraße und jetzt in Bogenhausen); zu den berühmtesten Kundinnen zählen: Liv Ullmann, Raquel Welch, Hildegard Knef, Caterina Valente, Boney M., Eruption; Freizeit: Schwimmen, Segeln; Leibspeise: Sauerbraten; Lieblingsgetränk: Wein; Auto: Alfa Cabrio. Adresse: Friedrich-Herschel-Str. 10, 8 München 80, Telefon: 089/98 07 24

Schmude Heinz, SPD-Landesgeschäftsführer, geboren in Liegnitz/Schlesien, 30. November 1921, verheiratet mit Sophie Rudko; Freizeit: Schwimmen, Wandern; Lieblingsgericht: Gebackene Leber; Lieblingsgetränk: Frankenwein; fährt BMW 520. Adresse: Herzogstr. 78, 8 München 40, Telefon: 089/308 13 13

Heinz Schmude

Schneider Franz, Kinderbuch-Verleger, geboren in Berlin, 8. März 1925, verheiratet mit Frau Gisela, vier Töchter, Gloria, Anette, Bettina, Stefanie. Übernimmt 1964 von seiner Mutter den Franz Schneider-Verlag, der 1947 von Berlin nach Augsburg und 1953 nach München kommt; 160 Mitarbeiter, 40 000 Bücher am Tag; zu seinen Autoren zählen: Marie Louise Fischer, Oliver Hassencamp, Berte Bratt, Marie Brückner; Autor des Buches

Franz Schneider

„Der Baum der Erkenntnis" (Verlag R. S. Schulz). Hobby: Segeln, Skilanglauf, Filmen, Reisen, kocht gern, sammelt Spazierstöcke und Hobel. Adresse: Frankfurter Ring 150, 8 München 40, Telefon: 089/381911

Schneider, Friedrich Karl, „Paulaner"-Chef (zusammen mit Richard Dusch), Vorstand der Brauerei, geboren in Basel,

Friedrich Karl Schneider

7. August 1934, verheiratet mit Frau Else, zwei Kinder, Christian (1968) und Norbert (1965). Laufbahn: Betriebswirtschaftliche und juristische Seminare an der Universität Freiburg, 20 Jahre Brau-Branche („Riegeler-Brauerei", „Ulmer Münster Brauerei"); seit 1. Januar 1977 bei „Paulaner"; Freizeit: Skilaufen, Bergsteigen, Segelfliegen; trinkt gerne Bier und liebt Reissuppe (aus Rindfleisch-Brühe), die daheim gekocht wird; fährt 280er Mercedes. Adresse: Hochstr. 75, 8 München 90, Telefon: 089/41151

Schnelldorfer Manfred, 1,85 Meter großer und 80 Kilo schwerer Eiskunstläufer (Olympia-Sieger von 1964), Sänger, Architekt, geboren in München, 2. Mai 1943, verheiratet mit Gertie Mundlechner (seit 1971), in erster Ehe mit Gabriele Ziesenіß, zwei Kinder, Thomas und Nicole. Mit vier Jahren (1947) erstmals

Manfred Schnelldorfer

auf dem Eis, Deutsche Meisterschaft mit 13 Jahren, acht Jahre später erzielt er den Olympia-Sieg; Film: „Die lustigen Weiber von Tirol" mit Hannelore Auer; Showläufer bei der „Wiener Eisrevue" (1966) und beim „Deutschen Eistheater"; Platte: „Traurigsein bringt nichts ein". Adresse: Meggendorferstr. 60, 8 München 50, Telefon: 089/145702

Eberhard Schoener

Schoener Eberhard, Dirigent, Komponist, geboren in Stuttgart, 13. Mai 1938, verheiratet mit Stefanie Ruppmann (Journalistin mit eigener TV-Sendung). Karriere: lernt Geige bei Tibor Varga und studiert Kapellmeister bei Sergiu Celebidache, Mozarteum in Salzburg, 1971: dirigiert „Deep Purple", 1977: „Laser in Concert" beim Theaterfestival; Platte: „Trans Am", 1980: Gestaltet mit Prof. Winfried Minks und Fritz Rau (als Generalunternehmer) für 2 Millionen Mark das neue BMW-Automuseum. Auszeichnung: Schwabinger Kunstpreis 1975; fährt BMW und Austin. Adresse: Elisabethstr. 16, 8 München 40, Telefon: 089/2721462

Schönauer Hans Dr., Präsident des Landesarbeitsgerichts, geboren in München, 28. Mai 1927, verheiratet. Seit

Hans Schönauer

1. 1. 1977 Präsident. Adresse: Winzererstr. 104, 8 München 40, Telefon: 089/38671

Schönborn-Wiesentheid, Johannes Graf von, geboren in Würzburg, 3. Juli 1949, geschieden von Prinzessin Marie-Antoinette zu Fürstenberg, Tochter von Fürst Jocki zu Fürstenberg. Adresse: Widenmayerstr. 48, 8 München 22, Telefon: 089/298636

Johannes Graf von Schönborn-Wiesentheid

Schöne Reiner, Schauspieler, Sänger, Liedermacher, geboren in Fritzlar, 19. Januar 1942, Junggeselle mit fester Bindung (Brigitte), ungekrönter König des Blues, Protest- und Folklore-Sänger der DDR. Debüt im Westen in München beim Ensemble des Musicals „Hair“ (erste Besetzung), Titelrolle in „Jesus Christ Superstar“, „Othello“-Musical „Catch my Soul“ (Schlechte Kritiken), „Die großen Detektive“,

Reiner Schöne

„Tatort“; Filme: „Return of Sabath“. In Hotelzimmern hat er Schwierigkeiten mit 1,95 Größe. Freizeit: Im Bett liegen, Gitarrespielen; bevorzugtes Lokal: „Alter Simpl“; Leibgericht: Thüringer Mohnkuchen; Getränk: Bier; Auto: BMW. Adresse: Agentur Alexander, Lamontstr. 9, 8 München 80, Telefon: 089/471011

Schöner Ingeborg, Schauspielerin, geboren in Wiesbaden, 2. Juli, verheiratet mit Regisseur Georg Marischka, 2 Kinder, Juliette (1963) und Nicole (1968). Will Germanistik studieren und wird von Gräfin Osten-Sacken für den Film entdeckt, dreht viel im Ausland; sehr gute Kritiken gibt es für „L'Idea fissa“; filmt mit Vittorio de Sica, lernt ihren Mann 1957 kennen und heiratet ihn vier Jahre später;

Ingeborg Schöner

in Bern spielt sie „Maria Stuart“ und „Der Widerspenstigen Zähmung“, „Hokuspokus“ mit Heinz Drache (Frankfurt) und feiert 1979 großen Erfolg an der Komödie am Kurfürstendamm mit dem Stück „Wie man sich bettet“ (Partner: Wolfgang Spier). Adresse: Mark-Twain-Str. 5, 8 München, Telefon: 089/832999

Schönhuber Franz, Hauptabteilungsleiter beim Bayerischen Rundfunk mit eigener sehr populärer TV-Sendung „Jetzt red i“, Kommentator, geboren in Trostberg an der Alz, 10. Januar 1923, verheiratet mit Rechtsanwältin Ingrid Schönhuber (ehemalige Münchner Stadträtin), 3 Kinder. Zwei Jahre Mitglied des deutschen Presserates, lange Zeit Vorsitzender des Journalistenverbandes. Auszeichnungen: „Bayerischer Verdienstorden“, „München leuchtet“, Publizistik-Preis der Sudetendeutschen. Freizeit: Sprachen (Russisch, Englisch, Französisch), slawische Musik, russische Romane, Tennis, Fußball, Skilaufen, Schwimmen, Bergwandern; Lieblingslokal: „Franziskaner“; Leibgericht: Calamari vom Rost, Meeresfrüchte; Getränk: Bordeaux. Adresse: Knöbelstr. 28, 8 München 22, Telefon: 089/297718

Franz Schönhuber

Alois Schönmetzler

Schönmetzler Alois Dr., Brauerei-Chef und persönlich haftender Gesellschafter der „Spaten-Franziskaner-Bräu“, geboren in Behringermühle/Ofr., 21. Oktober 1915, verheiratet, zwei Töchter, Gabriele und Susanne. Laufbahn: Studium der Rechtswissenschaften, Dr. jur. Fachanwalt für Steuerrecht; Freizeit: Jagd, Radfahren; Leibgericht: Kesselfleisch mit Schwarzbrot; trinkt Weizenbier und Zwetschgenwasser. Adresse: Marsstr. 46–48, 8 München 2, Telefon: 089/51221

Schörghuber Josef („Schörgi“) Multi-Unternehmer, Bau- und Braulöwe, Hotelier, Luftverkehrsunternehmer („Bavaria-Germanair“), Chef über 11000 Mitarbeiter (Jahresumsatz: 1,5 Milliarden Mark), geboren in Mitterham bei Mühldorf/Obb., 14. April

1920, verheiratet, zwei Kinder, Arabella (1967) und Stefan (1962). Laufbahn: Zimmerer-Lehre; kommt 1937 nach München; Bauingenieur-Studium und Eintritt in die Bayerische Baukredit GmbH; die ersten 50000 Mark verdient er

Josef Schörghuber

sich beim Bau eines Wohnblocks, bei dem ihm ein Kostenlimit von 500000 Mark gegeben ist; Anfang der 70er Jahre errichtet er auf dem Gelände ehemaliger Lehmgruben im Osten der Stadt eine Hotel- und Bürostadt nach amerikanischem Muster. Das Hotel- und Appartement-Haus „Arabella" (750 Wohnungen, 150 Hotelzimmer, 30 Geschäfte, 2 Bars, 2 Restaurants) behält er, die anderen Bauten verkauft er weiter; seinen Anteil am „Sheraton"-Hotel an ITT, ein Bürogebäude an das Bayerische Umweltministerium, den Büroturm „Sternhaus" an die Landhandels-Genossenschaft „BayWa" und gewinnt bis zu 50 Prozent des eingesetzten Kapitals; er hat die Kapitalmehrheit der Brauneck-Bahn, 1000 Wohnungen im olympischen Dorf, ein 200-Betten-Hotel im Olympia-Gelände, ein 200-Betten-Hotel am Spitzingsee; seine Hauptfirmen: Bayer. Grundbesitz GmbH + Co KG, München, Besitzgesellschaft (Schörghuber 100%) Bayer. Hausbau GmbH + Co KG, München: Baubetreuungsgesellschaft (100%), Bayer. Baukredit GmbH: Verwaltung und Verkauf von Eigentumswohnungen (90%) Fundus GmbH: Bauträger (100%) Arabella GmbH + Co KG: Betriebsgesellschaft für das Arabellahaus (100%), kauft 1975 für 4 Millionen Mark das Gut Kaltenbrunn am Tegernsee (Vorbesitzer: Herzog Max von Bayern); 1977 die Bauunternehmung Sager & Wörner (Umsatz 450 Millionen Mark); 1978: die Aktienmehrheit bei „Heilmann + Littmann" (62%) sowie der Fertighaus-Firmengruppe Knödler; 1979 übernimmt er die Aktienmehrheit von „Hacker" (Kaufpreis: 90 Millionen) und „Paulaner"; Auszeichnung: Bayerischer Verdienstorden (1972); Freizeit: Fliegen. Adresse: Arabellastr. 5, 8 München 81, Telefon: 089/923 82 00

Hans Otto Schottenhamel

Schottenhamel Hans Otto, Hotelier, Wies'n-Wirt und Gesellschafter des Ofenkonzerns „Wamsler", geboren in München, 2. Juni 1913, verheiratet mit Frau Therese, vier Kinder, Peter, Stephan, Anna, Michael-Florian. Ist im Wechsel mit Bruder Max (alle 5 Jahre) Wies'n-Wirt im Schottenhamelzelt (seit 1867 auf dem Oktoberfest), von 1867–1970 bestand das Schottenhamel-Hotel beim Hauptbahnhof. Adresse: Schäfflerstr. 3, 8 München 2, Telefon: 089/22 68 13

Max Schottenhamel

Schottenhamel Max Dr., Hotelier und „Wies'n"-Wirt, geboren in München, 25. Januar 1906, verheiratet mit Frau Ariane, zwei Kinder. Wechselt sich mit Bruder Hans Otto alle fünf Jahre auf dem Oktoberfest als Wies'n-Wirt (Schottenhamelzelt existiert seit 1867) ab und war zuletzt Chef des Schottenhamel-Hotels beim Hauptbahnhof, das ebenfalls seit 1867 bestand und 1970 abgerissen wurde. Ist graue Eminenz bei der Münchner Faschingsgesellschaft „Narrhalla". Adresse: Pestalozzistr. 3a, 8 München 2, Telefon: 089/260 47 46

Schottenhamel Peter, Bankdirektor („Münchner Bank"), geboren in München, 2. Mai

Peter Schottenhamel

1941. Arbeitet jeweils in der Zeit, wenn sein Vater Hans Otto das „Schottenhamel-Zelt" auf der „Wies'n" betreibt, auch als Geschäftsführer. Adresse: Schäfflerstr. 3, 8 München 2, Telefon: 089/226813

Schottenhamel Stephan, Weinspezialist, geboren in München, 31. Mai 1948. Betreibt eine Weingroßhandlung und einen Party-Service. Adresse: Südliche Auffahrtsallee 71a, 8 München 19, Telefon: 089/176644

Stephan Schottenhamel

Schramm Günther, ehemaliger „Kommissar"-Gehilfe, Schauspieler, Sänger, und „Alles oder nichts"-Showmaster im Fernsehen, geboren in Potsdam, 18. Februar 1929, verheiratet mit Schauspielerin Gudrun Thielemann, drei Kinder, Cornelia, Andreas, Stefan. Karriere: 1950–51 Studium an der Staatlichen Hochschule für Musik und Theater in Hamburg, anschließend Engagements beim Kabarett „Die Buchfinken", „Junges Theater", „Hamburger Kammerspiele", „Thalia-Theater" (1954–57 Ensemble-Mitglied), Rollen in rund 80 Fernseh-Stücken; Filme: „Schneewittchen und die sieben Gaukler", „Die Lümmel von der ersten Bank"; Platten: „Komm in meine Welt", „Eh' ich es vergesse", „2000 Rosen"; Showmaster für „Alles oder nichts" (1973); Auszeichnung: 2 TV-Bambis (1970/71), „Pfeifenmann" des Jahres 1974; lebt in einem Bauernhof bei Icking; Freizeit: Segeln, Skifahren. Adresse: 8021 Walchstadt Post Icking, Telefon: 08178/5311

Günther Schramm

Schrank Wolfgang, Pelz-Couturier, geboren in Berlin, 14. Juni 1928, verheiratet mit Frau Rosemarie, zwei Kinder, Katja (1961) und Sascha (1963). Kürschner „von der Pike auf" mit Lehre und Meisterprüfung in Berlin; Auslands-Erfahrung in England und USA, lernt modischen Pfiff in den Berliner Häusern „Staebe-Seeger" und „Schwichtenstein"; 1946: Gründung seiner eigenen Firma in Berlin; seit 1972 eine Dependance in München (Montgelas-Palais); Freizeit: Golf, Theater, Museen; bevorzugt die Nouvelle Cuisine von Eckart Witzigmann (Aubergine); kleidet sich in Berlin bei „Norbert's" und „Selbach", in München bei „Men for men" und „Harry's"; fährt Jaguar. Adresse: Promenadeplatz 2, 8 München 2, Telefon: 089/227776

Wolfgang Schrank

Schreiber Manfred Dr., Polizeipräsident, geboren in Hof/Bayern, 3. April 1926, Chef über 6000 Polizisten, verheiratet mit Marianne Voigt, zwei Töchter, Annette und Annelie. Karriere: Jura-Studium in München, erster ASTA-Vorsitzender nach dem Krieg; 1948: Staatsexamen; 1952: Sicherheitsreferent der Regierung von Oberbayern (promoviert zum Dr. jur.); 1956: Abteilungsleiter Bereitschaftspolizei München; 1960: Wechsel zur Münchner Kripo, bis 1963 – mit 34 Jahren – Kriminaldirektor; als er im November zum Münchner Polizeipräsidenten (auf Lebenszeit) ernannt wird, bringt er die weiche „Münchner Linie", eine neue Polizeitaktik mit psychologischen Mitteln, Konsequenzen der „Schwabinger Krawalle" (Sommer 1967), mit denen sein Vorgänger fertig werden mußte; die „Synthese zwischen Ordnung und Zivilität" bewährt sich bei Demonstrationen der folgenden Jahre; beim Staatsbesuch

Manfred Schreiber

von Frankreichs Staatspräsident Charles de Gaulle in München ist er „Leibwächter Nr. 1". Freizeit: Polit-Bücher (seine Bibliothek besteht aus 3500 Büchern), Maler (Impressionismus), Sport (Schwimmen und Tennis); Leibspeise: Bayrische Schmankerl; Lieblingsgetränk: Bier; fährt privat BMW. Auszeichnungen: Ritterkreuz der französischen Ehrenlegion, „Diesel-Ring". Herausgeber des Buches „Zwischen Sicherheit und Freiheit". Gewinnt „The Greater Cup" der Prominenten-Tennis-Rangliste 1979 und spielt in einem Doppel mit Weltklasse-Spieler Björn Borg. Adresse: Ettstr. 2, 8 München, Telefon: 089/2141

Schreiber Michael Dr., Chefarzt, Chirurg, Klinik-Chef, geboren in Aschheim bei München, 25. November 1912, verheiratet mit Frau Marianne, zwei Kinder, Michael (1944) und Eva-Maria (1947). Ettaler Schüler; Studium in München, Bonn und Hamburg; chirurgische Ausbildung bei Prof. Magnus (Universitäts-Klinik München); seit 1952 Privat-Klinik (130 Betten); 1970: Einkaufsgenossenschaft für Privat-Kliniken gegründet; 1977: Übernahme der zweiten Klinik (85 Betten) in der Widenmayerstraße; Freundeskreis: Strauß, Jahn, Hurler, Dannecker; Freizeit: Jagd, Musik (spielt Piano und Orgel), Fliegen (Pilotenschein für zweimotorige Maschinen mit Blindflug); Lieblingslokal: „Nürnberger Bratwurstglöckl am Dom" Leibspeise: bayerische Schmankerl; Lieblingsgetränk: Bier; Auto: Mercedes. Adresse: Laplacestr. 15, 8 München 80, Telefon: 089/982551

Michael Schreiber

Schreiner Klaus Peter, Scharfschliff-Denker und Texter, Autor der „Lach + Schießgesellschaft", geboren in Zweibrücken/Pfalz, 7. April 1930, verheiratet mit Frau Josefine. Zieht 1952/53 mit dem Studentenkabarett „Seminarren" durchs Land und startet mit Dieter Hildebrandt „Die Namenlosen"; Buch: „Die Zeit spielt mit"; Hobby: Garten, Emaillieren, Lesen, Hinterglasmalen; mag keine lauten Lokale; fährt BMW. Adresse: Amalienstr. 89, 8 München 40, Telefon: 089/281734

Klaus Peter Schreiner

Schubert Hans Adolf Wilhelm, Industriekaufmann, Honorarkonsul (seit 1956) der Dominikanischen Republik, geboren in München, 24. Juli 1917, verheiratet. Erwirbt die exklusiven Filmrechte der Fußball-Weltmeisterschaften 1954, 1958 und 1962 sowie der Olympischen Spiele in Rom (1960), Tokio (1964), Squaw Valley (1960) und Innsbruck (1964). Freizeit: Rudern, Skilanglauf; Leibgericht: Gans mit selbstgemachten Kartoffelknödel; Lieblingsgetränk: Champagner und „Plunters Punch"; Schneider: vor 35 Jahren Dietl, danach Maß-Konfektion. Adresse: Pacellistr. 7, 8 München 2, Telefon: 089/299634

Hans Adolf Schubert

Schuler Dagmar, Galeristin, Jugendstil-Expertin, geboren in Heilbronn, 29. Dezember, ein Sohn Kristian. In ihrer 100 Quadratmeter-Antiquitäten-Oase findet der Liebhaber Jugendstil- und Art Deco-Möbel; ißt gerne Pfifferlinge mit Semmelknödel und trinkt herben Weißwein; Lieblingslokal: „Trader Vic's"; Hobby: Tennis, Reiten. Adresse: Haimhauser Str., 8 München 40, Telefon: 089/393374

Dagmar Schuler

Rolf Simon Schulz

Schulz Rolf Simon, Verleger, Konsul von Venezuela für den Freistaat Bayern, Handelsrichter am Landgericht München II, geboren in München, 29. Januar 1925, zwei Kinder, Rolf Dieter (1949) und Karin (1951). Laufbahn: Studium der Literatur-Geschichte; 1958 Inhaber des R. S. Schulz-Verlages (staatswissenschaftliche Literatur, Sach- und Fachbücher), seit 1971 auch Belletristik (Start mit Gesellschaftschronik „Leute"). Verlagshaus am Starnberger See. Prominente Autoren: Leopold von Bayern, Dr. Siegfried Block, Vladimir Dedijer (Tito-Biographie), Werner Egk, Anneliese Fleyenschmidt, Joachim Fuchsberger, Erich Helmensdorfer, Otto Hiebl, Werner Höfer, Friedrich Hollaender, Ursula von Kardorff, Hermann Kesten, Hans Klein, Dr. Manfred Köhnlechner, Gerhard Konzelmann, Karl-Heinz Köpke, Peter Kreuder, Hardy Krüger, Karl Lieffen, Georg Lohmeier, Angelika Mechtel, Werner Meyer, Erik Ode, Heinz Piontek, Herbert Reinecker, Luise Rinser, Sigi Sommer, Monika Sperr, Franz Josef Strauß, Karin Tietze-Ludwig, Helene Thimig-Reinhardt, Luise Ulrich, Emil Vierlinger, Gerhard Zwerenz u. a. Autor des Buches „Die soziale und rechtliche Verpflichtung des Verlegers". Auszeichnung: Orden von Venezuela 1. Klasse „Andres Bello". Freizeit: Tennis, Skilaufen, Wandern, Wasserski; Lieblingslokal: „Käfer"; Leibspeise: Schweinebraten mit Knödel und Regensburger warm und kalt; Lieblingsgetränk: Bier; Garderobe: dunkelblaue und graue Konfektionsanzüge von Wagenheimer; Auto: Mercedes (dienstlich), Porsche (privat); Stadtwohnung in München. Adresse: Berger Str. 8–10, 8136 Percha/Starnberger See, Telefon: 08151/13041–43

Erich Schulze

Schulze Erich Professor Dr. jur., Vorstand der GEMA (Gesellschaft für musikalische Aufführungs- und mechanische Vervielfältigungsrechte), geboren in Berlin, 1. Februar 1913, verheiratet mit Frau Christel Baltrusch. Hobby: Schreiben; Lokale: „Vier Jahreszeiten" und „Trader Vic's"; Leibgericht: Meeresfrüchte; Getränk: Frankenwein; fährt Mercedes 200. Adresse: Herzog-Wilhelm-Str. 28, 8 München 2, Telefon: 089/55991

Schulze-Lackner Maja, Modedesignerin und Boutique-Chefin, geboren in Berlin, 28. Mai, verheiratet mit Innenarchitekt Klaus Peter Schulz (seit 1959). Wirtschaftsabitur in Berlin, Mannequin bei Staebe-Seeger, Oestergaard und Uli Richter, erste Boutiquen-Erfahrung bei Gerd Nickstadt und Gunter Sachs („Nick Men Shop"). 1966: eigenes Geschäft in der Wurzerstraße, zwei Jahre später Umzug in die Brienner Straße. Prominenteste Kunden: Prinzessin Birgitta von Hohenzollern, Prinzessin Angela von Hohenzollern, Prinzessin Ursula von Bayern, Sängerin Diana Ross, Elizabeth Taylor, Soraya, Eliette von Karajan. Zweites Geschäft in Starnberg (seit 1976). Freizeit: Tennis, Langlauf; Lieblingslokale: „La Cave", „Galleria"; Leibgericht: Geräucherter Lachs mit Blinis und Tafelspitz mit Bratkartoffeln; Auto: Mini. Adresse: Wittelsbacherplatz 1, 8 München 2, Telefon: 089/284212

Maja Schulze-Lackner

Schulze-Varell Heinz, Münchens Star-Couturier, geboren in Berlin, 21. August 1907, verheiratet (seit 1934) mit Frau Kiki, zwei Söhne, Thomas und Andreas. Karriere: 1924 Konfektionslehre bei Schwabe und Meyer in Berlin, dann bei Hermann Gerson (Berlins Modezentrale), eröffnet 1937 eigenes Couturehaus in der Budapester Straße (heute: „Intercontinental-Hotel"), stattet berühmte UFA-Filme aus, zieht Stars wie Pola Negri, Adele Sandrock und Zarah Leander an. Nach dem Krieg neuer Start in einer weißgekalkten Waschküche in Berchtesgaden, später erste Modenschau in München im Schwabinger Atelier von Malerin Mücke Utescher (1946), wird protegiert von OB Karl Scharnagl, Erich Kästner, Axel von Ambesser und Paul Verhoeven; 1955 zeigt er mit riesigem Erfolg seine Kollektion (feinstes Gefühl für Form und

Heinz Schulze-Varell

Farben) in Paris; heute hat er rund 70 Angestellte und entwirft zweimal pro Jahr die Kollektion (oft nachts zur Schallplattenmusik von den Los Paraguayos); 1965: Modepreis der Stadt München; Auszeichnung: Medaille "München leuchtet"; macht gern Urlaub auf Ischia; Freizeit: Kunstgeschichts-Bücher, Schwimmen, Spazierengehen, moderne Bühnenstücke, Puccini-Opern. Adresse: Cuvilliésstr. 23, 8 München 80, Tel. 089/471077

Schündler Rudolf, Schauspieler, Regisseur, früher Theaterdirektor, geboren in Leipzig, 17. April 1906, zwei Kinder, Katrin und Oliver. Welterfolg mit dem Hollywoodfilm „Der Exorzist" (Regie: William Friedkin). Freizeit: Freunde sehen, Nachdenken, Fotografieren; Lieblingslokal: „Limelight", „Käfer-Bar"; Leibgericht: Hammelfleisch mit grünen

Rudolf Schündler

Bohnen; Getränk: Milch und „Fachinger". Adresse: Prinzregentenstr. 81, 8 München 80, Telefon: 089/473637

Schürmann Petra, Fernsehmoderatorin, Autorin, Kolumnistin, geboren in Mönchen-Gladbach, 15. September, verheiratet mit Dr. Gerhard Freund, Tochter Alexandra. Studiert Philologie, verdient ihr „Taschengeld" als Serviererin und Dolmetscherin, ist 1957 „Miss Welt". Moderiert die Regional-Sendungen „Abendschau" und Samstag-Club", spricht die ARD-Abendansage, nebenberuflich: Conference bei Modenschauen; Theater: „Die kleinen Sünden" (Kleine Freiheit), Fernsehen: „Das Geheimnis der blauen Rose"; Hobby: Malen, singen; Lieblingslokal: „Nürnberger Bratwurstglöckl am Dom"; trinkt Frankenwein und kauft in Boutiquen

Petra Schürmann

ihre Kleidung (sehr gern bei Sweetheart); Privatauto: BMW. Adresse: Max-Emanuel-Str. 7, 8130 Starnberg, Telefon: 08151/12626

Schwaabe Helmut Dr., Regierungssprecher, geb. in Nürnberg, 5. November 1936, verh. mit Frau Renate, 2 Kinder, Birgit (1965) und Christine (1967). Studium in München und Heidelberg, erst An-

Helmut Schwaabe

waltskanzlei, dann (1965) Arbeitsministerium, später bei Minister Heubl in Bonn (Arbeit und Soziales); 1970: Persönlicher Referent von Ministerpräsident Alfons Goppel; seit 1974 Sprecher der Regierung von Oberbayern; Leibspeise: Mittelmeerfisch; Getränk: Frankenwein; Freizeit: Fußball (fungiert am Wochenende als Schiedsrichter), Bücher (lateinische Schriften); fährt Mercedes. Adresse: Staatskanzlei Prinzregentenstr. 7, 8 München, Telefon: 089/21651

Schwaiger Karl Heinz, Werbeboß, Erfinder der „Sportive"-Diät-Kost, geboren in München, 27. August 1933, verheiratet. Laufbahn: Chefdekorateur bei „Sport-Scheck", macht sich selbständig mit Sportzentrum in Martinsried; entwickelt Wundernahrung für Sportler und verkauft diese an „Ovomaltine" und „Kaffee Hag" (Franz Beckenbauer, Rein-

Karl Heinz Schwaiger

hold Messner, Hans Joachim Stuck, Ulrike Meyfarth ernähren sich von seinen Produkten); macht Zeitschrift „Sportive"; entwirft WM-Zeichen für die Ski-Weltmeisterschaft in Garmisch 1978; Hobby: Reiten, Tennis, Windsurfen. Adresse: 8 München-Martinsried, Telefon: 089/8598701

Schwan Robert, Beckenbauer-Manager, ehemaliger FC Bayern-Direktor, geboren in Würzburg, 20. November 1921, verheiratet (seit 1975) mit Marlies Mayer. Kommt aus der Versicherungsbranche, von 1962–64 Vorsitzender des Spielausschußes und ab 1. August 1964 Technischer Direktor des FC Bayern; 1966 übernimmt er auch das Management Franz Beckenbauers. Adresse: Karolinenstr. 4, 8 München 22, Telefon: 089/299255

Robert Schwan

Schwarze Hans Dieter, Schauspieler, Regisseur, Autor, Dichter, geboren in Münster, 30. August 1926, verheiratet mit Karin von Wangenheim, zwei Kinder. Karriere: Schauspiel-Unterricht bei Eugen Wallrath, Münster; Regie-Assistent in Münster, Oldenburg, Lübeck und Hamburg; 1953: Regisseur und Dramaturg am Westfälischen Landestheater Castrop-Rauxel, von 1968–72 dort Intendant; 1975–76 Direktor am Nürnberger Schauspielhaus; Theater-Regie: „Mondvögel",

Hans Dieter Schwarze

„König Lear", „Die Räuber", „Julius Caesar"; TV-Regie: „Königinnen von Frankreich"; „Die Tochter des Brunnenmachers", „Der Drache", „Madame Bovary", „Feierabend", „Schichtwechsel", „Ende einer Dienstfahrt", „Der Radweltmeister"; Auszeichnung: Förderung des Landes Nordrhein-Westfalen für Gedichtbände „Flügel aus Glas" und „Clown" (1959), beste Fernseh-Regie beim Prager Festival (1965), „Der Drache", Bundesfilmpreis 1967 (Gold) für „Alle Jahre wieder", Bundesverdienstkreuz 1973, Silbernes Lorbeerblatt des Bühnenschriftsteller-Verbandes.
Adresse: Anterskofen 3, 8386 Reisbach, Telefon: 08731/8482

Franz Schwarzenböck

Schwarzenböck Franz, Weihbischof der Erzdiözese München und Freising, Titularbischof von Vageata (31.1.1972), geboren in Miesbach, 24. Juli 1923, Priesterweihe 29.6.1951, zum Ordinariatsrat am 1. 10. 1968 ernannt, im Dom zu Freising konsekriert 18.3.1972, zum Domkapitular aufgeschworen 13.1.1973, Regionalbischof der Seelsorgsregion Süd. Adresse: Postfach 360, 8 München 33, Telefon: 089/2137394 u. 2137395

Schwarzkopf Klaus, Bayerischer Staats-Schauspieler, geboren in Neuruppin, 18. Dezember 1922, Junggeselle. Karriere: Schauspielschule in Berlin, Theaterstationen: Berlin, Wiesbaden, Hannover, Hamburg und München; Bühnenrollen: „Mirandolina", „Kabale und Liebe", „Die Räuber", „Ein Monat

Klaus Schwarzkopf

auf dem Lande", „Tabula Rasa", „Bürger Schippel", „Becket oder die Ehre Gottes", „Die Nashörner", „Jetzt nicht Liebling", „Unter der Treppe"; Fernsehen: „Der Kommissar", „Christians Heimreise", „Madame Bovary", „Der Idiot", „Mord nach der Oper", „Christoph Kolumbus oder die Entdekkung Amerikas", „Wie eine Träne im Ozean", „Lerne lachen ohne zu weinen", „Wer ist der Nächste", „Die Zeit schreit nach Satire", „Zum Diktat Miss Smith", „Tatort", „Lieben Sie Kishon". Filme: „Drei Männer im Schnee", „Einer von uns beiden"; Auszeichnung: Bundesfilmpreis 1973. Deutsche Stimme von „Columbo" Peter Falk. Adresse: Rümannstr. 51, 8 München 40 (Agentur Köhler), Telefon: 089/363970

Schweden Birgitta Ingeborg Alice Prinzessin von, geboren auf Schloß Haga, 19. Januar, Schwester des schwedischen Königs Carl Gustaf, verheiratet (seit 1961) mit Johann Prinz von Hohenzollern, drei Kinder, Prinz Carl Christian (1962), Prinzessin Desiree (1963) und Prinz Hubertus (1966), Schwedische Meisterin im Florett - Fechten, Skifahrerin (Klosters), fährt Golf GTI; Lieblingslokal: „Aubergine". Adresse: Dr.-Max-Str. 70, 8022 Grünwald, Telefon: 089/649138

Birgitta von Schweden

Schweiger Karl Dr., Bundesrichter und juristischer Autor („Kommentar zur Bayerischen Verfassung"), geboren in München, 13. April 1917 (Freitag), verheiratet mit Anneliese Gummersbach, zwei Töchter, Anne und Eva Maria; Freizeit: Sport (14mal Goldenes Sportabzeichen), Reisen; Lieblingsrestaurant: „Zuhause", „Die Kutsche" und „Tantris"; Leibgericht: Rehrücken, Apfelstrudel; Getränk: Bier; Privatwagen: Audi 100. Adresse: Eckermannstr. 15, 8 München 21, Telefon: 089/560691

Karl Schweiger

Schwiers Ellen, Schauspielerin, Regisseurin, geboren in Stettin, 11. Juni, verheiratet mit Kulturfilmproduzent Peter Jacob, zwei Kinder, Katerina (1958) und Daniel Peter (1963). Als Schulkind arbeitet sie bei einem Bäcker und später bei einem Gärtner; ihr Vater, Schauspieler Lutz Schwiers, gründet in Marburg ein Theater, beginnt als Souffleuse und spielt kleinere Rollen; erstes Bühnenengagement in Koblenz, erster Film (1949) „Heimliches Rendezvous" (Regie: Kurt Hoffmann); 1953–55 spielt sie in Göttingen bei Hilpert; Filme (rund 50): „08/15", „Banditen der Autobahn", „Anastasia, die letzte Zarentochter", „Wenn die Glocken hell erklingen", „Der Gauner und der liebe Gott", „Wenn beide schuldig werden", 1961 und 1962 Buhlschaft („Jedermann") bei den Salzburger Festspielen, „Arzt am Scheideweg", „Biographie" am Züricher Schauspielhaus, „Lysistrata" (Essen); Fernsehen: „Er starb vor 15 Jahren", „Gestatten, mein Name ist Cox", „Stiller", „Tod nach Mitternacht", „Der rote Schal" (1973); Regie: „Was ihr wollt" (Burgfestspiele Jagsthausen); Freizeit: Besuch von Kunstgalerien, Antiquitäten-Sammeln, Kochen. Adresse: Am Kreuzweg 85, 8131 Leoni/Starnberger See, Telefon: 08151/5622

Ellen Schwiers

Schwindt Hanns Dr. rer. pol., Hauptgeschäftsführer des Bayerischen Handwerkstages und der Handwerkskammer München, geboren in München, 14. Dezember

Hanns Schwindt

1921, geschieden, 3 Söhne. Freizeit: Tennis, Bergwandern; Leibgericht: Geröstetes Rindfleisch; Lieblingsgetränke: Rotwein, Radler-Maß; Schneider: Max Dietl; Privatauto: BMW. Adresse: Max-Joseph-Str. 4, 8 München 2, Telefon: 089/557501

Schygulla Hanna, Schauspielerin, geboren in Kattowitz/Oberschlesien, 25. Dezember. Laufbahn: studiert Philosophie und Germanistik in München, gibt kurz vor dem Staatsexamen auf und geht auf eine private Schauspielschule, lernt dort Rainer-Werner Faßbinder kennen; spielt 1968

Hanna Schygulla

Anti-Theater in München; 13 Filme mit Faßbinder u. a. „Liebe ist kälter als der Tod", „Katzelmacher", „Effie Briest", „Die Ehe der Maria Braun"; TV-Serien: „Acht Stunden sind kein Tag" (1972) und „Berlin Alexanderplatz" (1979); Theater: „My mother courage" an den Münchner Kammerspielen (1978); Tournee mit „Der Idiot" von Dostojewsky (1979); Auszeichnung: Bundesfilmpreis 1971; Hobby: Malen, Schreiben. Adresse: Nymphenburger Str. 67, 8 München 2, Telefon: 089/185050

Sebaldt Maria, Schauspielerin, geboren in Berlin, 26. April, verheiratet mit Robert Freitag,

Maria Sebaldt

eine Tochter Katharina. Karriere: Step- und Ausdruckstanz bei Jutta Klamt, privates Schauspiel-Studium, dreieinhalb Jahre Provinztheater, dann Berlin (Renaissance-Theater, British-Entre und Hebbel-Theater), gibt ihr komisches Debüt in Sudermanns „Schmetterlingschlacht", Komödie München: 1978: „Der keusche Lebemann"; Filme: „Mädchen ohne Grenzen", „Alibi", „Urlaub auf Ehrenwort", „Dany, bitte schreiben Sie", „Hauptmann, die weiß was sie will". Freizeit: Wasserski, Tauchen, Segeln; Lieblingslokal: „Klösterl"; Leibgericht: Beefsteak, Tartar; Lieblingsgetränk: Rotwein; Garderobe: Salon Gisela; Privatwagen: VW Polo Jeans. Adresse: Agentur Lentz, Holbeinstr. 4, 8 München 80, Telefon: 089/474026

Ernst Sedlmayr

Sedlmayr Ernst, Brau-Eminenz der Münchner Spaten-Franziskaner-Bräu KGaA, geboren in München, 18. März 1907. „Mitglied der Rotatier". Adresse: Marsstr. 48, 8 München 2, Telefon: 089/51221

Sedlmayr Walter, Richard Johann, Schauspieler, Regisseur, Autor, geboren in München, 6. Januar 1926, Junggeselle. Karriere: 1945 gehört er zu den dünn gesäten Dicken und läßt sich – ohne singen zu können – als dritter Buffo ans Gärtnerplatztheater engagieren, spielt „Jung-Deppen"

Walter Sedlmayr

und Herrgottschnitzer in der Kitsch-Aera der 50er Jahre, dann Regie-Assistenz an den Kammerspielen, spielt von 1946 bis 1974 an dieser Bühne, gerät 1971 ins Zwielicht, als sich herausstellt, daß Madonnendiebe die berühmte „Blutenburger Madonna" bei ihm verborgen haben, kann aber nachweisen, daß er das Paket ungeöffnet und ohne Kenntnis verwahrt hat. Sein Durchbruch kommt mit der Rolle „Theodor Hierneis" (als Leibkoch König Ludwigs II.). Für diese solistische Marathonleistung erhält er den Bundesfilmpreis. Filme: „Welt am Draht" (Regie: Rainer Werner Fassbinder), „Bremer Freiheit", „Tote brauchen keine Wohnung", „Steig ein und stirb", TV-Reisefilme „Einmal Kairo und zurück", „Einmal Amerika und zurück", „Einmal Österreich und zurück", „Münchner Spaziergang"; TV-Serie: „Polizei-Inspektion 1". Freizeit: Gammeln, Reisen; Lieblingslokale: „Goldene Stadt", „Tantris"; Leibgericht: Austern, Weißwurst, Tafelspitz; Getränk: Weißwein, Weißbier; Garderobe: Sebisch, Maximilianstraße; Privatwagen: „leiste mir den Luxus, keinen zu haben". Adresse: Josef-Frankl-Str. 8, 8 München 50, Telefon: 089/3132634

Seegerer Karl, Münchens oberster Feuerwehrmann, Oberbranddirektor (Chef von 1500 Feuerwehrleuten), geboren in Amberg, 31. März 1928, verheiratet mit Frau Renate. Laufbahn: Studium in München mit Abschluß als Diplom-Ingenieur der Elektrotechnik, Brandreferendar bei den Berufsfeuerwehren Köln, Berlin und Hamburg, seit 1. Juni 1965 Leiter der Münchner Feuerwehr; Freizeit: Wandern, Reisen, Fotografieren, Filmen, Klassische Musik; Haustier: Rauhaardackel-Dame Juppi; fährt

Karl Seegerer

dienstlich BMW 2500, privat Audi 80 LS. Adresse: Oberanger 32, 8 München 2, Telefon: 089/238061

Seidlitz Herbert, Coiffeur, geboren in Berlin, 17. März 1939, Junggeselle. Laufbahn: Lehre in Berlin im berühmten Salon Hans Sailer (1953–57); seit 1961 in München, Start bei Jumel im Bayerischen Hof; Eröffnung des eigenen Salons (1968); prominenteste Kundinnen: Julia von Siemens, Änne Burda, Heidi Brühl, Brigitte Mira, Barbara Valentin, Karin Aleman; Freizeit: Bauernhof (in der Nähe des Tegernsee), Skilaufen, Tennis, Bergsteigen; Lieblingslokal: „Eden" (Mykonos); Leibgericht: Parmesana á la melanzane; Lieblingsgetränk: Chablis; Garderobe: Boutique „Chicago" (Paris), Selbach Düsseldorf; Auto: Alfa Romeo. Adresse: St.-Anna-Str. 10, 8 München 22, Telefon: 089/298093

Herbert Seidlitz

Seitz Franz („Buba"), Produzent, Regisseur, Drehbuchautor, geboren in München, 22. Oktober 1921, verheiratet mit Frau Anneliese, Tochter Gaby („Brella"), Sohn Peter. Volontär bei Film-Altmeister Richard Eichberg, zwei Jahre später der erste eigene Film „Der letzte Schuß", weitere Filme: „Die grünen Teufel von Monte Casino" (1967), „Mein Schatz, komm mit ans blaue Meer" (1959), „Ja so ein Mädchen mit 16", „Schön ist die Liebe am Wolfgangsee" (1960), Ludwig Thomas

Franz Seitz

„Lausbubengeschichten" (1964), „Die Hessen", „Der junge Törless", „Das schwarzweißrote Himmelbett" mit Thomas Fritsch und Daliah Lavi, „Wälsungenblut", „Grieche sucht Griechin", „Tonio Kröger", „Abelard und Heloise", „Unordnung und frühes Leid", „Die Blechtrommel", „Die Jugendstreiche des Knaben Karl"; Freizeit: Barockmusik, Langlauf, Malen, Bildersammeln (Max Liebermann, Hans Thoma), Bücher (Klassiker, Romantiker), ist großer Pferdefreund und Pfeifenraucher; lebt in München und in Neuhaus am Schliersee. Adresse: Beichstr. 8, 8 München 40, Telefon: 089/391123

Sembach Carl, Chef des Circus Krone, geboren in Frankfurt/Main, 8. Dezember 1908, verheiratet mit Frieda Krone, Tochter Christel, Sohn Robert. Laufbahn: Geht nach der mittleren Reife zum Zoo und arbeitet als Volontär; seine erste Raubtiernummer im Frankfurter Tierpark wird von einem tschechischen Zirkusbesitzer übernommen; später fährt er mit der Löwengruppe von Alfeld nach Rußland; 1933: Tiger-Dresseur bei Zirkus-Zar Carl Krone in München; 1934: Hochzeit mit Krone-Tochter Frieda in der alten Mathäuskirche in München (Hochzeitsgeschenk: ein

Carl Sembach

Wohnwagen mit der Glücksnummer 7, den die Familie heute noch auf Tourneen durch Deutschland, Holland und Österreich benützt); führt dann mit seiner Frau und Tochter Christel den größten reisenden Zirkus mit 400 Menschen und 400 Tieren; ist abergläubisch, unternimmt nichts an einem Freitag den Dreizehnten. Adresse: Marsstr. 43, 8 München 2, Telefon: 089/558166

Sesselmann Sabina, ehemalige Filmschauspielerin und Ehefrau des „Mercedes Benz"-Repräsentanten Ernst Henne jr., geboren in München, 13. August. Schauspielunterricht in Berlin; Filme (insgesamt 25): „Liebe kann wie Gift sein", „Freddy, die Gitarre und das Meer", „Ritter der Nacht", „Le Bossu" mit Jean Marais, „Morgen wirst Du um mich weinen", „Der Schatz

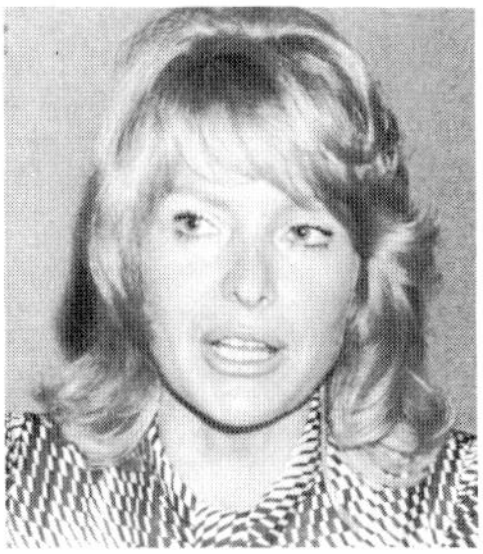

Sabina Sesselmann

vom Toplitz-See", „Madeleine Telefon 136211", „U 47 – Kapitänleutnant Prien", „Ein Lied geht um die Welt", „Der Herr mit der schwarzen Melone", „Das Geheimnis der gelben Narzissen", „Brücke des Schicksals", „On Information received"; Theater: „Bunbury" (Kleine Komödie München), „Viola" (Zürich); nach ihrer Hochzeit (30.7. 64 Trauzeugen: Bankier Gustl v. Finck und Hotelier Dr. Paul Stengel) spielt sie nur noch die Rolle der Ehefrau. Adresse: Landsberger Str. 382, 8 München 21, Telefon: 089/58911

Hans Joachim Sewering

Sewering Hans Joachim Prof. Dr., Präsident der Bayer. Landesärztekammer (seit 1955), Internist für Lungen- und Bronchial-Heilkunde, geboren in Bochum, 30. Januar 1916, verheiratet mit Frau Rosemarie, drei Kinder (sind alle Ärzte). Laufbahn: Medizin-Studium in München und Wien, seit 1947 Arztpraxis in Dachau, 1968 Honorarprofessor an der Techn. Hochschule München (Sozialmedizin, ärztliche Rechts- und Berufskunde); 1973–78 Präsident der Bundesärztekammer (jetzt Vorstandsmitglied) ständiger Ausschuß der Ärzte EG (1965–68 Generalsekretär) Weltärztebund (seit 1968: Vorstand); Vorsitzender der kassenärztlichen Vereinigung Bayerns, Mitglied des Bayerischen Senats; Auszeichnungen: Großes Bundesverdienstkreuz, Bayerischer Verdienstorden; italienischer Orden Commentatore des Verdienstordens der italienischen Republik; Freizeit: Jagd, Radeln; liebt bayer. Hausmannskost; geht gern in die Oper; fährt Mercedes. Adresse: Bayer. Landesärztekammer, Mühlbauerstr. 16, 8 München 80, Telefon: 089/41471

Sick Hans, Chef des Modehauses „L. H. van Hees", geboren in München, 22. Mai 1930, verheiratet mit Frau Rita, Sohn Peter (1956). Laufbahn: Abitur, Auslandserfahrung in Lyon, Dijon und Paris in der Seidenbranche; 1953: Volontariat bei Loden-Frey, Textilfachschule Nagold/Württemberg; nach Praxis-Kenntnissen bei „Jäger und Koch" in Hamburg-Jungfernstieg selbständiger Handelsvertreter; Eintritt in die väterliche Firma 1962, die er sechs Jahre später übernimmt; nebenbei internationaler Lizenzfahrer (Auto und Motorrad); Freizeit: Surfen, Segeln, Reiten, Clubrennen (mit seinem Porsche Carrera); Leibgericht: bayerische Schmankerl (zur Zeit „Bürgerhaus"); Lieblings-Getränk: Kaffee. Adresse: Brienner Str. 3, 8 München 2, Telefon: 089/298962 u. 220061

Hans Sick

Wolfram Siebeck

Siebeck Wolfram, Gourmet-Literat und Satiriker, geboren in Duisburg, 19. September 1928, führt Fast-Ehe mit Barbara McBride („Galerie Insel"), drei Kinder. Mitarbeiter der satirischen und kulinarischen Seiten von „Stern" und „Zeit", Verfasser von „Wolfram Siebecks Kochschule für Anspruchsvolle" und „Wolfram Siebecks beste Geschichten" sowie Wolfram Siebecks „Kulinarische Notizen"; fährt Citroen. Adresse: Langen-Müller/Herbig, Hubertusstr. 4, 8 München 19, Telefon: 089/177041

Siebert Uschi, Ex-Kulenkampff-Assistentin, geboren in Friedberg/Hessen, 11. Januar, Junggesellin mit fester Bindung Niko Niessen (Lokomotive der Münchner Disco „Namenlos" und Sohn des Komponisten Josef Niessen), Managerin des Gunter Sachs-Nachtclubs „Dracula" in St. Moritz; 1956–66 Kulis rechte Hand in seinen Fernseh-Shows; 1974–76 „Feuerabend" mit Kulenkampff; Freizeit: Golf, Skilaufen; Leibspeise: Fisch; Lieblingsgetränk: Wein; Garderobe: „Lord John und Lady Jane", „Sweetheart", „Mic Mac" und „Joschi"; fährt Ford Fiesta. Adresse: Schwedenstr. 68, 8 München 40, Telefon: 089/365792

Uschi Siebert

Siegel Ralph, Komponist, Produzent, Musikverleger, Sohn von Ralph Maria Siegel, geboren in München, 30. September 1945, verheiratet mit Frau Dunja, zwei Töchter, Julia und Marcella. Produziert Stars wie Peter Alexander, Katja Ebstein, Karel Gott, Chris Roberts, Roberto Blanco, Dschinghis Khan; Kompositionen: „Fiesta Mexicana", „Du kannst nicht immer 17 sein", „Feierabend", „Die kleine Kneipe", „Griechischer Wein", „Dschinghis Khan," „Moskau"; Hobby: Musik und Autos; trinkt gerne Pils; fährt Rolls Royce. Adresse: Jupiter-Records, Höchlstr. 2, 8 München 80, Telefon: 089/984926

Ralph Siegel

Sielmann Heinz, Naturforscher, Buch- und Fernsehautor, geboren in Rheydt (Rheinland), 2. Juni 1917, verheiratet mit Frau Inge Witt. Wichtigstes Ereignis im Leben: „Die Erfüllung meines Kindheitstraumes, ein Leben lang in der Natur zu arbeiten und sie möglichst vielen Menschen durch Bücher, Filme und einer eigenen Fernseh-Reihe nahe zu bringen." Lieblingslokal: „Weichandhof", Obermenzing; Leibgericht: Gebackener Hecht; Getränk: Württemberger Weine; Privatauto: BMW 320. Adresse: Am Gänsebühel 13, 8 München 60, Telefon: 089/8112181

Heinz Sielmann

Siemens Ernst von, unverheirateter Firmen-Patriarch, Gründer-Enkel der Elektro-Aristokratie Siemens, im Aufsichtsrat des Konzerns und graue Eminenz des Multi-Unternehmens (20 Milliarden Mark Jahres-Umsatz, 300000 Angestellte), geboren in Kingston/England, 9. April 1903.

Ernst von Siemens

Sitzt immer noch in der Zentrale (hinter rosa restaurierter Klenze-Fassade eines königlich-bayerischen Stadtpalastes) am Wittelsbacher Platz; Stifter des mit 100000 Schweizer Franken dotierten „Großen Musikpreises von Ernst von Siemens" („Nobelpreis der Musik"), den 1977 Herbert von Karajan bekam; bewohnt eine Villa am Starnberger See; Freizeit: Musik, Bergwelt. Adresse: Wittelsbacherplatz 2, 8 München 2, Telefon: 089/2341

Peter von Siemens

Siemens (P.v.S.) Peter von, Dr. rer. pol., Industrieller, Chef des weltweiten Multi-Unternehmens (20 Milliarden Jahresumsatz, 300000 Mitarbeiter), Urenkel von Konzerngründer Werner von Siemens, Präsident des „Instituts der deutschen Wirtschaft" (IW), geboren in Berlin, 29. Januar 1911, verheiratet mit Jula Lienau (Konzertpianistin), Tochter Katharina, Sohn Peter Carl. Studium der Wirtschafts- und Sozialwissenschaften; 1934: Eintritt in die Siemens und Halske AG; ab 1936 14 Jahre lang in Südamerika für Siemens-Reiniger-Werke; 1950: Siemens-Schuckertwerke AG in Erlangen, sieben Jahre später Generalbevollmächtigter und 1959 stellvertretender Aufsichtsratvorsitzender der Siemens AG Berlin/München, deren Vorsitz er am 27. Oktober 1971 als Nachfolger von Ernst von Siemens übernimmt (Siemens hat 15 Zweigniederlassungen, ist in 128 Ländern der Welt vertreten und an rund 60 ausländischen Firmen beteiligt), er repräsentiert die 70 Siemens-Familien-Mitglieder, die an dem Unternehmen beteiligt sind (11 % des Kapitals von 1,8 Milliarden sind fest in Familienhand), ist Aufsichtsratmitglied bei Mannesmann AG, Farbenfabriken Bayer AG, Hapag Lloyd, Deutsche Bank AG und „Allianz Versicherungs AG"; Auszeichnung: Ehrenbürger von Erlangen, „München leuchtet", Großes Bundesverdienstkreuz, Naturschutz-Preis, Bayerischer Verdienstorden; Freizeit: Klassische Musik, Garten. Adresse: Wittelsbacherplatz 2, 8 München 2, Telefon: 089/2341

Simon Christian, ZDF-Moderator („Rock-Pop"), geboren in Duisburg, 17. Juni 1951, verheiratet (seit 1972) mit Frau Ilona. Laufbahn: Mit

Christian Simon

14 Jahren erste Band, zwei Jahre später Moderation für Veranstaltung einer Tanz-Zeitschrift; lernt Werbefachmann (Gebiet: Film, Funk, Fernsehen); 1974: Musik-Redakteur und Moderator bei Radio Luxemburg; seit 1977 beim ZDF mit der 45-Minuten-Sendung „Rock-Pop", die zehnmal pro Jahr gesendet wird; 1980: erste Schallplatte „Ich bin bereit" (deutsche Version des Billy Joel-Hits „You may be right"); Freizeit: Schwimmen, Schmalfilmen, Reiten, Gitarre-Spielen; Lieblingslokal: „Kay's Bistro" und Biergärten; Leibspeise: Meeresfrüchte; Lieblingsgetränk: Portwein; Auto: Mercedes 280 CE. Adresse: 8051 Baumgarten 41, Telefon: 08756/818

Erni Singerl

Singerl Erni, Volksschauspielerin, „Platzl"-Star, Sängerin („Arrivederci Sepp, du bist der größte Depp"), geboren in München, 29. August, verheiratet, eine Tochter. Startet 1937 beim Weiß Ferdl im „Platzl", gibt weißblaue Gastspiele in Köln, Frankfurt, Berlin und Hamburg; Fernsehen: „Witwen", „Komödienstadl", „Karl Valentins Lachparade", „Goldener Schuß"; Theater: „Sturm im Wasserglas" (mit Beppo Brem), „Fenster zum Flur", „Graf Schorschi", „Der alte Herr Kanzleirat" (mit Hans Moser), „Krach im Hinterhaus", „Schöne Geschichten . . ."; bewohnt ein Haus mit Sauna, Swimmingpool und Kellerbar in Trudering. Freizeit: Gartenarbeit, ihre zwei Angora-Katzen. Adresse: Ankoglstr. 35, 8 München 82, Telefon: 089/423197

Sinkel Bernhard, Filmregisseur und Drehbuchautor, geboren in Frankfurt/Main, 19. Januar 1940, Junggeselle. Karriere: Staatsexamen in Jura, arbeitet als Rechtsanwalt und zwei Jahre lang als Ressortleiter beim „Spiegel" (Archiv und Dokumentation), 1972 wendet er sich der Filmarbeit zu, schreibt Drehbücher und arbeitet mit Alf Brustellin zusammen; anfangs TV-Kinderserie „Sesamstraße"; erster Film „Clinch", dann „Lina Braake – die Interessen der Bank können nicht die Interessen sein, die Lina Braake hat", „Aus dem Leben eines Taugenichts", „Der Mädchenkrieg", „Berlinger"; nach gemeinsamer Regie-Arbeit trennt er sich von Alf Brustellin. Auszeichnungen: Bundesfilmpreise in Silber (1975/78), Ernst Lubisch-Preis (1976). Adresse: Agnesstr. 14, 8 München 40, Telefon: 089/399270

Bernhard Sinkel

Sixt Erich, Münchens Rent-a-car-König („Auto-Sixt"), geboren in Mistelbach/Österreich, 25. Juni 1944, verheiratet mit Regina Prestel, ein Sohn Alexander (1979). Laufbahn: Betriebswirtschaftsstudium in München; 1965: Eintritt in das elterliche Unternehmen mit Hauptsitz in München und 22 Filialen in ganz Deutschland, Fuhrpark mit 5000 Autos, 150 Mitarbeiter; Geschäftsführer der „Auto-Sixt-Leasing" (50 Prozent fusioniert mit der „Dresdner Bank"), weltweit vertreten durch „Budget-Rent-a-Car" (drittgrößter Autoverleih), der in Deutschland exklusiv von Sixt repräsentiert wird. Hobby: Fliegen (hat eine Cessna 414), Skilaufen, Tennis; Leibspeise: Leberkäse; Lieblingsgetränk: Wein; liebt die Küche seiner Frau. Adresse: Seitzstraße 9, 8 München 22, Telefon: 089/223333

Erich Sixt

Soden-Fraunhofen Heinrich Graf von, Weihbischof der Erzdiözese München und Freising, Titularbischof von Belali (3.1.1972) geboren in Friedrichshafen, 6. November 1920, Priesterweihe 29.6.1951, im Dom zu Freising, konsekriert 18.3.1972, zum Domkapitular aufgeschworen 15.1.1973, Regionalbischof der Seelsorgsregion Nord. Adresse: Postfach 360, 8 München 33, Telefon: 089/2137396 u. 2137397

Graf von Soden-Fraunhofen

Söderbaum Kristina, Schauspielerin und Fotoreporterin, geboren in Stockholm, 5. September, Witwe von Regisseur Veit Harlan, zwei Söhne, Caspar und Kristian. Lyzeum in Stockholm, Internate in Frankreich und in der Schweiz, Filmregisseur Erich Waschnek entdeckt sie für „Onkel Bräsig"; nach Filmen wie „Das unsterbliche Herz", „Immensee", „Die goldene Stadt", „Kolberg" dreht sie mit ihrem Mann Veit Harlan den folgenschweren Film „Jud Süss". Da sie in vielen ihrer früheren Filme mit schöner Regelmäßigkeit durch Selbstmord im Wasser zu enden pflegte, nannte sie der Volksmund die „Reichswasserleiche"; zwischen 1950–58 neue Filme „Unsterbliche Geliebte", „Zwei Herzen im Mai", „Ich werde Dich auf Händen tragen"; seit 1966 Foto-Reporterin. Adresse: Agentur Lentz, Holbeinstr. 4, 8 München 80, Telefon: 089/474026

Kristina Söderbaum

Söhnges Wilhelm Peter, Konsul von Honduras, Chef einer weltweiten Optik-Geschäftskette (von München bis New

Wilhelm Peter Söhnges

York), Optikermeister/US-Doctor of Ocular Science, geboren in Krefeld, 22. Februar 1905. Gründet seine Firmen am 11. 11. 1931 („Söhnges Optik“, „Deutsche Contactlinsen GmbH“), bringt als erster die „weiche“ Contactlinse auf den Markt; Freizeit: Reisen, Segeln, Reiten, Gartenarbeit; Leibspeise: Pichelsteiner und Fisch; Getränk: Weißwein; Privatauto: Ford „Granada“. Adresse: Brienner Str. 7, 8 München 2, Telefon: 089/21231

Soltmann Dieter Dr., Brau-Experte, persönlich haftender Gesellschafter der „Spatenbrauerei“, geboren in München, 17. März 1935, verheiratet mit Dr. Marei Soltmann, geb. Kayser-Eichberg (Rechtsanwältin), ein Sohn, Maximilian (1973). Studium an der Technischen Universi-

Dieter Soltmann

tät München, Diplom-Braumeister, Diplom-Ingenieur und Dr. Ing.; Freizeit: Golf, Skilaufen, Segeln; Leibgericht: Kesselfleisch. Adresse: Marsstr. 46–48, 8 München 2, Telefon: 089/51221

Sommer Siegfried („Blasius der Spaziergänger“), Kolumnist (Abendzeitung), Autor folgender Bücher: „Keiner weint mir nach“, „Meine 99 Bräute“; im Verlag R. S. Schulz erschienen: „Es ist zu schön um wahr zu sein“, „Also sprach Blasius“, „Das gabs nur einmal“, „Das kommt nie wieder“; nach

Siegfried Sommer

eigenen Angaben Lohnschreiber, geboren in München, 23. August 1914. Feiert am 30. November 1979 30jähriges Berufsjubiläum bei der Abendzeitung. Freizeit: Brotzeitmachen (das kann er und wie. Seine „Dinner“ unter der Kastanie im „Augustiner“ sind berühmt); Lieblingslokale: „Klösterl“, „Augustiner“ (als Stammtisch-Präsident begrüßt er dort öfters Ex-Bundespräsident Walter Scheel); Leibgericht: abgebräunte Kälberfüße; Getränk: Helles; Garderobe: Dietl; fährt einen „Peugeot Einsitzer Kling Kling“. Adresse: Sendlinger Str. 79, 8 München 2, Telefon: 089/23771

Sommerschuh Gerda, ehemalige Kammersängerin (Na-

Gerda Sommerschuh

tionaltheater 1941–1969), geboren in Dresden, 4. Mai, verheiratet mit Dr. Walter Mauermann, Sohn Walter-Christian. Wichtigstes Ereignis im Leben: Begegnung mit Richard Strauß; Hobby: Kochen; Lieblingslokal: „Königshof“, „Bayerischer Hof“; Leibgericht: Fischgerichte, Wiener Schnitzel; Getränk: Moselwein. Adresse: Südliche Auffahrtsallee 16, 8 München 19, Telefon: 089/160288

Soraya, Prinzessin von Persien, frühere Kaiserin, Gemahlin des Schah Reza Pahlevi, geboren in Isphahan, 22. Juni; heiratet mit 17 Jahren den Schah, übersteht kaum die Hochzeitsfeierlichkeiten, da sie acht Tage zuvor noch bettlägerig (Typhusanfall) ist; die Zwillingsschwester Ashraf wird auf Soraya zuerst aufmerksam und stellt sie dem

Soraya von Persien

Kaiser mit den Worten vor: „Sie ist Persiens schönste Prinzessin"; nach der Ehe mit dem Schah (die kinderlos bleibt) lebt sie vorwiegend in Rom, München und Paris. Adresse: Bustellistr. 10, 8 München 19, Telefon: 089/155744

Julius Speer

Speer Julius Dr., Universitätsprofessor, geboren in Talheim/Kreis Tübingen, 3. Dezember 1905, verheiratet mit Frau Annemarie Neizert. 1960 Wahl zum Rektor der Universität München und zum Präsidenten der „Deutschen Forschungsgemeinschaft" (1964); Freizeit: Lesen; trinkt gern Riesling-Saarwein oder Tegernseer Hofbräu; fährt Mercedes 280 SE oder VW-Käfer. Adresse: Max-Rainer-Weg 14, 8162 Fischhausen/Schliersee, Telefon: 08026/4236

Speidel Jutta, 1,66 große Schauspielerin (57 Kilo), geboren in München, 26. März, Junggesellin mit fester Bindung (Schauspieler Herbert Herrmann). Mit 15 dreht die Patentanwaltstochter den ersten Spielfilm „Pepe, der Paukerschreck" und später 14 weitere Lümmelabenteuer; Schauspielschule Huber-Neureuther in München (1973); Fernsehen (bis 1979 insgesamt 31 Rollen): „Verurteilt", „Die letzten Ferien", „Derrick", „Drei sind einer zuviel" (bei dieser 13teiligen Folge lernt sie ihren Freund kennen), „Fleisch" (Regie: Rainer Erler), „Mathias Sandorf", „Michael Schanze-Show"; für 1980 ist eigene Personality-Show vorgesehen; Theater: (bisher 12 Bühnenstücke): „Elektra" (Berliner Renaissance-Theater, Regie: Rudolf Noelte), „Kabale und Liebe" (Tournee), „Tränen im Aquarium" (Düsseldorfer Bühne); Film: Der „Käfig voller Narren" – Regisseur Edouard Molinaro verpflichtet sie 1980 für den Spielfilm „Rauher Wind" (Partner: Lino Ventura); lebt in Gauting; ist Feinschmeckerin. Adresse: Management Palz, Ortlindestr. 6/VII, 8 München 81, Telefon: 089/912019/10

Jutta Speidel

Spelman Franz, Journalist, Münchner „Ambassador" der US-Zeitschriften „Time", „Playboy" und „People", geboren in Wien, 24. November 1918. Entdeckt für die Amerikaner das „deutsche Fräuleinwunder", auf seinen Privat-Partys sind immer die hübschesten Mädchen zu finden. Freizeit: „Nach wie vor die Frauen"; bevorzugtes Restaurant: „Die Schnecke" im Lehel (hat es auch „entdeckt"); Leibgericht: Spargel Polonaise, Risotto mit weißen Trüffeln; Lieblingsgetränk: „Roederer Crystal"; Garderobe: Knize, Wien–New York. Adresse: Reitmorstr. 26, 8 München 22, Telefon: 089/294941

Franz Spelman

Sperr Martin, Schriftsteller, Dramatiker, geboren in Steinberg bei Dingolfing, 14. September 1944, geschieden von Frau Monika, seine jetzige Lebensgefährtin ist Sylvia Barnich. Reinhardt-Seminar in Wien, Schauspielschule Wiesbaden; Regie-Assistent in Bremen; erstes Stück „Jagdszenen aus Niederbayern" (1962), verfilmt von Peter Fleischmann, zweites Bühnenstück „Landshuter Erzählungen (1967), dann „Münchner Freiheit" (1969), weitere Werke: „Koralle Meier", „Dunkler Bock", „Die Spitzeder"; Auszeichnung: Förderungspreis für Literatur der Stadt München 1969; Freizeit: Kochen (Kartoffel- und Krautsuppe).

Martin Sperr

Adresse: Kreillerstr. 63, 8 München, Telefon: 089/423892

Sperr Monika (geborene Koegler), Schriftstellerin, Journalistin („Spandauer Volksblatt"), geboren in Berlin-Spandau, 27. August, geschieden (seit 1968) von Martin Sperr. Laufbahn: Dramaturgie am Bremer Stadttheater bei Kurt Hübner und Peter Zadek; Bücher: „Herr Bertold Brecht sagt", „Was wir von unseren Eltern halten. Sechs- bis Sechzehnjährige sagen ihre Meinung", „Die dressierten Eltern" (Verlag R. S. Schulz),

Monika Sperr

„Therese Giehse: ‚Ich hab' nichts zum Sagen'"; Freizeit: Freunde treffen; ißt gern Pfeffersteak und trinkt herben Weißwein oder Tee, kauft in Schwabinger Boutiquen und fährt BMW. Adresse: Karl-Theodor-Str. 25, 8 München 40, Telefon: 089/392511

Spiehs Carl, Filmproduzent, Chef der Lisa-Film GmbH, geboren in Blindendorf/Österreich, 20. Februar 1931, verheiratet mit Schauspielerin Angelica Ott, ein Sohn David. 1958–64 Produzent der Wiener Stadthallen-Film GmbH; 1967: Produzent der Lisa-Film GmbH; 80 Filme, darunter: „Hilfe, ich liebe Zwillinge", „Der Reigen", „Das große Liebesspiel" mit Hilde-

Carl Spiehs

gard Knef, „Sunnyboy und Sugarbaby", „Cola, Candy, Chocolate", „Popcorn und Himbeereis", „Summer-night-Fever", „Immer Ärger mit den Paukern"; Auszeichnung: Goldene Leinwand, Silberner Otto von der Zeitschrift „Bravo"; Hobby: Klassische Musik; Leibgericht: alles was er selbst kocht; Lieblingslokal: Franziskaner; Leibspeise: Rote Grütze; hat nie („wie alle großen Leute") einen Führerschein besessen und trägt keine Uhr. Adresse: Widenmayerstr. 48, 8 München 22, Telefon: 089/227195

Springer Rosemarie, geb. Koschwald, geboren in Hamburg, 7. Juli. Arbeitet während der Schulzeit als Fotomodell, ist Mannequin und wirkt in dem Film „Schatzsuche" mit, der allerdings nie aufgeführt wird. Heiratet mit

Rosemarie Springer

19 Axel Springer, Sohn des Zeitungsverlegers Axel Caesar Springer und geht mit ihm fünf Jahre später nach München, hat zwei Kinder, Ariane (17) und Axel (13). Die Ehe wurde geschieden. Sie ist danach mit Star-Regisseur Michael Pfleghar, Unternehmer Christian Wölfer, Graf Andreas von Bismarck und Frank von Puttkamer befreundet, seit 1977 heißt ihr Lebensgefährte Eduard Reinbold. Fährt BMW Turbo; Lieblingsrestaurant: „Franziskaner". Adresse: Vilshofener Str. 6a, 8 München 80, Telefon: 089/988924

Anne-Marie Sprotte

Sprotte Anne-Marie, Moderatorin in Hörfunk und Fernsehen, geboren in Wien, 8. August. Führte eine Ehe mit Schauspieler Michael Cramer und ist jetzt wieder „Junggesellin". Freizeit: Konzerte, Sport (Tennis, Skifahren); Lieblingsrestaurant: „Klösterl"; Leibgericht: Tafelspitz, Schweinebraten, Reiberdatschi; Lieblingsgetränk: Bier oder Champagner; Schneider: meine frühere Schulkameradin Monika; Privatauto: Golf. Adresse: Vorhoelzerstr. 12, 8 München 71, Telefon: 089/38061

Staal Herta (bürgerlich Herta Schmieglitz, geb. Staly), Schauspielerin, geboren in Wien, 29. März, in zweiter

Ehe mit Manfred Schmieglitz verheiratet, vorher mit Komponist Hans Rahner. Tanzausbildung bei Dia Lucca und Hedy Pfundmayr in Wien, als Elevin im Ballett der Wiener Staatsoper verdient sie sich ihr Musik- und Schauspielstudium am Konservatorium der Stadt Wien; 1948 Wiener Bürgertheater und Stadttheater (Debüt mit „Frühling im Prater"), später Bühnen in Berlin, München („Deutsches Theater"), Hamburg; Johannes Heesters vermittelt ihr den Sprung ins tragische Fach;

Herta Staal

1979: „Unser gemeinsamer Mann" („Kleine Freiheit"); Filme: „Abenteuer im Schloß", „Bezauberndes Fräulein", „Die tolle Lola", „Jede Nacht in einem anderen Bett", „Schön ist die Welt". Freizeit: Lesen, Wandern, Schwimmen; bevorzugt Lokale wie „Lucio" und „Klösterl"; Leibgericht: Wiener Rostbraten; Lieblingsgetränk: Wein; Privatwagen: VW Polo. Adresse: Rümannstr. 59, 8 München 40, Telefon: 089/362233

Stackelberg, Karl-Georg, Graf von, Dr. h. c., Marktforscher, Sozialforscher, Schriftsteller, geboren in Arensburg (Insel Oesel), 1. August 1913, verheiratet mit Frau Viktoria-Luise, Prinzessin zu Schaumburg-Lippe. Gründet

Karl-Georg von Stackelberg

erstes Institut für Meinungsforschung EMNID (1945); Hobby: Jagd, Bücherschreiben; Leibgericht: Krebse; Getränk: trockener Weißwein (Baden, Franken); fährt Mercedes. Adresse: Nibelungenstr. 76, 8 München 19, Telefon: 089/175090

Staudinger Ulrich, Verleger („Schneekluth"-Verlag), geboren in Berlin, 30. Mai 1935, verheiratet mit Frau Irmgard, drei Kinder, Ulrike, Florian, Penelope. Gymnasium, Lehre im Verlagsbuchhandel; 1971: Vorstandsmitglied im Börsenverein des Deutschen Buchhandels und Vorsitzender des Verlegerausschusses, Vorstandsmitglied der Verwer-

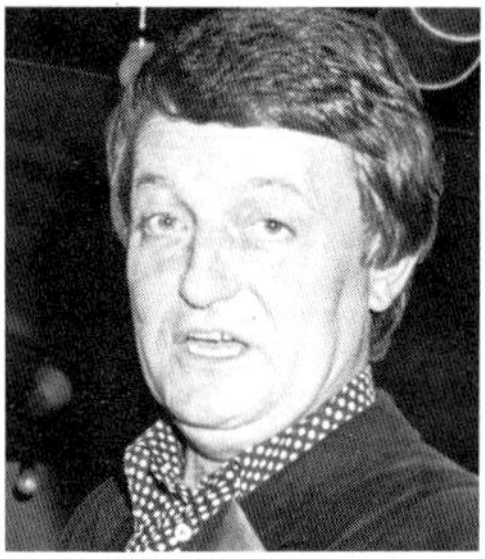

Ulrich Staudinger

tungsgesellschaft Wort; 1979: Großes „Grünwalder Septemberfest", bei dem das neue Buch „Das goldene Karusell" und der Geburtstag seines Star-Autors Michael Burk gefeiert werden. Adresse: Widenmayerstr. 34, 8 München 22, Telefon: 089/221391

Steeger Ingrid (Bürgerlich: Ingrid Anita Stengert), Fernseh-Star („Klimbim"), geboren in Berlin, 1. April, von 1973–75 verheiratet mit Kameramann Lothar Stickelbrucks. Karriere: erst Sekretärin in einem Architektur-Büro, dann Fotomodell, später nimmt sie – wegen hoher Gagen – Rollen in Sex-Filmen

Ingrid Steeger

an: 1972 erster Fernsehfilm im ZDF „Audiovision"; Filme: „Ich – ein Groupie", „Mädchen, die nach München kommen", „Liebe in Schwabing", „Sonne, Sylt und kesse Krabben", „Schulmädchen-Report", „Hausfrauen-Report"; TV-Produktionen: „Ein Haus voll Zeit", „Auf Befehl erschossen", „Manchmal Märchen", „Klimbim" (entdeckt von Michael Pfleghar), „Zwei himmlische Töchter"; Theater: „Die Eule und das Kätzchen" (1978) (befreundete sich in dieser Zeit mit Publikumsliebling Harald Leipnitz); Platten: „Franz Josef, nimm die Finger weg", „Der muß Rhein", „Fly me". Adresse: Agentur Lentz, Holbeinstr. 4, 8 München 80, Telefon: 089/474026

Hans Stegmann

Stegmann Hans, Gourmet-Lobbyist, Chef der „Continental-Hotel-Consultants GmbH" (betreut und stählt das Finanz-Rückgrat der Edel-Lokale „Tantris", „Aubergine" und „Gratzers Lobby"), geboren in München, 30. April 1940, verheiratet mit Frau Heidi, zwei Kinder, Carolin (1967) und Andreas (1974). Laufbahn: Betriebswirtschaftsstudium, schlägt Unternehmerberater-Laufbahn ein; seine Firma beschäftigt sich größtenteils mit Hotel- und Tourismus-Entwicklung in Afrika; Freizeit: Jogging, Radfahren; Leibspeise: Fisch; Lieblingsgetränk: trockener Burgunder; Garderobe: Loden-Frey; fährt BMW. Adresse: Goethestr. 12, 8 München 2, Telefon: 089/530311

Helmut Stegmann

Stegmann Helmut, Mitglied der Chefredaktion „tz" (seit 1973), Vorsitzender der Münchner Sportpresse (seit 1971), geboren in München, 20. Juni 1938. Freizeit: Theater, Reiten, Schwimmen; Lieblingslokal: „Le Gourmet", „Alter Simpl"; Getränk: Frankenwein; Garderobe: Hirmer (soweit bei 2,01 Meter Größe möglich), passionierter Fußgänger. Adresse: Sonnenstr. 20, 8 München 2, Telefon: 089/53061

Evelyn Steidinger

Steidinger Evelyn, „Dual"-Erbin (Plattenspieler), geboren in St. Georgen bei Villingen/Schwarzwald, 15. Mai, Junggesellin. Arbeitet in der Kapitalanlage-Branche und holt sich Auslandserfahrung in Kanada (3 Jahre); Freizeit: Golf, Kochen; trägt „Gil Sander"- und „Lange"-Modelle. Adresse: Dall'Armistr. 5, 8 München, Telefon: 089/156411

Steidle Josef, Leiter der städtischen Altenheime, geboren in München, 9. November 1927, verheiratet (seit 1951), Mitglied der „Damischen Ritter". Freizeit: Mundartgedichte („So is as Lebn", „I sags' wia's is" – Verlag R. S. Schulz), Musizieren, Singen; Lieblingslokal: „Piroschka"; Leibgericht: Brustspitz mit

Josef Steidle

Preisselbeeren und Kartoffelsalat; Getränk: Bier; Garderobe: Hirmer/Konen. Adresse: Siedlerstr. 16, 8043 Unterföhring, Telefon: 089/9503618

Steinberg Günter, „Wienerwald"-Juniorchef, rechte Hand und Schwiegersohn von Konzernherr Friedrich Jahn, Wies'n-Wirt (seit 1980 Chef des Hofbräuhauszelts), geboren in München, 16. Juni 1939, verheiratet mit Frau Margot Jahn, 2 Kinder. 1966: Münchner Faschingsprinz; 1973: dramatische Geldübergabe bei der Entführung seiner Schwägerin Evelyn. Freizeit: Skifahren, Radfahren, Oldtimer sammeln; Lieblingslokal: Chinesische Restaurants, „Schwarzwälder's" und „Wienerwald"; Leibgericht: Hendl, Rheini-

Günter Steinberg

scher Sauerbraten; Getränk: Frankenwein; fährt Mercedes. Adresse: Elsenheimerstr. 61, 8 München 21, Telefon: 089/ 57961

Steiner Adolf Eugen, Zahnarzt (Spezialgebiet: Implantologie – Einpflanzen von Zähnen; funktionell ästh. Zahnersatz), geboren in München, 12. August 1926. Laufbahn: Zahnmedizin-Studium in Karlsruhe; sammelt als Assistent in New York und Rom Auslandserfahrung; seit 1954

Adolf Eugen Steiner

Praxis in München gegenüber der Oper; großer Frankreich- und Italien-Liebhaber; Freizeit: Sportfliegen, Skilaufen; Leibspeise: Kalbsgulasch mit breiten Nudeln; Lieblingslokale: „La Mer", „Bouillabaisse", „Franziskaner"; Lieblingsgetränk: Wein; Garderobe: Dietl; fährt Porsche Carrera. Adresse; Residenzstr. 19–20, 8 München 2, Telefon: 089/297090/222576

Steingräber Erich Professor Dr. phil., Generaldirektor der Bayerischen Staatsgemäldesammlungen, geboren in Danzig-Neuteich, 12. Februar 1922, verheiratet mit Gabriele Henseler, zwei Söhne, Stefan und Anselm. Seit 1945 in München. Karriere: Studiert in Leipzig und München Kunstgeschichte, Archäologie und Vorgeschichte, 1950 Dr.

Erich Steingräber

phil. über „Augsburger Buchmalerei", Auslandstätigkeit in Florenz und New York (Metropolitan-Museum). 1954 bis 1962 Konservator am bayerischen Nationalmuseum; Publikationen: „Die kirchliche Buchmalerei Augsburgs um 1500", „Deutsche Plastik der Frühzeit". Freizeit: Bergsteigen, Reisen, Wassersport, Skilaufen; Lieblingslokal: „Osteria Italiana", „Franziskaner"; Leibgericht: Bistecca fiorentina; Getränk: Tegernseer Bier, Buttermilch; Schneider: Bianzino, Florenz (Hemden); Privatauto: Alfetta. Adresse: Trogerstr. 38, 8 München 80, Telefon: 089/ 443712

Steinkohl Hans Dr., Chefarzt, Chirurg (Harlachinger Krankenhaus), ehemaliger Bürgermeister (1967–72), geboren in München, 29. März

Hans Steinkohl

1925, verheiratet mit Frau Gertrud. Laufbahn: Krankenhaus rechts der Isar, Orthopädische Klinik München, Chirurgische Universitätsklinik Freiburg, Harlachinger Krankenhaus; Auszeichnung: Goldene Bürgermedaille (1972), Thoma-Medaille (1974). Adresse: Sanatoriumsplatz 2, 8 München 90, Telefon: 089/62101

Stelzer Hans, Münchens Karosserie-Karajan, geboren in Unterhaching bei München,

Hans Stelzer

1. April 1929, verheiratet mit Frau Margarete, Sohn Norberg. Laufbahn: Nach Schulabschluß Karosseriebauerlehre (1944) und Meister (1953); zaubert selbst aus größten Unfall-Wracks die schönsten Autos; ist im Vorstand der Innung und kümmert sich ums Lehrlingswesen; Freizeit: Tennis (bei Lermer), Skilaufen (in Kitzbühel); Lieblingslokal: „Franziskaner", „Königshaus"; Leibspeise: Ochsenlende, Kalbskotelett. Adresse: Hübnerstr. 18, 8 München 19, Telefon: 089/194286

Stengel Paul Dr., Narrhalla-Präsident, Hotelier, geboren in München, 13. Januar 1920, verheiratet mit Frau Gabriele, drei Kinder, Peter-Paul, Sabine, Bettina. Chef des „Eden-Wolff-Hotel" (316 Betten);

Paul Stengel

1953: Münchner Faschingsprinz; 1972 als Nachfolger von Raimund Rosenberger Chef der „Narrhalla“. Adresse: Arnulfstr. 4, 8 München 2, Telefon: 089/558281

Stephan Bernd (bürgerlich: Schulze), Schauspieler und „Lach + Schieß“-Kabarettist, geboren in Marburg/Lahn, 23. Oktober 1943, verheiratet mit Rosemarie Hirt (seit 1969), zwei Kinder, Marc-Oliver (1973) und Jeanne-Pascale (1971). Laufbahn: Jura-Studium (4 Semester), Schauspielschule Hannover (Hans Günther von Klöden); Debüt: Hildesheimer Stadttheater mit „Publikumsbeschimpfung“; Theater: „Salzburger Festspiele“ 1973/74/75 (unter Strehler) „Spiel der Mächtigen“ und „Jedermann“; vom Würzburger Stadttheater – durch Vermitt-

Bernd Stephan

lung von Kabarett-Star Werner Schneyder – zu Sammy Drechsels „Lach + Schießgesellschaft“; Fernsehen: „Das Produkt“; Film: „Gauner wider Willen“ mit Eddie Constantine, Enne Duperay, Adrian Hoven, Adolfo Celi; Lieblingslokal: „Brasserie“, „Säge“, „Bazaar“ (Salzburg); Leibspeise: gutes Steak (medium) und Schweizer Küche („nur von meiner Frau“); Freizeit: Tennis, Fußball (beim „FC Schmiere“), Musik (Geige, Klavier, Bratsche). Adresse: Ursulastr. 9, 8 München 40, Telefon: 089/391997

Lothar Stickelbrucks

Stickelbrucks Lothar, Kameramann, geboren in Misdroy, 4. Oktober 1943, in erster Ehe mit „Klimbim“-Star Ingrid Steeger verheiratet, in zweiter mit Monika Harrer. Laufbahn: Ingenieur für Hochfrequenzen, wird technischer Leiter des Riva-Fernsehstudios und arbeitet als Regieassistent; Kameramann von 60 Spiel- und Fernsehfilmen (zuletzt „Der ganz normale Wahnsinn“ und „Der Durchdreher“); Auszeichnung: Silbernes Bundesfilmband; Freizeit: Laufen, Kochen; Leibspeise: Lamm; Lieblingsgetränk: Beaujolais; Auto: Triumph. Adresse: Schleißheimerstraße 47, 8 München 40, Telefon: 089/196426

Stickl Helmut Prof. Dr., Chef der Landesimpf-Anstalt, ge-

Helmut Stickl

boren in Heidelberg, 8. Mai 1926, verheiratet mit Frau Ingrid. Laufbahn: Medizin-Studium an der Universität Tübingen, Promotion 1950; Habil. 1960, im gleichen Jahr Lehrtätigkeit an der Universität Köln und München (1966 apl. Prof. für Kinderheilkunde), Entwicklung einer Pille gegen Pocken. Adresse: Am Neudeck 1, 8 München 90, Telefon: 089/662081

Stiegler Michael, Rundfunk-Reporter, geboren in München, 7. April 1932, verheiratet mit Sophie Maria Kindl; Star beim Bayerischen Rundfunk (live-Sendungen sind seine Spezialität); Auszeichnungen: Bayerischer Verdienstorden, Medaille „München leuchtet“, Internationaler Journalistenpreis von San Remo, Landtagspreis; Freizeit: gut essen, faulenzen,

Michael Stiegler

Tennis, Skilaufen, mit Leuten diskutieren; liebt Käsekuchen und trinkt gern Frankenweine und Williamsbirne. Lieblingslokal: Iberl, Solln. Adresse: Rundfunkplatz 1, 8 München 2, Telefon: 089/59001

Stieve Friedrich Ernst Professor Dr. med., Leiter des Instituts für Strahlenhygiene des Bundesgesundheitsamtes Berlin/Neuherberg bei München. Geboren in München, 5. November 1915, Vater einer Tochter und eines Sohnes. Freizeit: Bergsteigen; Lokal: Brauerei Aying; Leibgericht:

Friedrich Ernst Stieve

Spanferkel; Getränk: Würzburger Wein; Schneider: W. Müller, Berlin; Auto: Volkswagen. Adresse: Lindenschmidtstr. 45, 8 München 70, Telefon: 089/773919

Stockinger Bernd, Pop-Modeschöpfer, Kostümbildner und „Fifty-Fifty"-Partner der Trend-Boutique „Sweetheart" in Schwabing, geboren in München, 18. Januar 1940, Junggeselle. Laufbahn: „Deutsche Meisterschule für Mode", arbeitet als Designer und startet mit Freund Rolf Albrecht 1967 die Mode-Oase „Sweetheart" mit eigener Fertigung (15 Mitarbeiter). Prominenteste Kunden: Marisa Berenson, Bianca Jagger, Dunja Rajter, macht die Kostüme für Helmut Dietls

Bernd Stockinger

Fernseh-Serie „Der ganz normale Wahnsinn". Lieblingsrestaurant: „One, two, three" (New York); Leibspeise: Italo-Kost; Lieblingsgetränk: Wodka, ist Nichtraucher, fährt Fahrrad, macht sich seine Privat-Garderobe selbst; Freizeit: Reiten am Starnberger See. Adresse: Leopoldstr. 54, 8 München 40, Telefon: 089/399371

Stöckl Rupert Maria, Maler, geboren in München, 9. Oktober 1923, Junggeselle. Wichtigste Ereignisse: Biennale Venedig, Expo 67 Montreal. Förderungspreis der Stadt München, Schwabinger Kunstpreis. Hobby: Sammeln von kuriosen Dingen; Lieblingslokal „Franziskaner", „Bierkeller am Salvatorkeller"; Leibgericht: Griesmus und Semmelknödel; Getränk: Bier und Frankenwein; Garderobe: Atelier Küchler,

Rupert Maria Stöckl

München. Adresse: Ohlmüllerstr. 4, 8 München 90, Telefon: 089/655949

Stoiber Edmund Dr., CSU-Generalsekretär, Landtagsabgeordneter, Jurist, geboren in Oberaudorf/Rosenheim, 18. September 1941, verheiratet mit Frau Karin, zwei Töchter, Constanze und Veronica. Laufbahn: Studium der Rechtswissenschaften und Polit-Wissenschaften an der Münchner Universität; 1967 nach erstem Staatsexamen wissenschaftlicher Mitarbeiter am Lehrstuhl für Strafrecht und Ost-Recht an der Regens-

Edmund Stoiber

burger Universität; promoviert zum Dr. jur. und legt das große Staatsexamen mit Prädikat (Eins) ab. Dissertation: „Der Hausfriedensbruch im Licht aktueller Probleme"; Minister Max Streibl beruft ihn ins Umweltministerium, er ist von 1972–74 sein persönlicher Referent und zuletzt Leiter des Ministerbüros; 1978: Kanzlei-Eröffnung in Wolfratshausen; 1974: Bayer. Landtag als Direktkandidat des Stimmkreises Miesbach; bei den Landtagswahlen (15. Oktober 1978) gehört er zu den vier CSU-Kandidaten, die gegen den Wahltrend Stimmen dazugewinnen; am 8. November 1978 benennt ihn Ministerpräsident Franz Josef Strauß zum neuen CSU-Generalsekretär (löst

Gerold Tandler ab, der Innenminister wird); Freizeit: Skilaufen, Fußball, Historische Bücher. Adresse: CSU-Landesleitung, Nymphenburgerstr. 64–68, 8 München 19, Telefon: 089/12431

Stoiber Rosa, Geheimtip unter Münchens Würstl-Verkäufern, mit Markisen-Eckstandl am Wiener Platz (Spezialität: Stockwürste), geboren in München, 31. Oktober; betreibt seit 1934 die luftige, grüngestrichene Bude (Öffnungszeiten: 6.30 Uhr bis

Rosa Stoiber

1 Uhr mittags); Stammkundschaft aus allen Gesellschaftsschichten (Michl Lang und Beppo Brem zählen dazu); arbeitet in letzter Zeit nur noch mittwochs und läßt die anderen Tage die Verwandtschaft verkaufen; berühmt sind auch ihre Weißwürste, die immer noch ihre Lieblingsspeise sind. Adresse: Wiener Platz, 8 München 90, Telefon: 089/4311016

Stollberg Inge, Gastronomin, Gourmet-Köchin, geboren in München, 7. November. Verantwortlich für die exzellente Küche in der „Grünen Gans", die längst einen „Michelin"-Stern verdient hat. Freizeit: Reiten, Spaziergänge mit dem Hund; Lieblingslokale „Tantris"; „El Toula", „Käfer's Schänke"; Lieblingsgetränk:

Inge Stollberg

Champagner; Auto: VW-Käfer. Adresse: Oberföhringer Str. 173, 8 München 81, Telefon: 089/241749

Stollberg Julius, Gastronom, Feinschmeckerrestaurant-Besitzer („Grüne Gans"), geboren in München, 9. Oktober 1941. Fährt 3½ Jahre zur See auf der „Hanseatic", arbeitet später im „Bayerischen Hof" in München, in St. Moritz und im „Atlantik-Hotel"" in Hamburg; Leibspeise: Tafelspitz; Getränk: Riesling; Garderobe: „Harry's Men Shop" und Neubert, Sendlingerstraße (grüne und weiße Schürzen). Adresse: Am Einlaß 5, 8 München, Telefon: 089/241749

Julius Stollberg

Storz Oliver, Geschichtenerzähler, geboren in Mannheim, 30. April 1929, verheiratet – wie jeder überzeugte Ehe-Skeptiker. Stücke: „Der Schlaf der Gerechten", „Der doppelte Nikolaus" (1964), „Der Fall Rouger", „Prüfung eines Lehrers", „Beichte". Freizeit: „Na was wohl?"; bevorzugtes Restaurant: „Papagallo", Bologna; Lieblingsgetränk: Calvados („aber ich vertrage ihn nicht"); Schneider: „überflüssig, da Idealfigur; „Privatauto: BMW, „weil der BMW-Händler in meinem Dorf ein kräftiger Mann ist". Adresse: Bergstr. 10, 8021 Deining, Telefon: 08170/408

Oliver Storz

Strasser Hugo, Tanz-Orchesterchef („Klarinetten-Hugo"), geboren in München, 7. April 1922, verheiratet. Rund 50 Platten („Hugo Strasser bittet zum Tanz", „Blue Hawaii Party", „Tanzplatte des Jahres", „Goldene Weltstadt-Melodien") und TV-Auftritte, darunter Silvester-Sendungen mit der „Lach + Schießgesellschaft", Orchester großer Bälle im „Bayerischen Hof". Wichtigstes Ereignis im Leben: „Meine erste Bekanntschaft mit einer Klarinette im Frühjahr 1937"; Freizeit: Tai-Tung; Leibgericht: Peking Ente; Lieblingsgetränk: Bergquellwasser; Schneider: Andre Bandel; Auto: Mercedes. Adresse: Bussardstr. 9, 8011 Neukeferloh, Telefon: 089/467347

Hugo Strasser

Stratmann Wilhelm, Münchens „Hertie"-Chef, geboren in Bochum, 19. August 1936, verheiratet mit Frau Rosemarie, zwei Kinder, Michael (1959) und Gabriele (1961). Laufbahn: Abitur, Textilfachschule mit Textilbetriebswirt, Auslandserfahrung in Frankreich und Amerika; seit 1963 bei „Hertie", zuerst Abteilungsleiter in verschiedenen Städten (Nürnberg, Weiden), dann Geschäftsführer in den Städten Bonn, Bad Godesberg, Berlin und München

Wilhelm Stratmann

(seit 1. 7. 78); Vorstand im Verband der Mittel- und Großbetriebe des Einzelhandels; „Lion"-Bruder; Freizeit: engagierter Theaterfreund, Tennis, Surfen, Skilanglauf; Leibspeise: Kohlroulade; Lieblingsrestaurant: Heini Holl, Berlin; Lieblingsgetränk: Bier; Auto: Mercedes. Adresse: Bahnhofsplatz, 8 München 2, Telefon: 089/558401

Strauch Monika, Schauspielerin, geboren in Wien, 24. März, verheiratet mit Peter Machac. Karriere: Ernst Stankovski-Assistentin in „Erkennen Sie die Melodie"; Theater: „Ein verbindlicher Liebhaber" (Kleine Freiheit); Film: „Frau Wirtin treibt es jetzt noch toller", „Wunderbar ist die Welt" mit Uschi Glas und Roy Black. Hobby: Mode-

Monika Strauch

Entwürfe; Lieblingslokal: Demel, Wien, „Der brave Schwejk" München; Leibgericht: Kärntner Kasnudeln, Palatschinken; Getränk: Sieveringer Heuriger. Adresse: Elisabethstr. 15, 8 München 40, Telefon: 089/373565

Strauß Franz Josef Dr. h. c., Bayerns Ministerpräsident, ehemaliger Bundesminister, Alt-Philologe, Wirtschafts-Experte, CSU-Chef, geboren in München, 6. September 1915, verheiratet mit Marianne Zwicknagl, drei Kinder, Max Josef, Franz-Georg und Monika. Abitur am Münchner Max-Gymnasium (1935), Süddeutscher Straßenmeister im Radsport 1934; Studium der Geschichte, Germanistik, Volkswirtschaft und alte Sprachen, seit 1945 Mitglied der CSU, ein Jahr später im Vorstand, im Bundestag von 1949 bis 1978, davor Landrat von Schongau; Herausgeber des „Bayern-Kurier"; 1953: mit 38 Jahren Minister für besondere Aufgaben; 1955: Atomminister; von 1956 bis 1962 Verteidigungsminister; seit 1961 CSU-Partei-Vorsitzender; 1966 bis 1969: Finanzminister; Aufsichtsratsvorsitzender der Deutschen Airbus GmbH und Airbus Industries; 1974: die CSU erreicht bei der Landtagswahl 62,1 Prozent, ein Ergebnis, das keine andere Partei im Bundesgebiet je erreicht hat; 1975: China-Reise (Gespräche mit Mao Tse tung, Tschu En lai und Teng Hsiao ping); seit 1978 Ministerpräsident von Bayern; Auszeichnungen: Ehrendoktor der Universität Detroit, Ehrenbürger von Chicago und Izmir, Großkreuz des Militärverdienstordens (Portugal), Großkreuz des Ordens der Krone (Belgien), Professor h. c. der Universität Santiago de Chile, Ehrendoktor der Kalamazzo-Universität Michigan, Julius Raab-Gedenkmedaille Wien,

Franz Josef Strauß

Großkreuz des Bundesverdienstordens, Bayerischer Verdienstorden, Ehrenoffizier der Mittenwalder Gebirgsschützen; Bücher, Schriften: „Entwurf für Europa" (1966), „Herausforderung und Antwort" (1968), „Finanzpolitik – Theorie und Wirklichkeit" (1969), „Deutschland, Deine

Zukunft" (1975), „Bundestagsreden und Zeitdokumente" (1979), „Signale – Beiträge zur deutschen Politik" (1969 bis 1978), 1979 erscheint im Verlag R. S. Schulz der Große Bildband „Franz Josef Strauß", 1980 die Bücher „geliebt, verkannt, und doch geachtet" sowie „Anekdoten über Franz Josef Strauß". Freizeit: Fliegen (Pilotenschein 1968), Jagen, Radfahren, Lesen; bevorzugte Lokale: „Franziskaner", „Bratwurstglöckl". Leibgericht: Tellerfleisch mit Kren, Spinat und Salzkartoffeln; Lieblingsgetränk: Weißwein mit Mineralwasser; ist seit dem 8. September 1968 Nichtraucher; hat Wohnsitze in Sendling, Rottach-Egern und an der Cote d'Azur. Adresse: Bayerische Staatskanzlei, Prinzregentenstr. 7, 8 München 22, Telefon: 089/21651 und CSU-Landesleitung, 8 München 2, Nymphenburger Straße 64, Telefon: 089/12431.

Streibl Max, bayr. Finanz-Minister, ehemaliger Umwelt-Minister und stets strebsamer Jurist, geboren in Oberammergau, 6. Januar 1932, verheiratet mit Irmingard Junghans, zwei Söhne, Martin und Florian und eine Tochter Monika. Laufbahn: der Hotelierssohn ist Absolvent des Benediktiner-Gymnasiums im Likör-Kloster Ettal, studiert an der Münchner Universität Rechts- und Staatswissenschaften; 1955 Referendar-Examen; 1959 zweites juristisches Staatsexamen; 1961 erst Regierungsrat, dann Regierungsdirektor in der bayrischen Staatskanzlei; Mitbegründer der Jungen Union (1957), Oberammergauer Gemeinderat (1960); Landesvorsitzender der JU (1961); seit 1962 CSU-Abgeordneter im Landtag (erst Ingolstadt, seit 1966 Garmisch-Partenkirchen); 1967–71 CSU-Generalsekretär und ab Dezember 70 im dritten Kabinett Goppel im neu geschaffenen Ministerium für Landesentwicklung und Umweltfragen; seit 1977 Finanzminister (Nachfolger von Dr. Ludwig Huber); 1979: Aufsichtsrat der Messerschmitt-Bölkow-Blohm GmbH wählt ihn als Nachfolger für den im Dezember 78 gestorbenen Bankier Dr. Anton Ernstberger und macht ihm zum AR-Chef bei MBB, Mitglied des Fernsehrats beim ZDF, zählt zu dem Förderkreis „Freunde des Münchner Tierparks Hellabrunn"; Auszeichnungen: Mitglied des Ritterordens vom Heiligen Grab (1968), Bayerischen Verdienstorden (1971), Goldmedaille der österreichischen Landwirtschaftsmesse (1972), Triester Ehrenmedaille (1977), Großes Bundesverdienstkreuz (1975) mit Stern (1978); Hobbys des Nichtrauchers: Fischen und Bergsteigen. Adresse: Bayr. Finanzministerium, Ludwigstraße 1, 8 München 22, Telefon: 089/23061

Max Streibl

Streit-Scherz Rudolf, Verleger, geboren in Bern/Schweiz, 26. Januar 1928. Zu seinen Autoren gehören: Harald Robbins, Agatha Christi, Alexander Solschenizyn, Jack Higgins, Winston Churchill, Liv Ullmann, Daphne du Maurier; Hobby: Musik, Bergsteigen; Lieblingslokal: „Trader Vic's"; Leibgericht: Gigo d'Agneau; Lieblingsgetränk: Oeil de Perdrix; Schneider: Toni Eisenhut, Bern; fährt BMW. Adresse: Stievestr. 9, 8 München 19, Telefon: 089/172237

Rudolf Streit-Scherz

Streubel Brigitte, Filmschauspielerin, ehemaliges Top-Model von „Vogue" und „Harper's Bazar", geboren in Ebern/Unterfranken, 27. Januar, Junggesellin (befreundet mit Rainer Langhans). Beendet 1975 ihre Modell-Karriere, spielt neben Curd Jürgens in dem Film „Der zweite Frühling" und neben Romy Schneider „Die Frau am Fenster"; wechselt dann in Berufe hinter der Kamera; Produktionsassistenz, Kostüme, Regie-Assistenz (bei Uschi Reich „Keiner kann was dafür"); Aufnahmeleiterin bei Peter Fleischmanns einjähriger Produktion „Die Hamburger Krankheit" (1979) mit Caline Seiser (Freundin von Nasti Kinski), Hauptrolle in dem Film „Invasion aus dem Weltall" (Abschlußarbeit der Filmhochschülerin Gisela Weilemann); interessiert sich für Regie-Arbeit; Freizeit: „Mensch zu werden", Lesen (Bücher über Psychologie, Deutsche Geschichte); ist seit 1974 Vegetarierin; liebt Tee

Brigitte Streubel

und Säfte; Garderobe; indische Sachen und weiße Overalls („Campus" in Schwabing); Auto: Peugeot. Adresse: Clemensstr. 116, 8 München 40, Telefon: 089/304900

Strietzel Achim, Kabarettist, Schauspieler, geboren in Berlin, 9. Oktober 1926, verheiratet mit Christa Koch (hat eine Tochter aus erster Ehe); war 18 Jahre lang Mitglied der

Achim Strietzel

Berliner „Stachelschweine", dann „Lach + Schießgesellschaft". Adresse: Im Gefilde 41, 8 München 83, Telefon: 089/6015858

Stuck Hans Joachim, Rennfahrer, geboren in Grainau, 1. Januar 1951, verheiratet mit Bärbel Noack. Mit elf Jahren beim letzten Rennen seines berühmten Vaters Hans Erich Stuck (512 Siege bei Autorennen, 28 Weltrekorde), baut sich selbst ein Go-Kart und fährt am Hang hinter der Villa seiner Eltern „Rennen"; mit 18 Jahren Rennfahrer-Kurs auf dem Nürburgring; mit 23 Jahren im Formel 1-Werksteam von March, später Brabham, jetzt ATS, daneben BMW-Werksfahrer; Erfolge: 1972 Deutscher Meister in einem Werks-Ford, 1973 Zweiter in der Europameisterschaft Formel II, 1976: acht Formel 1-Punkte; Freizeit: Skilaufen,

Hans Joachim Stuck

Golf; wohnt in München und Grainau und plant einen Wohnsitz in Wiesbaden. Adresse: Vollmannstr. 25, 8 München 81, Telefon: 089/915192

Stümpfler Hermann Dr., Bayerns Chef-Ankläger, Generalstaatsanwalt des Bayerischen Obersten Landesgerichts, geboren in Eichstätt, 2. August 1917, verheiratet. Seit 1. Dezember 1974 Generalstaatsanwalt. Adresse: Schleißheimer Str. 139, 8 München 35, Telefon: 089/38671

Hermann Stümpfler

Styler Herbert G., ehemaliger königlicher Thai-Generalkonsul, Präsident der Uninco, geboren in Leipzig, 15. August 1908, verheiratet in erster Ehe (3. 7. 35) mit Ida Helena Freifrau von Creytz-Altenburg-Wynham (gestorben: 23. Januar 1957) danach Ehe mit Frau Ysabel Tas, Tochter des Amsterdamer Diamantenkonigs (gestorben Juni 1971), geschäftsführender Gesellschafter der Firmen Styler GmbH und Globe-Commerce GmbH+Co., Finanz-Consult KG; 1937: Konsul des ehemaligen Königreichs Albanien (König Achmed Zogu I), 1939 Konsul von Paraguay, von 1941–62 General-

Herbert G. Styler

konsul des Königreichs Thailand. Freizeit: künstlerische und wissenschaftliche Arbeiten. Bevorzugtes Lokal: „Walterspiel", „Boettner". Adresse: Schackstr. 1, 8 München 22, Telefon: 089/341979

Sühler Gustav, Präsident, Senator, Landwirt, geboren in Lindau/Oberfranken, 17. März 1922, verheiratet. Arbeitet selbst gern noch auf dem eigenen landwirtschaftli-

Gustav Sühler

chen Betrieb. Lieblingslokal: „Altdeutsche Bierstube", Kulmbach; Leibspeise: Blaugesottene Bratwürste; Getränk: „Mönchshof-Pils"; Schneider: Georg Schröder, Drossenfeld, fährt BMW 525. Adresse: 8481 Waldau 12, Post Neudrossenfeld, Telefon: 09651/598166

Summer Donna, internationaler Plattenstar, geboren in Boston, 31. Dezember, geschieden von Helmut Sommer, danach ist sie mit Maler Peter Mühldorfer und später mit Michael Christian Duerr zusammen. Karriere: Meldet sich in den 60er Jahren auf eine Suchaktion der Münchner Abendzeitung, bei der Produzent Werner Schmid („Goldener Schuß") das Ensemble für das Musical „Hair" (Deutsche Erstaufführung) zusammenstellt; sie ist damals mit dem farbigen Sänger Ronnie Williams befreundet, ihrem Partner auf der Bühne; mit dem Münchner Komponisten und Platten-Produzenten Giorgio Moroder („Oscar" für seine Filmmusik „Midnight-Express" 1979) macht sie den Liebes-Song „Love to love you Baby" (im „Music-Land"-Studio im Münchner Arabellahaus), der sich millionenfach auf der ganzen Welt verkauft; sie siedelt von München nach Los Angeles um, auch die nächsten Lieder werden Hits: „I feel Love"; im US-Kinohit „The Deep" singt sie die Filmmusik, tritt gelegentlich auch bei Superpartys, wie z. B. bei Warenhaus-Tycoon Helmut Horten für 30000 Dollar (45 Minuten lang) auf; August 1979; „Hot Stuff" die Nummer 1 in den „Top 50" der USA und „Bad Girls", Nummer 2. Adresse: 8255 Sunset Boulevard, Los Angeles, Casablanca Records Telefon: 0012 13 65/0 83 00

Donna Summer

Süßmeier Richard, Gastwirt („Zum Spöckmeier"), Oktoberfestwirt („Armbrustschützenzelt"), Sprecher der Wies'n-Wirte, geboren in München, 22. August 1930, verheiratet (seit 11. 1. 1962), besitzt das Ausflugslokal „Forsthaus Wörnbrunn" am Stadtrand von München, das er von Sepp Adam gekauft hat. Freizeit: Waldlauf, Tennis, Schwammerlsuchen (je nach Jahreszeit); Leibgericht: gebratenes Wammerl, Käse;

Richard Süßmeier

Getränk: trockener Weißwein; Garderobe: Haider-Schneider, Traunstein; fährt Mercedes 280S. Adresse: Rosenstr. 9, 8 München 2, Telefon: 089/268088

Symo Margit, Schauspielerin („Ufa") geboren in Budapest, 13. September, geschieden von Willy Mattes, 2 Töchter, Eva und Maria; lebte sieben Jahre in Schweden. Freizeit: Tanzen, Malen, Handarbeit; Leibgericht: Steak (englisch), Meeresfrüchte; Getränk: „früher Sekt, jetzt nur noch Mineralwasser"; Privatauto: Fiat. Adresse: Kolbergstr. 13, 8 München 80, Telefon: 089/981576

Margit Symo

T

Tannstein Kurt von, Präsident der Kanzlei und Verwaltung Seiner Königlichen Hoheit Herzog Albrecht von Bayern (Nachfolger von Graf Spreti), geboren in Bayreuth, 3. August 1907, verheiratet mit Frau Charlotte Freiin von Ellrichshausen, zwei Kinder. Laufbahn: Studium in München, fünf Jahre Anwalt in München (1933–38), dann Auswärtiger Dienst, zuerst Vatikan-Botschaft in Rom, 1950–52 Presse- und Informationsamt in Bonn, bis 1956 Botschaftsrat in Mexiko, bis 1963 Botschaftsrat in Rom, später Botschafter in Tunesien (1963–69) und Mexiko (1960–71); 1974–78 Präsidial-Büro der Max-Planck-Gesellschaft, seit 1979 Präsident der herzoglich-wittelsbachischen Verwaltung; Freizeit: Skilaufen. Adresse: Schloßverwaltung Schloß Nymphenburg, 8 München 19, Telefon: 089/170078

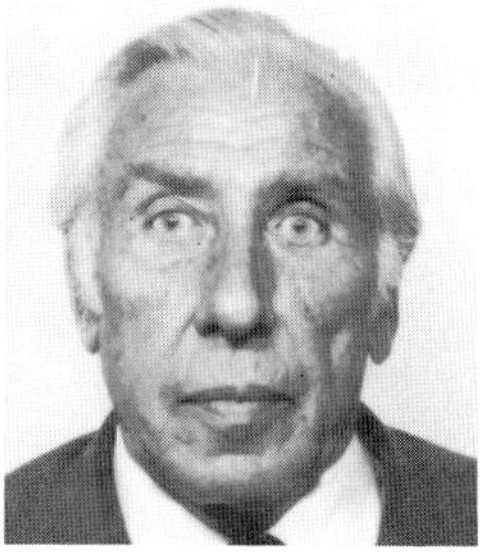

Kurt von Tannstein

Tandler Gerold, Innenminister, Hotelbesitzer („Gasthof zur Post" in Altötting), geboren in Reichenberg/Sudetenland, 12. August 1936, verheiratet mit Gabriele Hiermeier, zwei Töchter, Maria Gabriela und Franziska. Will erst Dentist werden, wechselt ins Bankfach; 1954–56 Lehre bei der Bayer. Vereinsbank; 1962 Leiter der Zweigstelle Altötting; 1969: Zweigstellen-Direktor; seit 1956 bei der CSU; 1966 Kreisrat in Altötting; 1970 Bayerischer Landtag, 1971: CSU-Generalsekretär (als Nachfolger von Streibl), erweist sich als glänzender Organisator des Parteiapparates; 1978: im Kabinett Strauß Innenminister (als Nachfolger von Dr. Seidl). Adresse: Staatsministerium des Innern, Odeonsplatz 3, Telefon: 089/21921

Gerold Tandler

Tappert Horst, Schauspieler, Regisseur, Fernsehstar mit der Krimi-Serie „Derrick", geboren in Elberfeld, 26. Mai 1923, verheiratet, drei Kinder, Karin, Ralph, Gary. Wichtigstes Ereignis: bekommt 1945 als gelernter Export-Import-Kaufmann den ersten Vertrag als Schauspieler. Theater, Fernsehen, Filme: „Physiker", „In Sachen J. Robert Oppenheimer", „Ein lückenloses Alibi", „Heißer Sand auf Sylt", „Jimmy ging zum Regenbogen", „Gentlemen bitten zur Kasse". Hobby: „mein Boxerhund"; Lieblingslokal: „Boettner"; Leibgericht: Erbsensuppe mit Hummer; Getränk: Bier; Schneider: Sawosin + Schiebl; Privatauto: Chevrolet Impala Coupe. Adresse: Geigerstr. 21, 8032 Gräfelfing, Telefon: 089/855483

Horst Tappert

Tewes Ernst, Weihbischof der Erzdiözese München und Freising, Titularbischof von Villamagna die Proconsolare (3.7.1968), Doktor der Theologie h. c., geboren in Essen, 4. Dezember 1908. Priesterweihe 16.2.1934, zum Canonicus-Coadjutor ernannt

Ernst Tewes

1.1.1966, im Dom zu München konsekriert 14.9.1968, zum Domkapitular aufgeschworen 26.10.1972, zum Dompropst ernannt 24.12.1972 und aufgeschworen 29.12.1972, Regionalbischof der Seelsorgsregion München. Adresse: Frauenplatz 15, 8 München 2, Telefon: 089/2137363

Theurich Gerd, Kino-Ketten-König, geboren in Dresden, 8. Februar 1914, verheiratet mit Frau Friedel, Sohn Rayner. Nach kurzem Studium (Wirtschaftswissenschaft) gleich in die Kino-Branche (1947) in Kassel; seit 1953 Georg Reiss-Betriebe mit 56 Filmtheatern in ganz Deutschland (die größten Häuser sind das Münchner

Gerd Theurich

„Mathäser"-Filmcenter und das „Kaskade" in Kassel), ein Auto-Kino auf der Hannover-Messe; Gründungsmitglied des Erstaufführer-Kreises, Mitglied der Projekt-Kommission der Filmförderungsanstalt, Beiratsmitglied der Münchner Filmfestivals und Jury-Member des bayerischen Filmpreises; Auszeichnung: Stadt-Medaille von Kassel; Freizeit: Lesen, Schach, Schwimmen; Leibspeise: Sauerbraten mit Knödel, Rote Grütze; Lieblingsgetränk: Wein (Rhein-Hessen); fährt BMW. Adresse: Königsplatz 53, 3500 Kassel, Telefon: 0561/77086

Thiele Rolf, Regisseur, Autor und Produzent, geboren in Redlice/Böhmen, 7. März 1918, verheiratet mit Frau

Rolf Thiele

Barbara (Psychologin). Karriere: Studiert in Prag, Berlin und Göttingen Soziologie und Philosophie; Filmdebüt in Göttingen (zunächst als Produktionsleiter), wo er mit Hans Abich die Filmaufbau GmbH gründet; beginnt 1951 mit eigener Regie-Arbeit (liebt Nackedeis und Zeitkritik): „Primanerinnen", „Der Tag vor der Hochzeit", „Geliebtes Leben", „Sie", „Mamitschka" (auch Drehbuch), „Die Barrings" (1955), „El Hakim" (1957), „Die Halbzeit" mit Romy Schneider, „Das Mädchen Rosemarie" mit Nadja Tiller (1958), „Labyrinth" (1959), „Der liebe Augustin", „Auf Engel schießt man nicht", „Lulu", „Das schwarzweißrote Himmelbett" (1962), „Moral", „Tonio Kröger", „Wälsungenblut", „Die Hessen", „Grieche sucht Griechin" (1966), „Der Lügner und die Nonne", „Komm nur mein liebstes Vögelein", „Grimms Märchen von lüsternen Pärchen", „Venusberg", „Rosemaries Tochter" (1976), „Undine" und „Frauenstation"; 1977 Produzent des 11 Millionen-Mark-Films „Schöner Gigolo, armer Gigolo" (Regie: David Hemmings) mit Marlene Dietrich, Sydne Rome und David Bowie; Auszeichnung: Internationaler Festspielpreis in Mar Del Plata (Argentinien) für „Das Mädchen Rosemarie" (1959), Ernst Lubitsch-Preis (1963). Adresse: Agentur Jäger, Postfach 1328, 8130 Starnberg/See, Telefon: 08151/8766

Thieme Wolf, Chefredakteur des deutschen Herrenmagazins „Playboy", geboren in Bad Dürrenberg, 2. Mai 1937, verheiratet. Laufbahn: Handelsschule in Berlin, Journalist bei „Filmblätter", „Freundin", „Bild", Abteilungsleiter bei „Quick", stellvertretender Chefredakteur von „Funk-Uhr", dann stellvertretender Chefredakteur, und später Chefredakteur des „Playboy". Freizeit: Kinos und Restaurants; bevorzugte Lokale: „Bistro Terrine", „Harry's New York Bar"; Leibgericht: Kohlrouladen, Pilze, Mittel-

Wolf Thieme

meerfische; Lieblingsgetränk: Guinness-Bier. Adresse: Augustenstr. 10, 8 München 2, Telefon: 089/59971

Thoma Alfons Dr., Bundesbahn-Präsident, geboren in München, 13. März 1917, verheiratet. Technische Hochschule (Bauingenieur-Wesen), promoviert 1956 an der Techn. Hochschule Darmstadt zum Dr. Ing., wissenschaftlicher Mitarbeiter beim Bundesbahnbetriebsamt Darmstadt I, beim Bundesbahn-Zentralamt

Alfons Thoma

München; 1963 Leiter des Betriebsamtes Kempten; 1966: in Bonn und seit 1. März 1977 in München Bundesbahn-Präsident; Hobby: Zeichnen, Wandern; Leibgericht: Pfannkuchensuppe; Lieblingsgetränk: Bier; Privatwagen: Audi 100. Adresse: Richelstr. 3, 8 München 19, Telefon: 089/1281

Thoma Gustl, (bürgerl. G. Walch) geboren am 11. Dezember 1933 in München. Verheiratet mit Barbarina, Tochter des Komponisten Gerhard Winkler. 3 Söhne, Karl (1961), Frank (1965), Steffen (1967). Von Fachleuten und der Presse als

Gustl Thoma

„Bayerischer Jodler-Kaiser" bezeichnet (Schallplatten, Rundfunk, Fernsehen, Tourneen und Auftritte im In- und Ausland) Buch: „Die Kunst des Jodelns – Alpenländische Jodelschule". Schulische und praktische Ausbildung zum Großhandels- und Industrie-Kaufmann, darüber hinaus 5-jähriges Gesangsstudium bei Max Krauss als Baß-Bariton für klassische Musik. Damit ist er so ziemlich der einzige Sänger, der eine ausgebildete Singstimme mit einer virtuosen Jodeltechnik verbinden kann. (Fred Rauch bezeichnet ihn als den weltbesten Interpreten des Erzherzog-Johann-Jodlers und des Kukkucks-Jodlers). Chef der Firma Bavaria-Geschenke, die sich weltweit mit dem Versand und Großhandel speziell bayerischer Geschenk- und Werbeartikel befaßt. In diesem Rahmen auch speziell die Belieferung von Firmen, Hotels, Kongreß-Veranstaltungen und Tagungen, sowie deren kompl. Ausrichtung. Sport: Segeln, Ski, Radfahren. Hobby: Filmen, fotografieren, Reisen und Musik; Leibspeisen: Sauerbraten, Hasenrücken, Bif'lamode, Schwammerl in Rahmsoße, Wammerl mit Sauerkraut und Knödel. Auto: Peugeot 604; Lokale: bei Milan, Restaurant im Hotel Leopold, Passatore; Garderobe: Scherer am Platzl und Lodenfrey; Getränke: Tee, Wein, Grapefruitsaft. Adresse: Dachauerstr. 187, 8000 München 19, Tel.: 089/155055

Thun Friedrich Graf von, Schauspieler, Regisseur, geboren in Kwassitz/Böhmen, 30. Juni 1942, verheiratet (seit 1970) mit Frau Yella, zwei Kinder, Givia (1974) und Maximilian (1977). Laufbahn: 1962 Regie-Assistent beim Bayer. Fernsehen, gleichzeitig Schauspieler an den Kammerspielen, Tourneen; Spielfilme: „OK", „Fromme Helene", „Tante Frieda"; Fernsehen:

Friedrich Graf von Thun

„Kameliendame", „Bier + Spiele" (Serie), „Zeit zum Aufstehen", „Sonntagskinder" (Regie: Michael Verhoeven); Dokumentationen für das Fernsehen über Tinbuktu, Laos, Marokko, Mexiko und Guatemala; Freizeit: bewohnt einen ausgebauten Burgturm, Tennis, Skilaufen, Schlauchbootfahren, Fußwandern; ist großer Feinschmecker, liebt Bordeaux-Weine (rot) und grüne Veltliner. Adresse: Bauerstr. 8, 8 München 40, Telefon: 089/3784 62

Johannes von Thurn und Taxis

Thurn und Taxis Erbprinz, Johannes Baptista je Jesus Maria Louis Miguel Friedrich Bonifazius Lamoral, geboren auf Schloß Höfling bei Regensburg, 5. Juli 1926, verheiratet (seit 1980) mit Gräfin Gloria von Schönburg-Glauchau, Alleininhaber des gesamten Thurn und Taxis Haus- und Stamm-Vermögens (Generalbevollmächtigter: Hermann Memmer, Europas größter Boden-Eigner mit 32000 Hektar Grund (sind 320 Quadratkilometer, was etwa der Fläche Münchens entspricht), Herr über 4500 Mitarbeiter, lebt auf Schloß Emmeram in Regensburg (500 Zimmer, 9800 Quadratmeter Parkett-Fußboden, 4800 Uhren und Privat-Bibliothek von 225000 Büchern), auf Schloß Garatshausen am Starnberger See, und hat eine Stadtwohnung in Schwabing; zu seiner „Generalverwaltung" (Jahresumsatz: 500 Millionen Mark) gehören 8 Schlösser, 11 Güter, 10 Forstämter, 5 Bankhäuser, 6 Brauereien, 8 gewerbliche Betriebe (vornehmlich der Metall- und Schmuckwarenbranche), eine 60000 Hektar-Farm in der brasilianischen Provinz Mato Grosso und 6000 Hektar Waldbesitz in Kanada; Ehrenmitglied des Souveränen Malteserordens; fährt einen Mercedes 600 und Opel Diplomat, besitzt eine Zwei-Mast-Segelyacht an der Cote d' Azur, fährt gern Wasserski und beherrscht Karate (schwarzer Gürtel). Adresse: Emmeramsplatz 5, 8400 Regensburg, Telefon: 0941/51041

Thyssen Bodo Dr., aus der Dynastie von Westdeutschlands drittgrößter Stahlgesellschaft, Großneffe des Konzerngründers August Thyssen, Vetter von Baron Heini von Thyssen-Bornemisza, ehemaliger Besitzer der 36-Millionen-Mark-Thyssen-Klinik bei Prien am Chiemsee und Gesellschafter der Sloman-Privat-Bank, geboren in Essen, 9. August 1918, verheiratet mit Frauenärztin Beatrice Freiin von Riedel; Hochzeit auf Schloß Blühbach (1973), das Krupp-Erbe Arndt von Bohlen und Halbach zur Verfügung stellt. Adresse: Möhlstr. 9, 8 München 80, Telefon: 089/472739

Bodo Thyssen

Toerring-Jettenbach Hans Veit Kaspar Nikolaus Graf zu, geboren in München, 11. Januar 1935, verheiratet mit Henriette Prinzessin zu Hohenlohe-Bartenstein (Geburtstag 23. August), 3 Kinder, Ignatius, Clarissa, Carl Theodor; seine Frau wächst auf Schloß Bartenstein auf (beide kennen sich acht Jahre, ehe sie 1964 heiraten). Laufbahn: absolviert in Ettal das Gymnasium, studiert in Weihenstephan die Braukunst, dann Banklehre. (Besaß früher die Uher-Werke); das Toerring'sche Imperium besteht aus: 7 Gutsbetrieben (u. a. in Englmannberg b. Ingolstadt, in Jettenbach am Inn, in Gutenzell/Württemberg mit 1000 Hektar Ackerfläche), eine Schweinezucht (6000 Stück), 4000 Hektar Forst und zwei Brauereien (Ausstoß: 250000 Hektoliter), 100 Wohnungen in Bogenhausen. Lebt auf Schloß Höring bei Mühldorf und seiner Villa im Herzogpark (gibt dort exklusive Einladungen zum Abendessen); Freizeit: Jagd; Lieblingslokale: „Osteria", „Tivoli", „Trader Vic's", „Galeria", „Romana Antica", „Käfer's Schänke" (liebt vor allem italienische Kost); fährt Mercedes, seine Frau BMW. Adresse: Cuvilliésstr. 8, 8 München 80, Telefon: 089/985882

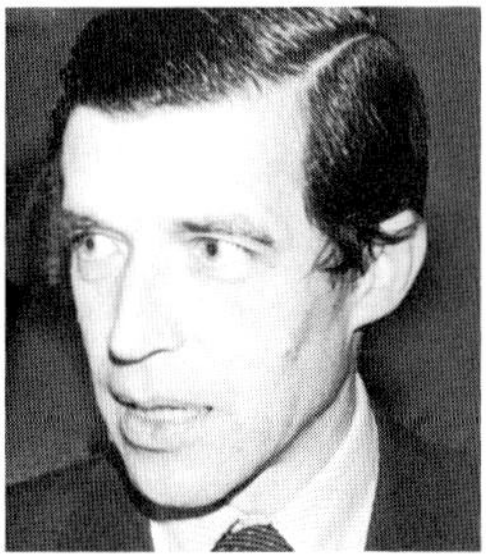

Graf zu Toerring-Jettenbach

Toerring-Jettenbach Henriette („Etti"), Gräfin zu, geborene Prinzessin zu Hohenlohe-Bartenstein, geboren in Bartensein, 23. August (Familie s. Ehemann Graf Hans Veit zu Toerring-Jettenbach). Arbeitet als Bewährungshelferin (Drogen); ist eine exzellente Gastgeberin, berühmt sind ihre Dinners in Bogenhausen

Gräfin zu Toerring-Jettenbach

oder auf Schloß Höring; Feinschmeckerin (bevorzugt Krebse); fährt Mercedes und BMW. Adresse: Cuvilliésstr. 8, 8 München 80, Telefon: 089/985882

Tornau Gisela „Gil", Münchens „Jil Sander"-Entdekkerin, Mode-Expertin, geboren in Hirschegg/Kleinwalsertal, 2. August, Junggesellin mit fester Bindung (Fabrikant

Gisela Tornau

Martin Stocker). Laufbahn: Trachtenschneider-Lehre in Oberstdorf; seit 1965 in München; fünf Jahre „Gil Sander"-Boutique; Freizeit: Kochen, Skilaufen, Rasenmähen; Lieblingslokal: „Grüne Gans", „Galleria"; Leibspeise: Tafelspitz; Garderobe: „Jil Sander", „Yves St. Laurent", „Emmanuelle Khanh"; Auto: Golf. Adresse: Löfflerstr. 4, 8 München 50, Telefon: 089/125530

Tremper Will, Autor, Chefredakteur, Regisseur, Drehbuch-Autor, geboren in Braubach/Rhein, 19. September 1928, verheiratet mit Frau Celia Zentner, vier Kinder: Tina, Philip, Timothy, Terence. Karriere: Stern-Report „Deutschland deine Sternchen", Star-Entdecker (Horst-Buchholz, Eva Renzi,

Will Tremper

Karin Baal, Barbara Benton), Filme: „Die Halbstarken", „Verspätung in Marienborn", „Sperrbezirk", „Playgirl"; Auszeichnungen: Bundesfilmpreis in Gold und Silber („Flucht nach Berlin", „Endlose Nacht"), 2 Bambis (gold). Freizeit: Lesen; Lieblingslokal: „Franziskaner", „La Cave", „Boettner"; Leibgericht: Fleischpflanzl mit Kartoffelpüree, grüner Salat; Garderobe: Lotz und Leusmann; Privatauto: Mercedes. Adresse: Pixisstr. 8, 8 München 80, Tel. 089/986040

Trenker Luis, Bergfex, Regisseur, Schriftsteller, TV-Star (als Alleinunterhalter), Architekt, geboren in St. Ulrich/Südtirol, 4. Oktober 1892, verheiratet mit Hilda Bleichert, Kinder: Florian, Ferdinand, Barbara, Josef. Archi-

Luis Trenker

tektur-Studium, danach zwei Jahre bei Arch. Prof. Clemens Holzmeister in Bozen tätig, nebenher Bergführer und Skilehrer; interessiert sich für Film und will den Atelierfilm durch Freilichtfilm ersetzen, den „Film ohne Schminke", übernimmt in Filmen von Dr. Arnold Fanck z. B. „Berg des Schicksals" und „Der heilige Berg" Hauptrollen; ist Spielleiter, Drehbuchautor; gründet 1926 „Luis-Trenker-Film-Gesellschaft"; Stummfilme (1926–28): „Der Kampf ums Matterhorn", „Die heiligen drei Brunnen", „Der Ruf des Norden"; Tonfilme (1929–39): „Der Sohn der weißen Berge", „Berge in Flammen", „Der verlorene Sohn", „Der Berg ruft" u. v. a.; wird 1940 für den deutschen Film kaltgestellt und lebt in Südtirol; dreht

1942 den Jubiläumsfilm des Papstes „Pastor Angelicus“; 1946 drei Kulturfilme über Venedig; Nachkriegsfilme (50–62): „Duell in den Bergen“, „Schicksal am Matterhorn“, „Wetterleuchten um Maria“ u. a. Kulturfilme „Der König der Berge“, „Frühling in Südtirol“, „Pulverschnee und Seilbahn“, „Zwei Wege ein Gipfel“; Fernsehen: ARD-Sendung „Luis Trenker erzählt“; 19 Sendungen „Alles gutgegangen“, 33 Sendungen für Jugend- und Filmprogramm „Erzählungen“; 1973: Bergserie im ZDF; Bücher: „Kameraden der Berge“, „Schicksal am Matterhorn“, „Berge in Flammen“, „Sohn ohne Heimat“, „Heimat aus Gottes Hand“, „Vom Glück eines langen Lebens“; Auszeichnungen: Ehrenbürger von St. Ulrich (1962), Ehrenmitglied des Bergführervereins Zermatt (1956), Komturkreuz für Verdienste um die italienische Republik (1966). Adresse: Ottostraße 9, 8 München 2, Telefon: 089/554826

Tretter Josef, Schuh-König (betreibt elf Spezialgeschäfte „Tretter“, „Thomas“ in München), geboren in Rodalben/Pfalz, 21. Oktober 1909, verheiratet mit Frau Anny, zwei Kinder, Thomas (1953) und Ulla (1952); Freizeit:

Josef Tretter

Tennis, Skilaufen; Leibspeise: Steak, trinkt Bier und kleidet sich bei Hirmer, Konen, Loden-Frey und Weller ein; fährt Mercedes. Adresse: Ridlerstr. 15, 8 München 2, Telefon: 089/506071

Tretter Thomas, Juniorchef der „Tretter“ und „Thomas“-Schuh- und Accessoires-Geschäfte in München (1979: Eröffnung des „Thomas“-Hauses beim Theatiner-Boulevard (800 Quadratmeter, 2000 verschiedene Artikel), geboren in München,

Thomas Tretter

30. Oktober 1953; Abitur, Banklehre, Volontär in einer Schuhfabrik in Niederbayern, dann bei Prange Düsseldorf und Magli Rom; Freizeit: Segeln; Leibspeise: italienische Küche; fährt silbergrauen Porsche. Adresse: Ridlerstr. 15, 8 München 2, Telefon: 089/506071

Trooger Margot, Schauspielerin, geboren in Thüringen, 2. Juni, geschieden von Bühnenbildner Jörg Zimmermann. Karriere: Deutsches Schauspielhaus Hamburg, Städt. Bühne Berlin, Residenztheater und Kammerspiele München, Schauspielhaus Zürich, Ruhr-Festspiele Recklinghausen. Bühnenrollen: Emilia Galotti, Gretchen, Minna von Barnhelm. Filme:

Margot Trooger

„Lockende Sterne“, „Wenn abends die Heide träumt“, „Der Hexer“, „Heidi“, „Nur tote Zeugen schweigen“. Fernsehen: „Johanna auf dem Scheiterhaufen“, „Die Bernauerin“, „Nachtasyl“. Auszeichnung: 1961 Goldener Bildschirm; Freizeit: systematisches Studium von Psychologie und Naturheilkunde; Leibgericht: Peking-Ente in Orangen, „Fasan a la Margot“; Getränk: Weißbier; Garderobe: Salon Gisela; Privatauto: BMW V 8 und VW. Adresse: Mauerberger Str. 46, 8261 Mauerberg/Obb., Telefon: 08634/557

Trooger Sabina, Schauspielerin, geboren in München, Geburtstag 10. April, Junggesellin. 1975 Premiere ihrer ersten Bühnenrolle, „Anne Frank“ an den Hamburger Kammer-

Sabina Trooger

spielen. Freizeit: Lesen, Musik, Tanzen; bevorzugte Lokale: „Sugar Shack", „Waikiki"; Leibgericht: „Nouvelle cuisine", Steaks; Lieblingsdrink: Pina Collada"; Privatauto: VW 1200. Adresse: Ungererstr. 58, 8 München 40, Telefon: 089/3615791

Tympner Klaus-Dieter Prof. Dr. med., Chefarzt des Krankenhauses Harlaching, geboren in Plauen/Vogtland,

Klaus-Dieter Tympner

26. April 1936, verheiratet, vier Kinder. Freizeit: Fotografie, Botanik, Wassersport; bevorzugtes Lokal: „Königshof"; Leibgericht: Sauerbraten; Getränk: Milch; Privatwagen: Ford. Adresse: Sanatoriumsplatz 2, 8 München 90, Telefon: 089/750588

U

Ücker Bernhard, Radio-Kommentator („Bayerischer Rundfunk“), Redakteur, Schriftsteller, geboren in

Bernhard Ücker

München, 29. Mai 1921, verheiratet (seit 1950) mit Frau Irmelin. Freizeit: Radfahren, Wandern, Fotografieren; bevorzugt die „ganze bayerische Küche“, trinkt Bier und Frankenwein; Privatauto: Alfa Romeo GTV 2000. Adresse: Arcisstr. 52, 8 München 40, Telefon: 089/2722806

Ufer Steffen, Rechtsanwalt, geboren in Chemnitz, 28. Oktober 1940, verheiratet (seit 1971) mit Frau Helga, zwei Kinder, Florian und Sandra. Laufbahn: Luitpold-Gymnasium und Jura-Studium in München; ein Jahr Studien-Aufenthalt in Iowa/USA; dann Referendar in München und im Europarat, Straßburg; 1966: Eintritt in die Kanzlei Bossi; seit 1. 1. 1970: Partner (Bossi, Widmaier); 1979: Zusammen mit Rolf Bossi Verteidiger des Haupt-

Steffen Ufer

angeklagten Dieter Zlof im spektakulären Oetker-Prozeß. Adresse: Sophienstr. 3, 8 München 2, Telefon: 089/558251

Uhl Fritz, Kammersänger, Opernsänger (Helden-Tenor), geboren in Wien, 2. April 1928, verheiratet mit Erika Stari, Vater eines Sohnes Michael. März 1956 Engagement an die Bayerische Staatsoper; Freizeit: Lesen, Plattensammeln; Lieblingslokal: „Haxnbauer“, „Mandarin“; Leibgericht: Linsen mit Leberkäs und Knödel; Getränk: Pilse-

Fritz Uhl

ner Bier; Garderobe: Hirmer; Privatauto: Mercedes 280 CE. Adresse: Lindauer Str. 9, 8 München 83

Uhlen Gisela (bürgerlich Gisela Friedlinde Schreck), UFA-Star, Schauspielerin, geboren in Leipzig, 16. Mai, sechs Ehen u. a. mit Schauspieler Wolfgang Kieling (Tochter Susanne) und mit Tontechniker Beat Hodel (Ehe dauerte nur 57 Tage). Karriere: mit 15 Jahren an der Mary Wigman-Schule, kleine Rollen am Leipziger Theater, privater Schauspielunterricht bei Lilly Ackermann, Berlin, Debüt in Bochum als jugendliche Naive; Filme: „Annemarie“, „Mann für Mann“, „Liebelei und Liebe“, „Morgen werde ich verhaftet“, „Ohm Krüger“, „Tanz auf

Gisela Uhlen

dem Vulkan“, „Die Zaubergeige“, „Der stumme Gast“ – nach Kriegsende: „Die große Liebe“, „Der fallende Stern“, „Türme des Schweigens“, „Mit 17 weint man nicht“, „Die Tür mit den sieben Schlössern“; Fernsehen: „Der Gärtner von Toulous“, „Aufstand der Gehorsamen“, „Der schweigende Mund“, „Kleine Füchse“, unter Ingmar Bergman „Tartuffe“ (Residenztheater 1979), „Die Ehe der Maria Braun“ (Regie: Faßbinder). Adresse: Agentur Jäger, Postfach 1328, 8130 Starnberg/See, Telefon: 08151/8766

Uhlen Susanne, Schauspielerin, Tochter von Wolfgang Kieling und Gisela Uhlen, geboren in Potsdam, 17. Januar. Karriere: Absolviert Tanz-

Susanne Uhlen

ausbildung an der Berliner-Ballett-Schule Tatjana Gsovsky (Schauspiel-Unterricht nahm sie nie); als 16jährige sorgt sie mit ihrer Hochzeit im schottischen Heiratsparadies Gretna Green mit Student Jör Christian Knötig für Aufsehen (Ehe wird 1972 für ungültig erklärt); hat einen Sohn, Florian, mit Kameramann Charly Steinberger. Filme: „Der Mörder mit dem Seidenschal", „Wenn süß das Mondlicht auf den Hügeln schläft", „Engel, die sich die Flügel verbrennen", „Birdie", „Ein Mädchen aus zweiter Hand", „Bis zur bitteren Neige", „Das Netz"; Fernsehen: „Der Fall Angelika Kartz", „Eine aufregende kleine Frau", „Stella", „Bel Ami", „Stadt im Tal", „Der Kommissar", „Derrick", „Der Alte"; Auszeichnung: Bambi 1976. Adresse: Agentur Baumbauer, Keplerstr. 2, 8 München 80, Telefon: 089/ 478577

Ullrich Luise, Schauspielerin, geboren in Wien, 31. Oktober, verheiratet seit 1942 mit Wulf-Dieter Graf zu Castell-Rüdenhausen, 2 Töchter, Gabriele und Michaela. Besucht höhere Schule und Akademie für Darstellende Kunst in Wien. Karriere: Volkstheater Wien, Staatstheater Berlin und München; Filme: „Liebelei", „Leise flehen meine Lieder", „Schatten der Vergangenheit", „Nora", „Ich weiß wofür ich lebe", „Ist Mama nicht fabelhaft?", „Um Thron und Liebe"; Fernsehen: „Acht Stunden sind kein Tag" (Regie: Rainer Werner Fassbinder); 1978: in „Gigi" am Gärtnerplatztheater; Auszeichnung: 1963 Bambi (gold). Wichtigstes Ereignis: ein Jahr in Südamerika; Autorin des Buches „Komm auf die Schaukel, Luise" (Verlag R. S. Schulz); Freizeit: Garten,

Luise Ullrich

Schwimmen, Tennis, Skilaufen; Leibgericht: Backhendl mit Petersil-Kartoffeln und Gurkensalat; Getränk: Bier; Garderobe: Salon Gisela; Privatauto: Toyota. Adresse: Hugo-Junker-Str. 6, 8022 Grünwald, Telefon: 089/ 649632

Ungeheuer Günther, Schauspieler, geboren in Köln, 15. Dezember 1925, verheiratet. Karriere: Schauspielschule in Köln, acht Jahre Heinz Hilpert Deutsches Theater Göttingen; Filme: „Hunde wollt ihr ewig leben", „Drillinge an Bord", „Diamantenbillard", TV: „Dem Täter auf der Spur", „Harry Bent" (Durbridge), „Anarchisten". Hobby: Wassersport, Schießen, sammelt alte Waffen; bevorzugte Lokale: „Old Frankie", „Alter Simpl", „Chesa Ruegg"; Leibgericht: Rheini-

Günther Ungeheuer

scher Sauerbraten, Seezunge; Getränk: Wein; Schneider: Pierre Cardin; Privatauto: Ford, Mercedes. Adresse: Destouchestr. 57, 8 München 40, Telefon: 089/3002080

Ungewitter Inge, Malerin (Spezialität: Pferde), geboren in München, 14. Februar. Laufbahn: Studium der Malerei in München und Berlin; arbeitet für Zeitungen und Zeitschriften, macht Zeichentrickfilme; kommt vom Por-

Inge Ungewitter

trät her und spezialisiert sich dann auf Tiermalerei; Sammler ihrer Bilder: Josef Neckermann, Alwin Schockemöhle; liebt Hunde und Pferde; ist begeisterte Jagd- und Turnier-Reiterin; ißt gern Salat und Obst; bevorzugt Mineralwasser. Adresse: Grillparzerstraße 53, 8 München 80, Telefon: 089/4703739

Unützer Fritz sen., zusammen mit den Junioren Peter und Fritz Chef der exklusiven Modehäuser „Unützer Sportmoden", „English House", „Das Bogner Haus", geboren in Augsburg, 27. Mai 1914, verheiratet; Cousin des Sportmodefabrikanten Willy Bogner sen. Erst Tennislehrer-Laufbahn, dann Sportgeschäftsausbildung; kurzfristig Übernahme einer Bogner-Filiale in St. Anton; nach dem Krieg Geschäftstart in einer Baracke (heutiger BMW-Pavillon beim Stachus); Wechsel in die Maximilianstraße in den 50er Jahren; 1969 gründen die Söhne Peter und Fritz das „English House" in der Maximilianstraße und eröffnen 1979 vis a vis der Oper „Das Bogner Haus". Freizeit: spielt Tennis, Pferde (besitzt einen Reitstall mit 60 Pferden am Nordrand von München). Adresse: Maximilianstr. 23, 8 München 22, Telefon: 089/220049

Fritz Unützer

V

Valaitis Lena, Sängerin, geboren in Memel, 7. September, verheiratet in erster Ehe mit

Lena Valaitis

Robert Wiedmann (sein Sohn Marco), in zweiter Ehe mit Kabarettist Horst Jüssen (seit 1979). Lieder „Ein schöner Tag", „Da kommt Josè der Straßenmusikant", „So wie ein Regenbogen", „Ob es so oder so oder anders kommt", „Wer gibt mir den Himmel zurück"; Hobby: Faulenzen, Fahrradfahren, Gartenarbeit; liebt italienische Küche; fährt VW-Cabrio. Adresse: Ariola, Steinhauser Str. 3, 8 München 80, Telefon: 089/41361

Valentin Barbara, Schauspielerin, geboren als Ursula Ledersteger in Wien, 15. Dezember. Karriere: Der Amerikaner John Harris entdeckt sie für den Film; 1959 Debüt: „Ein Toter hing im Netz"; macht im Bikini Furore bei den Filmfestspielen in Venedig; Industrie-Finanzier Münemann filmt sie am Lido; sie genießt nacheinander die Begleitung von Curd Jürgens, David Niven, Jordaniens König Hussein; in erster Ehe war sie mit dem Berliner Müll-Millionär Rolf Lüder, dann mit Anwalt Dr. Ernst Reichardt und seit 1977 mit Regisseur Helmut Dietl verheiratet, zwei Kinder, Lars und Nicola. Rainer Werner Fassbinder entdeckt sie als Charakterdarstellerin 1973 für seine Filme „Angst essen Seele auf", „Welt am Draht", „Nora", „Martha", „Effi Briest", und Fernsehstücke, zuletzt in „Berlin-Alexanderplatz" (1979); Lieblingslokal: „Bar" in Käfers Schänke, wo ihre Freundin Lys Lender arbeitet; liebt Hummer und Kaviar und trinkt gerne Champagner; fährt Mercedes 350 SLC.

Barbara Valentin

Adresse: Management Palz, Ortlindestr. 6/VII, 8 München 81, Telefon: 089/912019/10

Valerien Harry, Fernsehmoderator, geboren in München, 4. November 1923, verheiratet mit Frau Randi (Halbnorwegerin), zwei Töchter, Laila und Tanja. Laufbahn: Mechaniker (mit Gesellenprüfung); 1946: Münchner Journalistenschule (Mitschüler von Blasius" Sigi Sommer und Star-Kolumnistin „Sibylle"), zwei Jahre Zeitungsvolontariat; 1951 Funksprecher beim Bayerischen Rundfunk; 1952

Harry Valerien

berichtet er über die Olympischen Winterspiele in Oslo und spezialisiert sich auf Sport; seit 1962 einer der Hauptmoderatoren beim „Aktuellen Sportstudio"; großer Erfolg beim Publikum mit den TV-Serien „Hallo Max", „Sepp Herberger erzählt", „Helmut Schön"; macht mehrere Bücher über Olympische Spiele und Fußball-Weltmeisterschaften (im Südwestverlag); 1979 Bambi (als bester Sportreporter); Freizeit: Skilaufen, Radfahren, Golf, Windsurfen. Adresse: ZDF, Unterföhrung, ZDF-Straße 1, Telefon: 089/92151

Vâmos Youri (bürgerlich: Györdy Vamos), erster Tänzer der Bayer. Staatsoper und Choreograph, geboren in Budapest, 21. November 1946, verheiratet mit Gisela Bree

Youri Vâmos

(seit 1977). Solo-Tänzer an der Budapester Staatsoper und seit 1972 in München, Ballett-Star; Leibspeise: Steak; Lieblingsgetränk: Scotch Whisky; Garderobe: Italienische Anzüge („Harry's Men Shop"); fährt Peugeot 504 Cabrio. Adresse: Friedrichstr. 11, 8 München 40, Telefon: 089/348406.

Vandenberg Gerhard, Kameramann, geboren in Amsterdam, 10. März 1932, verheiratet mit Frau Claudia, in erster Ehe mit Sängerin Dunja Rajter. Filme: „Es", „Kukkucksjahre", „Jaider – der

Gerhard Vandenberg

einsame Jäger", „Traumstadt"; Auszeichnung: Bundesfilmpreis (1971/76), Adolf-Grimme-Preis (1967); Freizeit: Nichtstun; Lieblingslokal: „Osteria", „Canale Grande"; Leibgericht: Gegrillte Seezunge; Lieblingsgetränk: Trockener Weißwein (Italien); fährt ein original holländisches Fahrrad. Adresse: Tizianstr. 112, 8 München 19, Telefon: 089/175547

Vandenberg Philipp (bürgerlich: Klaus Hartel), Bestseller-Autor, geboren in Burghausen, 20. September 1941, wieder Junggeselle, ein Sohn. Beginnt 1973 über die ägyptischen Könige zu schreiben; „Der Fluch der Pharaonen"

Philipp Vandenberg

wird Bestseller und in 18 Sprachen übersetzt, auch seine weiteren Werke „Nofrete", „Echnaton und ihre Zeit", „Ramses der Große", „Der vergessene Pharao" „Auf den Spuren unserer Vergangenheit" werden Kassenschlager; neuestes Werk: „Geheimnis der Orakel" (Startauflage bei Bertelsmann von 100000 Stück); Hobby: sammelt alte Autos (Prachtstück der Oldie-Galerie: ein Rolls Royce Silver Cloud, Baujahr 1956). Adresse: 8151 Baiernrain bei Bad Tölz, Villa Vandenberg, Telefon: 08027/642

Veigel Werner, Kommunalreferent und Stadtrat (Bereich seines Amtes: Gemeindegebiet, Vertretung der Stadt im Bau- und Grundstückswesen, Schlacht-Viehhof, Veterinäramt, Milchamt, Großmarkthalle und Lebensmittelmärkte, Preisbehörde für Mieten und Pachten, Stadtreinigung, Holz- und Kohlehof, Kfz.-Kauf, Vermessungsamt), geboren in Bad Reichenhall, 31. Juli 1927, verheiratet mit Frau Ingeborg. Laufbahn: Justiz-Ausbildung, Rechtspfleger bei der Justizverwaltung (Landgericht Bayern und Arbeitsgericht München); nach fünfjähriger ehrenamtlicher Stadtratszugehörigkeit (u. a. stellvertr. Vorsitzender der SPD-Stadtratsfraktion), Koreferent des U-Bahn-Referats, im Jahre 1967 zum berufsmäßigen Stadtrat und Leiter des Kommunalreferats von München gewählt; Auszeichnungen: Medaille „München leuchtet" (1974), „Cavaliere Ufficiale" (1972); Freizeit: Skilaufen, Tennis, Fotografieren, Reisen (1979 wurde bei einer USA-Reise sein Wohnmobil in San Francisco ausge-

Werner Veigel

raubt) und Hund „Stopsi". Adresse: Roßmarkt 3, 8 München 2, Telefon: 089/268080

Verhoeven Michael Dr., Arzt, Autor, Produzent, Regisseur, Schauspieler, geboren in Berlin, 13. Juli 1938, verheiratet (seit 1966) mit Schauspielerin Senta Berger, Sohn Simon Vincent (1972). Karriere: Mit elf Jahren ist er Kinderstar in „Pünktchen und Anton" (Kleine Komödie München); erste Filmrolle in „Das fliegende Klassenzimmer" (1954), dann „Marianne", „Der Pauker" (1959); „Mit 17 weint man nicht" (1960); studiert in Tübingen, promoviert zum Dr. med., arbeitet als Arzt, dreht aber weiterhin Filme: „Das Haus in Montevideo", „Ludwig auf Freiersfüßen", „Jack und Jenny" (mit Senta Berger); Debüt als Filmregisseur (1968) „Paarungen" mit seinem Vater Paul Verhoeven (1901–75) in der

Michael Verhoeven

Hauptrolle, „Engelchen macht weiter – hoppe hoppe Reiter", „Der Bettelstudent", „O. K." mit Eva Mattes (1970), „Strandkörbe", „Wer im Glashaus liebt ..." (mit Senta Berger), „Ein unheimlich starker Abgang", „Mitgift", „Gefundenes Fressen" mit Heinz Rühmann und Mario Adorf (1977); Fernsehen: „Kommissar", „Rest des Lebens", „Das Männerquartett", „1982: Gutenbach"; Auszeichnungen: 3 Bundesfilmpreise (für „Paarungen" und „O. K."), Goldene Kamera; Freizeit: „Mein Beruf"; Leibgericht: Spaghetti á la vongole. Adresse: Robert-Koch-Str. 10, 8022 Grünwald, Telefon: 089/649126

Vernon Konstanze, Primaballerina, geboren in Berlin, 2. Januar (Vater: Musikschriftsteller Friedrich Herzfeldt), verheiratet mit Filmkaufmann Fred Hoffmann. Laufbahn: Schülerin von Tatjana Gsovsky, Berlin, Nora Kiss, London und Serge Peretti, Paris. Mit 15 kleine Solorollen an der Berliner Städtischen Oper, mit 17 Solotänzerin, Tourneen durch Europa, Japan, Südamerika; 1963 Solotänzerin an der Münchner Oper, arbeitet mit John Cranko, der ihre künstlerische Entwicklung beeinflußt; gründet 1978 die Heinz-Bosl-Stiftung; 1979: Tourneen durch Australien und Japan; Auszeichnung: Kunstpreis der Stadt Berlin (1957); liebt italienische und französische Küche; fährt Peugeot 504. Adresse: CS-Film, Gernotstr. 11, 8 München 40, Telefon: 089/306400

Konstanze Vernon

Vesely Herbert, Filmregisseur, geboren in Wien, 31. März 1931, geschieden von Schauspielerin Xenia Hagmann, jetzt Junggeselle. Filme: „Nicht mehr fliehen" (1955), „Das Brot der frühen Jahre" (1962) mit Vera Tschechowa, „Zone Null", „Porträt einer Pause", „Sie fanden ihren Weg", „Mode in der Stadt", „Deine Zärtlichkeiten" mit Doris Kunstmann und Bernhard Wicki, „Sternschnuppe" mit Monika Lundi; Fernsehen: „Ulla oder die Flucht in die schwarzen Wälder", „Depressionen" mit Doris Kunstmann, „Der kurze Brief zum langen Abschied" mit Geraldine Chaplin; Auszeichnung: Bundesfilmpreis 1962. Adresse: Beichstr. 8, 8 München 40, Telefon: 089/342675

Herbert Vesely

Vespermann Gerd, Schauspieler, geboren in Berlin, 24. Juli 1926, geschieden von Schauspielerin Hannelore Elsner. 1942–45 Musikhochschule Weimar; Theater, Film, Fernsehen: „Futschikato" (1961), „Treibjagd", „Die Rassel", „Boeing Boeing", „Die spanische Fliege", „Tiefstapeleien", „Eine Rose zum Frühstück", „Was wären wir ohne uns" (Serie), „Vater einer Tochter"; Freizeit: Hammond-Orgel, Spaziergänge; Lieblingslokal: „Klösterl"; Lieblingsgetränk: Tee; Privatauto: Alfetta. Adresse: Agentur Alexander, Lamontstr. 9, 8 München 80, Telefon: 089/471011

Gerd Vespermann

Vidakovic Petar, Generalkonsul von Jugoslawien, Diplomat, geboren in Lika (Jugoslawien), 23. März 1933, verheiratet. Auszeichnung: Staatsorden für Verdienste um Wirtschaftsentwicklung und Naturschutz des National-

Petar Vidakovic

parks Plitvicer Seen. Freizeit: Wandern mit der Familie; Leibgericht: Sauerkraut mit Geräuchertem und Pellkartoffeln; Lieblingsgetränk: Orangensaft (natur). Adresse: Böhmerwaldplatz 2, 8 München 80, Telefon: 089/ 98 86 85/6

Vierlinger Emil Dr., „Salvator"-Star, „Eins- Zwei- Drei-Vierlinger", Conferencier und

Emil Vierlinger

Humorist („Dimpflmoser"), Schriftsteller, Volkssänger, Rundfunkreporter, geboren in Hiltpoltstein/Franken, 11. Oktober 1909, verheiratet mit Frau Rosl Weigle. Germanistik-Studium und Kutscher-Schüler (Doktorarbeit über das Münchner Puppentheater), beginnt auf dem Kabarett-Brettl „Vier Nachrichtern" (mit Helmut Käutner), gründet ein eigenes; „Die drei von der Uni" (Gastspiele im „Alten Simpl"), ist Schauspieler, Dramaturg und Spielleiter in Würzburg; Operettenbuffo in Gera, Dresden, Berlin und schließlich am Gärtnerplatztheater sind weitere Stationen auf dem Weg zur Münchner Institution; Sendungen: „Münchner Brettl", „Glücksradl", „Bayerischer Stammtisch"; 1979 muß seine Nockherberg-Predigt wegen Krankheit ausfallen (Franz Schönhuber verliest sein „heißes Manuskript"); Auszeichnung: Bayer. Verdienstorden „München leuchtet" (1974), Poetentaler (1974), Autor des Buches „Prost Salvator – Politiker aufs Korn genommen" (Verlag R. S. Schulz); Freizeit: Reisen, Theaterbesuche; Lieblingslokal: „Kulisse"; Leibgericht: Wollwürste mit Gurkensalat; Getränk: Weißbier; Auto: Mercedes. Adresse: Paul-Keller-Str. 24, 8031 Stockdorf, Telefon: 089/8573923

Viernstein Karl Prof. Dr., Orthopäde, Klinik-Chef, geboren in Straubing, 23. Februar 1920, verheiratet mit Frau Ute, vier Kinder. Laufbahn: Medizin-Studium in München, zehn Jahre bei Professor Max Lange (Versorgungskrankenhaus Bad Tölz), seit 1954 in München (Orthopäd. Klinik, Harlaching), da-

Karl Viernstein

neben Sportmedizin (behandelt 1979 Star-Torhüter Sepp Maier nach seinem schweren Autounfall und Fußball-Kollege Flohe); Freizeit: Bergwandern, Klass. Musik, Bücher; liebt bayerische Schmankerl („Franziskaner", „Käfer's Schänke"). Adresse: Harlachinger Str. 51, 8 München, Telefon: 089/62111

Vogel Hans-Jochen Dr., 1,86 Meter großer Bundesjustizminister, Alt-Oberbürgermeister von München, geboren in Göttingen, 3. Februar 1926, verheiratet (von 1950 bis 7?) mit Ilse Leisnering (drei Kinder: Bernd, Sabine, Bärbel) und seit 1973 mit Liselotte Sonnenholzner, geb. Biersack. Karriere: Studium der Rechtswissenschaften in München und Marburg; nach großer juristischer Staatsprüfung und Promotion beginnt er 1953 als

Hans-Jochen Vogel

Assessor im Bayer. Justizministerium (gehört seit 1950 der SPD an), am 27. März 1960 wird er mit 64,3 Prozent der Stimmen zum jüngsten Oberbürgermeister der europäischen Millionenstädte gewählt; bringt 1972 die Olympischen Spiele nach München; Parteichef der bayer. SPD von 1972–76; übergibt am 10. Juni 72 das OB-Amt an Georg Kronawitter und geht nach Bonn, wo er in der Brandt-Regierung das Ministerium für

Raumordnung, Städtebau und Bundesbauwesen übernimmt; nach Brandts Rücktritt wird er 1974 im Kabinett Schmidt Bundesjustizminister; Veröffentlichungen: „Städte im Wandel", „Die Amtskette", „Reale Reformen – Beiträge zu einer Gesellschaftspolitik der neuen Mitte"; Auszeichnungen: Ehrenbürger von München, New Orleans, Minneapolis und New York; Heinrich Plett-Preis (1968), Columbus-Medaille, Goldene Medaille des NOK, Großes Bundesverdienstkreuz, Thoma-Medaille; Freizeit: Bergwandern, historische Literatur. Adresse: Bad-Soden-Str. 24, 8 München 40, Telefon: 089/357651

Vogel Walter Dr. jur., Präsident des Deutschen Reisebüroverbandes e. V., geboren in Mannheim, 2. Juni 1911, ver-

Walter Vogel

heiratet. Beschäftigt sich in der Freizeit mit Geschichte, Kunstgeschichte, liebt nur die Küche daheim und trinkt am liebsten Burgunder-Bordeaux; Privatauto: BMW. Adresse: Aribostr. 29, 8032 Gräfelfing, Telefon: 089/852661

Volkhardt Falk, Hotelier (Bayerischer Hof), Chef von 1000 Mitarbeitern, geboren in München, 25. April 1925, verheirateter Junggeselle, zwei

Falk Volkhardt

Töchter, Michaela und Innegrit. Laufbahn: Lehre beim Vater im Hotel „Bayerischer Hof", Studium in Heidelberg (Hotelfachschule und Fremdenverkehrs-Universität) mit Abschluß zum Diplom-Hotelkaufmann; 1945: mit 20 Jahren Pächter des „Spiegelsaal"-Restaurants in der Ruine des zerbombten „Bayerischen Hof" mit vier Obern und drei Köchen, dann Aufbau des Hotels mit Nightclub (Dauerbrenner) und Südsee-Restaurant („Trader Vic's") sowie Montgelas Palais. Zu seinem Imperium zählen ferner das Nobel-Hotel „Tenne" mit Dancing-Restaurant, die Weinkellerei Volkhardt in Pasing; prominenteste Gäste im „Bayerischen Hof", neben Spitzenpolitikern aller Hautfarben und Couleurs, der Amerikaner Nelson A. Rokkefeller, die Aga Khans (Vater und Sohn), sowie Sophia Loren; Freizeit: Tennis, Skilaufen, Wassersport; ist großer Tierfreund; Leibspeise: Käsespatzen; fährt Mercedes, hat Wohnsitze in Starnberg und Kitzbühel. Adresse: Promenadeplatz 6, 8 München 2, Telefon: 089/228871

Volkmann Elisabeth, 1,70 Meter große Schauspielerin, Sängerin (Maße: 90-60-90), geboren in Essen, 16. März, lebt mit Konzertagent Eberhard Radisch zusammen. Schon als Kind tanzt sie im Ballett in Essen, Komparsin am Essener Schauspielhaus, Schauspiel-Studium in der Folkwang-Schule, Regisseur Hans Dieter Schwarze holt die „Rote mit der komischen Ader" nach München als singendes Rollschuhmädchen in der „Holländer Revue"; Filme: „Immer wenn es Nacht wird" (1961), „Hausfrauen-Report", „Ninotschka", „Krankenschwestern-Report"; Fernsehen: „Klimbim", „Heiraten ist immer ein Risiko", „Scherereien", „Briefmarken", „Je später der Abend", „Die nächste Party kommt bestimmt"; Theater: „Die Dame in Bonn" (1960), „Gesellschaft der Gänseblümchen", „Futschikato", „Das Lied der Taube", „Nana", „Auf Zehenspitzen", „Wettlauf mit der Uhr", „Pa-

Elisabeth Volkmann

radies oder Das", „Carmen" (Gärtnerplatz), „Jetzt nicht Liebling"; Platte: „Leo", „Die Nonne". Adresse: Sonnenstr. 20, 8 München 2, Telefon: 089/557627

Vorndran Wilhelm Dr., Staatssekretär, CSU-Politiker, geboren in Sondernau (Landkreis Bad Neustadt/Saale), 7. August 1924, verheiratet mit Marlene Rauh, drei Söhne,

Martin (1961), Thomas (1963) und Stefan (1963). Laufbahn: Rechts- und Staatswissenschafts-Studium an der Uni Würzburg, Köln, Erlangen; 1956 Promotion zum Dr. jur.; Postdienst (Oberpostrat, Amtsvorsteher des Postamtes Erlangen); seit 1958 im Baye-

Wilhelm Vorndran

rischen Landtag; 1972 Staatssekretär und Arbeits- und Sozial-Miniserium (er löst Reinhold Vöth ab, der Intendant des Bayerischen Rundfunks geworden ist), dann Staatssekretär im Justizministerium (seit 1978) im Kabinett Strauß. Adresse: Staatsministerium für Arbeit und Sozialordnung, Winzererstr. 9, 8 München 40, Telefon: 089/52081

Vöth Reinhold, 1,77 m großer und 186 Pfund schwerer Intendant des Bayerischen Rundfunks, Herr über 3000 Mitarbeiter, Staatssekretär a.D. (CSU), geboren in Würzburg, 23. März 1930, verheiratet mit Frau Emma, zwei Töchter, Margot und Ulrike. Laufbahn: Studiert Rechts- und Staatswissenschaften an der Würzburger Universität und arbeitet nebenbei als Werkstudent im Baugewerbe und bei Behörden; 1957–59 Rechtsanwalt und Justitiar der Fränkischen Wohngenossenschaft St. Bruno Werk Würzburg; später Staats- und Kommunaldienst (Versorgungsamt Würzburg), Regierungsdirektor beim Landesversorgungsamt Bayern; 1970 Staatssekretär (Ministerium für Arbeit und Sozialordnung); seit 1950 CSU-Mitglied; von 1958–72 Landtagsabgeordneter; 1968 stellt er sich zur Wahl als OB von Würzburg, wird aber vom SPD-Kandidaten Dr. Klaus Zeitler (37,27 Prozent gegenüber 37,14 Prozent) knapp geschlagen; Vorsitzender des Rundfunkrats von 1965–76 und seit 12. November 1971 Intendant des Bayrischen Rundfunks (Nachfolger von Christian Wallenreiter); Auszeichnungen: Bayer. Verdienstorden (1968), Ehrenzeichen des Roten Kreuzes (1979); Freizeit: spielt gern Gitarre, hört am liebsten Mozart-Musik, fährt Ski und verbringt die Wochenenden mit Bergwandern; ißt wegen der Linie statt des favorisierten

Reinhold Vöth

Schweinebratens nur Steaks und weicht gelegentlich vom Bier auf Mineralwasser aus; bevorzugt Trachten- und konservative Anzüge in grau und blau aus Frankens Maßkonfektion oder von der Münchner Stange; hat das Rauchen (früher 70 Zigaretten am Tag) aufgegeben. Adresse: BR, Rundfunkplatz 1, 8 München 2, Telefon: 089/59001

W

Wagner Alfred Dr., Münchens jüngster Brauerei-Boss („Löwenbräu"), geboren in München, 12. Januar 1935, verheiratet mit Frau Margarete

Alfred Wagner

(„Greta"), drei Söhne. Laufbahn: Studium (Jura und Betriebswirtschaft) in München, Anwalt, zehn Jahre im Bayer. Wirtschaftsministerium unter den Ministern Otto Schedl und Anton Jaumann, den „Beamten auf Lebenszeit" gibt er 1972 auf, um sich in der Wirtschaft einer „attraktiveren Aufgabe" zu widmen; seit 1973 Mitglied des „Löwenbräu"-Vorstandes; ab 1979 Chef; zum Brauerei-Konzern (1700 Mitarbeiter) gehören Tochtergesellschaften wie „Münchner Erfrischungsgetränke GmbH" („Coca Cola"), „Süddeutsche Getränke-Industrie" und die „Monachia" (Immobilien); Freizeit: Tennis, Skilaufen, Musik, Theater; liebt Bier über alles, „auch zum Kuchen"; fährt Mercedes. Adresse: Nymphenburger Str. 4, 8 München 2, Telefon: 089/52001

Wagner Klaus, Chef des Süddeutschen Verlags (2000 Mitarbeiter) und Geschäftsführer der „Süddeutschen Zeitung", geboren in Berlin („seit dem 2. Lebensjahr in München"), 8. Oktober 1929, verheiratet mit Frau Dorothee, vier Kinder. Laufbahn: Abitur und Rechtsstudium in München; 1952–60: Justitiar bei „Quick" und „Weltbild" („Th. Martens + Co"); 1958: Zulassung als Anwalt; 1960–65: stellvertretender Verlagsleiter bei „Revue" und „Bravo" („Kindler und Schiermayr"); seit 1965 bei der „Süddeutschen Zeitung"; ab 1. 10. 1971 Geschäftsführer; außerdem 2. Vorsitzender des Verbands bayerischer Zeitungsverleger; Auszeichnungen: Bayerischer Verdienstorden (1979); Freizeit: Landwirtschaft und Jagd; Leib-

Klaus Wagner

speise: Züngerl mit Knödel; Lieblingsgetränk: Bier; trägt gerne Tracht; fährt Mercedes. Adresse: Sendlinger Str. 80, 8 München 2, Telefon: 089/21831

Wagner Rudolf, Münchens bekanntester Unbekannter, Allein-Inhaber der Münchner „Augustiner"-Brauerei mit

Rudolf Wagner

Sudhäusern in der Landsbergerstraße, brauereieigener Gaststätte in der Fußgänger-Zone (Münchens schönstes Bierhaus), „Augustiner-Keller" und Bierzelt auf dem Oktoberfest, geboren in München, 29. Mai 1908, Chef über 400 Mitarbeiter, an der Spitze die beiden Direktoren Karl Großmann und Ferdinand Schmidt („Verein Münchner Brauereien"); lebt sehr zurückgezogen in seiner Villa hinter dem „Augustiner-Keller"; Lieblingslokale: Schloßhotel Berg am Starnberger See und „Post" in Garmisch; Leibspeise: Tellerfleisch und „Menü des Tages"; Lieblingsgetränk: „Kalterer See" und „Steinhäger"; Freizeit: Spazierengehen; großer Tierliebhaber, benützt häufig die S- und U-Bahn. Adresse: Landsbergerstr. 35, 8 München, Telefon: 089/503096

Waldburg-Zeil, Maria Georg Konstantin Ignatius Antonius Felix Augustinus Wunibald Kilian Bonifacius, Reichserbtruchseß Fürst von, geboren in Würzburg, 5. Juni 1928, verheiratet (seit 1957) mit Gabriele Prinzessin von Bayern (Geburtstag: 30. Mai), sechs Kinder. Diplom-Volkswirt (Chef über 2000 Mitarbeiter), Großgrundbesitzer (9820 Hektar), besitzt das Renaissance-Schloß Zeil bei Leutkirch mit schloßeigenem

Fürst Georg von Waldburg-Zeil

Flugplatz, ein Elektrizitätswerk, eine Handels-Organisation („Eisen-Fuchs"), Gasthäuser und Hotels in Neutrauchberg, Oberstauffen, Bad Wurzach und Füssing („Fürstlich Waldburg-Zeil'sche Kurverwaltung) sowie Zeitungen („Schwäbische Zeitung", „Der Allgäuer"); Auszeichnung: Ehrensenator der Universität Ulm, Ehren-Ritter des souveränen Malteser Ordens. Adresse: Schloß Zeil, 7970 Leutkirch/Württ., Telefon: 07561/2071

Waldleitner Luggi, Filmproduzent, Chef der „Roxy"-Film, geboren in Kirchseeon, 1. Dezember 1913, verheiratet mit Frau Angela, zwei Kinder. Freund von Franz Josef Strauß. Karriere: Beginnt als Kamera-Assistent von Guzzy Lantschner beim Leni-Riefenstahl-Film Olympia 1936 (für fünf Mark Tagegeld und freie Übernachtung), später Produktionsleiter bei der „Berlin-Film" und Zusammenarbeit mit Filmkönigin Ilse Kubaschewski. Filme: „Das Mädchen Rosemarie", „El Hakim", „Schachnovelle", „Elf Jahre und ein Tag", „Venus im Pelz", „Komm nur mein liebstes Vögelein", „Das Netz", „Die gläserne Zelle" (für den Oscar 79 nominiert), „Sternsteinhof", „Der Mann im Schilf", „Lilli Marlen". Freizeit: Telefonieren, Havanna rauchen; Lieblingslokal: „Königshof", „Franziskaner", „Weichandhof"; Leibgericht: Bayrische Schmankerl; Getränk: Bier; Privatauto: Pontiac. Adresse: Schützenstr. 1, 8 München 2, Telefon: 089/555341

Luggi Waldleitner

Otto Waldmann

Waldmann Otto, Gastronom, geboren in Wien, 6. Oktober 1920, eröffnet 1957 das Nachtlokal „Der Käfig", einen der legendärsten Clubs von Schwabing, später Umbau und Umbenennung in „Submarin", heute Deutschlands bedeutendstes Jazz-Lokal „Domicile" (mit Ernst Knauf). Freizeit: Ski – Tennis – Damen (Reihenfolge nach eigenen Angaben); Leibgericht: Tafelspitz; Getränk: Champagner; Garderobe: Daniel Hechter, Ted Lapidus; Auto: Porsche. Adresse: Johann-Clanze-Str. 53, 8 München 70, Telefon: 089/390709

Walter (bürgerlich: Walter Zuber), Blumen-Künstler, geboren in Garmisch, 22. November 1947, Junggeselle. Laufbahn: Bankkaufmann

Walter Zuber

(zehn Jahre), dann Mitarbeiter bei Blumen-Dangelmaier in Schwabing, seit 1979 mit eigenem Geschäft (Spezialist für weiße Sträuße); zum Kundenkreis gehören Prinz Leopold von Bayern, Prinz Hansi von Hohenzollern, „Etienne Aigner"-Chef Heiner Rankl; Freizeit: Tennis; Lieblingslokal: „Galleria"; Leibspeise: Nudeln. Adresse: Maximiliansplatz 5 (Reginahaus), 8 München 2, Telefon: 089/594127

Walter Heinz, Leder-Designer, geboren in Bayrisch Zell, 28. April 1944, verheiratet mit Frau Manuela. Laufbahn: Oberrealschule in München; beginnt danach mit 18 Jahren sein Atelier für individuelle Ledermode; beschäftigt 31 Schneider; zu seinen Kunden gehören: der ehem. Schah von Persien, Dr. Friedrich Karl Flick, früher Kaiser Haile Selassie; hat bei Fischbach-Au eine Alm als Wochenendsitz und auf den Philippinen eine Insel; Lieblingslokal: La Mer;

Heinz Walter

ißt gern französisch und bayerisch; trinkt Bier und fährt Range Rover; Hobby: Bergsteigen und Drachenfliegen, Schrumpfköpfe-Sammeln. Adresse: Amalienstr. 9, 8 München 2, Telefon: 089/282294

Wangenheim Britta, Svanhild, Irmgard, Olga, Henrietta, Freiin von, geboren in

Britta von Wangenheim

München, 5. März, überzeugte Junggesellin, höhere Tochter (Vater: Oberst Udo Freiherr von Wangenheim) mit sehr viel Freizeit, sporadische Aushilfe in der Immobilienfirma ihres Bruders („Duken & von Wangenheim"), Auslandsaufenthalte in USA und Kenia; sehr sportlich: Squash, Schwimmen, Eislaufen, Radeln; Lieblingslokal: „La Mer"; Leibspeise: Fisch; Lieblingsgetränk: Champagner; Garderobe: Gil Sander; fährt Mini (schwarz). Adresse: Karl Theodor-Str. 94, 8 München 40, Telefon: 089/304924

Wangenheim Detlev Freiherr von, Chef der Immobilien-Firma „Duken & von Wangenheim", geboren in Bad Wiessee, 9. Februar 1945, Vater einer Tochter Melanie. Teilhaber des Goumet-Gewölbe „La Cave" und der Piano-Bar

Detlev von Wangenheim

„Big Fifteen". Freizeit: Fliegen (Pilotenschein), Tauchen, Squash und Jagd (Jagdprüfung 1978 abgelegt); Lieblingslokale: „Franziskaner, „La Cave", „Käfer's Schänke"; Leibgericht: „Ente", „Schellfisch mit Senfsoße"; Getränk: Moet + Chandon Brut, Chateau Vignelaure; Privatauto: Mercedes. Adresse: Promenadeplatz 9, 8 München 2, Telefon: 089/297519

Wanninger Karl, Chefredakteur zusammen mit Otto Merk, Hans Riehl und Helmut Stegmann bei der Münchner Boulevard-Zeitung „tz", verheiratet (seit 1955) mit Elisabeth Haberstock. Bücher: „Bayerische Spezialitäten", „A la carte". Freizeit: Lesen, Skilaufen, Kochen; Leibgericht: Kalbsbries; Lieblingsgetränke: Frankenwein, Tee.

Karl Wanninger

Adresse: Connollystr. 29, 8 München 40, Telefon: 089/53061

Warkotsch Christoph, Modehauschef („Fischer" – „fescher durch Fischer") geboren in Nürnberg, 13. März 1936, verheiratet mit Frau Deike, zwei Kinder, Katinka (1972) und Anuschka (1976). Modehäuser in München und Nürnberg; Freizeit: Fußball, geht gern nach Sylt und

Christoph Warkotsch

St. Tropez. Adresse: Rosenstr. 1, 8 München 2, Telefon: 089/240226

Warmuth Eckart, Präsident der Rechtsanwalts-Kammer, geboren in München, 22. November 1917, verheiratet mit Frau Gitta. 1955 als Rechtsanwalt zugelassen; 1962 erstmals in den Kammervorstand gewählt, seit 11. April 1969 Prä-

Eckart Warmuth

sident und seit 1971 zugleich Vizepräsident der Bundesanwalts-Kammer; Auszeichnung: Verdienstkreuz 1. Klasse des Bundesverdienstordens (6. Dezember 1978 durch Justizminister Dr. Karl Hillermeier); geht gern sonntags ins „Nürnberger Bratwurstglöckl". Adresse: Lenbachstr. 2, 8 München 2, Telefon: 089/594221

Warren Lionel de, Generalkonsul von Frankreich in München, geboren in La Rochelle Normand/Manche, am 28. Juli 1920, verheiratet mit Lucie D'Ursel, drei Kinder. Laufbahn: Studium an der

Lionel de Warren

Universität in Paris: Literatur, Jura, Politische Wissenschaften; seit 1946 im Diplomatischen Dienst; Auslandsaufenthalte in Kairo, Bonn, Rom; seit 1974 Generalkonsul in München; Hobby: Musik (Wagner), altes Silber, Stilmöbel, bayerische Barock-Kirchen. Adresse: Möhlstr. 10, 8 München 80, Telefon: 089/475016/17

Waynberg Sam, Filmproduzent, Verleihchef der Scotia-Film, geboren in Opatow/Polen, 20. Juni 1925. Karriere: seit 1945 in Deutschland und 1955 in Berlin, ab 1972 Scotia-Film-Verleih München. Co-Produktionen: „Ekel", „Wenn Katelbach kommt"

Sam Waynberg

(mit Roman Polanski); Fernsehen: „Roman Polanskis Begegnung mit Macbeth"; Verleih: „Charleston" mit Bud Spencer, „Eis am Stil". Auszeichnung: Goldener und Silberner Bär (für Polanski-Filme). Adresse: Possartstr. 14, 8 München 80, Telefon: 089/473027

Weathers Felicitas, Operndiva (Sopran), geboren in St. Louis/Missouri, 13. August, geschieden (nach 13jähriger Ehe) von Bela Bakonyi, Sohn Bela. Karriere: Studiert erst Medizin, dann Musik an der Washington-Universität in St. Louis und an der Universität von Indiana (1953–57); Debüt an der Oper in Zürich, dann Münchner Staatsoper; gehört seit 1965 auch zum Ensemble

Felicitas Weathers

der „Metropolitan Opera" in New York; 1970/71 Londons Covent Garden Opera; Zahlreiche Schallplatten: „Don Carlos", „Turandot", „Butterfly", „Wunderbar ist die Welt"; Fernsehen: „Drehscheibe", „Zwischen Beat und Bach", „Unsere kleine Show", „Porträt in Musik", „Blick zurück von vorn"; hat Pilotenschein (fliegt „Beechcraft Musketier"), fährt jetzt noch Cadillac, „Jaguar E", „Mach 1", „Lamborghini Miura", „Maserati", einen „Porsche Carrera"; besitzt Villen in San Francisco und St. Louis. Adresse: Alois-Wohlmuth-Str. 6, 8 München 90, Telefon: 089/6492549

Weis Heidelinde, Schauspielerin, geboren in Villach/Österreich, 17. September, verheiratet mit Theaterchef

Heidelinde Weis

Hellmuth Duna. Karriere: Mit 14 Jahren österreichische Schulbühne, zwei Jahre später Reinhardt-Seminar; Filme: „Ich heirate Herrn Direktor", „Die Tote von Beverly Hills" (Regie: Michael Pfleghar), „Verdammt zur Sünde", „Erzähl' mir nichts", „Lausbubengeschichten"; Theater: „Brave Diebe", „Warte bis es dunkel ist", „Toller Tag", „Nächstes Jahr, gleiche Zeit", „Ein Glas Wasser"; Fernsehen: „Familie Leitner", „Meine Frau Susanne", „Colombe", „Maß für Maß", „Zwei Herren aus Verona"; Hobby: Schreiben, Singen (zwei Langspielplatten); Leibgericht: Kasnudeln; Lieblingsgetränk: herbe trokkene Weine; Garderobe: Salon Gisela; Auto: VW Cabrio. Adresse: Agentur Alexander, Lamontstr. 9, 8 München 80, Telefon: 089/471011

Weishäupl Karl, ehemaliger Staatssekretär, geboren in Rosenheim/Inn, 25. Juni 1916,

Karl Weishäupl

verheiratet (seit 1943). Beschäftigt sich in der Freizeit mit Fußball und Bergwandern; Lieblingslokal: „Tai-Tung"; Leibgericht: Dampfnudeln; Getränk: Bier; Schneider: Hussmüller; Auto: Fiat 132. Adresse: Mitteisstr. 19, 8 München 45, Telefon: 089/3132401

Gila von Weitershausen

Weitershausen Gila von, Schauspielerin, geboren in Trebnitz/Niederschlesien, 21. März, Urenkelin von Reichskanzler Graf Hertling, geschieden von Schauspieler Martin Lüttge (1972), Sohn Manuel (aus der Verbindung mit Regisseur Louis Malle), verwandt mit dem ehemaligen Außenminister Heinrich von Brentano. Schauspielstudium, Theater in der Provinz, kleine Fernsehrollen, von Rob Houwer für den Film entdeckt; 1976 Filmschule in Los Angeles (Video-Technik); Theater: „Schachmatt in Kent" (1965); Filme: „Engelchen" (1964), „Samtpfötchen dreht sein letztes Ding", „Engelchen macht weiter, hoppe-hoppe Reiter", „Charleys Onkel", „Ohrfeige", „Das Einhorn" (1978), AZ-Gala „Stars in der Manege" (1969); Fernsehen: „Feinde fürs Leben", „Ein schönes Paar", „Das Ende der Beherrschung", „Schwarz und weiß wie Tage und Nächte", „Erzählungen eines Unbekannten"; eigene Regie: „Nathalie"; Auszeichnung: Bundesfilmpreis 1968. Adresse: Agentur Alexander, Lamontstr. 9, 8 München 80, Telefon: 089/471011

Wenders Wim, Regisseur, Filmkritiker, geboren in Düsseldorf, 14. August 1945. Filme, Fernsehen: „Die Angst des Tormanns beim Elfmeter", „Der scharlachrote Buchstabe", „Alice in den Städten", „Silver City", „Summer in the city", „Falsche Bewegung", „Im Laufe der Zeit", „Der amerikanische Freund", „Hammett" (Produzent: Francis Ford Coppola); Auszeichnungen: Preis der Filmkritik 1975 (für „Alice in den Städten"), Kritikerpreis 1977, Bundes-Filmpreis 1975 (für „Falsche Bewegung"), Bundesfilmpreis 1978 (für „Der Amerikanische

Wim Wenders

Freund"); geht 1979 nach Amerika, heiratet US-Schauspielerin Ronee Blakley und dreht den Film „Hammett". Adresse: Filmverlag der Autoren, Tengstraße 37, 8 München 40, Telefon: 089/376461

Wendlandt Horst, Deutschlands größter Filmproduzent („Rialto") und Verleiher („Tobis"), geboren in Criewen/Schwedt/Oder, 15. März 1926, verheiratet mit Frau Ilse („Ille"), Sohn Mathias („Matze") und Tochter Susi. Beginnt als Aufnahmeleiter bei „Aze" Brauner, wird Partner des dänischen Kino-Ketten-Königs Preben Philipsen und „erfindet" die „Karl May" – und „Edgar Wallace"-Welle im Kino; ist Co-Produzent vieler Welt-Hits wie „Ein Mann sieht rot", „Das große Fressen", „King Kong" und 1979 „Apocalypse now"; erwirbt die deutschen Rechte der Charlie Chaplin-Filme und bringt sie mit neu gezogenen Kopien heraus, macht den französischen Film-Komiker Louis de Funes in Deutschland populär – zuerst mit einem Film, dessen Rechte bei „Constantin-Film" abgelaufen waren, den er völlig neu synchronisiert und mit anderem Titel startet („Die große Sause"); größter Erfolg als Produzent mit seinem Film „My name is nobody" (Hauptdarsteller: Terence Hill); entdeckt „Schätzchen" Uschi Glas und bringt auch die meisten Filme mit Bud Spencer (ist mit ihm befreundet) heraus; zu seinen Freunden zählen die Regisseure Ingmar Bergman und Roman Polanski; Sitz seiner Filmfirma

Horst Wendlandt

ist Berlin; hat am Wannsee und in der Nähe des Starnberger Sees zwei herrliche Wohnsitze und in Schwabing einen kleinen Stadt-Palazzo; Freizeit: Fußball; Lieblingslokal: „Käfer", „Boettner" (liebt Hausmannskost, bayerische Schmankerl und Krebse); Lieblingsgetränk: Bier, Wein; raucht gern „Davidoff Nr. 1"; fährt Porsche 928 (schwarz). Adresse: Bismarckstr. 108, 1 Berlin, Telefon: 030/310456

Wepper Elmar, Schauspieler, geboren in Augsburg, 16. April 1944, ledig. Karriere:

Elmar Wepper

„Kleine Freiheit" (1954), Theater, Fernsehen: „Kindertrophäen", „Der Trojanische Krieg findet nicht statt", „Polizeiinspektion 1", „Feichtenreuth"; Lieblingslokal: „Säge", Schwabing; Leibgericht: Schweinebraten mit Knödl; Getränk: Bier; Auto: BMW 320; Garderobe: „Annas". Adresse: Perhauerstr. 14, 8 München 21, Telefon: 089/584282

Wepper Fritz, 1,74 Meter großer Filmschauspieler, TV-Star, geboren in München, 19. August 1941, verheiratet seit 1979 mit Prinzessin Angela von Hohenzollern. Karriere: Als Neunjähriger wirkt er beim Bayer. Rundfunk in Kindersendungen mit, als Elfjähriger auf der Bühne des Residenztheaters (Glanzrolle: „Peter Pan"; Filme: „Sauerbruch – das war mein

Fritz Wepper

Leben", „Der dunkle Stern", „Tischlein deck Dich", „Zwei Matrosen auf der Alm", „Der Engel, der seine Harfe versetzte", „Unternehmen Reiher", „Die Spiele" mit Charles Aznavour, jahrelang „Kommissar-Gehilfe" im TV-Dauerbrenner mit Erik Ode; international bekannt aus dem „Oscar"-preisgekrönten Film „Cabaret" mit Liza Minelli; ab 1974 spielt er neben Horst Tappert die Hauptrolle in der Krimi-Serie „Derrick", wirkt 1959 bei „Stars in der Manege mit" (AZ-Gala); Auszeichnung: Bundesfilmpreis (mit 22 Jahren); fährt „Blazer" mit Superreifen und hat CB-Autofunk. Adresse: Agentur Alexander, Lamontstr. 9, 8 München 80, Telefon: 089/471011

Margot Werner

Werner Margot, Primaballerina, Sängerin, geboren in Salzburg, 8. Dezember, verheiratet mit Hotelier Jochen Litt, in erster Ehe mit Schauspieler Peter Pasetti. Platten: „So ein Mann", „Ich hab im Leben nichts bereut". Freizeit: Oper, Ausruhen; Lieblingslokal: „Kay's Bistro"; Leibgericht: Steak mit Gemüse und Salaten; Lieblingsgetränk: Champagner; Schneider: Werner Wunderlich; Auto: Porsche 911. Adresse: Sendlinger Str. 51, 8 München 2 (Mama Concerts), Telefon: 089/988431

Wesle Peter, Chefkoch des 1-Stern-Gourmet-Restaurants „Käfer's Schänke", geboren in Berlin, 10. März 1942, verheiratet mit Frau Margarethe, zwei Töchter, Tatjana (1971) und Ilona (1976). Laufbahn: 1956: Kochlehre bei Heinz Zellermayer, Berlin; 1959: Hotel Berlin bei Albert Domaschke; weitere Stationen: Grömnitz, Insel Jüst, Hinterzarten; Auslandserfahrung in Schweden; 1967: Party-Service Nöthling Berlin; 1969 Meisterschule- und Prüfung; 1969: „Käfer" München (Bistro); seit 1970 dort Küchenchef; Freizeit: Sportschütze; Leibspeise: Pierre; Lieblingslokal: „La Vieille Fontaine", Paris; fährt BMW und MG, kleidet sich in Jeans-Shops.

Peter Wesle

Adresse: Schumannstr. 1, 8 München 80, Telefon: 089/476011

Wicki Bernhard, Regisseur, Schauspieler, geboren in St. Pölten, 28. Oktober 1919, verheiratet mit Agnes Fink. Karriere: Ausbildung in Berlin und Wien, 1940 Bühnen Bremen, 1943–45 München, später Zürich und Basel. Filme: „Die letzte Brücke", „Rummelplatz der Liebe", „Es geschah am 20. Juli", „Ewiger Walzer", „Das falsche Gewicht", „Weil du arm bist, mußt du früher sterben". Auszeichnungen: 1959 Bun-

Bernhard Wicki

desfilmpreis/Filmband in Silber („Warum sind sie gegen uns"), 1960: Preis der Deutschen Filmkritik („Die Brücke"), Deutscher Jugendfilmpreis; 1961: Silberner Bär („Das Wunder des Malachias"). Freizeit: Fliegen, Fotografieren. Adresse: Weißgerberstr. 2, 8 München 40, Telefon: 089/348998

Wiedemann Peter, „Mister Boulevard", Chef der Herrenausstatter-Oase „Wiedemann" im Theatiner-Boulevard, geboren in München, 9. März 1937, verheiratet mit Frau Ingrid, zwei Töchter, Caroline (1961) und Michaela (1964). Laufbahn: Volontariat im „Alsterhaus" in Hamburg, dann Übernahme des elterlichen Geschäfts (1960); prominente Kunden: Dr. Friedrich Karl Flick, Walter Scheel, Joachim Fuchsberger, Ruth

Peter Wiedemann

Leuwerik (für ihren Mann Dr. Purper), Gert Fröbe; vertritt „Le Copains", „Jacques Britt", „Pierre Cardin" (Krawatten); Freizeit: Tennis, Fußball („60er"-Anhänger); Lieblingslokale: „St. Emmeramsmühle", „Augustinerkeller", „Käfer", „Boettner", „Ferdl"; Leibspeise: Schweinebraten mit handgeriebenen Kartoffelknödeln; Lieblingsgetränk: „Baron L"; Auto: Jaguar 4,2 (dunkelgrün). Adresse: Theatinerstr. 32, 8 München 2, Telefon: 089/220705

Wieder Hanne, Schauspielerin, Chansonsängerin, geboren in Hann. Münden, 8. Mai. Besuchte 2½ Jahre die Schauspielschule in Karlsruhe,

Hanne Wieder

Theaterdebüt in Stuttgart und Tübingen („Don Carlos"); 1948: Düsseldorfer „Kommödchen" (4½ Jahre). Filme: „Spukschloß im Spessart", „Marili", „Labyrinth", „Heiße Ware, heiße Herzen", „Das Mädchen Rosemarie", „Irma la Douce" (Kleine Freiheit), „2×2 = Sex", „Eine Frau, die weiß was sie will", „Da wird sich manches ändern", „Pinguine fliegen nicht", „Amanda" (Kleine Komödie), 1959 Preis der Deutschen Filmkritik. Freizeit: „Ich sammle interessante Menschen"; Lieblingslokal: „Boettner", „Käfer's

Schänke", „Klösterl"; Leibgericht: Hummer, Leberknödel; Getränk: Bayerisches Quellwasser, Schneider: Schulze-Varell; Auto: Mercedes 190 SL (Baujahr 1959). Adresse: Schulzstr. 3d, 8014 Neubiberg, Telefon: 089/602384

Wilcke Claus, Schauspieler, geboren in Bremen, 12. August 1939. Laufbahn: Statist am Stadttheater Bremen, Volontär und schließlich Ensemble-Mitglied der Bühne; Filme: „Meine 99 Bräute" (1958), „Am Tag als der Regen kam", „Lampenfieber", „Und

Claus Wilcke

sie schämen sich nicht", „Verbrechen nach Schulschluß", „Mit 17 weint man nicht"; Fernsehen: „Percy Stuart" (Serie); Platte: „Percy Stuart"-Melodie; Theater: „Duell ohne Sieger" (Kleine Komödie, 1977); wirkt bei „Stars in der Manege" (AZ-Gala) mit (1969). Adresse: Agentur Jovanovic, Perfallstr. 6, 8 München 80, Telefon: 089/475024/25

Wilczek M. Evelyn, Top-Modell (Maße: 86-60-90), unter Vertrag bei der Agentur „Foto-gen", Alt-Silber-Liebhaberin, geboren in Weitershain/Hessen, 25. Februar, Junggesellin. Durch die Familie von Ferenczy kommt sie 1970 nach München, arbeitet

M. Evelyn Wilczek

zunächst im Büro („Texas Instruments"), wird dann von einer Fotomodell-Agentur engagiert, kommt in die Schlagzeilen wegen einer Affäre mit Star-Regisseur Roman Polanski; fotografiert für „Head" und „Sportive"; Freizeit: Tennis, Skilaufen, Schwimmen, Yoga, sammelt alten Schmuck und Silber, trägt sich mit dem Gedanken, dafür ein kleines Geschäft zu eröffnen; Lieblingslokal: „Tivoli", „Romana Antiqua"; Lieblingsgetränk: Tee (in großen Mengen), kleidet sich bei „Browns" London ein; fährt Golf; Adresse: Mauerkircherstr. 120, 8 München 80, Telefon: 089/986153

Wildung Dietrich, Privat-Dozent, Dr. phil., Direktor der Staatl. Sammlung Ägyptischer Kunst, geboren in Kaufbeuren, 17. Juni 1941; Frei-

Dietrich Wildung

zeit: Alpinismus, Langlauf; Lokale: „Osteria", „Klösterl"; Leibgericht: Ägyptische Saubohnen; Getränk: Franken- und Württemberger Weine; Garderobe: Hettlage; Auto: Citroen. Adresse: Straßbergerstr. 133, 8 München 40, Telefon: 089/3518998

Willke Jochen, Chefredakteur der Zeitschrift „Madame", geboren in München, 12. Oktober 1913, verheiratet mit Lou Steger, Tochter Ursula. Gymnasium; Zeitungsvolontariat; Hochschule für Politik; 1954–59: Chefredakteur der

Jochen Willke

Münchner Illustrierten; seit 1966: Chefredakteur von „Madame"; fährt Sportwagen. Adresse: Altheimer Eck 13, 8 München 2, Telefon: 089/2603011

Willner Ernst, Reeder, Münchens Niarchos, geboren in Ingolstadt, 31. Mai 1937, verheiratet mit Frau Mathilde, 3 Kinder, Ernst, Thomas und Sabine. Laufbahn: Maschinenbau- und Wirtschaftsstudium, Eintritt in das väterliche Automobilverkaufs-Unternehmen (Urgroßvater begann mit Fahrrädern, Großvater schloß mit General Motors einen Vertrag, dann Kontrakt mit der Opel AG); 1969 Verkaufsleiter der Adam Opel

AG, Seefahrtsunternehmen, erst „Cosima" mit 14 Tankern, seit 1979 außerdem „Occon" mit zunächst vier, dann sechs Frachtern (das größte Schiff, die „Titurell" ist 286 Meter lang und hat 124000 Bruttoregister-Tonnen), finanziell auch in Kanada bei Denison-Mines (Uran) und Bow-Valley (Öl) beteiligt.

Ernst Willner

Adresse: Münchner Str. 70, 8043 Unterföhring, Telefon: 089/95 02 66–69

Wilson Aubrey Neil, Star-Figaro, Calypso-Kreole wie Harry Belafonte, geboren in Georgetown (British-Guayana), 3. März 1950. Laufbahn: Mit 18 Jahren kommt er mit seinen Eltern nach London und beginnt eine Lehre im Salon „Leonards", wechselt 1972 zu Vidal Sassoon, ist zeitweilig Haus- und Lieblingsfriseur der steinreichen Barbara Hutton, die ihn auch als Freund in ihr Schloß in Marrakesch einlädt; 1974 versetzt ihn die Sassoon-Organisation nach München, zum Opening des ersten deutschen Vidal Sassoon-Barber Shops (als Chef der Herrenabteilung); im Februar 1979 macht er sich mit eigenem Herren- und Damen-Salon „Neil Aubrey" im Romantik-Viertel Lehel selbständig; zum Kundenkreis zählen: Star-Regisseur Sergio Leone, die Filmstars Terence Hill, Bud Spencer, Sänger Udo Jürgens, Medien-Manager Josef von Ferenczy, Pop-Star Elton John; Freizeit: Musik; Leibspeise: Kreolische Küche; Lieblingsgetränk: Scotch und Rum (Mix). Adresse: Sternstr. 16, 8 München, Telefon: 089/22 45 55/6

Aubrey Neil Wilson

Winkler Georg C. Professor, GMD, Dirigent, geboren in Orlamünde/Thüringen, 7. Oktober 1902, verheiratet mit Frau Erna Rechenberg. Studium bei Paul Hindemith, langjährige Freundschaft mit G. F. Malipiero, Opern-Übersetzungen wie Menottis „Amelia geht zum Ball", Verdis „Maskenball", „Macht des Schicksals", „La Traviata", „Troubadour", Puccinis „Manon Lescaut", Gounods „Margarete", Verettis „Burlesca". Hobby: Klavierspiel, Spaziergänge; Leibspeise: Thüringer Klöße mit Rinderbraten; Getränk: Bier; Auto: Ford Taunus. Adresse: Landsbergerstr. 8, 8918 Diessen/Ammersee, Telefon: 08807/71 80

Georg C. Winkler

Wirth Heinz Konrad, Generalkonsul von Mali, Geschäftsführender Gesellschafter der Chris Farrell Kosmetik GmbH, geboren in Heroldsberg, 2. Februar 1926, verheiratet, drei Kinder. Hobby: Landwirtschaft, Kochen, Tennis; Lieblingsrestaurant: „Mövenpick", „Wachau"; Leibgericht: Rohe Kartoffelknödel mit Schweinebraten; Lieblingsgetränk: Bier; Auto: Mercedes 280 SE. Adresse: Georgenstr. 104, 8 München 40, Telefon: 089/37 78 14

Heinz Konrad Wirth

Witzigmann Eckart, Deutschlands bester Koch, geboren in Badgastein (Österreich), 4. Juli 1941, verheiratet mit Frau Monika, 2 Kinder, Veronique und Max. Start: Hotel Straubinger, Badgastein, arbeitet anschließend im „Erbprinz" in Ettlingen, „Villars Palace", „Grand Hotel Hof Ragaz", „Cafe Royal"

Eckart Witzigmann

(London) und „Auberge de l'Ill (Gebrüder Haeberlin), dann kocht er für Paul Bocuse in Lyon, im „Operakällaren" (Stockholm), „Villa Lorraine" (Brüssel) und „Jokkey Club"; 1971 Küchenchef des „Tantris", das er zum 2-Sterne-Restaurant macht; 1978 Chef eines eigenen Restaurants „Aubergine" (3 Sterne im „Michelin-Guide"). Freizeit: Radfahren, Waldlauf, Fußball. Daheim kocht seine Frau; Leibspeise sind Fischgerichte und Szegediner Gulasch. Adresse: Maximiliansplatz 5, 8 München 2, Telefon: 089/598171

Wolff Christian, Schauspieler, geboren in Berlin, 11. März 1938, verheiratet in dritter Ehe mit Journalistin Marina Handloser, Sohn Patrick (davor mit Schauspielerin Corny

Christian Wolff

Collins und „Schwabinchen" Helga Lehner, Sohn Sascha). Karriere: 1955–57 Berliner Max Reinhardt-Schauspielschule, Regisseur Veit Harlan entdeckt ihn für den Film; Filme: „Anders als Du und ich", „Immer wenn der Tag beginnt", „Die Frühreifen", „Don Vesuvio und das Haus der Strolche", „Der Schinderhannes", „Es war die erste Liebe", „Am Tag als der Regen kam", „Verbrechen nach Schulschluß"; Fernsehen: „Ein Schloß in Schweden", „Das Mädchen meiner Träume", „Karussells werden im Himmel gemacht", „Meine Schwiegersöhne und ich" (Serie), „Engadiner Bilderbogen" (Serie), „Die Unternehmungen des Herrn Hans" (Serie), „Das verhängnisvolle Erbe"; Theater: „Feuerwerk", „Schöne Geschichten mit Mama und Papa", „Mein Freund Harvey", „Gigi", „Bleib wo du bist Liebling"; Freizeit: Kochen, Tauchen; Lieblingslokal: „Tantris"; Leibgericht: „Loup de Mer"; Lieblingsgetränk: Elsässer Riesling; Privatauto: alter Porsche und alter Citroen. Adresse: Parkstr. 2, 8025 Unterhaching, Telefon: 089/6113700

Wölffer Nanette, „Henkel"-Erbin, geborene Lübbs, geb. in Düsseldorf, 5. April, verheiratet mit Anlageberater Christian Wölffer (aus dieser Ehe stammt das Zwillingspaar Marc und Andrea); nach offizieller Trennung befreundet mit Theater-Star Hans Clarin; später lange Zeit mit Innenarchitekt Danilo Silvestrin (richtete ihre Schwabinger Villa ein), und später mit Geschäftsmann Jürgen von Sete verbunden (Vater ihrer Tochter Tina), seit 1976 lebt sie mit Anlageberater Peter Degen zusammen; Freizeit: Kunstsammlerin; gilt als besonders

Nanette Wölffer

gute Gastgeberin. Adresse: Weisgerberstr. 4, 8 München 40, Telefon: 089/394895

Worell Herta, Schauspielerin, geboren in Gimütz/Mähren, 20. September. Karriere: Tanz- und Gesangsunterricht, Ödon von Horvath empfiehlt sie an Berliner Schillertheater, wo ihre Schauspiel-Karriere beginnt; Werner Finck entdeckt sie nach dem Krieg fürs Kabarett. Filme, Theater: „Dreimal Null ist Null" (1955), „Ein Mann für Jenny", „Happy End", „Kreis", „Jane", „Es fing so harmlos an", „Katzenzungen", „Menschen im Büro" (TV-Serie), „Boeing-Boeing Jumbo Jet", „Hallo Dolly" (ihre Lieblingsrolle), „Adam und Eva" (mit Werner Finck), „Ehe im Kopfstand", „Ein Mann für den Winter"; Freizeit: Basteln, Garten, Schwimmen;

Herta Worell

Lieblingslokal: „Klösterl“, „Torggelstuben“; Leibgericht: Tellerfleisch; Lieblingsgetränk: Bier; Schneider: R. Stegmann. Adresse: Wurzerstr. 18, 8 München 22, Telefon: 089/292488

Wörsching Kay, Chef von „Kay's Bistro“ (zusammen mit Partner Achim Neumann), geboren in München, 4. Juni 1944, Junggeselle. Laufbahn: Gymnasium in München, Studium der Zeitungs- und Theaterwissenschaften, Jura; seit 1967 in der

Kay Wörsching

Gastronomie; bis 1975 Disco „Drop in“ am Baldeplatz; 1975: „Kay's Bistro“ in Schwabing; seit 1976 am Viktualienmarkt; prominente Gäste: Hildegard Knef, Amanda Lear, Caterina Valente, Udo Jürgens, Alice und Ellen Kessler, Leonard Bernstein, Johannes von Thurn und Taxis, Gina Lollobrigida; Hobby: Kontakt mit Menschen; Leibgericht: französische Küche; Lieblingsgetränk: Champagner; Garderobe: Lord John und Lady Jane, und Jean-Michel Labret (Cannes). Adresse; Ecke Blumen-/Utzschneiderstr. , 8 München 2, Telefon: 089/2603584

Wörtmann Rainer T. Grafiker, Art-Director beim deutschen Herrenmagazin „Play-

Rainer T. Wörtmann

boy“, geboren in Esslingen, 11. Oktober 1944. Freizeit: Fotografieren; Lieblingslokal: „Osteria“; Leibgericht: Nudeln; Getränk: Weißwein; Privatauto: Triumph Spitfire. Adresse: Connollystr. 15, 8 München 40, Telefon: 089/59971

Wunderlich Detlef Dr., Anwalt mit großer Kanzlei (Partner: Dr. Adam Deinlein, Dr. Klaus-Michael Groll, Dieter Sommer, Hans-Jörg Vossberg, Dr. Gerhard Oettl) für Wirtschafts- und Steuerrecht, geboren in Berlin, 24. April 1935, verheiratet mit Frau Renate, zwei Kinder, Gabriele und Joachim. Laufbahn: Jura-Studium in München und Erlangen; 1961–64: wissenschaftlicher Assessor am Max-Planck-Institut; seit 1963 Anwalt; Freizeit: Skilaufen, Tennis; Lieblingslokal: „Kä-

Detlef Wunderlich

fer“, „Walterspiel“; Leibspeise: Fisch; Lieblingsgetränk: trockener Weißwein; Garderobe: Dietl; fährt Mercedes. Adresse: Marstallstr. 8, 8 München 2, Telefon: 089/299905

Wunderlich Werner, Modeschöpfer, geboren in Weimar, 3. Mai 1930, Junggeselle. Laufbahn: Meisterschule für Mode in München; Kostümbildner bei Film und Theater; 1952: eigenes Atelier in Bogenhausen; zu seinen Kundinnen gehören: Senta Berger, Felicia Weathers; Prinzessin

Werner Wunderlich

Soraya; Hobby: Lesen, Malen; geht gern in den „Franziskaner“ und zu „Käfer“; fährt MG. Adresse: Pienzenauerstr. 2, 8 München 80, Telefon: 089/980781

Wünschmann Arnfrid Dr. rer., zoologischer Direktor der Münchner Tierpark Hellabrunn AG, geboren in Dresden, 4. Juli 1935, verheiratet (seit 1962), drei Töchter. Seit 1971 in München, am Wiederaufbau und an der Neugestaltung des Tierparks maßgeblich beteiligt. Freizeit: Konzerte, Fotografie, Münzen-Sammeln; Leibgericht: Züricher Geschnetzeltes, Gänsebraten mit Blaukraut und Knödel; Getränk: trockener Weiß-

Arnfrid Wünschmann

wein; Privatauto: VW-Passat-Variant. Adresse: Siebenbrunner Str. 6, 8 München 90, Telefon: 089/661021

Wurm Alfred, Verleger, Top-Manager, Modewoche-Generaldirektor, geboren in München, 21. November 1926, Sohn Alfred (1956) aus erster Ehe. Laufbahn: Bayerischer Jugendring, später Journalist beim Bayer. Rundfunk (erst Nachrichten-Redaktion, Chef vom Dienst, später freier Autor), gründet Office für Öffentlichkeitsarbeit, PR-Berater für die Polizei München, die Stadt München, den Staat Bayern; startet 1960 die Münchner Modewoche (zweimal im Jahr mit 1800 Ausstellern und 50000 Einkäufern), zwischendurch Buchmesse im Haus der Kunst; seit 1979 zusätzlich Chef des Münchner Filmfestivals; Lieblingslokal: „Gallaghers" New York; Leibspeise: Leberkäse mit Ei; Getränk:

Alfred Wurm

Apollinaris oder Champagner Dom Perignon; liebt Davidoff Nr. 1 Zigarren; Hobby: Tennis, Schlafen. Adresse: Theresienhöhe 15, 8 München 2, Telefon: 089/503031

Z

Helmut Zacharias

Zacharias Helmut, Zauber-Geiger, Komponist, Dirigent, geboren in Berlin, 27. Januar 1920, verheiratet mit Hildegard („Hella") Konradat, drei Kinder, Sylvia, Thomas und Stephan. Karriere: mit vier Jahren Violin-Unterricht, mit sechs spielt er in der Tanzcombo seines Vaters; als Elfjähriger spielt er sein erstes Violin-Konzert (in Rohde), das vom Deutschland-Sender übertragen wird; 1936–39: Berliner Hochschule für Musik (Meisterklasse von Prof. Dr. Gustav Havemann); kauft die lang begehrte Hamming-Geige (20000 Mark), auf der er heute noch spielt; nach dem Krieg bester Jazz-Geiger Deutschlands; 300 Kompositionen, 500 Schallplatten-Titel, viel Filmmusik, Personality-Shows im Fernsehen; besitzt am Lago Maggiore eine Traumvilla (350 qm Wohnfläche) und wohnt in München im Cosimapark; Freizeit: Segeln und Golf. Adresse: Strada Collinetta 60, CH 6612 Ascona, Telefon: 0041/93351184

Zahn Joachim Professor Dr., Vorstandschef der Daimler-Benz AG (von 1971–79), die unter seiner Leitung 173000 Mitarbeiter beschäftigt, geboren in Wuppertal, 24. Januar 1914, verheiratet mit Frau Annemarie Kohlmann, zwei Kinder, Joachim und Angelika. Studiert in Tübingen, Köln und Königsberg Rechtswissenschaften, Promotion zum Dr. jur.; erst Staatsdienst (Regierungsrat), von 1945–55 Vorstand der Deutschen Treuhandgesellschaft AG; 1955–58 Vorstand der Aschaffenburger Zellstoffwerke AG; 1958: Vorstandsmitglied der Daimler Benz AG (leitet das Finanz-Ressort, Rechnungswesen, Rechtsabteilung, Verwaltung der Beteiligungsgesellschaften im In- und Ausland); 1965 auch Sprecher des Vorstands (als Nachfolger von Generaldirektor Walter Hitzinger); tritt Ende 1979 in den Ruhestand und zieht von Stuttgart nach München, wo er in Nymphenburg eine Villa bewohnt; Auszeichnungen: Großes Bundesverdienstkreuz, Ehrensenator der Max-Planck-Gesellschaft. Adresse: Daimler Benz AG, Mercedesstr. 136, 7 Stuttgart 60, Telefon: 0711/3021.

Joachim Zahn

Zander Josef Professor Dr. für Gynäkologie und Geburtshilfe, geboren in Jülich, 19. Juni 1918. Studium der Medizin, 1955 (Habil.); Lehrtätigkeit Universität Köln, University of Utah/USA, Heidelberg (1964: Ord. und Dir. Frauenklinik) und später München (1970 Ord. u. Dir. I Frauenklinik); Ordentl. Mitglied der Bayer. Akademie der Wissenschaften; Ehrenmitglied der American Gynaecological Society; Fachveröffentlichung, u. a. Mitherausgeber von Gynäkologie- und Geburtshelfer (1967); Freizeit: Musik (eigene Plattenproduktion mit Klassischer Musik). Adresse: Maistr. 11, 8 München 2, Telefon: 089/53971

Josef Zander

Zech Uli, Stadtbaurat, geboren in Aachen, 7. Januar 1927, verheiratet, drei Kinder. Abitur 1947 in St. Ingbert/Saar; 1948–58 Studium von Architektur und Städtebau an den Technischen Hochschulen

Uli Zech

München, Darmstadt und Aachen; 1958: Diplom-Hauptprüfung an der TH Aachen; 1959–60: Stadtplanungabteilung Hamburg, später Landesplanungsamt, zuletzt Baudirektor und Leiter der Abteilung Grundsatzfragen der Planung bei der Baubehörde Hamburg; seit 4. Juni 1970 Stadtbaurat in München. Adresse: Rathaus, Marienplatz, 8 München 2, Telefon: 089/2151

Rolf Zehetbauer

Zehetbauer Rolf, Film-Architekt, „Oscar"-Preisträger („Cabaret"), geboren in München, 13. Februar 1929, verheiratet mit Frau Ingrid, Sohn Tino, Tochter Katrin. Mit 26 Jahren jüngster Filmarchitekt Europas; baut die „Hintergründe" für „Canaris", „Die Ratten", „Hotel Adlon", „Das Bad auf der Tenne", „Alibi", „Vor Sonnenuntergang"; zuletzt „Das Schlangenei", Arthur Cohns „Freezing down", „Das Boot"; beruflicher Seitensprung: Käfer's Pariser Markthallen" als Feinkost-Supergeschäft (6 Millionen-Projekt mit 30 Tonnen Glas und 50 Tonnen Gußeisen); Auszeichnungen: Deutscher Filmpreis 1958, „Oscar" (1973). Adresse: Bavariafilmplatz 7, 8022 Geiselgasteig, Telefon: 089/64991

Zehetmeier Winfried Dr., Bürgermeister der Stadt München (CSU), geboren in München, 30. Mai 1933. Studierte in München, verdiente sein Taschengeld als Aushilfsorganist in der Canisius-Kirche Großhadern (mit 19 Jahren erstes öffentliches Konzert im Sophiensaal), Gymnasial-Lehrer und Lehrbeauftragter der Universität München; Oberstudiendirektor am Gautinger Gymnasium (1400 Schüler, 90 Lehrkräfte). Freizeit: Musik, Lesen, Zeichnen, Gartenarbeit, Radfahren; Leibspeise: Butterbrot mit Schnittlauch, angemachter Topfen, Romadour mit Kartoffeln, Schwammerl und Fleischpflanzl. Adresse: Esterbergstr. 30, 8 München 70, Telefon: 089/7142578

Winfried Zehetmeier

Zeisberg-Speer Ingmar, Schauspielerin, Drehbuch-Autorin, Filmkritikerin, geboren in Lotz, 17. Februar, verheiratet in erster Ehe mit Jazzpianist Rolf Zeisberg, später mit Produzent Klaus Stapenhorst, dann mit Regisseur Wolfgang Staudte und Regisseur Rolf Hädrich und seit 1972 mit Städteplaner und Architekt Professor Albert Speer. Filme: „Unheil" (Regie Peter Fleischmann), „Das Bekenntnis der Ina Kahr", „Das stärkere Leben", „Andre und Ursula", „Das Erbe vom Bruggerhof", „Wo der Wildbach rauscht", „Dort oben wo die Alpen glühn", „Für zwei Groschen Zärtlichkeit", „Kanonenserenade" (mit Vittorio de Sica), „Schwarzer Kies", „Nebelmörder"; Fernsehen: „Haben" (Regie: Rolf Hädrich), „Der Teufel und der liebe Gott", „Die Schlinge", „Von Menschen und Mäusen", „Stahlnetz", „Biographie", „Tatort"; Drehbuch: „Mein Sohn Nicki (Serie), „Fragen Sie Frau Sibylle", „Der glückliche Prinz", „Waldenser Geschichten", „Wer bürgt für Janos B"; lebt in Frankfurt und bei Murnau; Freizeit: Kochen. Adresse: Nobelring 17, 6 Frankfurt-Lerchesberg, Telefon: 0611/681907

Ingmar Zeisberg-Speer

Zeller Walter Dr., Brauerei-Chef und persönlich haftender Gesellschafter der „Spaten-Franziskaner-Bräu", geboren

Walter Zeller

in Hagnau/Bodensee, 5. Oktober 1929, verheiratet, Drei Kinder. Laufbahn: volkswirtschaftliches Studium in Freiburg, Bonn, Heidelberg, Paris und München mit Abschluß Diplom-Volkswirt und Dr. oec. publ.; erst Mitarbeiter einer Großbank, seit 1959 bei der Spatenbrauerei, ab 1968 Vorstandsmitglied: Freizeit: Tennis, Theater; Leibgericht: Meeresfrüchte. Adresse: Marsstraße 46–48, 8 München 2, Telefon: 089/51221

Zenker Rudolf Prof. Dr., Herzchirurg, geboren in Mün-

Rudolf Zenker

chen, 24. Februar 1903, verheiratet mit Frau Gabriele Hess. Wichtigstes Ereignis: Herzoperation mit einer Herz-Lungen-Maschine in Marburg; Freizeit: Bergwandern, Langlauf, Schwimmen; Privatauto: Mercedes. Adresse: Hauensteinstr. 14, 8 München 90, Telefon: 089/646100

Zillich Clemens Heinrich, Dr. agr. Dipl. Br.-Ing. Dipl Brm., Fabrikant (Medopharm Arzneimittelwerk Dr. Zillich KG, Gräfelfing), geboren in Kronstadt/Siebenbürgen, 25. August 1931, verheiratet mit Frau Gussy Wöhler. 1964–70 Generaldirektor von Prinz Bräu, Italien; 1970–76 Oetker-Zentralverwaltung, Bielefeld; 1976–78 Vorstandsmitglied

Clemens Heinrich Zillich

„Löwenbräu" München. Freizeit: Segeln, Skilaufen, Bergsteigen; Lieblingslokal: „Franziskaner"; Leibgericht: Leberkäse; Getränk: Bier; Privatwagen: Mercedes. Adresse: Hornsteinstr. 10, 8 München 80, Telefon: 089/982744

Zimmermann Friedrich Dr., CSU - Landesgruppen - Chef, Rechtsanwalt, geboren in

Friedrich Zimmermann

München, 18. Juli 1925, geschieden von Erika Maugge, zwei Töchter, Andrea und Luise. Wittelsbacher Gymnasium; 1945: Volontär bei der „Deutschen Bank", studiert Rechtswissenschaft an der Universität München; 1948 Referendar-Examen, promoviert bei Professor Mitteis mit der Dissertation „Die elterliche Gewalt der Frau" zum Dr. jur.; 1951: zweite jur. Staatsprüfung, anschließend Anwaltsassessor und persönlicher Referent des bayerischen Justizministers; 1953 vorübergehend Staatsanwalt, im gleichen Jahr Regierungsrat; seit 1948 CSU-Mitglied, 1954–63 erst Hauptgeschäftsführer, dann Generalsekretär und (bis 1967) Schatzmeister der CSU; seit 1957 ist er Mitglied des Bundestags (Wahlkreis Landshut); seit 1961 Mitglied des CDU/CSU Fraktionsvorstands; 1965: Vorsitz des Verteidigungsausschusses (bis 1972), seit November 1976 CSU-Landesgruppenchef; Auszeichnung: Bayerischer Verdienstorden; Freizeit: Skilaufen, Tennis, Jagd. Adresse: Bundeshaus 5300 Bonn, Telefon: 02221/161

Zimmermann Thomas Dr., Arzt in der Chirurgischen Klinik im Klinikum rechts der Isar, Notarzt der Berufsfeuerwehr, CSU-Stadtrat, geboren in München, 9. September 1946. Medizin-Studium in Innsbruck und München, seit 1974 Arzt; Freizeit: Tennis, Skilaufen; Leibspeise: Dampfnudeln; Lieblingslokal: „Harry's New York Bar" in München; kleidet sich bei „English House" (Unützer); fährt VW-Cabrio. Adresse: Ismaninger Str. 22, 8 München 80, Telefon: 089/41401

Thomas Zimmermann

Zistl Max, Monsignore, Geistlicher Rat, Stadtpfarrer von St. Peter, geboren in Moosburg an der Isar, 15. Mai 1904. Wiederaufbau der im Krieg zerstörten Peterskirche und ihrer Nebenkirchen. Freizeit: Lesen; bevorzugt Lokale der Münchner Altstadt; Lieblingsgetränk: Bier.

Max Zistl

Adresse: Rindermarkt 1, 8 München 2, Telefon: 089/ 24 15 85

Zitzewitz Felicitas (Fee) von, 1,77 Meter große „Miß Germany 1967", geboren in Kolberg/Pommern, 30. Dezember, (stammt von einem sehr alten pommerschen Landadel), Sohn Jesco aus der Verbindung mit Jurastudent Frank von Puttkamer. Will mit 15 eine „bekannte Sportlerin" werden, arbeitet mit 18 als Masseuse und Physiotherapeutin (in Bad Salzschlirf) sowie als Fotomodell; gerät wegen Beihilfe zum Opiat-Handel 1975 mit dem Gesetz in Konflikt; Freizeit: Bücher (Lieblingsautoren: Borchert, Hemingway) und Musik, ist Stierkampffan. Adresse: Emanuelstr. 19, 8 München 40, Telefon: 089/ 300 81 13

Felicitas von Zitzewitz

Zoll Max-Alfred „Atzo", Zoo-Experte, ehemaliger Tierpark-Direktor, geboren in Leipzig, 28. April 1905. Erst Buchhändler und Journalist, fängt bei Heinz Heck (1928) als kleiner Angestellter im Tiergarten an, wird Presse- und Werbe-Chef und 1959 im Vorstand der Hellabrunner Tierpark AG (4500 Tiere); tritt 1973 in den Ruhestand; Veröffentlichungen: „Großtiere der Erde", „Bilderbuch für Freunde", „Zolls Heimtier-Lexikon" (1969). Adresse: Kidlerstr. 12, 8 München 70, Telefon: 089/ 77 59 94

Max-Alfred Zoll

Zöller Josef Othmar, „B 3"-Chef, Hauptabteilungsleiter beim Bayerischen Rundfunk, geboren in Augsburg, 12. August 1926, verheiratet. Freizeit: Lesen, Garten, Skifahren; Lieblingslokal: „Bräustüberl", Andechs; Leibgericht: Saure Kälberfüße; Getränk: Bier; Privatauto: Volvo. Adresse: Enzianstr. 12, 8036 Herrsching, Telefon: 08152/59001

Josef Othmar Zöller

Zondler Urs, „Bavaria-Squash"-Chef, Gastronom, geboren in Zürich, 30. Mai 1939, „wieder Junggeselle" mit fester Bindung (Lemke-Star Zora), zwei Kinder, Thomas (1966) und Andreas (1967). Laufbahn: Jura-Studium in Zürich und München, arbeitet im Auto-Export-Geschäft, dann verkauft er für Bernie Cornfeld IOS-Fonds; 1968 gründet er mit fünf Banken die Fond-Betriebs- und Vermittlungsgesellschaft „Argenta" (im Aufsichtsrat Ludwig Erhard), die er 1972 an seine Partner verkauft; erbt vom Vater kosmetische Fabriken, die er 1975 veräußert und in die Gastronomie-Branche einsteigt; betreibt in München mit Dieter Frerichs und

Urs Zondler

Alex Hesse die „Ochs'n-Willi"-Kette, nach der geschäftlichen Trennung führt er den „Ochs'n Willi" in Stuttgart allein und hat in der württembergischen Metropole außerdem das „Ketterer", die „Dixieland Hall" und zwei Gaststätten am Feuersee; während er in München den Top-Club „Edith's" (nach vier Monaten) für einen Millionen-Betrag wieder verkauft, erwirbt er das Jet-Set-Restaurant „La Cave"; seine neuesten Pläne sind schwimmende Hotels (baut Großpassagierdampfer in Appartementhäuser um); Freizeit: Squash und „Zocken" (als große Spielernatur liebt er jede Art Glücksspiel von Backgammon bis Pokern); Leibspeise: Fisch; Lieblingsgetränk: trockener französischer Weißwein; kauft seine Garderobe bei „Harry's Men Shop"; fährt Porsche 928. Adresse: Ceta, Bavariastr. 16, 8 München 2, Telefon: 089/779079

NEKROLOG

Verstorbene der 1. Auflage

Billig Max,
Hotelier † 1980

Castell-Rüdenhausen
Wulf-Diether, Graf zu,
Flughafendirektor † 1980

Dagover Lil,
Schauspielerin † 1980

Datzmann Thomas,
Kunsthändler † 1980

Finck Baron August von,
Bankier † 1980

Jacob Karl-Theodor,
Bankier † 1980

Lynen Feodor,
Nobelpreisträger † 1980

Müller Josef,
Politiker † 1979

Tambosi Toni,
Fabrikant † 1980

Trofimowa Natascha,
Primaballerina † 1980

ERSCHIENEN BEI R.S. SCHULZ

Frank Arnau
Der Fall Jaccoud
DM 22,–

Frank Arnau
Watergate · Der Sumpf
DM 9,80

Dr. med. Max Bajog
Wer raucht, denkt nicht – wer denkt, raucht nicht
DM 5,80

João Bethencourt
Der Tag, an dem der Papst gekidnappt wurde
DM 9,80

Gudula Blau
NESSY
DM 18,–

Dr. Siegfried Block
Frisch durch Frischzellen
alt werden, jung bleiben
DM 24,–

Manfred Bockelmann
Magic Hollywood
DM 38,–

Claus E. Boetzkes
Scheintot begraben
DM 9,80

Rafael Caldera
Internationale soziale Gerechtigkeit und lateinamerikanischer Nationalismus
DM 22,–

Vladimir Dedijer
TITO
Mein Leben, mein Werk, mein Vermächtnis
DM 39,–

Prof. Dr. med. F. W. Dittmar
Dr. med. H.-P. Legal
Frauenheilkunde von heute
Die reife Frau
DM 22,80

Prof. Dr. med. F. W. Dittmar
Dr. med. H.-P. Legal
Frauenheilkunde von heute
Die Gesundheit des Mädchens
DM 22,80

Prof. Dr. med. F. W. Dittmar
Dr. med. H.-P. Legal
Frauenheilkunde von heute
Die Frau in den Wechseljahren
DM 22,80

Prof. Dr. med. F. W. Dittmar
Dr. med. H.-P. Legal
Frauenheilkunde von heute
Die Mutterschaft
DM 22,80

Werner Egk
Die Zeit wartet nicht
DM 25,–

ERSCHIENEN BEI R. S. SCHULZ

Anneliese Fleyenschmidt
Wir sind auf Sendung
DM 19,80

Joachim Fuchsberger
Erinnerung an eine Krankheit
DM 9,80

Rolph Gaïl
Der Dampfwolf
DM 12,80

Indira Gandhi
Indira Gandhi spricht
DM 22,–

Valeska Gert
Katze von Kampen
DM 14,80

Michael Graeter
WER IST WAS in München
DM 19,80

Michael Graeter
Leute · Bd. I, II und VI
je DM 69,–

Erich Helmensdorfer
Meine Anstaltsjahre
DM 24,–

Erich Helmensdorfer
Die große Überquerung
DM 12,80

Erich Helmensdorfer
Westlich von Suez
DM 26,–

Erich Helmensdorfer
Hartöstlich von Suez
DM 22,80

Otto Hiebl
Immer wieder München
Brosch. DM 9,80 · Ln. DM 14,80

Otto Hiebl
schön daß es München gibt
Brosch. DM 9,80 · Ln. DM 14,80

Werner Höfer
Golo Mann
Schlagworte wörtlich – Aktuelle Bürgerkunde
Was ist Demokratie
DM 23,–

Werner Höfer
Hans-Jürgen Wischnewski
Schlagworte wörtlich – Aktuelle Bürgerkunde
Blockfrei – Wer, wie, wo
DM 23,–

Werner Höfer
Hans Küng
Schlagworte wörtlich – Aktuelle Bürgerkunde
Was ist Theologie
DM 23,–

ERSCHIENEN BEI R. S. SCHULZ

Werner Höfer
Hans Bausch
Schlagworte wörtlich –
Aktuelle Bürgerkunde
Was sind Medien
DM 23,–

Werner Höfer
Knast oder Galgen?
DM 24,–

Werner Höfer
Starparade –
Sternstunden
DM 36,–

Werner Höfer
Deutsche Nobel Galerie
DM 25,–

Curt Hohoff
Die Nachtigall
DM 22,–

Friedrich Hollaender
Ärger mit dem Echo
DM 13,80

Hermann Kesten
Revolutionäre
mit Geduld
DM 26,–

Hans Klein
Anekdoten über
Franz Josef Strauß
DM 10,–

Horst Knaut
Propheten der Angst
DM 9,80

Hannsjoachim W. Koch
Geschichte
der Hitlerjugend
DM 28,–

Manfred Köhnlechner
Die Managerdiät
DM 9,80

Gerhard Konzelmann
Ölpest
DM 28,–

Karl-Heinz Köpcke
Bei Einbruch
der Dämmerung
DM 25,–

Karl-Heinz Köpcke
Guten Abend, meine
Damen und Herren
DM 19,80

Peter Kreuder
Nur Puppen haben keine
Tränen
DM 25,–

Hardy Krüger
Wer stehend stirbt,
lebt länger
DM 26,–

ERSCHIENEN BEI R. S. SCHULZ

Charlotte Langer
Niemand weiß, wohin es geht
DM 9,80

Leopold von Bayern
Ein Prinz erzählt
DM 23,–

Karl Lieffen
»Was fällt Ihnen ein – Lieffen«
DM 22,80

Filadelfo Linares
Die Revolution bei Tocqueville und Marx
DM 22,50

Filadelfo Linares
Beiträge zur negativen Revolutionstheorie
DM 22,50

Georg Lohmeier
Immobilien
DM 25,–

Georg Lohmeier
Gspenstergschichten
DM 19,80

Georg Lohmeier
Geschichten für den Komödienstadel
DM 19,80

Angelika Mechtel
Ein Plädoyer für uns
DM 25,–

Angelika Mechtel
Die Blindgängerin
DM 25,–

Angelika Mechtel
Das gläserne Paradies
DM 25,–

Angelika Mechtel
Friß Vogel
DM 25,–

Peter de Mendelssohn
Das Gedächtnis der Zeit
DM 25,–

Werner Meyer
Götterdämmerung
April 1945 in Bayreuth
DM 22,–

Werner Meyer
Carl Schmidt-Polex
Schwarzer Oktober
17 Tage Krieg um Israel
DM 9,80

Rudolph Moshammer
Nicht nur Kleider machen Leute
DM 14,80

ERSCHIENEN BEI R. S. SCHULZ

Peter Norden
Das Recht der Frau auf zwei Männer
DM 16,80

Erik Ode
Der Kommissar und ich
DM 25,–

Heinz Piontek
Dunkelkammerspiel
DM 14,80

Heinz Piontek
Leben mit Wörtern
DM 19,80

Birte Pröttel
Ein Zwilling kommt selten allein
DM 9,80

Herbert Reinecker
Feuer am Ende des Tunnels
DM 25,–

Herbert Reinecker
Das Mädchen von Hongkong
DM 19,80

Hans Riehl
Als Deutschland in Scherben fiel
DM 9,80

Luise Rinser
KHOMEINI und der Islamische Gottesstaat
DM 24,–

Luise Rinser
Wenn die Wale kämpfen
DM 16,80

Luise Rinser
Dem Tode geweiht?
DM 25,–

Luise Rinser
Wie, wenn wir ärmer würden
DM 16,80

Luise Rinser
Hochzeit der Widersprüche
DM 21,–

Johannes Rüber
Wer zählt die Tage
DM 19,80

J. L. Salcedo-Bastardo
Simón Bolívar
DM 26,–

Jürgen v. Scheidt
Der geworfene Stein
DM 25,–

Karlfriedrich Scherer
Alter(n) ohne Angst
DM 9,80

ERSCHIENEN BEI R. S. SCHULZ

Karin Tietze-Ludwig
Zusatzzahl 13
DM 9,80

Luise Ullrich
Komm auf die Schaukel Luise
Balance eines Lebens
DM 25,–

Emil Vierlinger
Prost Salvator
Politiker aufs Korn genommen
DM 14,80

Wald/Klein
Franz Josef Strauß
Bildband
DM 49,– / Leder DM 120,–

Ulrich Zimmermann
geliebt, verkannt, und doch geachtet
Franz Josef Strauß –
der Mensch, der Politiker,
der Staatsmann von A–Z
DM 5,80

Gerhard Zwerenz
Ein fröhliches Leben in der Wüste
DM 23,–

Gerhard Zwerenz
Wozu das ganze Theater
DM 23,–